The Theistic Foundations of Morality

도덕성의 유신론적 근거

선하신 하나님

데이비드 바게트 · 제리 L. 월즈 지음

정승태 옮김

기독교문서선교회

기독교문서선교회(Christian Literature Crusade: 약칭 **CLC**)는
1941년 영국 콜체스터에서 켄 아담스에 의해 시작되었으며
국제 본부는 영국의 쉐필드에 있습니다.
국제 CLC는 59개 나라에서 180개의 본부를 두고, 약 650여 명의
선교사들이 이동도서차량 40대를 이용하여 문서 보급에 힘쓰고 있으며
이메일 주문을 통해 130여 국으로 책을 공급하고 있습니다.
한국 CLC는 청교도적 복음주의 신학과 신앙서적을 출판하는
문서선교기관으로서, 한 영혼이라도 구원되길 소망하면서
주님이 오시는 그날까지 최선을 다할 것입니다.

Good God
The Theistic Foundations of Morality

Written by
David Baggett & Jerry L. Walls

Translated by
Seong-Tae Chung

Copyright © 2011 by David Baggett & Jerry L. Walls

Originally published in English under the title as
Good God: The Theistic Foundations of Morality
by Oxford University Press, Inc.,
Translated and used by the permission of
Oxford University Press, Inc.,
Madison Avenue, New York, New York 10016

All rights reserved.

Korean Edition
Copyright © 2013 by Christian Literature Crusade
Seoul, Korea

추천사 1
Recommendation

한철희 박사
나사렛대학교 기독교학부 교수

한국 기독교의 위기는 도덕성에서 비롯되고 있다. 유래 없는 보수복음주의적 토양에서 태어난 교회로서는 의외의 현상이다. 기독교가 태생적으로 갖추어야 할 본질인 '아폴로기아'와 '에토스'의 균형이 무너졌기 때문일 것이다. 선함과 근면함을 견지해줄 신앙의 기초에 대한 바른 깨달음(변증)은 초대 신약교회에서부터의 중요한 덕목이었다.

A. 맥킨타이어가 통찰한 바와 같이 현대 도덕적 담론들의 두드러진 특징은 지루하게 얽힌 논리적 불일치이다. 그러나 『선하신 하나님: 도덕성의 유신론적 근거』는 현대를 사는 기독교인들에게 삶의 방식과 신학적 선택 사이에 신뢰할 만한 간결성을 제공하고 있다. 경쾌한 논리의 유머로 고전적 딜레마의 뿔 정중앙을 가르며, 현대 지성의 도덕적 자유론을 침묵시킨다.

이 책의 강점은 도덕 철학의 역사를 포괄하고 있다는 것이다. 주지주의와 비주지주의의 대칭적 논쟁 구조를 관통하는 주요 역사적 통찰들을 기하학적으로 재배치하고 있다. 플라톤의 "에우티프론"(Euthyphron)과 아퀴나스의 "신학대전"(Summa Theologiae)의 고전적 논의에 근원하여, 웨슬리안의 시각에서 칼빈의 신명론(Divine Imperative)을 통찰하며, 앨빈 플랜팅가와 리처드 로티, 힐러리 퍼트넘 등의 현대적 견해들이 격돌하고 있다.

이 책의 또 다른 장점은 하나님과 도덕성에 대한 존재론적, 형이상학적 대립명제들을 논증하는 데서 끝나지 않고 복음적 대안을 명료하게 제시하고 있다는 점이다. 도덕적 변증과 유신론적 윤리관의 역사적 흐름을 총괄한 저자들의 결론은 하나님의 존재하심에 근거한 도덕적 선으로 귀결되며, 이러한 변증법적 통합이 특별계시에 기초한 하나님의 은혜를 논의함으로 대단원의 막을 내리게 된다.

추천자가 본 마지막 강점은 본문 번역의 정확성(accuracy) 및 적확성(correctness)에 있다. 원 저서가 가지고 있는 언어와 의미의 표층구조와 심층구조를 등가적으로 옮겨 놓았으며, 어의적 번역을 넘어 소통적 번역을 추구하여 높은 완성도를 담지하고 있다. 이는 번역자가 가지고 있는 연구의 깊이와 학문적 엄격성에 기인하며, 오랜 집필의 경험에서 유래된 독자에 대한 친절한 배려의 표현이다.

인종 간의 적개심이 세계 곳곳에서 잔혹한 증오와 보복으로 분출되고 있다. 기독교는 사도 바울 이래 화목에의 책무를 강조하여 왔다. 교회가 지고의 도덕성을 회복하고 화목의 대행자로서의 위임을 수행하기 위해서는 선한 양심을 위한 바른 신학과 책임 있는 삶의 균형을 이루어야 한다. 이 책은 이에 대한 명확하고 친절한 안내자가 될 것이다.

> 너희 속에 있는 소망에 관한 이유를 묻는 자에게는 대답할 것을 항상 예비하라(벧전 3:15).

추천사 2
Recommendation

윤원준 박사
침례신학대학교 조직신학 교수

    하나님을 믿는 신앙을 가진 사람들이 공통적으로 경험하는 것 중에 하나는, 자신의 신앙에 대한 이성적인 이해를 누구나 추구한다는 것이다. 비록 신앙인이 추구하는 이성적인 이해가 완벽하게 질서정연한 논리로 다듬어지지 않았을지라도, 자신의 신앙에 대한 어느 정도의 정돈된 논리를 요구하는 것은 인간이 가진 어쩔 수 없는 속성처럼 보인다. 기독교인들 역시 역사 속에서 그들이 가진 신앙과 종교 경험에 대한 이성적 이해를 위해 많은 노력을 기울였다.

    기독교 공동체 내부적으로는, 미신이나 맹신과는 다르게, 자신들의 믿음에는 논리적이고 합리적인 영역이 있다는 것을 이해하기를 원했고, 또한 공동체에 속한 후손들에게 자신들이 믿는 바에 대한 신앙 내용들을 이성적인 논리를 사용해서 가르치기 위해서 신앙에 관한 학문적 작업(신학)을 시도하였다.

그리고 외부적으로는, 공동체 밖에서 오는 공격과 비판에 대항해서 그들이 가진 신앙의 합리성을 변호하기 위한 논리적인 변증을 시도하였다. 특히 초기의 핍박받는 기독교 공동체에게 이러한 변증적인 태도는 필연적인 선택이었을 것이다. 어떤 경우에 긴장과 갈등이 없었던 것은 아니지만, 역사 속에서 보이는 것처럼 신앙과 이성적 합리성은 서로 양립할 수 없는 배타적인 길만을 걸어온 것이 아니고, 상호 보완적인 구실을 해온 것이 사실이다.

유신론적 신앙을 향한 무신론의 공격은 현재도 진행되고 있기 때문에, 이성과 합리성을 존중하는 유신론적인 변증의 역할은 지금도 요구되고 있다. 기독교를 포함한 유신론적 종교에 대한 무신론의 날카로운 공격 중 하나가 하나님의 도덕성에 관한 공격이다. 신의 전지전능과 신의 절대적 선을 주장하는 유신론이 구약성서에 기록된 신의 정복 명령과 같은 무자비함과 어떻게 조화를 이룰 수 있는가라는 공격이 그중 하나이다.

그리고 제기되는 또 하나의 중요한 비판은 유신론의 하나님과 악의 관계는 어떻게 설명될 것인가라는 것이다. 소위 신정론이라고 불리는 문제이다. 이것과 연결된 또 다른 질문들은 객관적인 도덕성 혹은 선이라는 것은 존재하는가, 그리고 그것은 하나님과는 어떠한 관계를 가지는가라는 것이다.

이러한 공격들과 질문들은 간과할 수 없는 심각한 도전들인 것이 사실이다. 이러한 질문들과 비판에 직면해서 신앙을 가진 자들은 하나님의 도덕성에 관한 자신들의 신앙의 합리성을 변호할 필요성을 절감하며, 변증의 가능성을 추구하게 된다.

이번에 번역되어 출판되는 『선하신 하나님: 도덕성의 유신론적 근거』를 통해 저자들은 하나님의 도덕성과 관련된 진지한 유신론적 변증을 시도한다. 무신론적 공격에 대항해서 자신들이 가진 신앙의 합리성을 논리를 가지고 대변한다는 것은 가치 있는 작업으로 평가받아야 할 것이다.

도덕성을 사용해서 신 존재 증명을 시도한 사람들 중 한 명이 칸트이다. 인간의 도덕적 불완전함의 경험이 결국 완전한 도덕성의 실현을 위한 불멸성과 신 존재를 요청한다는 칸트의 주장 이후에, C. S. 루이스 역시 도덕성을 가지고 신 존재에 대해서 말하고자 시도한 사람이다. 이 책의 저자들의 주장은 이전의 칸트와 루이스 등의 학자들이 전개했던 신의 존재와 도덕성에 관한 논의의 연장선상에 놓여있다. 그러나 더욱 정교한 구분들과 논리들을 도입해서 이전의 논의에 대한 수정과 보완 작업을 이 책의 저자들은 시도한다.

이 책의 장점 하나는 이성과 합리성이 신앙을 강화하기 위해서 어떻게 도움을 줄 수 있는지를 보여준다는 것이다. 비록 변증적인 시도가 절대적이고 완벽한 변호가 되는 것은 아니지만, 합리성을 가진 진지한 노력이 신앙인 자신의 믿음을 견고케 할 뿐만 아니라 무신론적 공격에 효과적으로 대처할 수 있음을 보여준다. 또 하나의 장점을 든다면, 이 책은 신앙을 진지하게 여기는 사람들과 신학을 공부하는 자들에게 많은 생각의 자료들을 제공해준다는 것이다. 플라톤의 저서에 나오는 에우티프론 딜레마에서 시작해서, 신명론, 오컴의 주의주의, 안셀무스의 신 개념, 아퀴나스주의, 칼빈주의, 그리고 근래의 루이스, 플랜팅가, 맥킨타이어의 생각들이 하나님의 도덕성과 관련되어 어떠한 논의의 과정을 거치는지를 이 책은 보여준다. 그리고 더욱 반가운 것은, 꼼꼼한 번역자의 손길 덕분에, 본 추천자뿐 아니라 많은 한국의 독자들이 익숙한 한글로 읽을 수 있게 되었다는 사실일 것이다.

추천사 3
Recommendation

스티븐 에반스 박사

Baylor University 철학·인문학 교수

『선하신 하나님: 도덕성의 유신론적 근거』는 하나님을 도덕적 근거로서 요구하고 있다는 주장을 강하게 변론하는 책이다. 저자들은 이와 같은 견해에 대항하는 실질적인 철학적 반론을 물리치기 위한 강한 이유들을 보여주며 세속적 경쟁자들에 대하여 자신들의 견해가 갖는 장점들에 대한 영향력 있는 사례를 제시하고 있다. 이 책은 현대 도덕철학의 깊은 지식을 보여주고 있다고 하더라도 비전문적인 사람들도 접근하기가 용이하다. 또한 이 책의 문체는 명확하고 매혹적이다.

서문
Foreword

토마스 V. 모리스 박사
University of Notre Dame 전 철학교수
the Morris Institute of Human Values 원장

하나님과 도덕성은 철학의 중요한 주제로서 매우 긴밀한 관계를 유지해왔으며, 철학자들은 이 관계의 성격을 정확하게 규명하려는 토론을 활발하게 벌여왔다. 이 두 개념은 우리 인간의 삶과 이 세계 안에서 우리가 차지하게 될 궁극적인 위치에 대한 중대한 문제들을 끊임없이 제시해왔다.

최근에 들어 이러한 관계성에 관한 질문들은 더욱 중요해지고 있다. 아이러니하게도 현대의 지성적인 종교 비평가들은 수많은 책들을 통해서 마치 복음주의 부흥사와 같은 열정으로 무신론 전도에 열을 올리고 있다. 그들은 기독교 진리와 심지어는 가장 기본적인 교리들의 합리성에 대해서조차 입에서 침을 튀기며 날카로운 공격을 퍼부어대

고 있지만 가장 눈에 띄는 그들의 분노는 주로 종교의 도덕성을 향하고 있다.

이 '새로운 무신론자들'은 전국의 주요 서점들을 통해서 많은 책들을 내놓고 있는데 그들은 독자들에게 사원이든 회당이든 교회든 어떤 종교 기관이든 그곳에서 설파되는 유신론의 모든 실제적인 종교 사상들을 기만적이고 비합리적이며, 도덕적으로 혐오스러운 것으로 여기기를 열렬하게 설득하고 있다. 그들은 이 중에서도 특히 종교의 도덕성에 대한 공격에 가장 열심을 내고 있다.

그들이 독자들에게 호소할 때 웅변적인 어조로 열변을 토하는 것은 주로 옳고 그름이나 선과 악의 구분 또는 그 기준을 이야기할 때다. 실제로 그들은 세계의 거의 모든 유신론적 종교들이 무시하고 있다고 보는 객관적 도덕성 기준들의 중요성을 대놓고 또는 암시적으로 주장하고 있다. 하지만 그들이 논쟁의 기반으로 삼고 있는 객관적 도덕성의 형이상학적 특성에 대한 진솔한 토론들은 찾아보기 힘들다.

이 형상학적인 특성에 대한 질문을 가장 간명하게 제시한다면 정신과 영혼과 인격을 철저하게 물질적인 개체로 환원시켜서 물질이나 물리적 에너지의 언어로 표현하고 있는 이 현대 세계에서 도덕적 원리나 도덕적 기준의 객관적, 존재론적 본성은 무엇일까? 하고 물어볼 수 있다. 그런데 이와 같은 질문에 대해 이 유신론을 반대하는 비평가들이 우리들에게 버리기를 열심히 설득하고 있는 철학적 세계관의 궁극적인 요소들보다 더 그럴듯한 대답을 찾아내기란 거의 불가능하지 않을까 싶다.

하지만 도덕적 판단의 객관적이고 형이상학적 기초를 완전히 거부하는 것은 결국 '나는 그것을 싫어한다'거나 '나의 동료 집단이나 내가 속해있는 하부문화의 회의론자 친구들은 그걸 좋아하지 않는다'는 것, 말하자면, 그 이상도 이하도 아닌 어떤 형식을 유추한다. 그리고 이 때문에 그들이 보여주는 격렬한 도덕적 분노가 싱거워지게 된다.

물론 여기서 이 비평가들은, 만일 그들이 정직하다면, 하나님의 마음에 있는 어떤 개념으로서, 하나님의 본성의 반영으로서 그리고 하나님의 어떤 특정한 행동의 필연적인 영원한 결과로서의 도덕적 원리의 객관성에 대한 유신론적 형이상학적인 설명에서 자기들이 지적하는 도덕적 혐오감을 느끼는 것이 당연하다고 주장할 것이다.

그래서 현대의 종교 비평가들이 유신론적 종교가 역사를 통해서 자신 있게 사용해온 진정한 객관적 도덕비판 방법들을 차용해오기 위한 형이상학적 근거에 의존하지 않더라도 하나님을 도덕적 완전함 또는 도덕적 객관성의 존재론적 근원으로 보는 모든 유신론자들에게 일관성을 결여하고 있다는 비판을 여전히 할 수 있는 것이다.

즉 하나님이 완전하게 선한 존재라면 다양한 종교사학의 저술들이 증거하고 있듯이 불신자나 이교도라고 해서 다른 아무 죄도 범하지 않았는데도 그처럼 학살하라고 명령하지는 않았을 것이라고 비판할 수 있는 것이다. 하지만 그들은 종교에 대한 그들의 강렬한 의분을 정당화하거나 무신론을 간명하고 설득력 있게 펼치는 데에 필요한 전략은 이와 같은 것이 아니다.

무신론자들은 신의 개념과 도덕성의 개념 그리고 이와 같은 각 개념들이 지시하는 개체들의 존재론적 입장에 관해 그들이 비판하는 유신론자들만큼이나 분명한 견해를 수립해야 할 필요가 있다. 그리고 이 책이 염두에 두고 있는 무신론자들의 틈새는 바로 그것이고, 그것이 그들에 대한 매우 효과적인 공격이 될 수 있다.

데이비드 바게트(David Baggett)와 제리 월즈(Jerry Walls)는 이 모든 주제에 얽혀있는 문제들을 매우 독창적으로 그리고 명료하게 파헤치고 있다. 그들은 이 문제에 달려있는 전통적인 입장과 현대의 주장들을 잘 알고 있으며 그들 자신의 견해를 보기 좋을 정도로 담대하게 펼치고 있다. 그리고 내가 보기에도 그들은 이 문제에 대한 논란의 상당한 부분을 해결하고 있다. 그들이 이 책에서 펼치는 주장과 분류법은 그들의 관점에서도 흥미로울 터이지만 오늘날 유신론과 무신론이 드러내놓고 벌이는 논쟁에 있어서도 큰 의의를 지니게 될 것이다. 내가 바라는 것은 이 문제를 놓고 논쟁을 벌이는 모든 사람들이 잠시 휴전을 선언하고 이 책을 읽으면서 이 문제에 걸려있는 중요한 사안들이 무엇인지를 깨달을 수 있었으면 한다.

감사의 글
Acknowledgments

　이 책을 쓰는 데에 많은 분들의 도움을 받았는데 그분들이 아니었으면 이 책은 세상에 나오지 못했을 것이다. 그분들에게 고마움을 표현할 수 있어서 참으로 감사하다. 먼저 데이브의 멘토인 빌 스타인, 허브 그래인저, 마이크 맥킨지, 부르스 러셀에게 깊이 감사한다. 그들은 우리가 이 책의 초고를 수정할 때 소중한 도움을 주었고, 조언과 비평을 아끼지 않으면서도 우리에게 상처를 주지 않으려고 했다. 웨인주립대학교 동문인 슬로안 리에게도 감사한다. 지난 십오 년 동안 따뜻한 격려와 조언으로 우리를 도와준 그에게 말로써 고마움을 다 표현할 수 없다. 웨인대학의 오랜 친구인 스티브 패터슨, 론 부추, 브라이언 맥퍼슨도 이름을 불러가며 따뜻한 감사를 드리고 싶다.
　미시간-디어본대학의 영문학 명예교수인 엔톤 힉스 역시 우리의 오랜 친구인데 그에게도 특별한 감사를 드린다. 데이브의 미시간-디어본대학 은사들이신 폴 휴즈와 에리아스 범가튼은 이 책의 주제들에 대한 관심을 처음으로 갖게 해준 분들이다.

우리 모두의 친구인 애즈베리대학의 마이크 피터슨은 악의 문제에 관한 장의 개요를 구성할 때 특별한 도움을 주었는데 그게 그렇게 고마울 수 없다. 제리의 노트르담대학 친구인 데이비드 엘리어트, 알란 로다, 클레어 브라운 역시 매우 도움이 되는 조언을 해주었다(특히 데이비드는 초고를 처음부터 검토해주었다). 이분들에 특별한 감사를 드리며 제리의 제자였던 카일 블랑쉐 역시 초고를 처음부터 끝까지 읽고서 좋은 이야기들을 많이 해준 데에 대해 깊이 감사한다. 그리고 노트르담대학 교수였던 저명한 공공철학자 톰 모리스에게도 똑같은 감사를 드린다. 그의 선구적인 철학적 신학을 바탕으로 우리들의 견해를 이끌어낸 부분이 적지 않을 뿐 아니라 이 책의 추천 서문을 써주었으며 격려와 지지를 아끼지 않았기 때문이다.

데이브의 오랜 친구인 진저 아젤과 캐시 철리스는 소중한 도덕적 지지를 필요할 때마다 적절한 도움을 주었다. 리버티대학의 친구인 톰 프로벤졸라, 에드 마틴, 게리 헤버마스, 데이브 벡, 마이크 존스, 게일렌 레버렛, 마크 포어멘에게도 진심으로 감사를 드리는데 그들은 이 책을 만들어내는 중요한 고비마다 큰 도움을 주었다. 리버티대학에도 감사를 드리지 않을 수 없다. 2009년도 봄 학기에 데이브의 강의 시간을 크게 줄여주어서 이 책을 기한 안에 간신히 마칠 수 있었기 때문이다. 리버티대학의 몇몇 학생들에게도 감사한다. 그들은 데이브와 매주 한 번씩 반스 앤 노블 서점의 카페에서 만나 진한 커피를 마셔대면서 이 책의 한 장을 함께 검토해주었다. 물론 그들은 자신이 느낀 점들과 떠오르는 도전적인 질문들을 솔직하게 이야기해주었다. 그들은 루카스 델프라이어, 마이클 앤소니 스턴즈, 마이클 후이저, 스티븐 오클리, 조슈아 워커 그리고 마크 딕슨이다. 이들은 장래가 촉망되는 젊은이들이어서 앞으로 어떤 놀라운 일들을 해낼지 기대가 된다. 이들과 함께 일할 수 있어서 정말로 즐거웠다.

킹스대학과 리버티대학의 철학 동아리 회원들에게도 감사를 빼놓을 수 없다(이름들을 모두 다 열거하지 못해서 미안하지만 그중에서도 사무엘 론카, 스티브 허드슨, J. T.와 로저 터너, 마리아 오웰, 라이언 엔드류스, 알비 피우어스, 마이크 파스퀴니, 웨슬리 그럽과 데이비드 라함은 이름을 소개해주어야 옳을 것이다). 우리는 SCP와 BPS의 후원으로 열린 2003년 옥스퍼드 철학 학회 참석자들(그 중에서 특히 존 헤어), 2005년 옥스브리지 철학회, 2009년 린치버그에서 열린 버지니아 철학회 모임, 샌디애고와 뉴올리언스에서 2009년에 열린 복음주의 철학회 모임들, 2010년 웨이크 포레스트에서 열린 기독교 철학회 동부지역 모임의 참석자들에게도 감사를 드린다.

제임스메디슨대학의 제임스 노프에게도 감사를 드려야 한다. 특히 첫 번째 부록에서 씨름했던 문제들을 그가 진지하게 다루어주지 않았다면 마치기가 힘들었을 것이다. 앨빈 플랜팅가와 마크 머피에게 특별한 감사를 드리는 것은 그들 덕분에 노트르담대학의 한 철학 세미나에서 읽었던 미출판 문서들을 접할 수 있었기 때문이다. 그렉 바샴, 빌 어윈, 레간 레이츠마, 빌 드루민, 헨리 나돈과 킴 블레싱, 킹스대학의 오랜 친구들에게도 깊은 감사를 드린다.

우리가 학술지 「필로소피아 크리스티」(*Philosophica Christi*)에 대해서도 감사하는 것은 2003년 가을 호에 실린 "하나님도 죄를 범할 수 있는가?"(On Whether God Can Sin)그리고 2006년 겨울 호의 "브루스 러셀의 유비와 악의 문제"(Bruce Russell's Analogy and the Problem of Evil)를 인용하도록 허락해주었기 때문이다. 또한 이어드만 출판사에게도 "극악한 악과 치유의 희망"(Outrageous Evil and the Hope of Healing: Our Practical Options)의 수정본을 인용할 수 해준 데에 대해 감사한다. 이 글은 폴 L. 게브릴뤽과 그의 동료가 2008년에 편집한 『하나님의 생명 안에 잠기어』(Immersed in the Life of God)에 가장 처음으로 수록되었다.

제리는 특히 노트르담대학의 종교철학 센터에 감사드리고 싶어 한다. 그는 거기서 2009-2010 학년을 연구교수로 지냈으며 다른 프로젝트들도 있었지만 이 책을 집필하는 데에 전념할 수 있도록 해주었기 때문이다. 그리고 캐런 '케이티' 탈론에게도 감사드리는 것은 어느 날 점심을 함께 먹을 때 이 책의 제목을 "선하신 하나님"이라고 하는 게 어떻겠느냐고 말해주었기 때문이다.

옥스퍼드대학교 출판부 그리고 출판부장인 신시아 리드와 함께 일하는 것은 매우 유쾌한 경험이었다. 출판 코디네이터인 에쉴리 폴리코프, 원고편집을 담당하고 있는 도뢰 보로프, 스파이 글로벌 사의 프로젝트 매니저인 J. 올리비아 매리에게도 그들의 능숙한 업무처리에 대해 깊은 감사를 드린다.

끝으로 나(데이브)는 가장 친하고 오랜 친구이자 가장 중요한 멘토인 공동 저자 제리에게 깊은 감사를 드린다.

역자 서문
Translators' Preface

이 책은 데이비드 바게트(David Baggett)와 제리 L. 월즈(Jerry L. Walls)의 *Good God: The Theistic Foundations of Morality*(Oxford: Oxford University Press, 2011)를 완역한 것이다. 바게트와 월즈는 이 책에서 도덕성의 본성을 연구하면서 기독교 유신론을 위한 도덕적 논증에 초점을 맞추고 있다. 이 연구를 충족하기 위해서 두 저자는 크게 두 가지 목표를 설정한다.

하나는 신 존재 증명에 기여하는 도덕적 논증을 입증하려는 데 있다. 이것은 도덕성의 모든 면들을 고려해볼 때 우리가 기독교 유신론의 하나님을 믿을 수밖에 없는 도덕적인 이유가 분명히 있다는 강력한 근거들을 제시함으로써 도덕적 토대로서의 신 존재를 입증할 수 있다는 논리적 합리성을 밝히는 것이다.

다른 하나는 유신론적 윤리관에 대항하는 무신론과 비유신론의 여러 반론들에 맞서 효과적으로 반박하려는 데 있다. 이는 도덕성이 하나님의 존재를 전제로 해야 할 뿐 아니라 도덕성이 합리적인 근거를 갖기 위해서는 궁극적으로 선하신 하나님을 필요로 한다는 것이다.

실제로 도덕성의 근본적인 문제는 기독교 신앙과 하나님을 믿는 유신론자들에게 회피할 수 없는 중요한 논의의 주제이다. 특히 기독교 밖의 지성인들이 하나님과 기독교 신앙을 정면으로 공격하는 무기로서 예수 그리스도의 부활과 기적과 같은 초자연주의 현상, 악과 고통의 현실성 그리고 자연법칙을 위배하는 하나님의 명령에서 야기되는 하나님의 선하신 본성을 토대로 하는 도덕성의 문제는 어떤 형식으로도 설명할 필요가 있다. 이와 같은 하나님의 도덕성과 연관하여 그들은 기독교 유신론이 제시하는 도덕성의 규범, 도덕적 기준의 불필요함, 이유 없는 근거, 하나님의 혐오스러운 명령 등의 문제들을 진단하고 그것의 반론들을 제기함으로써 기독교 유신론의 신명론(神命論), 즉 하나님의 명령은 도덕적으로 어떠한 모순을 일으키지 않는다고 논지를 펴는 유신론의 논리적 근거를 신랄하게 비판하고 있다.

이러한 비판을 정당화하기 위해서 무신론자들은 플라톤의 『에우티프론』(*Euthyphro*) 편에 언급된 도덕에 관한 딜레마, 즉 "경건한 사람은 경건하기 때문에 신의 사랑을 받는 것일까? 아니면 신의 사랑을 받기 때문에 경건한 것일까?"의 딜레마를 이용하고 있다. 그들은 이 딜레마가 신명론과는 정면으로 충돌하고 있다고 반박한다. 하지만 바게트와 월즈는 도덕성을 철학적이고 윤리적인 설명으로 그와 같은 공격과 비판에 정면으로 대응하면서 기독교 유신론의 하나님은 도덕적으로 모순이 전혀 없으며 독단적으로 비도덕적인 혐오스러운 명령을 행하지 않는 분이라고 주장하고 있다. 그래서 바게트와 월즈의 논증이 하나님의 도덕성에 가할 수 있는 비판적인 논쟁을 윤리적이고도 철학적으로 반박함으로써 문제의 중요성을 우리에게 부각시키고 있다는 점에서 이 책은 성공을 거둔 것처럼 보인다.

이 책은 도덕본성과 이론에 관한 책이다. 이 책에서 두 저자들은 상당히 전문적인 용어와 윤리학자들과 철학자들을 소상히 다루기 때문에 독자들에게 친숙하지 않은 철학적이고 윤리적인 지식을 어느 정도 요구하는 것처럼 느낄 수 있다. 그리고 이 책을 읽어가는 동안에 독자들이 여러 가지 학문적 윤리 개념들과 철학적 개념들 그리고 도덕과 연관된 이론들과 대면하고 씨름해야 하는 것 또한 사실이다. 그래서 이 책은 독자들에게 정독을 요구한다.

하지만 우리가 그러한 고충을 조금만 인내하면서 읽어내려 간다면, 우리는 저자들이 목표로 하는 다양하고도 익숙한 주제들인 하나님의 명령, 하나님의 의지, 악의 문제, 하나님의 도덕성 등의 주제들을 통해 왜 유신론적 윤리나 하나님의 도덕적 측면이 논리적이고 합리적이었는가를 배울 수 있을 것이다. 더구나 그와 같은 주제들은 우리의 실제적인 관심이므로 우리의 신앙적 변론을 위한 주목을 끌기에 충분하다고 본다.

『선하신 하나님: 도덕성의 유신론적 근거』는 현대 도덕 이론과 관련된 모든 사상들을 세심하게 다루고 있을 뿐만 아니라 비유신론자들의 도전에 충분하게 대답할 말을 찾을 수 있다는 점에서 도덕성과 기독교 하나님의 관계를 전개하고 해명하는 최근 보기 드문 학술적 가치가 있는 책으로 평가된다. 무엇보다도 이 책은 합리적 신앙을 추구하는 그리스도인들이 기독교 변론을 위해서는 반드시 강독해야 할 매우 탁월한 연구서다. 만일 우리가 믿는 하나님이 선하신 하나님이라고 한다면, 이 책은 하나님의 윤리적이고도 도덕적인 근거를 제공하고자 할 뿐만 아니라 기독교 신학과 신앙을 위해서도 학문적 욕구를 충분히 충족시켜 줄 것이라고 확신한다.

끝으로 이 책의 출판을 위해 감사할 분들이 있다. 역자는 추천사를 흔쾌히 써 주신 나사렛대학교의 한철희 박사님과 역자와 학교 동료교수이신 윤원준 박사님께 진심으로 감사를 드린다. 또한 이 책의 발간을 위해 애써주신 애써주신 CLC의 박영호 사장님과 직원들께 마음깊이 감사를 드린다. 모쪼록 복음주의적 입장에서 학문적 학술서적이 열악한 상황임을 감안해 본다면 『선하신 하나님: 도덕성의 유신론적 근거』는 무신론자들의 공격에 맞서 변론할 수 있는 학문적 유익성을 가진 좋은 자료가 될 것으로 본다.

2013년 9월, 하기동 연구실에서

역자 **정승태** 識

목차

추천사 1(한철희 박사 나사렛대학교 교수) _ 5
추천사 2(윤원준 박사 침례신학대학교 교수) _ 8
추천사 3(스티븐 에반스 박사 Baylor University 교수) _ 12
서문(토마스 모리스 박사 University of Notre Dame 교수) _ 13
감사의 글 _ 17
역자 서문 _ 21

서론 _ 27

1장: 도덕적 변론 _ 39
2장: 에우티프론 딜레마 _ 95
3장: 소용돌이의 이름 _ 137
4장: 완벽하지 않은 개혁주의 전통 _ 173

5장: 하나님과 선 _ 215

6장: 신명론 _ 259

7장: 혐오스러운 명령 _ 305

8장: 악의 문제 _ 347

9장: 하나님의 의지 알기 _ 383

10장: 윤리와 영원성 _ 423

결론 _ 467

부록 A: 신명론에 대한 확대된 독단성 반론의 문제점 _ 485

부록 B: 극악한 악과 치유의 희망 _ 515

색인 _ 547

서론
Introduction

    2009년 7월, 유명한 미국프로풋볼리그(NFL)의 쿼터백이었던 스티브 맥네어(Steve McNair)가 그의 어린 여자 친구인 스무 살 사헬 '제니' 카제미(Sahel Jenny Kazemi)와 함께 시신으로 발견되었다. 맥네어는 네 자녀의 아버지였고 기혼자였다. 이 사건은 당시 며칠 동안 전국 방송의 헤드라인 뉴스였다. 제니가 스티브를 총으로 쏘고서 자기도 그 총으로 자살을 했는데 그 이유는 맥네어가 자기와 결혼해줄 것처럼 믿게 해 놓고서 배신한 사실을 알았기 때문이었다.

    이 사건의 내용이 전국에 알려지자 스티브의 명성에 대한 논란이 크게 일어나기 시작했다. 그는 자신이 주로 활동을 했고 은퇴한 후에도 계속 살았던 테네시 주 뿐만 아니라 미식축구를 좋아하는 많은 사람들에게 존경을 받는 영웅이었기 때문이었다. 사람들은 대부분 그 사건에도 불구하고 맥네어가 테네시 주와 고향인 미시시피 주에서 벌였던 사회활동으로 인해 그를 여전히 위대한 지도자요 모범시민으로 여겼다. 하지만 어떤 사람들은 맥네어의 수치스러운 삶과 죽음이 그에 대한 환상을 모두 깨뜨려버렸다고 주장했다.

맥네어를 가장 신랄하게 비판했던 사람 중 하나가 논쟁을 좋아하기로 이름이 나있는 스포츠 평론가 제이슨 위트록(Jason Whitlock)이었는데, 그는 무엇보다도 맥네어의 리더십에 강력한 의문을 제기하면서 리더십은 자기 집안에서부터 시작된다고 주장했다.[1] 이 이야기를 먼저 시작하는 것은 위트록이 맥네어를 비판하는 이유들이 이 책의 목적들과 부합하기 때문이다.

그는 맥네어에 대한 비판을 시작하기에 앞서 자신이 '도덕 경찰'(morality police)을 자처하는 것이 아님을 분명하게 했으며 몇 단락 뒤에도 자기가 '도덕적 우월주의자나 도덕 설교가'가 아님을 다시 천명하고 있다. 위트록은 자기를 불편하게 한 것은 맥네어의 불륜 자체가 아니라고 주장했다. 그를 화나게 하는 것은 맥네어가 내쉬빌의 한 식당 여성 종업원과 너무 붙어 다녀서 그녀와 결혼하고 싶어 한다는 느낌을 줄 정도였다면 자녀들에게는 형편없는 아버지 노릇밖에 못했을 것이라는 사실이었다. 그는 아버지 역할이 크나큰 헌신과 희생을 필요로 하며 진지한 책임의식을 요구한다고 보았다. 자녀들은 부모에게서 최고의 사랑과 보살핌을 받을 자격이 있으며 이에서 조금이라도 부족함이 있으면 안 된다는 것이다.

우리가 여기서 매우 흥미롭게 느끼는 부분은 위트록이 자기는 도덕적 우월주의자가 아님을 강조하면서도 한사람에 대해 매우 신랄한 도

---

[1] Whitlock의 논문은 http://www.wibw.com/nationalmews/headlines/50183042.html에 실려 있다.

덕적 판단을 하고 있다는 것이다. 그리고 그의 분석과 비판이 포스트모던 시대의 도덕적 상황을 전형적으로 반영하고 있다는 것이다.

포스트모더니즘의 가장 두드러진 특징은 분열이며 현대주의의 이상이 산산조각이 남에 따라 일관성을 완전히 상실한 것을 자주 볼 수 있다. 이와 같은 현상은 그 어느 분야보다도 도덕적인 영역에서 두드러진다. 옳음과 그름에 대한 근대 이전과 근대의 기준들은 모두 붕괴되고 오히려 전통적인 도덕적 관념들의 희미한 흔적이나 부서진 파편들만 남아서 사람들의 마음에 영향을 미치고 있는 혼란스러운 시기이기 때문이다. 우리를 자주 당혹케 하는 것은 왜 아직도 전통적인 도덕 개념이 사람들에게 힘을 행사하고 있는가이다. 위트록이 왜 불륜에 대해서는 어느 정도 관용적이면서도 아버지 역할에 관해서는 매우 완고한 태도를 취하는지 의문이 든다.

위트록은 맥네어의 불륜을 용인하자는 것은 아니라는 점을 다시 강조하면서 그러나 그건 그의 관심 밖의 일이라고 말했다. 다시 말해 그에게는 성실한 부부관계를 이야기하면 그건 '성스러운 도덕가'로 만들지만 무슨 이유에서인지는 몰라도 성실한 아버지의 역할을 이야기하는 것은 성스러운 도덕가와는 거리가 먼 것이다.

맥네어의 비극적인 사건이 일어나기 30년 전인 1979년에 예일대학교 법학교수인 아더 알렌 레프(Arthur Allen Leff)가 「듀크 법률 저널」(*Duke Law Journal*)이라는 학술지에 포스트모던 시대의 도덕성이 그 근거가 얼마나 허술하고 허약한지를 보여주는 논문을 발표한 적이 있다. 그는 먼저 사람들의 마음 안에 존재하는 두 개의 상반된 충동을 설명하면

서 그의 논문을 시작하고 있다.[2]

그에 의하면 우리들은 한편으로 어떻게 하면 올바로 살 수 있는지를 알려주는 일련의 초월적인 명제들을 가지고 있다고 믿고 싶어 한다. 사람들은 이러한 명제들이 객관적이고도 독립적으로 존재한다고 믿기 때문에 명백성을 그 주요한 특징으로 보고 있다. 하지만 다른 한편으로 우리들은 그러한 원칙이 존재하지 않는다고 믿고 싶어 한다. 우리가 어떻게 행동해야 하고 어떤 존재가 되어야 하는지에 대해 우리는 우리 마음대로 선택할 권리가 있다고 믿고 싶어 한다. 불행하게도 우리들은 동시에 절대적인 규범 아래 있으면서도 완전히 자유롭다고 생각하며 그와 같은 도덕적 규범을 찾아내어야 함과 동시에 스스로 만들어갈 수 있다고 믿고 있다.[3]

레프는 이 논문을 통해서 법에 관한 저술들의 내용이 대부분 모호하고 혼란스러운 이유가 이처럼 찾아낸 법과 만들어낸 법에 대한 두 가지 상반된 충동에 있다고 주장하고 있다. 그리고 그와 같은 절대적 규범은 아무리 찾으려고 해도 없을 것 같은 두려움, 그 추구의 끝에서 우리 자신보다 더 확실한 것은 만날 수 없을 것 같은 불안이 더욱 팽배해져가고 있다는 것이다.[4]

물론 전통적인 도덕 개념에는 우리 인간들보다 더 매력적이고 분명

---

2 Arthur Allen Leff, "Unspeakable Ethics, Unnatural Law," *Duke Law Journal* 6 (1979): 1229.
3 Ibid.
4 Ibid.

한 존재가 있으며 이 궁극적인 존재는 신 자신이다. 레프는 계속해서 말하기를 신보다 더 적절한 도덕적 대안을 찾아내기는 매우 어렵다고 주장한다. 그러기 위해서는 신보다 못한 다른 어떤 개체가 도덕적인 기준과 의무를 우리에게 부과할 권위를 가지고 있다고 설득력 있게 주장할 수 있어야 하는데 그건 거의 불가능하기 때문이다. 유한하고 실수를 범할 수 있는 존재가 그 역할을 대신하게 되면 그들은 스스로 주관적인 도덕적 기준이 되고 만다.[5]

레프는 그의 논문을 다음과 같은 기억할 만하나 매우 암울한 결론으로 끝을 맺는다. 즉 도덕성에 있어서 우리가 최종적으로 도달하는 기준이 우리 자신뿐이라면 그 미래는 매우 암담할 뿐이라는 것이다. 결론의 마지막 부분을 한 편의 시로 마무리하고 있는데 이 시를 인용하면 다음과 같다.

> 현재의 도덕적 상황을 살펴보면
> 모든 것이 허용될 수 있는 것처럼 보인다.
> 그럼에도 불구하고,
> 네이팜탄으로 아이들을 죽이는 것은 악하다.
> 가난한 사람들을 아사시키는 것도 사악하다.
> 서로 몸을 사고파는 것 역시 추악하다.
> 하지만 히틀러, 스탈린, 아민, 폴 포트, 그리고 커스터 장군에게 저항하다
> 목숨을 잃은 사람들은 구원을 받은 것이다.

---

5 Ibid. p. 1230: 다른 곳에서는 "우주적인 'sez who'"라고 부르고 있다. p. 1232.

> 그리고 그들을 묵인하던 사람들은 정죄를 받아 마땅하다.
> 세상에는 악이라는 것이 있다.
> (모두 다 한 목소리로) 누가 말했는가?
> 신이여 우리를 도우소서!⁶

레프는 자신이 이 논문을 쓰던 시기에 사회 전체에 팽배해 있던 긴장과 갈등을 찾아내서 구체화시켰고 강렬하게 제시하고 있다. 실제로 그 긴장은 노골적인 갈등으로 심화되어 현대의 '문화 전쟁들'(culture wars)의 핵심을 형성하고 있다.

사회생리학자, 윌슨(Edward. O. Wilson)의 예리한 분석을 살펴보자. 그에 의하면 지난 수세기 동안 도덕성에 관한 논쟁을 계속해왔지만 우리에게 남은 근본적인 대안은 두 가지, 즉 초월주의 대안과 경험주의 대안밖에 없다.⁷ 초월주의는 도덕적 원리들이 인간의 마음 밖에 있고 우리들의 경험 외부에 독립적으로 존재한다고 본다. 반면 경험주의는 그런 원리들이 본래 인간의 마음이 만들어낸 산물일 뿐이며 생물학적 또는 문화적 진화라는 관점에서 설명될 수 있다고 보고 있다.

그리고 도덕성의 궁극적인 근거가 우리 인간을 넘어설 수 없다는 주장을 받아들이고 옹호하는 과학자와 철학자들이 크게 늘어남에 따라 도덕성에 대한 논쟁은 더욱 열기를 더해가고 있다. 이와 같은 주장을 자포자기적인 것으로 보는 레프와는 달리 이 사상가들은 도덕성에

---

6 Ibid. p.1249.
7 그가 쓴 "The Biological Bases of Morality," *Atlantic Monthly* (April 1998), p. 70 참조.

관한 전통적인 견해와 견줄 만한 가치가 있는 사상으로 여기면서 자랑스럽게 이야기하고 있다.

이 논쟁은 앞으로 얼마 동안 사상적인 논란의 주제 중에서 최선두를 달릴 것이 틀림없다. 경험적인 입장을 가장 앞장서서 옹호하고 있는 윌슨은 1998년에 예상하기를 다음 세기에 벌어질 인간의 영혼을 위한 투쟁이 이러한 논쟁으로 집약될 것이라고 보았다. 이미 21세기 속으로 깊숙이 진입해 들어와 있는 현재의 우리는 그의 예언이 적중했음을 볼 수 있다. 도덕성에 관한 논쟁이 여전히 계속되고 있을 뿐 아니라 보다 광범위한 논란의 핵심적인 주제가 되어 있기 때문이다.

그리고 이 논쟁은 어떤 세계관이 더 타당한 것으로 밝혀질 것인지, 즉 적어도 어떤 세계관이 더 옳은 것으로 받아들여지느냐에 따라 결정될 것이라고 윌슨이 예상한 것도 매우 정확했다. 궁극적으로 결판이 나는 일은 어떤 세계관이 옳은가 하는 것이기 때문에 이러한 싸움이 철학, 신학, 과학 등의 학문적인 분야에만 국한되지 않을 것은 불을 보듯 분명하다. 그 증거 중 하나가 최근 들어 서점에 쏟아져 나온 이 새로운 무신론에 관한 책들이 불티나듯 팔리고 있다는 데서 알 수 있다. 그리고 이와 같은 책들은 하나같이 도덕성은 신을 필요로 하지 않으며 실제로 신이 없을 때 이 세계는 보다 뛰어난 도덕성을 가질 수 있다고 주장하고 있다.

이 책은 초월적인 입장에서 이 싸움에 가담하고 있으며 우리는 도덕성에 관한 한 우리 자신보다 더 탁월한 어떤 것, 다시 말해 실제로 우리보다(레프가 말하고 있듯이) 무한하게 더 매력적이고 궁극적인 것이 있다고 주장한다. 또한 도덕성의 본질에 관한 논쟁이 결국 한 세계관이 옳은 것이라고 판결나는가에 달려 있기 때문에 우리의 일차적인 목표는 신 존재 증명에 기여하는 도덕적 논증을 입증하려는 것이다.

우리는 도덕성의 모든 면들을 고려해볼 때 신, 그 중에서도 어떤 특정한 신을 믿을 수밖에 없는 충분한 이유가 있음을 밝히게 될 것이다. 또한 이와 같은 주장은 자연히 우리의 두 번째로 중요한 목표로 이어지게 되는데 그것은 유신론적 윤리관에 대한 반론을 효과적으로 반박하려는 것이다. 그리고 이 과정에서 우리는 도덕성이 신의 존재를 전제로 해야 할 뿐 아니라 도덕성이 합리적인 근거를 갖기 위해서는 궁극적으로 신을 필요로 한다는 사실을 입증하게 될 것이다.

이제부터 앞으로 우리가 각 장에서 어떤 주제들을 다루게 되는지를 소개하려고 한다.

우리는 먼저 1장에서 도덕성에 관한 다양한 주장들이 어떻게 서로 연관되어 있고 서로 지지하는지를 이야기할 것이다.

2장에서는 유신론적 윤리관에 대한 일련의 반박들을 설명할 것이다. 유신론적 윤리관에 대한 전통적인 반박들은 대부분 유명한 에우티프론 딜레마(Euthyphro Dilemma)로부터 기인한다고 볼 수 있다. 에우티프론에게서 아이디어를 얻은 반론들은 규범의 불필요성, '이유 없는' 반대, 혐오스러운 명령 반박, 일관성 결여, 근거 불충분성, 입증 불가능성 그리고 인간의 자율성을 근거로 반박을 펼치고 있다.

우리는 3장부터 이와 같은 반론들에 대한 대답들을 해나가려고 하는데 그렇다고 해서 단지 방어적인 태도만을 취하지는 않을 것이다.

그와 같은 반박들에 대한 변론을 펼치면서 실제로 신 존재 증명을 위한 도덕적 근거를 강화시키는 결과를 얻게 될 것이다. 그리고 이로 인해 철학적으로 동일 선상에 있는 도덕적 변증론과 유신론적 윤리관도 힘을 얻게 될 것이다.

그리고 제3장부터 몇 장에 걸쳐서 다양한 에우티프론 반박들에 대한 대답을 해나갈 때 일곱 가지 구분법을 사용하게 될 것이다. 많은 저자들은 이 중에서 몇 가지만을 주로 강조하는 경향이 있는데 우리는 이 모든 구분법들을 일관되게 사용할 것이며, 그럼으로써 신 존재 증명을 위한 도덕적 근거를 더욱 강화시켜가게 될 것이다. 이 일곱 가지 구분법을 열거하자면 분석과 정의의 구분, 선과 옳음의 구분, 존재론과 인식론의 구분, 난해성과 불가능성의 구분, 다의성과 일의성의 구분, 의존성과 통제성의 구분 그리고 상상가능성과 존재가능성의 구분이다. 이와 같은 구분법들을 사용하여 유신론적 윤리학에 대한 모든 도전들을 효과적으로 물리침으로써 신 존재 증명을 위한 도덕적 근거를 더욱 보강해나갈 것이다. 그리고 3장에서는 도덕에 관한 주장들이 대부분 지시하는 신의 조작주의 개념(operative conception)을 분명하게 밝힐 것이다.

4장에서는 우리의 입장이 넓은 의미에서 개혁주의지만 분명히 알미니안주의라는 것이 드러날 것이다.

5장에서는 하나님과 선 사이의 결정적인 중심 관계를 살펴보게 될 것이다.

6장에서는 도덕적 의무에 관한한 주의주의(voluntarism)를 강조하는 입장에서 신명론(神命論, divine command theory)을 알아보게 될 것이다.

7장에서는 가나안 정복 이야기들과 같은 난해한 성경구절들을 논의하면서 그와 같은 구절들이 완전히 선하신 하나님과 어떻게 조화를 이룰 수 있을지를 알아보게 될 것이다.

8장에서는 도덕논증의 다른 면인 악의 문제를 살펴보게 될 것이다.

9장에서는 우리의 주장을 수반해서 발생하는 인식론적 질문들을 다루게 될 것이다.

10장에서는 도덕적 변증론과 유신론적 윤리학을 넘어서서 기독교 신학에서만 제기되는 특수한 문제들, 즉 사후, 부활, 성육신, 삼위일체 등의 주제들을 다룰 것이다. 우리는 특별계시에 관한 논의를 의도적으로 이 마지막 장까지 보류해 두었다. 그 이유는 이 주제가 덜 중요해서가 아니라 이 문제를 처음부터 다루었을 때 거부감을 느끼게 될 수 있는 보다 더 넓은 독자층을 대상으로 이 책을 쓰고 있기 때문이다.

이 마무리 과정에서 우리는 우리 인간들로 하여금 도덕적 삶을 살게 하는 원동력인 하나님의 은혜가 제공하는 효과적인 역할을 이야기할 것이다. 물론 앞에서도 이야기했지만 이 주제를 마지막까지 미룬 것은 윤리학의 철학적 기원에 대한 형이상학적인 질문들보다 덜 중요해서가 절대로 아니다. 왜냐하면 이 책은 행위를 위한 질문들에 선행하는 더 근본적인 문제들을 다루고 있기 때문이다. 이 책의 주장이 충분한 설득력을 지닌다면, 도덕은 C. S. 루이스(C. S. Lewis)가 고백했던 것처럼 "저는 태양이 떠오른 것을 믿듯 기독교를 믿습니다. 태양을 보기 때문이 아니라 태양에 의해서 다른 모든 것을 보기 때문입니다"라

고 말할 수 있는 자신감을 우리에게 북돋울 것입니다.[8]

우리는 도덕 철학사, 특히 서양 도덕 철학사로부터 많은 위대한 개념들을 빌어다 사용하게 될 것이지만 이 책은 역사적인 연구가 아님을 먼저 밝혀두어야 할 것이다. 하지만 될 수 있는 대로 해석학적 오류를 피하면서도 유신론적 윤리관의 주요한 내용과 형식을 제시하기 위한 목적으로 이 본문들을 다루게 될 것이다. 우리의 목적이 과거의 전통적인 관점과 성경본문에 관한 주석적인 분석을 제공하려는 것이 아니라 도덕적인 변증을 강화하려는 것이기 때문이다.

본문으로 들어가기 전에 마지막으로 하고 싶은 말은 이 책의 문체에 관한 것이다. 보다 광범위한 문화와 사회의 독자층을 대상으로 하고 있기 때문에 철학자들이나 신학자들의 전문적인 용어나 문제들을 될 수 있는 대로 피하려고 노력했다. 도덕성의 본질에 관한 논쟁이 21세기에는 '인간의 영혼에 대한 추구'라는 매우 중요한 형태를 취할 것이기 때문에 이 논쟁에서 판결이 나는 세계관에 대한 결정을 학자들이나 학계에만 국한시킬 수 없다. 여기서 다루는 주제들 중 어떤 것들은 논쟁을 하다 보면 매우 난해해질 수 있다. 그럴 때에는 독자들, 특히 철학적인 훈련을 받지 않은 독자들은 어느 정도 노력을 해야 이해할 수 있을 것이다.

하지만 대부분의 주제들은 철학적 전문용어들을 될 수 있는 대로 피해가면서 다루었고 생소한 주제들은 각주에서 충분한 설명을 곁들

---

8 C. S. Lewis, "Is Theology Poetry?" *The Weight of Glory and Other Addresses* (New York; Macmillan, 1965), p. 140.

였기 때문에 핵심적인 내용을 파악할 수 있을 것이다. 그래서 내용이 그렇게 어렵지는 않을 것이다. 우리의 이러한 노력이 실패한 경우가 없지는 않겠지만 매우 드문 예외가 되기를 바랄 뿐이다.

Moral Apologia

1장:
도덕적 변론

첫째,…지구 위에 사는 모든 인간들은 누구나 어떤 일정한 방법대로 행동해야 옳다는 매우 특이한 생각을 가지고 살아가고 있다…둘째,…그러나 실제로 우리 인간들은 그런 방법으로 살아가려고 하지 않는다. 이 두 가지 사실은 우리 자신과 우리가 살고 있는 우주에 관해서 명확한 사고를 위한 기본적인 출발점이다.

— C. S. 루이스[1]

---

1 C. S. Lewis, *Mere Christianity* (New York: Macmillan, 1943), p. 21.

무신론자로 살았던 버트란드 러셀(Bertrand Russell)에게 누군가가 죽은 후에 하나님이 실제로 존재한다는 것을 알게 된다면 어떻게 대답할 것인가라고 물었다. 그러자 러셀은 "하나님, 증거가 충분하지 않았습니다. 확실한 증거가 없었습니다"라고 대답할 것이라고 말했다. 하지만 이 장에서 소개하는 신 존재 증명에 관한 주장들이 틀리지 않다면 우리가 살아가면서 당연한 것으로 여겼던 것들 중에서 하나님의 존재를 인정할 수밖에 없는 증거들이 충분하게 있음을 알 수 있을 것이다.

자연신학이나 기독교 변증학에서는 존재론적 하나님 논증과 함께 설계로부터의 논증, 제1원인 논증과 같은 주장들이 하나님의 존재를 입증하는 가장 대표적인 변론이라고 할 수 있다. 이에 비해서 도덕적 논증은 지성인들 사이에서 별로 환영을 받지 못해온 것이 사실이다.[2] 그럼에도 그 논증은 여전히 이 주제를 다루는 데에 필요한 예리한 통찰을 제공하고 있으며 현대 철학자들 간에 그 관심이 다시 고조되어 가고 있다.[3]

---

2 W. L. Sessions는 지난 세기 중엽에 도덕 변증론이 약화된 원인을 다음과 같은 네 가지로 보고 있다. 도덕 변증론적 논쟁이 자주 동반되는 관념론의 쇠퇴, 사변적인 형이상학에 대한 회의, 윤리적 비인식론주의 등장 그리고 종교적 주제들에 대한 일반적인 무관심과 이성적으로 용납될 만한 지적 활동의 패러다임으로서 과학에게 부여하는 우월성 등이다. W. L. Sessions, "A New Look at Moral Arguments for Theism," *International Journal for Philosophy of Religion* 18 (1985): 51-67.

3 앞으로 이야기하게 될 흥미로운 입장들을 미리 보여주는 의미에서 신 존재 증명을 위한 도덕적 논증들을 나름대로 재구성한 세 명의 현대 철학자들을 소개한다. Linda Zagzebski, "Does Ethics Need God?" *Faith and Philosophy* 4 (1987): 294-303; John Hare, *The Moral Gap: Kantian Ethics, Human Limits and God's Assistance* (Oxford: Oxford Uni-

이러한 주장을 편의상 흔히 도덕적 논증(moral argument)이라고 부르고는 있지만 다른 신학적 주장들과 마찬가지로 매우 다양한 의미를 내포하므로 적절한 용어라고 보기는 어렵다. 이 도덕적 논증을 처음으로 주장한 사람은 위대한 철학자 임마누엘 칸트(Immanuel Kant)이고, 존 헨리 뉴만(John Henry Newman), 해스팅스 라쉬달(Hastings Rashdall)과 윌리엄 솔리(William Sorley) 등이 나름대로 이 도덕적 논증을 발전시켜 왔다. 그리고 헨리 시즈윅(Henry Sidgwick)은 다른 방향으로 전개시켜보려고 했으나 결국 포기하고 말았다.[4] 루이스(C. S. Lewis)는 도덕성을 근거로 해서 하나님의 존재를 입증하는 방법이 설득력이 있다고 보았으나 옥스퍼드 출신의 또 다른 위대한 신학자인 존 맥키(John L. Mackie)는 전혀 그렇지 않다고 믿었다.

비전문인들은 이 끝없는 논쟁에 사용되는 개념들을 이해하는 데에 큰 어려움을 겪어왔다. 그러나 이 논쟁은 매우 중요해서 모든 사람들이 쉽게 따라올 수 있어야 하므로 우리는 먼저 이 문제부터 해결하려고 한다. 다시 말해서 우리들은 도덕성을 기초로 하는 몇몇 주장들

---

versity Press, 1996); and C. Stephen Layman, "A Moral Argument for the Existence of God," *Is Goodness without God Good Enough?*, edited by Robert K. Garcia and Nathan L. King (Lanham, MD: Rowman & Littlefield, 2009), pp. 49-65.

4 William R. Sorley, *Moral Values and the Idea of God: The Gifford Lectures Delivered in the University of Aberdeen in 1914-1915*, 2nd ed. (New York: Macmillan, 1921), pp. 332-333; Hastings Rashdall, *Philosophy and Religion: Six Lectures Delivered at Cambridge* (Westport, CT: Greenwood Press, 1910; reprinted in 1970), Lecture III; John Henry Cardinal Newman, *A Grammar of Assent* (Notre Dame, IN: University of Notre Dame Press, 1979), chap. 5.

의 근본적인 개념들을 하나로 통합해서 철학이나 신학의 훈련을 받지 않은 사람도 쉽게 이해할 수 있도록 설명하려고 한다. 때로는 전문적인 개념이나 용어들 때문에 본질을 파악하지 못하는 어려울 때가 있다. 그래서 우리는 먼저 이 주장의 전체적인 윤곽을 보여주고서 앞으로 우리가 변증해나갈 도덕적 논증이 어떤 것인지를 간단히 소개하려고 한다. 다양한 도덕적 논증들을 하나씩 설명하고 나서 이번 장의 마지막 부분에서 이들을 하나로 통합해보면 앞으로 전개할 주장의 전체적인 윤곽을 파악할 수 있을 것이다.

우리들의 주장을 펼치기 전에 먼저 말해두어야 할 것이 있는데 그것은 신앙에 이어서 논쟁의 역할이나 철학과 종교의 관계에 관한 것이다. 때로는 신앙과 이성이 서로 양립할 수 없는 것으로 여겨왔으며 그것은 신앙인이나 불신자들이나 마찬가지이지만 그 이유들은 서로 다르다. 이와 같은 견해를 가지고 있는 신앙인들은 자신의 신앙을 안전하게 지키는 방법으로 이 주장을 사용하고 있다.[5]

하지만 만일 신앙이 합리적 사고나 과학적 추론의 영역 밖에 있다면 그 타당성은 지성적인 철저한 분석을 기초로 할 수는 없을 것이다. 이와 같은 견해는 '신앙'을 의미하는 라틴어 '피데스'(*fides*)로부터 유래한 신앙주의(fideism)라고 부르는데 기독교의 유명한 사상가들이 대부분 견지하고 있는 입장이며, 비록 소수이기는 하지만 오늘날 합리적인 주장들의 모호성을 강조하는 포스트모던 사상에 젖어있는 많은 현대의 신

---

5 Karl Barth가 이 접근에서 대표적인 신학자이다.

앙인들 사이에서도 공통으로 취하는 자세라고 할 수 있다.[6]

비신자들에게는 신앙과 이성이 서로 상충한다는 주장은 전혀 다른 목적을 지닌다. 즉 신앙은 철저하게 비이성적이라는 주장을 강조하기 위한 수단으로 사용되고 있으며 요즘 들어 서점가를 범람하고 있는 무신론 서적들에 의해서 그 열기를 더해가고 있다. 학계나 지성인들 사이에서는 하나님에 대한 신앙이 과학적으로 타당하거나 철학적으로 존중받기 힘들고 유아적인 유치한 개념이라는 주장이 팽배해 있다. 개화되지 않은 미개인들 사이에서나 믿을 가치가 있는 천박한 것이라는 것이다. 교육받은 현대인이라면 당연히 그 같은 미신의 흔적을 떨쳐버려야 한다는 것이다. 힘들 때 약한 사람들에게 종교가 위로와 평안의 원천이 되고 심리적인 의지가 될 수는 있을지 모른다. 하지만 그것은 허구이며 합리적으로 증명될 수 없다는 것이다.

기독교 전통을 따르는 우리는 신앙과 이성이 서로 양립할 수 없다는 주장을 거부한다. 실제로 우리는 철학을 우방으로 보고 있다. 프란시스 베이컨의 말처럼 철학을 수박 겉핥기식으로 아는 사람들은 무신론으로 기울지 모르지만 철학을 깊이 하면 할수록 우리 인간을 신앙으로 이끌어간다.[7] 이것은 절대로 철학적 사고의 효능을 과장하려는 것이 아니다. 실제로 지난 200여 년 동안 철학은 절대적인 진리에 대한 진지하지

6　포스트모더니즘의 다양한 색깔을 보여주는 Alvin Plantinga, *Warranted Christian Belief* (Oxford: Oxford University Press, 2000), p. 423을 참조.

7　Francis Bacon, *The Essays of Francis Bacon*, edited by Clark Sutherland Northup (Houghton, Mifflin, 1908), Essay 16: "Of Atheism," p. 51.

못한 도전은 아무런 효과도 없었음을 보여주고 있다. 물론 하나님의 존재를 누구나 인정할 수 있을 정도로 분명하게 증명하는 것은 불가능하지만 종교적 신앙이 합리적인 설득력을 지니고 있음을 보여주는 것은 해볼 만한 가치가 있을 뿐 아니라 매우 중요한 작업이기도 하다.

C. S. 루이스는 프란시스 베이컨의 정신을 따라 철학적 논증들이 유신론의 승리에 도움을 줄 것으로 믿고 있다. 그는 논쟁 자체가 이성의 능력을 일깨울 것이며 이렇게 일단 우리의 이성이 잠에서 깨어나면 그 결과는 아무도 예측할 수 없을 것이라고 가르쳤다.[8] 왜냐하면 이성은 우주적인 문제들을 바라보았던 타성적인 시각에서 벗어나도록 도와줄 것이며 우리 눈에 보이는 것 외에는 아무 것도 없다는 편견을 갖도록 하는 현실을 넘어설 수 있도록 해줄 것이기 때문이다. 루이스는 이러한 신념을 바탕으로 매우 설득력 있는 도덕적 주장을 발전시킬 수 있었으며 그의 『순전한 기독교』(Mere Christianity)의 첫 부분에서 자세히 소개하고 있다. 우리는 이 책에서 그의 도덕적 논증을 출발점으로 삼아 우리의 주장을 전개해 나갈 것이다.

1. 더 큰 그 무엇의 계시

루이스는 신 존재 증명을 위한 도덕적 논증을 펼침에 있어서 매우

---

8 이러한 사상을 가상적인 이야기로 보여주는 글은 Lewis의 『스크루테이프의 편지』(Screwtape Letters)이다.

상식적인 사실로부터 출발하고 있다. 다시 말해 루이스는 우리가 논쟁을 벌일 때 언어를 사용하는 방법으로부터 시작하고 있는 것이다. 논쟁을 벌이는 양측의 논객들은 신사적인 정당한 행동 규범에 호소하면서 자신의 신념이 옳다는 것을 입증하려고 한다.

루이스는 이 규범을 전통적인 명칭인 '자연법칙'(law of nature)이라고 부르면서도 이 도덕법칙은 자연의 질서를 초월한다는 점을 강조하고 있다. 물리적인 세계에서는 우리 신체나 물체에 관한한 중력과 같은 자연법칙 아래 있으며 우리에게 아무런 선택권이 없으나 우리의 정신이나 의지의 세계에서는 도덕법칙에 순종하거나 거부할 수 있는 능력을 지니고 있다. 루이스는 '자연법칙'이라는 용어를 인간본성의 법칙으로 생각했다. 우리가 어떻게 이 자연의 법칙을 알게 되는지를 이야기하면서 이 용어가 매우 적절하다는 것을 보여주고 있다. 그는 우리가 자연법칙을 우리 본성으로 알 수 있으며 그 누구에게서도 배워야 할 필요는 없다고 말하고 있다. 우리는 옳고 그름의 차이를 스스로 알 수 있으며 당연히 알 수 있어야 한다고 주장하고 있다.

적어도 많은 도덕적 사실들이 자명해 보인다는 점에서 루이스의 주장은 옳다고 할 수 있다. 예를 들어 천진한 아이들을 단순히 재미로 고문을 하는 것은 누가 봐도 잘못이다. 물론 모든 도덕적 판단들이 이처럼 단순한 것은 아니지만 대부분의 윤리적 기준들이 모호하다고 말하는 것은 사실이 아니다. 깊이 생각하면 할수록 윤리적 질문들에 대한 명쾌한 해답을 찾기가 어려운 것은 인정하지만 대부분의 윤리적 진실은 매우 분명하다. 사람보다 이득을 앞세우는 것이 잘못인 것처럼 인간에게 기본적인 예의를 갖추는 것은 당연히 옳은 것이다.

사람들이 모두 동의하지 않는 윤리적 문제에 있어서도 의견이 엇갈리는 것은 윤리적인 원리가 아니라 그 원리들을 적용하는 실제적인 방법일 때가 대부분이다. 예를 들어 많은 사람들이 중국에서 자행되는 노동 착취를 개탄하면서도 어떤 사람들은 중국이 자본주의로 가는 것을 막아야 도덕적으로 옳다고 보는 한편, 어떤 사람들은 중국의 경제발전을 도와줘야만 그와 같은 착취가 완화될 것이라고 믿고 있다. 가난한 사람들이 착취당하는 것을 보면서 아무런 도덕적 분노를 느끼지 못하는 사람은 거의 없다.

독자들 중에 루이스가 객관적인 윤리를 주장하는 것으로 보아 그가 스스로 자기 의에 빠져있지 않는가 하고 생각하는 사람들이 있을지 모르지만 루이스는 자기뿐 아니라 그 어떤 사람도 도덕법칙을 언제나 완전하게 따르며 살아가는 사람은 없다는 점을 분명히 한다. 그는 우리 인간들이 모두 다 불완전하며 그와 같은 사실을 잘 알고 있음에도 불구하고 수시로 잘못을 범하면서 살아가고 있다고 말한다.

그래서 루이스의 논증 첫 번째 부분은 다음과 같은 명제로부터 시작한다. 즉 우리 모두의 행동을 규제하는 객관적인 도덕법칙이 존재한다는 것이다. 이와 같은 명제는 보다 자세한 설명을 필요로 한다.

두 번째 부분은 이와 같은 명제를 근거로 해서 결론을 이끌어내는 추론 과정으로 되어 있다. 루이스는 우리에게 어떻게 행동해야 하는지를 말해주는 도덕법칙이 우리로 하여금 하나님의 존재를 믿게 한다고 주장하고 있다. 아마도 루이스가 그처럼 단정적인 결론을 이끌어낼 때 약간은 비약하는 느낌을 주지만 이 명제 자체는 신 존재의 증거로서 많은 시사를 주고 있다. 도덕법칙이 적어도 하나님의 존재를 믿게 하는 충분한 이유가 되는가 하는 질문은 토론해 볼만한 가치가 있는 매우 생동감 있는 주제이다.

루이스는 도덕법칙의 가능한 근원을 자연주의와 종교로 국한시키고서 자신의 추론을 이끌어간다. 자연주의는 물리적인 세계가 존재하는 것들의 전부이며 그 배후에는 아무런 궁극적인 질서나 계획이나 목적이 없다고 주장한다. 20세기 영국의 위대한 철학자이자 무신론자인 버트란드 러셀은 "절망의 교수대"(Scaffolding of Despair)라는 유명한 풍자시를 통해서 자연주의 세계관의 실상을 적나라하게 표현하고 있다.[9] 우리는 조지 마브로데즈(George Marvrodes)를 따라 이러한 자연주의적 실재를 '러셀의 세계'(Russellian World)라고 부르기로 한다.[10]

이에 반해서 실재의 종교적 개념은 물리적 세계의 배후에 다른 그

---

9 Bertrand Russell, *Mysticism and Logic* (New York: Barnes & Noble, 1917), pp. 47-48: "인간은 성취해가는 목표의 내용을 미리 알지 못하는 원인들의 산물이다. 인간의 기원, 희망, 공포, 사랑, 신념들은 원자들의 우연한 집합의 결과물들이다. 어떤 불도, 영웅주의도 또는 어떤 강렬한 생각과 감정도 무덤 저편까지 존속되는 일은 없다. 나이를 불문한 모든 노력들, 모든, 헌신들, 모든 열망들, 대낮보다 더 빛나는 그 어떤 천재성도 태양계의 소진과 함께 영원히 사라질 것이다. 그리고 인간의 성취를 모셔놓은 성전들도 우주의 쓰레기더미 밑에 영원히 묻히게 될 것이다. 이와 같은 추론들은 비록 의문의 여지가 어느 정도 있더라도 너무 확실한 예측이기 때문에 어떤 철학도 이를 부정한다면 곧 사라지게 될 것이다. 이와 같은 진실들의 교수대 위에서 그리고 물리칠 수 없는 절망의 기반 위에서만 인간의 주거지는 확고하고 안전하게 건설될 수 있을 것이다."

10 George Mavrodes, "Religion and the Queerness of Morality," *Ethical Theory: Classical and Contemporary Readings*, 2nd ed., ed. Louis P. Pojman (New York: Wadsworth, 1995).

무엇, 즉 어떤 종류의 정신이 존재한다고 주장한다. 루이스는 다음과 같이 말한다.

> 그것은 말하자면 어떤 의식이며 자신의 목적을 지니고 있고 어떤 것보다 다른 어떤 것을 더 선호하는 특정한 성향을 가지고 있다. 그리고 이와 같은 의식이 이 우주를 만들었다. 우리는 그 목적을 완전히 알 수는 없다. 하지만 부분적으로는 알 수 있는데 그것은 피조물을 만들었지만 자신과 비슷한 형상으로 만든 것이다…정신을 소유하는 것까지도 자신을 닮은 것이다.[11]

루이스는 만일 우주의 배후에 우주를 만든 그 무엇이 존재한다면 그것은 우주 안에 있는 사실들과는 다른 어떤 것을 통해서 자신을 우리들에게 드러낼 것이라고 시사했다. 우주의 배후에 아무것도 존재하지 않는다고 확신하는 러셀과는 반대로 루이스는 과학이 그 탐구를 우주 안으로 국한시키기 때문에 우주 저편에 있는 존재를 인식하지 못하는 것이 당연하다고 주장한다.

더 궁극적인 설명이 가능한가에 대해서는 앞에서 물은 질문을 물을 수는 있으나 이 질문에 대한 답을 얻어내기 위해서는 더 큰 그 무엇의 계시에 마음을 열어야 한다. 루이스는 우리 안에서 어떤 특정한 방식으로만 행동하게 하는 도덕법칙을 보다 심오한 실재의 존재를 입증하는 증거로 보고 있다. 우리는 우리 안에서 우리를 끌어당기는 힘을 경

---

[11] C. S. Lewis, *Mere Christianity* (New York: Macmillan, 1960), pp. 31-32.

험할 때 그 도덕법칙을 인식하며, 이 도덕법칙은 우주를 초월해 있는 그 무엇의 친밀한 계시를 암시하는 실마리라고 볼 수 있다. 도덕법칙은 초월적인 어떤 것이 존재함을 입증할 수 있는 단 하나의 증거이며 우리는 이 증거를 바탕으로 하나님의 존재를 받아들인다.[12]

이 도덕적 의무의 근원이 단순한 물질이 아니라는 것은 분명하다. 도덕적 의무에 대한 감정이나 믿음에 대한 진화론적인 설명이 가능하기는 하겠지만 자연주의가 의무감 자체를 설명하는 것은 불가능할 것이다. 우리가 원자들의 집단에 불과하다면 어떻게 구속력이 있는 도덕 명령을 만들어 내거나 강요할 수 있는가? 그것이 가능하다고 주장한다면 불합리하다고 말할 수는 없을지 모르나 합리적인 설명은 불가능할 것이다.

현대의 자연주의 윤리학자 리처드 보이드(Richard Boyd)는 선의 본성으로서 일련의 경험주의적 특성들을 열거하고 있는데, 그중 하나가 바로 사회적 인간의 필요를 서로 보완해주는 즐거움이라고 말하고 있다.[13] 인간의 선택은 서로의 필요를 충족시켜주는 정도에 따라 얼마나

---

12 우리는 그 힘을 느낄 수 있고 우리가 여기서 Lewis와 여러 면에서 공감할 수 있지만 하나님이 도덕적 질서 안에서만 자신을 보여줄 수 있다고 말할 때 너무 비약하는 느낌이 있다. 더 이상 환원할 수 없는 복합성이 자연 세계에서 발견될 수 있다면 우리는 물리적 세계의 배후에 지성이 있다는 결론을 합리적 추론으로 여겨야 할 것이다. 또는 만일 자연주의적 우주론이 우주의 기원에 대한 부적절한 설명이라면 인격적인 설명에 대한 추론이 정당성을 얻게 될 것이다. 하지만 여기서는 더 이상 논의하지는 않을 것이다.

13 그의 접근 방법에 관한 구체적인 개요를 원하면 Richard Boyd, "How to Be a Moral Realist," in Sayre-McCord, ed., *Essays on Moral Realism* (Ithaca, NY: Cornell University Press), pp. 181-228을 참조.

도덕적인지가 결정된다는 것이다.

그와 같은 설명은 도덕의 객관성을 어느 정도 지지해주기는 하지만 단순히 경험주의적인 특성으로는 구속적인 의무감이나 내재적인 가치를 설명하기가 힘들다. 우리의 욕구를 충족시켜주는가에 따라 도덕성을 결정하려고 하는 것은 가치와 의미에 관한 유신론의 객관적인 설명을 주관적인 만족으로 대치하자는 것인데 그건 설득력이 더욱 떨어진다. 그러한 경험주의적 특성들로부터 객관적인 도덕감을 이끌어내기 위해서는 무리한 신앙적 비약이 요구되기 때문이다.[14] 이 문제에 관한 한 인간, 특히 내재적 가치와 존엄성을 지니고 있는 인간들은 인격적인 창조자의 의지에 따라 만들어졌지 비인격적인 무가치한 물질로부터 제조된 것이 아니라는 사실이 더욱 분명해진다.

루이스가 제시하기를 여기에 더욱 중요한 사실이 있다면 그것은 원자의 집단이나 일련의 경험적 특성이 아니라 어떤 정신일 수밖에 없다고 말하고 있다. 가톨릭 신학자 존 헨리 뉴먼(John Henry Newman)은

---

14 자연주의에 대한 비판은 적어도 많은 도덕적 의무들이 자연주의적 사실들의 결과로서 일어나야 한다는 주장과 일치한다. 하지만 수반성(Supervenience)이 자연주의적 세계관의 증거가 된다고 주장하는 것은 잘못이다. 『신앙과 철학』(*Faith and Philosophy*)이라는 학술지에 "자연론, 유신론, 책임, 수반론"(Naturalism, Theism, Obligation and Supervenience)이라는 제목으로 곧 게재될 글에서 Plantinga는 이 견해를 역설하고 있는데 그는 선행하는 특성들이 후행하는 특성들보다 더 근본적이고 설명가능하다는 점에서(또는 수반하는 특성들이 선행하는 특성들을 능가할 수 없다는 점에서) 수반론을 정의할 수 있다고 덧붙였다. 만일 그랬을 때 수반성은 Terence Horgan의 초수반성(superdupervenience)과 동의어가 될 것이다. "From Supervenience to Superdupervenience: Meeting the Demands of a Material World," *Mind* (1993). 그렇지만 물론 도덕적 특성들이 자연주의적 특성을 수반한다는 주장은 설득력을 잃게 될지도 모른다.

루이스보다 1세기 전에 우리의 양심, 특히 우리의 죄책감은 하나님이 존재한다는 결론에 도달하게 해준다고 말한 바 있다.[15]

양심의 거리낌은 대부분 동료 인간들에게 대한 것이지만 때로는 수치심이나 죄책감을 느끼는 데도 그 적절한 대상을 인간들 중에서는 찾을 수 없는 경우가 있다. 만일 그 느낌이 옳다면 그러한 대상을 인간이 아닌 다른 존재에서 찾아야 할 것이다. 그리고 책임감, 수치심, 공포감 등이 우리의 양심으로부터 나온 것이므로 우리가 책임감을 느껴야 할 존재가 있다는 뜻이며 그 존재 앞에서 수치심을 느끼며 그 존재가 우리에게 요구하는 것 때문에 공포심을 느끼는 것이 분명한 것이다.[16]

이와 비슷한 맥락에서 보면 루이스의 근본적인 주장은 다음과 같이 요약될 수 있을 것이다. 즉 객관적인 도덕적 사실들이 존재하며 이와 같은 사실들 중에서 잘못된 행동에 대한 죄책감, 반드시 수행해야 하는 것을 수행하지 못했을 때에 책임이 따르는 의무감 등과 같은 도덕적 사실들은 러셀의 세계관보다는 실재에 대한 종교적 이해에 의해서 더 설명을 명확하게 할 수 있다는 것이다. 따라서 도덕성은 하나님의 존재를 믿는 데에 필요한 매우 중요한 이유를 우리에게 제공하는 것이다.

---

15 Newman의 *Essay in Aid of a Grammar of Assent* (Notre Dame, IN: University of Notre Dame Press, 1979)를 참조.

16 W. G. Maclagan, *The Theological Frontier of Ethics* (New York: Macmillan, 1961), p. 80. William Sorley는 "기포드 강연"(1914-1915)에서 비슷한 주장을 펼쳤다. 즉 권위 있는 도덕률은 어떤 정신에 뿌리를 두고 있어야 하는데도 인간들의 정신에서 나올 수는 없으므로 그것은 하나님의 마음 안에 존재할 수밖에 없다고 말하는 것이다. 후에 *Moral Values and the Idea of God* (London: Cambridge University Press, 1935, 특별히 13장)로 출간되었음.

현재 상황에서 그 주장이 흥미롭기는 하지만 많은 비판을 야기할 수 있으므로 이제 우리의 관심을 돌려서 더 도전적인 주장들을 살펴보기로 한다.

2. 이기주의, 시즈윅 그리고 칸트

루이스는 문화적 상대주의에 대해 반대하는 입장에서 다음과 같이 주장했다.

> 사람에 따라 이타심의 대상에는 차이가 있다. 즉 이타심이 자신의 가족에게만 국한되는 경우도 있고 자신의 민족 또는 전 인류로 확대되는 경우도 있다. 하지만 사람들은 그 어떤 경우에도 자기 자신만을 앞세워서는 안 된다는 것으로 알고 있다. 인류 역사상 이기심이 칭찬을 받은 적은 한 번도 없었다.[17]

그렇지만 흥미롭게도 윤리 이론 중에서 자기중심적으로 행동하는 것을 도덕성의 근본으로 여기며 찬양하는 이론이 등장했다. 이 이론이 '윤리적 이기주의'(ethical egoism)인데 신 존재 증명을 위한 도덕적 논증을 반박하기 위해 만들어진 것이다.[18]

---

17 Lewis, *Mere Christianity*, p. 19.
18 이기주의가 도덕적 논증들을 완전히 무력화시킬 수 있다고 말하는 것은 아니다. 왜냐하면 윤리적 이기주의가 주장하듯이 자신의 이익만을 추구하게 하는 객관적인 도덕적 의무

만일 우리의 도덕적 의무들이 궁극적으로 우리 자신에게만 해당하는 것이라면 우리는 그와 같은 도덕적 논증들이 도덕적 가치의 객관성을 입증해주는 증거로서의 선한 신이 존재한다는 결론에 도달하도록 도와줄 것이라고 주장할 수밖에 없을 것이다.

윤리적 이기주의는 **심리적 이기주의**(psychological egoism)와는 전적으로 다르다. 심리적 이기주의는 모든 사람들이 실제로는 극도로 이기적인 동기에서 행동한다고 주장한다. 이러한 관점에서 보면 모든 사람들의 가장 깊은 동기는 자기 자신의 이익만을 위한다. 물론 어떤 행동을 취해야만 자신의 이기심을 가장 잘 추구할 수 있는지에 관해서는 사람들마다 다를 수는 있다.

플라톤(Plato)의 『국가』(Republic)에 나오는 기게스의 반지에 관한 글라우콘의 이야기를 봐도 잘 알 수 있다. 이 이야기에서 사람을 보이지 않게 만드는 반지는 젊은이에게 전통적인 제약들로부터 자유롭게 행동할 수 있는 능력을 준다.[19] 이 이야기의 요지는 이기적인 동기가 모든 사람들에게 공통적으로 존재하며 이기적으로 살아도 아무런 처벌을 받지 않을 수 있다면 우리 누구나 다 그렇게 할 것이라는 것이다.

우리는 여기서 심리적 이기주의나 윤리적 이기주의에 대한 비판을 하지는 않을 것이다. 18세기 영국의 성공회 주교인 조셉 버틀러(Joseph

---

가 존재한다면 이와 같은 객관적인 도덕률이 존재한다는 것 자체가 자연주의와는 양립할 수 없는 것이다. 아무튼 적어도 우리는 그렇게 반박할 수 있다. 하지만 객관적인 윤리적 이기주의는 다른 면에서는 우리의 도덕적 논증에 도움이 되는 부분은 없다.

19 Plato, *The Republic*, Book II.

Butler)가 홉스(Hobbes)의 심리학적 이기주의를 비판한 이래 현대 철학자 제임스 레이첼즈(James Rachels)의 윤리적 이기주의에 대한 반론에 이르기까지 많은 비판들이 쏟아져 나왔기 때문이다.[20]

20 James Rachels, *The Elements of Moral Philosophy* (New York: McGraw-Hill, 1993). 18세기 성공회 주교인 Butler는 특히 철학자 Thomas Hobbes의 심리학적 이기주의에 대한 반론을 제기했다. Hobbes는 1651년에 첫 출간된 그의 『리바이어던』(*Leviathan*)에서 어떤 과학적 연구도 인간의 본성 안에서 전통적인 윤리의 자리를 찾아내지 못했다고 주장했다. 우리의 행동은 단순히 어떤 주어진 순간에 어떤 충동이나 욕구를 가장 강하게 느끼느냐에 달려 있다고 말했다. Hobbes는 양심 같은 특수한 능력이 경험적인 근거가 전혀 없다고 본 것이다.
Butler는 인간의 본성에 관한 내구력 있는 적절한 이론을 찾아내려고 노력했다. 그러나 그는 환원주의적인 심리학적 이론인 이기주의 하나로는 인간의 결정 과정에 관여하는 수많은 이유들과 동기들을 다 설명할 수는 없다고 주장했다. Hobbes에 대한 반박으로 Butler는 인간의 본성을 자세히 관찰해보면 인간의 모든 행동의 동기를 이기주의로 환원시키는 것보다는 너무도 복합적이고도 미묘한 도덕 심리학을 찾아낼 수 있다고 말한다. 자기애 외에도 우리에게는 양심, 자선의 원리 그리고 자기애나 자선으로 환원시킬 수 없을 충동들이 있다.
아마도 심리학적 이기주의의 가장 큰 문제는 사회과학적 가설로 받아들이기에는 너무도 거센 비판에 부딪치고 있다는 것이다. 이와 같은 이론들은 거짓임이 반드시 밝혀져야 한다. 하지만 아무리 많은 반증들을 제시해도 심리학적 이기주의자들을 설득하는 것은 불가능하다. 한편으로는 순교자, 영웅, 성인들, 그리고 다른 한편으론 강간범, 테러범, 아동성학대자들이 모두 똑같은 이기심을 동기로 하고 있다는 주장은 절대로 타당할 수 없다. 하자고 들면 어떤 진정한 이타주의적 행동도 이기심으로 환원시킬 수는 있을 것이다. 하지만 이 때문에 그 누가 봐도 사회과학적 가설로 받아들이기 어려운 이 이론에 대한 반증을 아무리 많이 제시해도 이 이론을 버리도록 설득하기는 불가능한 것이다.
철학자 James Rachels는 윤리적 이기주의 이론이 불가함을 다음과 같이 주장하고 있다. 즉 어떤 한 집단의 이익을 다른 집단의 이익보다 우선시하는 그 어떤 도덕법칙도 그 두 집단들을 다르게 대우할 만한 특정한 이유가 있지 않는 이상 독단적이라는 비판을 면치는 못한다는 것이다. 윤리적 이기주의는 다른 사람들의 이익보다 자신의 이익을 중시하지만 그럴 만한 타당한 이유가 존재하지 않는다. 따라서 이기주의는 용납되기에는 불가능할 정도로 독단적인 것이다.

이기주의에 대항하는 이런 주장들이 설득력이 있는 것은 사실이지만 그렇다고 해서 이기주의가 완전히 잘못된 것임을 증명할 수는 없다. 우리가 실험관 속에 보존된 뇌나 매트릭스 세계 안에 있는 존재가 아니라는 사실을 완전히 증명하기는 불가능하듯이 심리적 이기주의나 윤리적 이기주의의 오류를 완전히 입증하는 방법은 없다는 것이다. 하지만 그렇다고 해서 그것이 이기주의를 증명하는 데에 어떤 도움이 되는 것은 아니다. 이기주의가 잘못된 것임을 입증해주는 상당한 이유들이 있기 때문이다. 물론 우리가 생각하는 것처럼 우리 자신은 이타적인 존재가 아니고 머독(Murdoch)의 '끊임없이 욕심만 채우려드는 자아'나 칸트의 '자기애'가 매우 강력한 주도권을 행사하는 것은 사실이지만 우리가 전적으로 이기적인 존재인 것은 절대로 아니다.

그럼에도 이기주의와 이타주의 사이에서 오늘날 벌어지고 있는 논쟁은 신 존재 증명을 위한 도덕적 논증들과 관련이 있는 근본적인 윤리적 질문들을 그대로 반영하고 있다. 19세기 사상가인 헨리 시즈윅(Henry Sidgwick)은 그의 『윤리학의 방법』(Methods of Ethics)에서 이와 같은 문제들을 매우 흥미롭게 다루고 있다.[21] 시즈윅의 글에서 가장 흥미로운 부분은 그가 제기한 질문에 대한 대답으로 하나님을 인정하기를 거부했지만, 하나님이 존재한다면 모든 문제는 해결된다는 사실을 인식하고 있다는 사실이다. 그의 주장은 이기주의의 한계를 보여줄 뿐 아니라 이기주의가 지향하는 목표에 대한 깊은 통찰을 제시해주고 있다.

---

21 Henry Sidgwick, *The Methods of Ethics* (Chicago: University of Chicago Press, 1962).

시즈윅은 그가 살던 시대의 가장 큰 도덕적인 문제를 '실천이성 이원론'(dualism of practical reason)으로 보고 있다. 즉 한 개인의 행복에 도움이 되는 것이 더 많은 사람의 행복과 상충될 수 있다는 사실을 가장 중대한 문제로 본 것이다. 예를 들어서 어떤 사람이 많은 사람들의 행복을 위해서 자신의 행복, 심지어는 자신의 생명을 희생해야 하는 경우를 가정한다면 어떻게 행동하는 것이 그에게 합리적일까? 한편으로는 그가 기꺼이 희생하는 것이 옳은 것처럼 보인다. 하지만 다른 한편으로는 자신의 행복만큼은 포기하지 않는 것이 옳은 것처럼 보인다.

시즈윅은 고대 도덕 철학자들 가운데, 특히 고대 그리스 철학자들 중에는 개인적인 희생이 아무리 크다고 하더라도 기꺼이 감수하는 것이 그 개인에게도 좋은 일이라는 사상이 널리 퍼져있음을 주목하고 있다. 시즈윅은 이와 같은 사상이 인류의 도덕의식에 깊이 뿌리박고 있으며 이 두 종류의 입장, 즉 개인의 행복이 중요한 것인가 하는 주장보다는 다수의 행복이 중요한가 하는 주장 사이에는 갈등이 있을 수 없으며 궁극적으로는 아무런 모순도 존재하지 않음을 주장하고 있다.[22]

시즈윅은 도덕성에 관한 근본적인 직관들이 기하학의 공리들처럼 자명한 것이므로 증명이 필요하지 않는 것으로 보고 있지만 개인의 행복과 집단의 행복 사이에 때때로 일어나는 갈등 때문에 우리는 도덕성을 합리적으로 완전히 입증하려는 희망은 포기해야 할 것이라고 말하고 있다. 하지만 자신의 의무를 수행하는 것이 개인적인 행복이나

---

22 Sidgwick, *Methods*, p. 405.

성취에 도움이 되지 않을 수도 있다는 사실이 도덕성을 포기해야 할 충분한 이유가 되지는 않는다. 다시 말해 시즈윅은 루이스처럼 도덕성은 매우 강한 의미에서 우리에게 객관적인 구속력을 지닌다고 본다.

그런데 시즈윅의 경우에는 실천이성 이원론에도 불구하고 그러한 견해를 고수하고 있다는 점이 특이하다. 시즈윅은 이 문제를 해결하지 않은 채 그대로 놓아두고는 있지만 해결될 수 있는 가능성은 있다고 보았다. 신이 윤리의 근본적인 근거가 된다면 도덕적으로 하는 모든 행동은 우리 자신에게 최선이므로 위에서 말한 갈등은 존재하지 않을 것이라고 보고 있다.

시즈윅이 하나님의 존재가 이 모든 문제를 해결해줄 수 있다고 생각한 것은 행복과 덕이 상응하도록 해주는 신의 존재를 인정해야만 도덕적인 질서가 가능하다는 임마누엘 칸트(Immanuel Kant)의 주장과 매우 가깝다. 시즈윅도 그렇지만 칸트도 도덕성은 도덕적인 행동들이 궁극적으로 우리 자신에게 최선이어야만 합리적인 설명이 가능하다고 생각했다. 시즈윅은 하나님의 존재가 그와 같은 문제를 깨끗하게 해결해줄 것으로 보기는 했지만 칸트처럼 그와 같은 해답을 택하지는 않았다.

시즈윅이 유신론적 해결책을 받아들이기를 주저한 것은 도덕성이 독자적인 자명성을 지녀야 한다는 신념 때문이었다. 하지만 루이스도 도덕성의 명백성과 자명성에 관해 이야기하고 있음을 주목하기 바란다. 근본적인 도덕적 진리들이 명백해야 하는 것은 틀림없는 사실이다. 그와 같은 주장들을 이끌어내는 증거들이 그 결론만큼이나 명백해야 하기 때문이다. 그렇지만 루이스는 자명해 보이는 도덕적 사실이나 진리들도 합리적인 설명이 필요하다고 보는 한편, 시즈윅은 그런 설명이 필요 없다고 여긴 것이다.

이 부분에서 칸트의 도덕적 신 존재 논증을 비판하는 학자들은 도덕성이 어떤 보상을 가져온다고 보는 생각이나 심지어는 종교적 윤리를 어떤 합법적인 도덕 이론으로 받아들이기에는 너무 계산적이라는 이유 때문에 폐기처분하려고 할 것이다.

그렇지만 그러한 비판은 칸트의 도덕적 논증을 피상적으로 이해하고 있음이 틀림없다. 칸트가 보상을 얻기 위해서 도덕적으로 행동해야 한다고 주장한 것은 절대로 아니었다. 칸트는 그와 같은 생각을 한 적이 없다. 그는 우리의 도덕적 동기가 계산적이어서는 절대로 안 되며 그런 도덕성은 **도덕적**이 아니라고 강력하게 주장했다. 칸트는 실천적인 방식에서 도덕성은 이치에 맞아야 하고, 그 근거가 확고해야 하고, 또한 우리가 처해있는 상황이 전적으로 도덕적이어야만 우리가 적절하게 도덕적으로 살아갈 수 있다고 주장한 것이다.

도덕성이 합리적이어야 한다고 우리가 믿어야 하는 것과 도덕성이 궁극적으로 우리 자신의 이익(self-interest)과 상응해야 한다고 주장하는 것은 도덕성이 우리에게 모든 행동에 있어서 자기 이해의 동기로 살아가도록 한다는 말과는 전적으로 다르다. 오히려 **그보다는** 자기 이익(self-interest)이라는 동기에서 순전히 자기 이익의 면을 제거해야 한다고 말하고 있다. 우리 자신의 이익에 관해서만 관심을 두는 것이 역설적이게도 우리 자신에게 이익이 되지 않는다. 이는 마치 행복을 얻는 최선의 방법이 행복 이외의 다른 어떤 것에 관심을 두는 것과 같다.

도덕성이 진정한 이타주의 정신에서 때때로 타인을 위해 행동하도록 요구한다고 말하는 것은 도덕성이 우리의 궁극적인 행복과 반하는 행동을 하도록 강요한다고 말하는 것과는 전적으로 다르다. 다시 말해 자기 이익을 버려야 한다고 말하는 것은 자신의 이익에 대한 건전한 관심이 도덕성과 위배된다고 말하는 것과는 다르다는 것이다. 물론 도덕성이 우리에게 단기적인 자신의 이익을 희생하도록 요구할 수는 있지만 유신론적인 세계에서는 자신의 궁극적인 이익을 포기하라고 말하는 것과는 차이가 있다. 왜냐하면 러셀의 세계에서 얻을 수 있는 이익들이 우리가 유신론적 세계에서 얻을 수 있는 이익의 전부가 아니기 때문이다.

우리는 앞으로 실천이성 이원론이 유신론적 세계에서는 사라진다고 주장하게 될 것이다. 유신론적 세계에서는 도덕성이 가장 심오한 기반 위에 서 있는 반면에 자연주의자들에게는 절대로 해결할 수 없는 범주에 들어가기 때문이다.

3. 매우 특이한 의무

시즈윅이 말하는 실천이성의 딜레마와 깊이 관련되어 있는 것은 도덕적 의무의 특이성이다. 현대의 윤리학자 리처드 브랜트(Richard Brandt)는 도덕적 의무를 저버리는 것이 자신의 '내면적 기준'(reflective references)을 충족시키지 못한다는 점에서 우리는 도덕적 의무를 회피해서는 안 된다고 주장하고 있다. 도덕적 의무들은 강력하면서도 충분한 이유가 있기 전에는 파기되어서는 안 되며 도덕적 의무를 수행함에 따르는 행동들이 우리가 원치 않는 것이라 할지라도 우리가 반드시 해야 할 행동들을 지시해준다는 것이다.

이 역시 우리들에 대한 도덕성의 권위를 언급하면서 루이스가 하고 있는 말이다. 도덕성은 우리가 지금까지 해온 행동들을 그대로 행하기만 하면 된다고 말하지는 않는다. 때로는 도덕성이 우리가 원치 않는 행동을 하도록 시키기도 하고 원하는 행동을 하지 말라고 말하기도 한다. 이 때문에 우리는 때때로 큰 불편을 느낀다.

시즈윅은 도덕성이 우리에게 항상 행복을 가져다주는 것은 아니라고 말한다. 그리고 실제로 이 때문에 도덕성이 때때로 우리에게 큰 짐이 되는 것도 사실이다. 도덕성이 재미를 앗아가고 행복이나 즐거움을 누리는 기회를 빼앗아간다고 느끼고 있다. 어떤 사람이 잘못된 일인지 알면서도 어떤 일을 구태여 하는 것은 옳음보다는 즐거움을 더 우선시함으로써 금지된 일의 찰나적인 기쁨을 선택했기 때문일 것이다.

플라톤은 아무도 고의적으로 악을 선택하지는 않으며 우리가 무언가를 선택하면 그것은 그것이 선하다고 생각했기 때문이라고 보았다. 이 견해에 의하면 잘못을 범하는 것은 오로지 무지 때문이라고 할 수 있다. 하지만 잘못을 저지르는 다른 이유들이 있을 수 있는데, 예를 들어, 유혹에 대한 굴복, 약한 의지력, 타락한 성품 등이다.

역시 루이스가 말했듯이 우리는 모두 다 때때로 잘못을 범한다. 현재 상황에서는 우리는 모두 다 불완전하다. 우리는 모두 다 유혹의 달콤함을 잘 알고 있다. 그리고 우리는 자신의 행동을 합리화시키는 경향이 있다. 우리 모두 다 자기도 모르게 끌리는 합리화란 자신의 행동이 정말로 잘못된 것인지를 묻는 물음으로 시작된다. 우리의 선택은 도덕이 원하는 것보다 모자라다는 것을 알 때 그에 따르는 죄책감을 해결하는 방법으로서 어떤 사람들은 자신의 부족함을 인정하기도 하지만 어떤 사람들은 옳고 그름의 기준을 낮추기도 하며 또 어떤 사람들은 도덕적 기준이 있다는 사실조차도 부인한다.

우리는 도덕성의 기초에 관한 지적 회의가 매우 매력적인 시대에 살고 있다. 도덕성은 권위로서 다가오고 죄의식을 유발하기 때문에 사람들의 마음이 불편할 수 있다. 정말로 도덕은 꼭 지켜야 하는 것일까? 도덕이란 부모의 가르침, 사회적 규범 또는 단순한 관습이나 습관이 내면화된 어떤 것이 아닐까? 도덕성이 확고한 기초 위에 서 있지 않는 한 그 권위가 의심을 받게 되는 것은 당연한 일일 것이다. 이를테면 우리는 우리의 기호를 포기하고 원치 않는 것을 하라고 시키는 도덕을 진지하게 받아들여야 하는 걸까? 의무가 우리의 본능적인 기호와 상응하지 않는데도 우리를 구속하도록 놓아두어야 하는 것일까?

만일 도덕법칙들이 권위를 가지고 있다면 러셀의 세계에서는 특히 도덕적 의무들이 매우 특이한 개체로 보일 수 있다. 실제로 조지 마브로데즈는 의무가 우리의 내면적 준거보다 더 우월하다는 브란트의 주장에 그렇게 대답했다. 마브로데즈는 이렇게 적고 있다.

이건 특이한 요소를 다시 끌어오는 것이다. 내가 어떤 유형의 인간인지, 내가 관심을 갖는 것들의 패턴이 어떤 것인지를 떠나서 의무라는 것이 있으며 이 의무는 그와 같은 것들과 상충될 수 있고 그럴 때마다 그것들을 우선한다.[23]

도덕적 사실, 그 중에서도 특히 의무는 이 세계의 특징을 묘사하는 어떤 단순한 사실들이 할 수 없는 방법으로 우리의 행동 방향을 지시한다. 도덕성은 우리의 행동뿐 아니라 동기에도 의무와 제약을 가한다. 어떤 보상을 받기 위해 물에 빠져 허우적거리는 아이를 구했다면 결과는 선하기는 하지만 모범적인 행동으로 칭찬받기에는 부족할 것이다. 도덕성은 칭찬과 비난을 수반한다. 도덕적 개체의 개인적인 관심이나 목적이 성취되었든 안 되었든 관계없이 덕에 내재해 있는 동기로서 올바른 행동을 유발하는 이득이 항상 실현되는 것은 아니다.

에릭 J. 윌렌버그(Erick J. Wielenberg)는 마브로데스의 주장이 지니는 설득력을 감소시키려고 노력하고 있는데, 마브로데스는 근본적으로 불공평한 우주는 불합리한 세계이므로 완전한 정의를 보장하는 신을 믿지 않을 수 없다는 단순한 주장을 펼쳤다는 것이다. 그런 다음에 윌렌버그는 버트란드 러셀의 오렌지 상자에 관한 유비를 예로 들면서 마브로데스의 주장을 조롱하고 있다. 즉 마브로데스는 윗줄의 오렌지가 나쁘면, 생각하기를 그 균형을 맞추기 위해 그 아래 줄 오렌지들은 상태가 매우 좋을 것이라고 유추하는 실수를 범한다는 것이다.

---

23 Mavrodes, "Queerness," p. 587.

하지만 윌렌버그는 마브로데즈의 강력한 논리를 그런 식으로만 비하시킬 수는 없었다. 왜냐하면 구속력 있는 도덕적 의무가 존재한다는 증거는 초자연적인 맥락보다는 자연주의적인 맥락 안에서 반박하기가 훨씬 어렵기 때문이다. 자신의 책에서 윌렌버그는 어떤 도덕적 행동이 의무적이라는 사실은 그와 같은 행동을 반드시 해야만 하는 절대적인 이유가 있다는 것을 보여준다고 믿는 성인들과 유신론자들을 대조하면서 유신론자들을 반박하려고 한다. 도덕적인 의무적 행동은 원하든 원치 않든 반드시 해야 하는 행동이다. 보상과 처벌은 우리가 도덕적으로 해야 하는 행동에게 부수적인 이유를 제공하기는 하지만 그와 같은 행동을 하는 유일한 근거가 될 수는 없다.[24]

루이스와 마찬가지로 윌렌버그도 강력한 의미에서 도덕적 현실주의의 존재를 인정하기를 원하기는 하지만 자연주의가 그와 같은 도덕적 현실주의와 얼마나 크게 상충되는지를 고려하지 않고 있다. 모두 다 대충 되는 대로 살아가는 이 세계에서 도덕적인 의무들은 어떻게 존재하는 것일까? 그처럼 구속적인 의무들이 어떻게 생겨난 것일까? 윌렌버그의 자연주의적 주장들은 오히려 그의 적이 되어 그와 같은 도덕적 실재론에 대한 확신을 무력화시키는 데에 앞장서고 있다. 그런데도 자신의 주장을 무너뜨리는 것은 유신론이라는 주장을 펼침으로써 매우 어리석은 실수를 범하고 있는 것이다.

이제 만일 그와 같은 도덕적 사실들이 존재한다면 반드시 대답해야

---

24 Erick J. Wielenberg, *Value and Virtue in a Godless Universe* (New York: Cambridge University Press, 2005), p. 80.

할 질문은 어떻게 그와 같은 사실들이 자연주의적 세계 안에서 생겨날 수 있는가 하는 것이다. 도덕적 의무들은 우리들의 관심이나 이익과 상응하지 않더라도 지켜야 할 규범을 우리들에게 부과한다. 도덕적 규범들은 실행에 옮긴 행동과 실행에 옮기지 않은 행동들에 대한 칭찬과 비난을 정당화시키거나 요구한다. 그렇다면 루이스가 말한 것처럼 자연과 같은 이 물질이 어떻게 그처럼 권위적인 요구를 할 수 있을까?

20세기의 영향력 있는 무신론자 J. L. 맥키(J. L. Mackie)는 "도덕적 성품들은 매우 특이한 조합과 관계들을 이루고 있어서 전능한 신이 만들지 않고서는 존재하기가 불가능하게 보인다"라고 말하고 있다.[25] 맥키는 여기서 초월적이고도 플라톤적인 도덕적 진리보다는 신이 설정한 자연적인 질서를 염두에 두고 있는 것이 틀림없다. 그는 전통적으로 생각되어 오던 도덕적 사실들, 그 중에서도 특히 의무와 관련 있는 사실들은 매우 특이한 특성들을 가지고 있기 때문에 자연주의 세계에 등장하기 위해서는 초자연적인 기적이 필요한 것처럼 보인다. 그리고 불행하게도 기적은 자연적인 세계와는 전혀 어울리지 않는다는 것이다. 바로 이 이유 때문에 무신론자인 맥키는 도덕적 사실들의 존재를 전적으로 의심하고 있다.

도덕적 사실들을 그런 식으로 부정하거나 공교한 거짓 또는 중증 망상으로 여긴다면 신 존재 증명을 위한 도덕적 논증들의 설득력이 크게 약화될 것이 틀림없다. 도덕성에 대한 강한 확신이 있는 사람들

---

25 J. L. Mackie, *The Miracle of Theism* (Oxford: Clarendon Press, 1982), p. 115.

에게나 통하는 주장이 될지 모른다. 맥키는 그와 같은 확신을 버렸거나 잃어버렸음에 틀림없다. 하지만 많은 사람들이 그의 주장에 반박하면 도덕성의 권위는 조금도 의심할 수 없다고 말할 것이다. 물론 그들도 금지된 쾌락이 너무나 달콤해 보이거나 참는 고통이 극심할 때에는 도덕성의 구속력에 대해서 속으로 의심을 해보고 싶은 유혹을 느낄 수도 있을 것이다. 심지어는 때때로 실수를 범하고서 도덕성의 기준을 낮추어 자신을 합리화하려고 할 수도 있다. 하지만 아무도 도덕률에 대한 존중을 완전히 버리지는 않을 것이다.

도덕법칙을 무시하기로 작정한 사람들도 적어도 당분간은 도덕법칙에 대한 믿음을 완전히 버리지는 못할 것이다. 실제로 어떤 도덕법칙들은 우리가 지키고 싶어 하든 싶어 하지 않든 간에 우리에게 의무를 부과한다. 신 존재 증명을 위한 도덕적 논증은 그와 같은 절대적이고 비타협적인 의무들을 많지는 않지만 어느 정도 필요로 한다. 도덕적 논증이 그와 같은 자원들을 보유하고 있다는 것을 아는 사람들은 도덕적 논증이 커다란 잠재력을 지니고 있다고 믿는 것이 더 용이할 것이다.

어떤 사람들은 의무에 대한 강한 견해를 가지고 있는 사람들도 때로는 실수를 범한다는 사실을 강조함으로써 도덕적 논증의 설득력을 무디게 하려고 한다. 예를 들어 사이먼 블랙번(Simon Blackburn)은 다음과 같이 주장한다.

도덕적 의무에 대해서 많은 이야기를 하는 사람일수록 실제 생활에서는 튼튼한 보호무기 장비로 무장하고 있어서 이해와 용서가 필요할 때 오히려 무감각하고 비정하며 불친절할 때가 많다…인류의 역사는 도덕주의가 오히려 참회를 가져다 줄 수 있음을 보여주고 또 보여주고 있다.[26]

물론 우리는 그러한 사실을 부정하지는 않지만 그럼에도 불구하고 진정한 도덕적 의무의 힘을 이야기해야 할 필요를 여전히 느끼고 있다. 더구나 블랙번이 말하는 그러한 잘못을 찾아내서 시정하기 위해서라도 진정한 도덕적 의무는 강조되어야 한다. 그렇지 않다면, 블랙번의 불평은 그 신랄함을 완전히 잃게 될 것이다.

여기서 시즈윅의 확신, 즉 도덕성은 자명해서 증명이 필요하지 않다는 주장을 다시 살펴보기로 한다. 그는 도덕성이 비록 실천적 이원론이라는 문제를 야기하기는 하지만 너무나 분명한 진리이기 때문에 어떤 종교적이고 신학적인 근거를 필요로 하지 않는다고 보았다. 그런가 하면 맥키는 도덕성은 그 특이한 특성 때문에 신을 상정하지 않으면 진리일 수 없다고 주장하고 있다.

우리는 이 두 철학자가 각각 한 면에서는 옳지만 다른 면에서는 오류를 범하고 있다고 본다. 우리는 도덕적 진리가 자명하다는 점에서 시즈윅과 동의하지만 근거를 필요로 하지 않는다는 주장에는 동의하지 않는다. 맥키가 주장하듯이 도덕적 진리들이 어떤 면에서, 특히 자연주의 세계에서 보면 매우 특이한 것이 사실이지만 전통적인 도덕성

---

[26] Simon Blackburn, *Ruling Passions* (Oxford: Oxford University Press, 2001), p. 3.

개념에 대한 신념을 포기한 데에 대해서는 동의할 수 없다. 그보다는 맥키가 도덕적 진리에 대한 확신을 이미 가지고 있었으므로 초자연적인 세계관을 선택하는 것이 더 옳았을 것이다. 모든 삶이 맹목적인 자연주의적 힘과 분자들의 우연한 만남, 그 이상도 이하도 아닌 자연주의적 현실세계는 도덕성을 지지하기에는 완전한 사랑의 하나님이 창조한 인격적인 우주에 비해서 턱없이 부족한 것이 사실이다. 도덕적 의무에 관한 전통적인 개념은 유신론적 우주에서는 더 없이 편안하지만 전적으로 자연주의적인 세계와는 전혀 어울리지 않는다.

4. 플라톤주의와 실존주의

우리는 지금까지 도덕적 진리의 자명성이 신 존재 증명을 위한 증거가 될 수 있으며 이 분명한 진리가 궁극적으로 하나님에게 의존하고 있음을 이야기해왔다. 얼핏 생각하기에는 이와 같은 주장은 불합리하지는 않더라도 충분한 근거가 없는 것처럼 보인다. 특히 하나님에 관해 생각하지 않더라도 도덕성을 인식할 수 있다고 주장해놓고서 도덕성은 전적으로 하나님에게 의존한다고 말하는 것은 일관성이 없어 보일 수도 있다.

하지만 수많은 전통 사상가들이 주장하고 있듯이 **존재의 질서**(order of being)와 **인식의 질서**(order of knowing)는 다르다는 점을 인정한다면 그와 같은 일관성 문제는 해소될 수 있다. 즉 우리가 사물들을 인식하는 순서와 과정은 사물들이 존재하는 절차와는 다르다는 것이다. 다시 말해서 도덕적 진리들이 그 어떤 것보다 자명하면서도 그 진리들이 어떻게 존재하게 되었는지는 모를 수 있다는 것이다. 마찬가지로 도덕성의 근원은 도덕성 자체보다 더 원거리에 있어서 즉각적인 인식이 어렵다고 말할 수 있다.

사람들은 이 근본적인 차이를 때때로 놓치며 그로 인해 불필요한 혼란이 야기되고 있다. 무신론을 주장하는 최근의 저서들은 불행하게도 이러한 혼란을 영속화시키고 있으나 이는 놀라운 일이 아니다. 예를 들어 리처드 도킨스(Richard Dawkins)가 다음과 같은 질문을 제기할 때 그는 그러한 차이를 무시하고 있다.

> 우리에게 종교적인 도덕성 중에서 하나를 선택하는 독립적인 범주가 있다면 종교라는 매개체를 생략하고 직접 고르는 것이 더 좋지 않을까?[27]

---

[27] 그의 *The God Delusion* (New York: Houghton Mifflin, 2006), p. 57을 참조. Dawkins가 이와 같은 주장으로 윤리의 종교적 근거에 대한 효과적인 반박을 제시했다고 생각한다면 오산이다. Sam Harris도 마찬가지이다. 그는 요즘 잘 팔리고 있는 *Letter to a Christian Nation* (New York: Alfred A. Knopf, 2006, p. 49에서 우리의 도덕적 직관을 사용하여 성경의 지혜를 확증하고서 우리의 직관을 증명하는 증거로 성경을 사용하는 기독교인들의 논리가 순환논리라고 말하고 있다. 그러나 이 주장은 옳지 않다. 왜냐하면 도덕성의 진정한 기준은 하나님에게 뿌리를 두고 있지만 종교적 신앙 밖에서도 인식이 가능하며 어떤 분명한 도덕적 직관의 경우 이는 더욱 확실한 사실이다. 이와 같은 무너뜨릴 수 없는 직관을 사용하여 잘못된 신학적 패러다임(Lewis의 말을 빌리자면 칼빈주의가 악한 신을 뒷문으로 불러들이는 잘못된 것과 같은 패러다임)을 제거한다고 해서 그와 같은 직관의 신학적 근거가 제거되지는 않는다는 것이다. 그런데 그와 같이 생각하는 것은 잘못이다. 그 이유는 부분적으로 우리가 '우리의 직관'이라고 말할 때 '우리의'라는 소유격이 가지는 모

신과 도덕성이 밀접하게 관련되어 있다는 직관은 유신론과 무신론으로 나누어져 있는 양대 진영의 대변자들이 모두 인정하고 있는 매우 심오한 통찰이다. 도스토예프스키가 "신이 존재하지 않는다면 모든 것이 가능하다"라고 한 말은 널리 알려져 있는데 이 말도 앞에서와 같은 맥락에서 이해될 수 있다. 독일의 철학자 프리드리히 니체(Friedrich Nietzsche)도 신의 죽음으로 인해 윤리에서도 실제로 코페르니쿠스의 혁명이 일어났다고 자신 있게 선포했다. 이와 같은 견해를 따르자면 이기심, 교만, 심지어는 잔인성 역시 올바르게만 이해된다면 전통적으로 칭찬받던 덕인 겸손, 이타심, 연민 등을 크게 쇠퇴시킬 것이라는 것이다. 니체의 관심은 신의 죽음 후에 전통적인 도덕성을 지지하는 데에 있지 않았다. 그는 힘과 영웅주의를 미화시키는 노력의 일환으로 가치의 변화를 도모한 것이다.

니체와 맥키는 신의 부재가 도덕적으로 적절하다고 보는 무신론자였고 프랑스의 실존주의자 장 폴 사르트르(Jean Paul Sartre)도 마찬가지

호한 의미 때문이다. 우리가 파악하는 직관과 하나님으로부터 실제로 독립되어 있는 직관을 구분하지 않기 때문이다. 마찬가지로 유신론자와 무신론자가 공유하는 윤리적 직관은 하나님이 도덕적 근거로서 기능하지 못한다는 증거가 되지는 않는다. 우리가 종교로부터 도덕성을 얻는다면 유신론자와 무신론자의 도덕적 직관은 서로 달라야 한다고 주장하는 Dawkins와는 다르다(God Delusion, p. 225). Dawkins는 "우리가 선하게 살기 위해서 반드시 신을 필요로 하는 것은 아니다"라는 결론을 내리고 있다. 다시 말하지만 무신론자들은 도덕적 통찰력을 가지지 못한다고 주장하지 않고서도 하나님이 윤리의 근원임을 입증할 수 있는 것이다. 또한 유신론자와 무신론자는 윤리의 내용이 서로 다르고 무신론자는 근본적으로 윤리적인 행동이 불가능하다고 주장할 필요는 없는 것이다(Dawkins는 또한 이제 막 인용한 문장에서 '얻는다'라는 말을 '인식하다'와 '존재론적인 근거' 사이에서처럼 이중적인 의미로 사용하고 있다. 이 부분에서는 키엘 블란세트의 통찰에 감사한다).

였다. 이 사상가들은 무신론이 윤리에서 매우 중대한 변화를 가져왔다고 믿었다. 그들은 무신론이 윤리를 근본부터 다시 생각하게 만들었다고 보았다. 왜냐하면 그들은 신과 도덕성 사이의 관계에 대한 인식이 역사를 통해서 어떻게 변화되어 왔는지를 꿰뚫어보고 있었기 때문이었다. 그래서 그들은 신이 없어도 도덕 방정식에 달라질 것은 별로 없다거나, 아니면 신이 있어도 결과는 다를 것이 없다고 보는 측과 완전히 다른 입장에 서 있었다. 이런 면에서 볼 때 사르트르의 다음과 같은 말은 살펴볼 필요가 있다.

> 1880년대로 들어서면서 프랑스 학자들이 세속적인 도덕성을 정립하려고 할 때 그들은 이렇게 말했다. "신은 쓸모없는 가설이다. 그러므로 우리는 신이 없는 사상 체계를 정립해 나갈 것이다. 그러나 우리가 도덕성을 필요로 한다면 어떤 가치들을 진지하게 받아들여야만 한다." 이 가치들은 선험적으로 존재해야 하고, 정직해야 하며, 거짓말하면 안 되며, 아내를 때리면 안 되며, 자녀를 양육해야 한다는 등은 도덕적 의무 이전에 이미 존재했다. 그러므로 이 선험적인 가치들을 어느 정도 다룸으로써 이 가치들이 지적인 천국에 새겨져 있음을 보여주게 될 것이다. 물론 그 천국에는 신이 존재하지 않는다. 다시 말하면, 신이 존재하지 않아도 변하는 것은 아무것도 없다는 것이다. 정직성, 발전, 인류애 등의 기준은 그대로 있다. 그리고 우리는 신을 시대착오적인 가설로 파기할 것이고 신은 조용히 죽어 갈 것이다. 그러나 실존주의자에게는 신이 존재하지 않으면 매우 당혹스러운 일이 일어난다. 왜냐하면 신이 사라지면 지적인 천국에서 그런 가치들을 발견할 가능성도 함께 사라지게 되기 때문이다. 선험적인 선은 더 이상 존재하지 않는다. 이는 그와 같은 선을 생각해

낼 무한하고도 완전한 의식이 존재하지 않기 때문이다. '그러한 선'이 존재한다는 것, 우리는 정직해야 한다는 것 또는 우리는 거짓말 하면 안 된다는 것은 어느 곳에도 쓰여 있지 않다. 우리는 인간들만 오로지 존재하는 행성 위에서 살아가고 있기 때문이다.[28]

이 부분은 몇 가지 이유 때문에 매우 흥미롭다. 특히 사르트르는 실존주의와 플라톤주의와 유사한 사상, 즉 하나님은 없지만 지적 천상에 도덕적 가치들이 존재한다는 사상과 대조를 하고 있다. 이 두 접근방법은 무신론자들이 신 존재 증명을 위한 도덕적 논증들을 회피할 수 있는 잠재적인 방법들이다. 우리가 얼핏 보기에 플라톤주의와 실존주의는 도덕성의 핵심적인 면을 어느 정도 파악하기는 했지만 도덕성을 이루고 있는 모든 면들을 적절하게 설명하지는 못하고 있다.

플라톤주의자는 객관적인 도덕적 가치들이 존재하며, 루이스가 믿고 있는 것처럼, 각 조항들이 우리를 초월하면서도 구속력을 지니고 있다고 보지만 그 근거가 반드시 필요한 것은 아니라고 믿는다. 이 가치들은 수학적 진리나 현실의 고정된 특성들 또는 우리가 인식하고 있는 우주의 궁극적인 사실들처럼 있는 그대로의 사실들인 것이다.

이 견해는 도덕성의 현실적인 근거뿐 아니라 그 진실성과 명백성에 대한 우리의 흔들리지 않는 확신을 합리적으로 설명해주는 장점이 있다. 도덕성은 자명해서 그 근거를 찾아내야 할 필요가 없다는 시즈윅

---

28 Jean-Paul Sartre, "Existentialist Ethics," *Classic Philosophical Questions*, ed. James Gould (New York: Macmillan, 1992), p. 180. Sartre는 후에 이와 같은 발언을 버리고 윤리의 더 객관적인 근거를 제시하려고 했지만 우리들이 보기에는 성공하지 못했다.

의 주장과 비슷하며, 현실은 도덕성에 종속되어 있다고 보는 칸트의 주장도 어느 정도 만족시키고 있다. 플라톤주의는 도덕 의무가 객관적으로 존재하는 실재, 즉 우리에게 구속력이 있는 실재로 이해될 수 있다고 주장한다.

마브로데즈는 플라톤의 세계관이 기독교와는 다르지만 세계에 대한 종교적 이해와 상응하는 부분이 많다고 말하고 있는데 우리도 이에 동의한다. 그는 똑같은 맥락에서 다음과 같이 말하고 있다.

> 선의 이데아라는 개념은 그의 사상에서 형이상학적인 역할을 하는 것으로 보인다. 선의 이데아 개념은 반드시 **있어야만** 하는 것과 현재 **있는** 것 모두에 근본적이다. 원자들보다도 더 근본적이라고 할 수 있다. 그러므로 플라톤주의자는 선의 이데아에 맞추어 삶의 심오한 근본적 가치를 따라 살아가려고 노력한다. 다시 말해서 플라톤적 세계가 우리 인간에게 부과하는 가치들은 플라톤적 세계가 지향하는 가치들과 전적으로 동일하다.[29]

마브로데즈는 계속해서 러셀의 세계는 그렇지 못하다고 주장한다. 그 세계에서는 가치와 의무들이 심오하지 못하고 피상적인 현상에 불과하기 때문이다. 자연주의 세계에서 도덕적 사실들이 지니는 이러한 피상성 때문에 도덕률이 요구하는 것은 매우 중요하면서도 그 근거는 매우 부족하고 아주 특이한 모습을 보여준다.

따라서 플라톤주의는 순수 자연주의보다 훨씬 유리한 고지를 점령

---

29 Mavrodes, "Queerness," p. 587.

하고 있다고 할 수 있다. 흥미롭게도 이 세계관은 무엇보다도 도덕적 확신에 의해서 수립된 우주관이다. 안정되고 지속적인 도덕적 사실들이 존재하는 이유는 우주 자체가 도덕적이기 때문이다. 이 견해는 매우 지적이며, 반박하기가 매우 어렵다. 이와 같은 견해는 우리의 주장과도 매우 근접해 있는데 물론 플라톤주의는 우리의 관점에서 보면 매우 중요한 부분을 결여하고 있다.

초기 기독교의 플라톤주의자였던 어거스틴(Augustine)은 만일 선의 가장 높은 기준이 플라톤에서처럼 최고의 사랑이 추구하는 목표라면 최고의 실재는 하나의 인격(a person)이어야 할 것이라고 말했다. 플라톤의 비인격적인 선의 이데아 저 너머에는 사르트르가 이미 암시한 바 있고 존 리스트(John Rist)가 관찰했던 것처럼 또 다른 문제가 도사리고 있다.

> 플라톤의 설명을 따르면 형상들(선의 이데아를 포함해서)은 도덕적 모범들을 보여주는데, 문제는 이 형상들이 형이상학적 상태(limbo)에 머물러 있다는 것이다. 인간이든 신이든 간에 지성적 이데아들을 인식하는 정신이 없어도 형상들은 본질적으로 지성적 이데아들로 존재할 것이다. 이 형상들은 사고의 대상들이며 단순한 구성물들이나 개념들이 아니다. 하지만 어거스틴도 알고 있고 고대 그리스의 신플라톤주의자들도 주장하고 있듯이 끊임없는 사고의 주체가 없는 사고의 영원한 대상에 대한 관념(플라톤에게는 사고의 원인)은 알기 어렵다. 지성적 형상들은 결코 단순한 개념들로 제시될 수 없고, 플라톤이 원래 지성적 형상들로 제시했던 것처럼 제시될 수도

없고, 자유롭게 떠도는 형이상학적 대상들로 제시될 수도 없다.[30]

플라톤의 형상들이 그들을 인식할 수 있는 정신에 궁극적으로 기초해야 할 필요성을 여기서 다시 예리하게 느낄 수 있다. '자유롭게 떠도는 형이상학적 대상들'은 우리가 도덕성이 지니고 있다고 생각하는 존재론적 힘이나 안정성을 지니고 있지 못하다. 우리가 그보다 심오한 근거를 찾아내기 전에 이 도덕적 진리들을 인식한다고 해도 이와 같은 사실은 인식의 질서와 존재의 질서가 다르다는 사실을 생각나게 해줄 뿐이다.

5. 자유, 자연주의 그리고 도덕적 책임

플라톤주의자들에게 묻고 싶은 또 다른 질문은 "그들이 우주의 한 부분으로 여기고 있는 도덕적 의무들에 복종하기 위해서는 자유의지가 필요한데 이 자유는 어떻게 설명할 수 있는가?"하는 것이다. 우리가 행동할 때 우리의 행동이 인과적으로 결정이 되어 있다면, 모든 인간의 결정을 포함해 일어나는 모든 일은 일어난 그대로 일어나도록 결정된 것이다. 이 우주 자체는 도덕적인 공간일 수 있지만, 어떻게 인간은 도덕률에 복종하거나 거부할 수 있는 자유로운 존재, 즉 도덕

---

30 John M. Rist, *Real Ethics: Rethinking the Foundations of Morality* (Cambridge: Cambridge University Press, 2002), p. 40.

적으로 자유로운 피조물일 수 있을까? 이러한 질문은 물론 매우 오래 전부터 물어오던 어려운 문제이다. 플라톤주의자들도 이 문제에 적절한 대답을 했다는 것이 조금도 분명하지 않다. 도덕적 사실들은 우리가 도덕적 자유를 가지지 않는 한 획득될 수 없다.

이 질문은 자연주의자들에게는 매우 심각한 문제를 야기한다. 하지만 우리가 여기서 지적하고 싶은 사실은 하나님의 존재를 부정하는 플라톤주의자나 인간의 모든 일이 인과적으로 결정된다는 플라톤주의자들의 결론이 똑같다는 것이다.

예컨대, 시험을 보는데 부정행위를 할 것인지 말 것인지를 선택할 수 있다고 하자. 도덕성은 우리에게 부정행위를 하지 말라고 말한다. 그런데 결국 부정행위를 하고 말았다. 결정주의적 관점에서 보면 이 선택은 이미 결정된 것이다. 그와 같은 결정을 내리는 순간에 주어진 인과적 조건들과 작용하는 물리적 법칙들은 그러한 선택이 그와 같은 일이 일어나도록 결정했다는 것이다. 그런 상황에서는 다르게 행동할 수 있는 가능성이 전혀 없었던 것이다. 만일 그렇다면 당신은 그때 부정행위를 해서는 안 되었다고 말하는 것은 문제가 있다. 왜냐하면 불가능한 것을 하라고 강요를 할 수는 없기 때문이다. 결정주의 세계에서는 도덕적 자유란 존재하지 않는다.

마크 D. 하우저(Marc D. Hauser)는 "도덕성의 생물학적 관점들은 근본적으로 악하다. 이미 결정된 결과를 이미 가지고 있기 때문이다. 그랬을 때의 자유의지의 가능성은 전혀 없는 것이다"라는 주장에 대해서 다음과 같이 대답하고 있다.

그러나 대니얼 데닛(Daniel Dennett), 스티븐 핑커(Steven Pinker), 대니얼 웨그너(Daniel Wegner)와 같은 철학자들과 심리학자들은 진화론적, 생물학적 관점이 결정되고 고정되고 변할 수 없는 일련의 판단과 신념들로 이끌어간다는 사실에 관해서 아무런 비판을 하지 않고 있다. 생물학은 그런 식으로 작용하지 않는다. 인간의 생물학뿐만 아니라 지구상의 모든 종에 관한 생물학도 행동의 가능한 범위를 설정해줄 뿐이며, 이 범위는 환경이나 환경의 변화와 상호작용을 한다.[31]

우리가 유동적인 상황과는 독립적으로 인과에 따라 행동하도록 결정되어 있는 것이 아니라는 사실은 틀림없지만, 그러나 여기서 중요한 사실은 더 일반적인 것이다. 즉 아무리 이것저것 감안한다고 해도 자연주의적인 관점은 우리를 철저한 결정주의로 이끌어간다는 것이다. 여기서 하우저가 하버드대학의 심리학자 핑커의 지지를 구한 것은 실수로 보인다. 핑커는 인간의 자유에 관한 자연주의적 해석으로는 도덕적 책임을 적절하게 설명할 수 없다고 보기 때문이다.

하지만 핑커는 도덕적 책임을 자연주의의 관점에서 변호하려고 한다. 특히 그는 '방어적인 과학자들,' 즉 행동은 완전하게 예측할 수 없으며 수학적인 의미보다는 확률적으로 결정되어 있다고 말함으로써 결정주의의 주장을 완화시키고 있다.[32] 이와 같은 설명은 혼란을 더욱 가중시킬 뿐이다. 우리의 행동이 결정되는 과정에 관여하는 수많은 사

---

31 Marc D. Hauser, *Moral Minds: How Nature Designed Our Universal Sense of Right and Wrong* (New York: HarperCollins, 2006), p. 420.
32 Steven Pinker, *The Blank Slate: The Modern Denial of Human Nature* (New York: Penguin Books, 2002), p. 177.

실들을 접근할 수 없기 때문에 그 결과를 정확하게 예측하기는 불가능하다고 말한다고 해서 물질주의가 근본적으로 인간의 행동에 대한 절대적인 존재론적 결정론으로 이끌어간다는 사실은 조금도 완화되지 않는다. 순수한 물리학적 체계가 결정론적이 아닐 것이라는 여러 가지 추측도 별로 설득력이 있어 보이지 않는다.

다음과 같이 주장하는 것은 아마도 이 세계는 5분 전에 창조되었을지도 모른다고 말하는 것이나 다름없다.

> 아마도 인간의 두뇌가 분자나 양자의 차원에서 일어나는 무작위적인 사건들을 확대시키는 것일 것이다. 인간의 두뇌는 예측할 수 없는 카오스(chaos)에 종속된 비선형적인 역동적인 체계일 것이다.[33]

단순한 가능성은 아무것도 확정적으로 말하지 않는다. 더 정확하게 말하면, 핑커 자신도 인정하고 있듯이 만일 그처럼 실현 가능성이 거의 없는 가능성이 실현된다고 해도 우리에게 자유의지와 같은 것은 없으며 따라서 도덕적 책임의 개념도 존재하지 않을 것이다.

결정주의를 옹호하기 원하는 플라톤주의자가 여기서 할 수 있는 반응은 몇 가지가 있다.[34] 우선 잘못된 행동을 했다고 해서 반드시 보복

---

33 Pinker, *Blank Slate*, p. 177. 34. Pinker는 자신을 철저한 자연주의자로 이해한다.

34 철저한 자연주의자인 Pinker는 도덕적 진리에 대한 플라톤주의의 설명을 받아들이고 있다. 그는 그와 같은 설명이 도덕성에 대한 생물학적 이해와 일치한다고 보고 있다. 그는 John Brockman이 편집한 "Evolution and Ethics", *Intelligent Thought: Science versus the Intelligent Design Movement* (New York: Vintage Books, 2006)라는 장에서 도덕적 진리에 대한 플라톤주의의 설명에 동의하고 있음을 분명히 밝히고 있다. 도덕성이 실재의 본성

이 따르는 철저한 보응이 늘 합당한 것은 아니지만 적절한 처벌은 다음에 보다 나은 반응을 하도록 하는 효과가 있을 것이라고 주장할 수 있다. 제지(制止), 재활치료, 긍정적인 조건형성 등은 결정주의 세계에서는 의미가 있다. 아마도 그와 같은 조치들은 보다 나은 세계를 위한 적절한 대응이며 서로의 실패를 이해하려고 하는 것이 비난이나 복수나 처벌을 가하는 것보다 더 좋은 세상을 만들어갈 것은 틀림없는 일일 것이라고 대답할 것이다.

이에 대한 대답으로 우리는 다른 사람들의 행동을 보다 깊이 이해하려고 노력하는 것은 가치가 있고 고상한 일이긴 하지만 플라톤주의자는 이 과정을 통해서 도덕적인 기준을 미묘하게 낮추어 놓고 있다. 그래서 도덕적 사실들은 루이스나 플라톤 그리고 오늘날에도 많은 사람들이 생각하고 있는 것처럼 우리의 행동에 구속력을 발휘하고 있는 것은 아니다. 도덕성은 지켜야 할 규범을 주기보다는 이상적인 지침을 우리에게 제시할 뿐이다. 예를 들어 반드시 지켜야 할 도덕적 **의무**와 같은 것은 더 이상 없고 도덕적 **제안**만 남은 것이다. 말하자면 반드시 하게 될 일들을 꼭 해야 하거나 안 하도록 결정되어 있는 일을 하지 말아야 할 필요가 없어진다는 것이다. 그렇지만 중요한 것은 결정주의에서는 도덕성을 지침으로 사용할 것인가 아닌가 하는 것도 이미 결

에서 외적인 증거를 가질 가능성을 지지하면서 내놓은 게임 이론적 고려들은 도덕적 진리나 규범적 힘에 대한 아무런 설명도 제공하지 못하며 단지 그 도구적 가치나 도덕적 감각의 발달에 관한 설명만 제시할 뿐이다. 이 부분도 가치가 없는 것은 아니지만 윤리의 진정한 근거에 대한 통찰을 제공할 것이라는 단언에 못 미치는 설명 때문에 실망한 사람들은 더 자세한 해명을 요구할 권리가 있는 것이다.

정되어 있으므로 우리는 전혀 자유롭지 않다는 것이다.

여기서 플라톤주의자는 많은 자연주의자들이 주장하고 있듯이 결정주의와 진정한 자유는 서로 상충되지 않는다고 대답하고 싶어 할 것이다. 우리가 이성을 통해서 도덕적 진리를 이해하고 그 규범에 따라 살아갈 것을 선택한다면 우리는 자유롭다는 것이다. 이런 식으로 이성을 따른다면 인과관계의 사슬로부터는 해방되지는 않겠지만 우리가 행사할 수 있는 진정한 자유를 누리게 될 것이라는 것이다.

루이스는 이와 같은 주장이 현대의 자연주의 철학자 존 설(John Searle)이 주장하는 것처럼 강력한 설득력을 지니지는 못한다고 보았다.[35] 이

---

35 *Minds, Brains and Science* (Cambridge: Harvard University Press, 1984, 특별히 6장)에서 Searle은 공존주의적인 자유는 도덕적 책임을 설명하기에는 적절하지 않다는 점을 분명히 했으며 자유로운 믿음은 결정주의가 던지는 과학적 도전에도 불구하고 타당성을 유지한다고 주장하고 있다. 자유의지에 관한 공존주의자들의 설명이 적절하지 않다고 본 이유는 공존주의가 우리로 하여금 다르게 행동하도록 허용하지 않으며 선행하는 조건들이나 현재 우주를 움직이는 법칙들을 인정하지 않기 때문이다. 하지만 Searle은 자유에 대한 애착을 버리고 싶어 하지 않는 성향을 의식의 본성에 내재하고 있는 대안적 가능성에 대한 주관적 인식에 기인한다고 보고 있다. 자유를 원하는 우리의 성향을 자연주의적인 설명의 부적절함을 보여주는 증거로는 보지 않은 것이다.

다른 자연주의자들도 이와 비슷한 견해에 동조하고 있다. Thomas Nagel은 "신경계의 충동과 자극, 화학적 반응 그리고 뼈와 근육 운동으로 이루어진 세계에서는 어떤 대리자도 설 자리가 없다"라고 말하고 있다. 그의 *The View from Nowhere* (New York: Oxford University Press, 1986), p. 111을 보라. 노벨상 수상자인 유전학자 Francis Crick은 "놀라운 가설을 하나 소개하자면 '당신, 당신의 기쁨, 당신의 슬픔, 당신의 추억과 야망, 개인적인 정체성과 자유의지에 대한 신념 등 모두가 다 신경세포들이나 관련된 분자들이 집단적인 행동에 불과하다'는 것이다. 이러한 가설은 일반 사람들이 생각하는 것과는 너무나 다르므로 놀랍다는 말밖에는 다른 말로 표현할 수가 없다"라고 말하고 있다. 그의 *The Astonishing Hypothesis: The Scientific Search for the Soul* (New York: Charles Scribner's Sons, 1994), p. 3을 참조. 그리고 철학자 Richard Rorty는 "유기체의 한 종인 인간이 다

를테면 시험이나 세금 보고에서 속이려고 생각했다고 하자. 우리는 이러한 부정의 잘못을 잘 이해하고 있다. 그러므로 이 선택을 놓고서 곰곰이 생각할 것이다. 그리고 무엇이 옳은가 판단하고서 속이려는 일을 중단할 것이다.

이때 이 결정은 결정주의 관점에서 보면 도덕적인가? 아마도 속이지 말라는 도덕적 진리와 상응한다는 의미에서 도덕적이라고 할 수는 있을 것이다. 그러나 더 깊은 차원에서는 의미 있는 도덕적 결정이라고 보기는 어렵다. 그 이유는 무엇일까? 그런 상황에서는 그와 같은 결정이 당연한 것이다. 당신은 인과의 사슬을 따라 정확히 그렇게 하도록 결정되었다. 결정주의 구조 안에서는 모든 사람이 하는 모든 것은 반드시 그렇게 일어나기로 되어 있다.

도덕적 진리와 상응하는 행동을 자유로운 도덕적 선택이라고 부른다고 해서 자유로운 도덕적 선택이 되는 것은 아니다. 만일 결정주의자들이 맞는다면 우리는 다르게 행동할 수 없을 것이다. 그리고 만일 도덕성에 따라 행동한다면 그것은 우리의 뇌 안에 있는 생리학적인 원인들 때문이지 추상적인 개체들의 설득력 때문은 아니다.[36]

른 종들과는 달리 개체의 증식과 번영이 아닌 진리를 지향한다고 주장하는 것은 사람들이 사회적 역사나 개인적인 행운과는 관계없는 내재적인 도덕 나침판을 가지고 있다고 말하는 것만큼이나 비다원적이라고 말할 수 있다"라고 말하고 있다. 그의 "Untruth and Consequences," *The New Republic* (July 31, 1995): 32-36을 참조.

36 Derk Pereboom은 "우리의 가장 탁월한 과학적 이론들은 우리가 우리의 행동에 대해 도덕적인 책임이 없다고는 결론을 내리고 있다…우리는 우리가 생각하는 것보다 훨씬 기계와 같다"라고 말하고 있다. *Living without Free Will* (Cambridge: Cambridge University Press, 2001), xiii-xiv.

여기서 우리가 반드시 직면해야 하는 사실은 도덕적 의무가 도덕적 자유와 도덕적 책임에 대한 타당한 설명을 필요로 한다는 것이다. 진정한 도덕적 자유를 이해할 수 없으나 도덕적 책임에 관해 계속해서 의미 있는 이야기를 하고 싶어 하는 사람들은 주제를 바꾸거나 똑같은 단어로 다른 개념들을 이야기하려고 할 것이다. 예를 들어서 현대 철학자, 엘리엇 소버(Elliot Sober)의 도덕적 책임에 관한 설명을 살펴보자.

> 어떤 개체가 어떤 사건(예를 들어 은행 강탈)에 대한 도덕적인 책임이 있다고 하자. 그렇다면 (1) 그 개체는 그 사건을 일으켰고, (2) 그 사건은 그 개체의 성격을 그대로 반영하고 있다는 뜻이다.

이런 방법으로 소버는 도덕적 책임과 단순한 인과적인 책임을 구분할 수 있으며, 이 구분에 의하면, 예컨대, 폭풍우는 어떤 도덕적 칭찬이나 비난도 받아서는 안 된다고 말하고 있다.[37]

도덕적 책임에 대한 소버의 설명이 그에 따르는 진정한 칭찬이나 비난을 타당한 것으로 만드는 것일까? 우리는 그렇게 생각하지 않는다. 만일 결정주의가 옳다면 우리의 모든 행동들은 이전의 조건들이나 물리법칙들에 의해 필연적으로 일어날 수밖에 없었으며 우리의 성격도 마찬가지일 것이다. 도덕적 책임을 우리의 성격과 연관시켜 본다면

---

37 Elliot Sober, *Core Questions in Philosophy: A Text with Readings*, 3rd ed. (Englewood Cliffs, NJ: Prentice Hall, 1995), p. 322. 이 글은 철학 입문서 같은 것이나 Sober는 이 글을 학술지에 발표하지 않았다. 하지만 철학을 처음 배우는 수많은 학생들에게는 반드시 필요한 지식을 제공하고 있다.

우리는 자신의 성격에 대한 책임을 지는 것이 당연하다. 하지만 우리의 자유로운 선택이 성격 형성과 관련이 없다면 성격에 기인하지 않는 선택에 대해 책임을 질 필요가 없을 것이다.

아리스토텔레스가 우리의 성격은 우리가 일관성 있게 하는 행동들의 기능이라고 한 말이 옳다고 가정하자.[38] 그렇다면 우리의 성격은 우리가 내린 선택들의 결과이다. 그런데 우리의 선택이 이미 결정되어 있다면 우리의 성격도 이미 결정되어 있을 것이다. 그렇다면 어떤 사람이 비도덕적인 행동이라고 불릴 만한 행동들을 함으로써 좋지 않은 성격을 형성할 수 있을까? 그럴 수 있을 것이다. 하지만 그와 같은 사람이 그런 행동과 성격에 대한 도덕적 책임이 있는가? 결정주의의 관점에서는 아무런 책임도 없다.

우리는 칭찬하거나 비난하는 데 쓰던 말들을 계속 사용할 수 있다. 하지만 그 말들은 비록 전통적인 의미를 지닐지라도 그 말들이 지칭하는 것은 도덕적인 책임과는 다른 어떤 것일 것이다. 자연주의자들이 도덕에 관해서 이야기할 때 그들은 전통적인 도덕적 범주들을 슬그머니 포기함으로써 주제를 바꾼다. 차용해온 도덕적 용어들을 그대로 사용하기는 하지만 그 용어들에 포함되어 있던 철학사적 의미들은 이미 포기한 지 오래다.

자연주의자들이 주제를 바꿔버리는 또 다른 예는 리처드 도킨스의 최근 저서인 『만들어진 신』(The God Delusion)에 나오는 '도덕성의 뿌리'

---

38 Aristotle, *Nicomachean Ethics*, Book II, Sections 2 and 3.

라는 장이다. 이 장의 부제는 "왜 우리는 선한가?"이다. 도킨스에 의하면 우리를 윤리적으로 행동하도록 인도하는 것들에 대해 숙고한다고 해서 윤리의 근거를 설명해주지 않으며, 어떤 것이 선하고 옳은 것인지의 문제, 특히 어떤 특정한 것이 선하고 옳은지 그리고 왜 그런지의 대답을 제공하지 않는다.

결론적으로 이야기하자면 그는 대부분 피상적인 질문들만 다루면서 매우 조악한 종교 사상가들의 사례만을 들고 있다. 그 어느 것도 도덕성의 뿌리를 이해하려고 하는 우리들에게는 도움이 되지 않는다. 도킨스는 무엇이 도덕성을 **진리로 만드는가** 하는 질문은 거의 모든 부분에서 완전히 회피하고 있다. 대신 단순히 우리는 왜 때때로 이타주의적인 행동을 보이는지에 대한 진화론적이고 자연주의적인 설명만 하고 있다. 그는 진화론적 원인들-예를 들어 유전자적 유사성, 상호작용, 좋은 평판, 눈에 띄는 관용에 따라오는 이익 등-을 열거하고 나서 도덕성과 그 근거 자체에 대한 깊은 통찰을 제공한 것처럼 행동하고 있다. 그는 이렇게 말하고 있다.

> 우리는 징징대며 눈물을 짜는 불행한 사람들(관계가 없어서 상호교류가 불가능한)을 불쌍하게 여길 수밖에 없는 것은 이성(자녀를 생산할 가능성이 전혀 없는)을 볼 때 성적 충동을 느낄 수밖에 없는 것과 같다. 그런데 이 둘은 모두 다 불발이다. 이건 다윈의 실수다. 축복받은 귀중한 실수이다.[39]

---

39 *God Delusion*, p. 221.

도킨스는 자신의 사상 체계에서 가치에 대한 아무런 설명도 하지 않고서 가치를 강조하고 있다. 그는 자신의 분석에서 아무런 주장도 없이 그와 같은 불발이 선하다고 주장할 자격이 없다.[40] 물론 우리의 직관은 그러한 동정이 선하고 옳다고 말해준다. 하지만 그의 자연주의적 설명은 그와 같은 직관이 옳다는 이유를 제시하지 못하고 있다.[41] 도킨스 역시 그가 사용하는 도덕적 용어들은 자신이 포기한 바로 그 세계관 때문에 그 틀을 겨우 유지하고 있는 것이다.

미국 철학자 윌리엄 제임스(William James)는 후회의 범주가 자연주의적 세계에서는 맞지 않음을 지적한다. "결정주의의 딜레마"(The Dilemma of Determinism)라는 논문에서 그는 자신이 자료로 해서 자신 있게 세계관을 수립한 도덕적 개념들을 사용할 때 자유를 느꼈다고 말한다. 만일 세계에 관한 개념들이 이와 같은 도덕적 요구를 깨뜨리려고 할 때에는 그는 그것들을 과감하게 버릴 수 있는 자유를 느낀다고 말한다. 그리고 적어도 순서의 균일성에 대한 자신의 요구를 실망시켰다는 듯이 이를 의심할 수 있는 자유를 느낀다는 것이다.[42]

---

40 이 부분에 대해 조언해준 Mark Foreman에게 감사한다.
41 인간 게놈 프로젝트의 책임자이면서 헌신된 진화론자 Francis Collins는 이타주의를 실행하는 사람에게 어떤 간접적인 종족 번식의 이익들을 들어 그와 같은 이타주의를 설명하려는 E. O. Wilson의 시도를 거절하고 있다. Collins는 이타주의를 진화론자를 위한 하나의 주요한 도전으로 그리고 "Dawkins의 방식에서 발견된 것처럼 아주 명확하게 환원주의의 추론에는 충격적인 사건"으로 생각하고 있다. 그의 *The Language of God: A Scientist Presents Evidence for Belief* (New York: Free Press, 2006), pp. 27-28을 보라.
42 William James, "The Dilemma of Determinism," *The Will to Believe and Other Essays in Popular Philosophy* (New York: Dover Publications, 1956), p. 147.

제임스에게는 루이스의 경우처럼 실재를 들여다보면서 통찰할 수 있는 잠재적인 창이 곧 도덕성이며 도덕성의 한 중요한 요소가 어떤 결정에 대한 후회이다. 제임스는 이렇게 이야기하고 있다.

> 어떤 회한은 매우 끈질기며 억누르기가 힘들다. 이를테면 나든 그 누구든 자기 멋대로 저지른 잔인한 행동이나 배반에 대한 회한은 걷잡을 수 없다. 언젠가 브록톤의 살인자가 자백했던 사실들을 읽는다면 아무도 인간에 대한 낙관적인 태도를 주장하기 힘들 것이다. 이 살인자는 함께 지내는 것이 지루하기 때문에 아내를 없애려고 한적한 곳으로 그녀를 데리고 갔다. 그리고 아내에게 총 네 발을 계속해서 쏘았다. 아내가 남편을 보면서 "고의로 이러는 건 아니지?"라고 물었을 때 "맞아. 고의적으로 이러는 게 아니야"라고 대답하면서 옆에 있는 돌을 들어서 그녀의 머리를 내리쳤다. 살인자는 이 사건을 은유적인 언어로 자기만족에 젖어 묘사하고 있지만 극심한 회한을 불러일으키고 있어서 더 이상 자세히 소개하고 싶지 않다. 이 사건은 우주 전체와는 기계적으로 정확하게 조화를 이루고 있을지 모르지만 그건 매우 악한 일이며 다른 사람이 그를 대신했더라면 훨씬 더 나은 세상이 되었을 것이다.
> 그러나 결정주의 철학자에게는 살인과 그 처벌과 살인자의 낙관적인 태도는 영원 전부터 필연적으로 일어나도록 결정되어 있는 것이다. 그리고 아무도 그를 대신할 수 없는 것이다.[43]

자연주의 세계관에서는 도덕적 자유, 도덕적 의무, 도덕적 책임, 진정한 회한, 진실한 칭찬이나 비판 등의 전통적인 개념들이 의미를 상

---

43 James, *Will to Believe*, pp. 160-61.

실하다. 이와 같은 개념들이 약화되는 것을 불편해하는 사람들은 유신론을 진지하게 받아들지 않을 수 없는 것이다. 플라톤주의자들이 궁극적인 선의 이데아를 확고하게 믿는 반면에 사르트르와 같은 실존주의자들은 그와 같은 선의 이데아의 존재를 부인한다.

> 선험적인 선 같은 것은 더 이상 존재할 수 없다. 그와 같은 선을 생각할 수 있는 영원하고 완전한 의식이 존재하지 않기 때문이다.

사르트르에게 있어서 이 말의 뜻은 우리가 철저하게 자유로운 것은 우리 자신의 도덕성을 발견하기 위해서가 아니라 우리 자신의 가치를 만들어가기 위한 것이라는 것이다. 우리는 도덕성을 만들어가는 것이지 발견하는 것이 아니다. 따라서 플라톤주의자들, 특히 결정론을 믿는 플라톤주의자들은 객관적인 도덕 가치들을 인정하기는 하지만 그러한 가치들을 진지하게 주장하기 위해서는 반드시 필요한 도덕적 자유를 설명하지 못하는 한편 사르트르는 도덕적인 자유를 강력하게 지지하면서도 그 과정에서 객관적인 도덕 가치들을 파기하고 있다.

사르트르의 생각과는 달리 도덕적 자유는 우리 자신의 가치를 만들거나 제조하는 자유는 아니다. 어떤 것에 어떤 가치를 부여하게 되었다고 해서 그것이 실제로 그런 가치를 가지게 되는 것은 아니다. 내가 재미로 아동을 학대하는 것을 가치 있게 여기게 되었다고 해서 그러한 행위가 도덕적인 의의를 지닌 가치가 있는 것은 아니다. 사르트르가 우리 인간이 자신의 행동을 합법화시킬 만한 가치나 법을 발견하지 못했다고 말하는 것은 근본적으로 잘못인 것이다. 객관적인 도덕적 가치가 신을 전제로 해야 설명이 되기 때문에 하나님을 부정하려면 객관적인 도덕적 가치도 부정해야 한다고 본 것이다. 하지만 루이스나 시즈윅이나 뉴만이 옳다면 강력한 도덕적 가치에 대한 우리의 신념은 그와 같은 진리 안에 있는 명백함과 도덕적 가치들의 명백함 때문에 그만큼 견고하고 단호해야만 한다.

사르트르가 용감하게 결정주의를 거부하고 도덕적 자유를 확고하게 믿는 데까지는 좋았지만 원칙을 결여하고 있는 것이 문제로 보인다. 그는 물리적인 세계 외부에는 아무 것도 존재하지 않는다고 부정하고 나서 그 당연한 추론인 실재에 대한 기계론적 관점을 따르자면 진정한 자유의지는 불가능하다는 결론을 거부하고 있다. 그는 적절한 설명 없이 결정주의를 부정하고 있을 뿐만 아니라 자유만을 철저하게 고집하는 바람에 인간을 도덕성의 발견자가 아니라 발명가로 격상시킴으로서 객관적인 도덕적 가치들이 설 자리를 빼앗기고 있다.[44]

---

[44] Sartre는 결정주의를 부인하면 할수록 자기모순에 더 깊이 빠져들고 있다. 그는 "인간에게는 고정된 본성은 없다. 그와 같은 본성을 생각해낼 신이 없기 때문이다"라고 말하고 있다. 그러므로 그도 하나님만이 우리가 실존으로 내던져지기 전의 본성을 만들어낼 수 있다고 보았다고 할 수 있다. 그렇지만 동시에 우리에게 고정된 본성과 같은 것이 있다면 결정주의가 옳다는 증거가 될 수 있다고 Sartre는 생각했다. 그의 관점에서 보면 인간의 어떤 주어진 본성에 따라 우리 행동을 설명하는 것은 정당한 방법이 아니다. 그의 분석에는 결정론이 없기 때문이다. 도덕성이 가능한 것은 결정주의가 참이 아니기 때문이다. 하지만 Sartre는 주장하기를, 만일 신이 존재한다면 그와 같은 고정된 인간의 본성은 가능하지만 그 때문에 도덕성은 존재하기가 불가능하다는 것이다. 이런 주장은 신이 없으므로 우리가 어떻게 행동해야 하는지를 지시하는 객관적인 윤리도 존재하지 않는다는 그의 또 다른 주장과 서로 갈등을 일으키고 있다. 신의 존재와 우리에 대한 신의 의도된 창조가 우리

사르트르는 실존주의적인 접근 방법에 따라 객관적인 윤리를 파기하면서도 인간은 선택을 통해서 인간성뿐만 아니라 행동의 윤리 자체도 만들어간다고 주장함으로써 우리 인간들의 선택이 중요하다는 점을 강조하고 있다. 또한 우리는 선택을 함으로써 다른 사람들의 결정에도 영향을 미친다. 우리는 선택을 통해서 어떤 바람직한 인간의 유형, 즉 특정한 이상형을 형성해간다. 따라서 선택은 항상 개인이 아니라 모든 인류를 위한 것이라고 할 수 있다.

사르트르는 우리의 선택이 우리가 어떤 사람인지를 결정하며 우리가 이상적인 인간이라고 생각하는 그 인간상을 모든 사람들이 닮아간다고 말한 것은 옳지만 그는 우리의 선택이 우리의 가치를 결정한다고 말하지는 않았다. 그는 우리가 소중히 여기는 도덕적 확신, 예를 들어서 아내를 구타하는 것이 잘못이고 자녀들은 반드시 양육해야 한다는 규범의 객관적인 근거를 제시하지는 못한다. 그리고 실존주의가 우리의 모든 선택들이 결국은 모든 인류를 위한 것이라고 주장하고 있는데 그 논리적인 근거가 분명하지 않다.

플라톤주의자들은 확고한 도덕적 진리들을 찾아내려고 노력했지만 도덕적 자유에 관해서는 아무런 말도 하지 않는다. 반면에 사르트르와 같은 실존주의자들은 도덕적 자유를 공리처럼 소중하게 여기지만

가 행동해야 하는 방식으로 행동하게끔 우리를 결정하게 하는 고정된 본성(stable nature)을 우리에게 줄 것이라는 Sartre의 말이 옳다면, 신의 존재는 오히려 객관적인 윤리를 불가능하게 할 수 있다. 그의 관점에서 보면 이 고정된 본성에 의해서 결정된다면 우리는 다르게 행동할 수 있는 여지가 없다.

이 자유를 너무나 강조하다보니 우리에게 전통적인 도덕성에 관한 확신을 버려야 한다고 강요하고 있는 실정이다. 하지만 올바로 이해한다면 도덕적 자유와 흔들리지 않는 도덕적 진리는 윤리에 모두 다 중요하며 그중 하나만 가지고는 불완전할 수밖에 없다. 다시 말해서 이제까지 언급한 그 어떤 플라톤주의자나 실존주의자도 구속적인 의무로부터 진정한 자유 그리고 윤리적 책임에 이르기까지 총체적인 전통적 도덕성 개념을 완전하게 아우르지 못하고 있는 것이다.

6. 통전적인 관점에서

이 장에서 우리는 지금까지 신 존재 증명을 위한 도덕적 논증들의 풍부한 전통으로부터 다양한 자원들, 즉 양심에 대한 뉴먼의 호소, 루이스가 주장하는 가치의 객관성, 도덕적 특이성에 대한 맥키의 주장 그리고 실천적 이성에 이르기까지 많은 견해들을 살펴보았다. 그렇지만 개념적으로 이처럼 매우 독특한 주장들이 제각기 목소리를 높이고 있기는 하지만 우리는 이 논의를 하나의 결론으로 이끌어가다 보면 모든 주장들이 결국 상호보완적이라는 것을 보여주려고 노력했다.

이 견해들이 가지고 있는 공통요소는 그들의 서로 다른 점들보다 훨씬 중요하며 통전적인 관점에서 볼 때 매우 강력한 호소력을 지닌다. 적어도 도덕적 자유, 의무, 책임의 전통적인 범주들을 소중하게 여기는 한, 이 주장들은 그처럼 효과적이라는 것이다. 자연신학의 다양한 자원들을 통전적으로 통합시켰을 경우에도 잠재적으로 매우 효과적인 설득력을 지니게 된다는 것도 이야기했다. 이 장에서 우리는 신 존재 증명을 위한 다양한 도덕적 논증들을 하나로 통합시키면서도 그 다양성을 인정하려고 했다.

도덕적 논증의 힘은 우리가 가장 소중하게 여기는 도덕적 확신들과 마찬가지로 유신론이 더 이상 시대착오적인 유물이 아니라는 사실을 분명하게 보여준다. 우리가 도덕적 자유와 의무와 진정한 책임을 진지하게 받아들이기를 원한다면 자연주의 세계 안에서도 그렇게 해야 할 것이다. 전통적인 개념들은 순수한 물리주의 세계 안에서 큰 의미를 찾기가 어렵지만 사랑하는 창조자가 붙들고 있는 세계 안에서는 아무런 모순을 일으키지 않는다.

도덕적 논증을 이와 같은 다양한 주장들의 결론으로 받아들이기를 회피하려고 한다면 얼마든 그럴 방법은 있다. 하지만 그런다고 해서 이 도덕적 주장의 강력한 설득력을 완전히 외면할 수는 없을 것이다. 예를 들어 도덕적 확신이 개인적 감정의 표현에 불과하다고 주장한다고 해도, 그렇게 하려면 루이스가 정당하게 주장했던 도덕적 진리의 내재적 합리성을 포기해야 하기는 하지만 그렇다하더라도 도덕적 논증을 처음부터 완전히 뒤엎을 수는 없는 것이다.

사이먼 블랙번이 주장하는 것처럼 윤리의 배후를 밝히기는 어렵고 우리 삶에 초대받지 않은 손님으로 들어와서 제멋대로 구속력을 발휘하고 있다는 불평은 논리적으로 명백하지 못한 부분이 많다. 실제로 그와 같은 주장은 그 정신이 철학적이 아니며 보다 심오한 어떤 것에 대한 단순한 암시를 명백한 사실로 받아들이고 있다. 우리는 도덕적 주장에 의해 설득되지 않는 사람들을 비합리적이라고 말하지는 않는다. 하지만 그 증거들이 설득력 있고 그 결론을 합당하게 여기는 사람들을 지성적이라고 부르는 데에는 주저하지 않을 것이다.

전통적인 도덕성 개념은 객관적인 윤리를 인정하는 사람들에게 하나님의 존재를 믿도록 도와주고 있다. 그와 같은 주장은 신 존재 증명을 위한 통전적인 도덕적 논증에 큰 힘을 실어주고 있다.

자연주의는 우리가 왜 도덕적 의무를 느끼고 믿는지를 합리적으로 설명해줄 수 있다. 그러나 자연주의는 도덕적 의무 자체의 근거를 제시하지는 못하고 있으며 중요한 도덕적 범주들을 자연주의의 결정주의 구조 틀 안에서도 유지하려는 목적으로 그 의미들을 크게 희석시킬 뿐 아니라 다른 것으로 대치시키고 있다. 윌슨[45]이나 러셀이 주장

---

[45] Wilson은 자연주의적 세계관을 지지하는 저명한 현대 사상가로서 인류의 가장 큰 문제점은 실재와 완전하게 조화되지 않는 것이라고 말한 적이 있다. 그의 말을 그대로 인용하면 다음과 같다. "인류애의 정신적 딜레마는 근본적으로 우리가 하나의 진리를 발견하고 나서 다른 진리를 찾아내게 된 것이라고 말할 수 있다." 그가 의미하는 것은 우리 인류가 살아오면서 신의 존재와 사후 세계와 객관적인 도덕성을 믿게 되었다는 것이다. 그런데 이제 신은 존재하지 않으며 도덕성도 우리가 필요에 따라 만들어낸 것이며, 이 세상 저편에는 의미 있는 것이 아무 것도 없다는 것을 알게 되었다는 것이다. "The Biological Basis of Morality," *Atlantic Monthly* (April 1998), p. 70. 또 다른 인용을 소개하자면 다음과 같다. "여러 학문들이 공통으로 동의하는 세계관의 핵심은 우리 손으로 만지고 볼 수 있는 모든 현상들이 별들의 출생으로부터 시작해서 사회제도들의 작용에 이르기까지 모두 다 그 과정이 아무리 길고 복잡해 보여도 결국은 물질주의적 과정으로 환원할 수 있다는 것이다." *Consilience: The Unity of Knowledge* (New York: Knopf, 1998), p. 266. Chapter 2 1. Plato: Complete Works, edited by John M. Cooper (Indianapolis: Hackett Publishing, 1997)를 참조.

하는 것처럼 무신론이 모든 물질의 근본적인 진리라고 한다면 중요한 도덕적 범주들을 다른 것으로 대치하는 이유는 그것이 우리가 가질 수 있는 최선의 것이라는 것뿐이다. 이 문제에서 가장 중요한 쟁점은 무신론이 진리인가 하는 것인데 우리는 도덕성에 대한 지금까지의 확신이 유신론을 긍정적으로 지지하는 반면에 자연주의의 근거를 무너뜨리고 있다는 사실을 강조하고 싶은 것이다.

버트란드 러셀의 주장과는 반대로 하나님의 존재는 너무나 명백하고 우주 전체에 편만해서 오히려 간과되고 있는 것으로 보인다. 실존주의자들이 도덕적 자유의 중요성을 인식하는 것은 당연한 일이나 그들의 세계관은 도덕적 의무뿐 아니라 도덕적 자유마저도 수용하는 데에 실패하고 있다. 반면에 플라톤주의자들은 도덕법칙의 권위를 발견한 것까지는 좋았으나 그와 같은 법에 순종하기 위해 필요한 도덕적 자유를 받아들이는 데에 심각한 어려움을 느끼고 있다.

칸트, 루이스, 맥키, 뉴먼, 시즈윅 그리고 솔리는 도덕법칙의 배후에 있는 정신이 그 구속력과 권위를 부여하고 있으며 그들이 이 해결책을 받아들이든 그렇지 않든 간에 그 정신이 도덕법칙의 합리성을 증거하고 있다는 견해에 동의하고 있다.

도덕성에 대한 자연주의 설명을 포기하지 않으면서 도덕법칙의 권위와 아름다움을 입으로만 인정하는 브란트, 윌렌버그, 블랙번은 철학적으로 인정받지 못하고 있다. 그들이 아무리 열정적으로 도덕법칙을 찬양해도 그와 같은 결점은 보완되지 않는다.

실제로 더욱 합리적인 입장은 니체, 맥키, 사르트르의 주장, 즉 하나님의 죽음이 도덕적으로 큰 의의를 지닌다는 것인데, 우리는 그 반대로 평형을 이루는 입장에서 하나님의 존재가 오히려 도덕성의 독특한 성질들을 잘 설명해주고 있으며 그 합리성과 자유와 권위적인 의무 등을 의미 있게 해주고 있다고 주장하는 것이다.

신 존재 증명을 위한 도덕적 논증은 우리가 살펴본 사상가들의 약점을 보완해줄 수 있고 전통적인 도덕성에 유신론이 얼마나 깊이 스며들어 공명을 일으키고 있는지를 보여줌으로써 그들의 깊은 통찰들을 얻어낼 수 있는 것이다. 그렇지만 우리는 이제 앞으로 계속되는 장들에서 우리의 견해를 펼치기 위한 준비를 마친 것뿐이며 그 일환으로 플라톤의 글에서 가장 자주 인용되는 반론들을 소개한 것이라고 할 수 있다.

The Euthyphro Dilemma

2장:
에우티프론 딜레마

이 문제를 생각해보자.
경건한 사람은 경건하기 때문에 신의 사랑을 받는 것일까
아니면 신의 사랑을 받기 때문에 경건한 것일까?

_ 플라톤[1]

---

1 *Plato: Complete Works*, edited by John M. Cooper (Indianapolis: Hackett Publishing, 1997), p. 9.

최근에 댄 브라운(Dan Brown)이 쓴 베스트셀러 『다 빈치 코드』(*The Da Vinci Code*)를 보면 라이히 티빙이라는 인물이 나오는데 성격은 삐뚤어진 사람이지만 그의 말은 설득력이 매우 강하다.

> 예언에 비추어보면 우리는 극심한 변화의 전환 시대에 살고 있다. 최근에 우리는 서기 2000년을 통과했고 이와 함께 점성학적으로 볼 때 2000년간의 물고기 시대가 막을 내렸다. 그리고 아시다시피 물고기는 예수를 상징한다. 어떤 점성술사라도 이야기해줄 수 있듯이 물고기자리의 이상은 인간은 스스로 생각할 능력이 없기 때문에 더 큰 능력을 지닌 존재들이 인간들에게 어떻게 살아야 할지를 모두 이야기해주는 것이다. 그래서 지난 2000년은 종교가 극성을 부리는 시대였다. 하지만 이제는 물병자리-보병궁(the water bearer)-의 시대(주: 1960년대에서 시작해서 2000년간 지속된다는 새로운 자유의 시대)가 시작되었다. 그리고 물병자리의 이상은 인간이 드디어 스스로 생각할 수 있는 시대가 시작되었기 때문에 스스로 진리를 찾아가는 것이다. 이와 같은 이데올로기적 변화는 대단한 것이며 이제 막 그 첫 발걸음을 내딛고 있다.[2]

티빙이 말하는 이데올로기적 변화 그리고 그 장점이나 단점이 이 책의 중심 주제라고 할 수 있다.

계몽주의 시대 이후 서구 문화를 이끌어온 대변자들은 도덕성은 유지하면서도 하나님과 종교는 버리려는 시도를 꾸준히 해왔다. 더 큰 능력을 가진 존재들에 의해 어떻게 살아야 하는지를 지시받아야 한다

---

[2] Dan Brown, *The Da Vinci Code* (Doubleday: New York, 2003), pp. 267-268.

는 망상으로부터 벗어났기 때문에 도덕적 진리를 지금까지와는 다른 방법으로 찾아내서 하나님에게 의존하지 않으면서도 자신의 행동을 스스로 결정할 수 있다는 것이다. 하나님이 우리에게 어떻게 도덕적으로 살 것인지를 지시하신다고 보는 윤리학의 신명론(Divine Command Theory of Ethics)은 현대의 이와 같은 시대적인 이데올로기적 변화가 일어나기 훨씬 전부터 공격을 받아왔다. 실제로 유신론적 윤리에 대한 가장 널리 알려진 반박은 악명 높은 '에우티프론 딜레마'(Euthyphro Dilemma)인데, 이 반론은 계몽주의 철학자들을 제쳐두고서라도 중세 신학자들에 앞선 수세기 전에 이미 만들어졌다.

이 딜레마는 21세기에도 여전히 강력한 영향력을 과시하고 있다.[3] 최근의 한 예를 들자면 루이스 안토니(Louise Antony)는 『신 없는 선은 충분히 선한가?』(*Is Goodness without God Good Enough?*)에서 에우티프론 딜레마를 사용하여 신명론(神命論)을 비판하고 있다. 이 딜레마가 종교적 윤리에 대한 결정적인 반증을 제공한다고 보는 사람은 루이스뿐만이 아니다.[4] 이 딜레마가 신명론을 얼마나 무력화시켰는지를 주장하는 글은

---

3 에우티프론 딜레마에 대한 최근의 견해로는 John Milliken, "Euthyphro, the Good, and the Right," *Philosophia Christi* 11, no. 1 (2009): 145-155. 이 딜레마에 관한 주석학적 분석은 John E. Hare's Plato's Euthyphro (Bryn Mawr, PA: Bryn Mawr College, 1985)를 참조. 또 다른 분석을 원하면 Albert Anderson's "Socratic Reasoning in the *Euthyphro*," *Review of Metaphysics* 22 (1969): 461-481); William S. Cobb's "The Religious and the Just in Plato's *Euthyphro*," *Ancient Philosophy* 5 (1985): 41-46; S. Marc Cohen's "Socrates on the Definition of Piety: *Euthyphro* 10A-11B," *Journal of the History of Philosophy* 9 (1971): 1-13을 참조. 이 외에도 이 딜레마를 다루고 있는 수많은 문헌들이 있다.

4 Louise Antony, "Atheist as Perfect Piety," *Is Goodness without God Good Enough?: A Debate on Faith, Secularism, and Ethics*, edited by Robert K. Garcia and Nathan L.

윤리 서적에서 얼마든지 찾아볼 수 있다. 이 딜레마는 신명론에 대해 생각할 수 있는 다양한 반론들을 예상할 수 있게 해주기 때문에 하나님과 도덕성 사이의 어떤 가능한 관계에 관한 분석을 시작하는 출발점으로 매우 좋다고 할 수 있다. 흥미롭게도 안토니 플루(Antony Flew)는 철학을 하고 싶은 사람의 자질을 평가할 때 이 딜레마의 힘과 요지를 파악할 수 있는가에 따라 결정해야 한다고 주장한 적이 있다. 이제 루이스 안토니가 말하는 에우티프론 딜레마를 다루기 전에 본래 어떤 상황에서 이 딜레마가 제시되었는지를 알아보기로 하자.

에우티프론 딜레마는 『에우티프론』(*Euthyphro*)이라는 제목의 초기 소크라테스 대화편에 처음 등장한다. 그의 제자인 플라톤이 기술한 이 대화에서 소크라테스는 젊은 제자 에우티프론에게 도덕성의 기준이 무엇인지를 질문한다. 독실한 다신론자였던 에우티프론은 신들의 사랑과 증오의 관점에서 도덕성의 본성과 권위를 설명하려고 했다. 고대 그리스 신들은 에우티프론도 인정하고 있듯이 의견이 일치하지 않을 때가 많고 도덕적인 문제에 관해서도 그럴 가능성이 높으므로 에우티프론은 모든 신이 동의하는 것이 도덕성이라고 대답할 수밖에 없었다. 모든 신이 어떤 행위를 지지한다면 그 행위는 경건한 행위가 된다. 그러나 모든 신이 어떤 행위를 반대한다면 그 행위는 불경건한 행위가 된다.

루이스 안토니(Louise Antony)는 이렇게 말하고 있다.

King (Lanham, MD: Rowman & Littlefield, 2009).

현대적인 용어로 바꾸어 말하면, 소크라테스가 물어본 질문은 '도덕적으로 선한 행동들은 신이 그와 같은 행동들을 선호하기 때문에 도덕적으로 선한 것인가? 아니면 신의 기호와는 관계없이 본래부터 선하기 때문에 신도 선하게 여기는 것인가?'하는 것이었다.[5]

우리는 안토니의 이와 같은 해석에서 '신들'(gods 〈즉, 그리스의 다양한 신전의 신들인 판테온〉)이 '신'(God)으로 바뀌었음을 주목해야 할 것이다. 오늘날 일신교의 신은 전통적인 유일신을 지칭하는 것이 보통이다. 신은 경건을 선으로 받아들이고, 그리고 신들의 사랑을 신의 선호로 대치한다. 전형적으로 신의 호의는 명령에 비추어서 표현되었다고 생각한다. 그러므로 신이, 예를 들어, 우리에게 과부들을 방문하라고 명령했다면 신이 그와 같은 행동을 선호했기 때문인 것이다.[6]

이와 같은 맥락에서 보면 이 딜레마가 공격하는 첫 번째 부분은 신의 긍정적인 명령이 선의 본성을 결정한다는 주장이 옳은 것인가 하는 것이다. 만일 신이 무엇인가를 명령한다면 그것을 명령했기 때문에 그것은 선한 것인가 하는 것이다(마찬가지로 신이 무엇인가를 금지한다면 그 이유 때문에 그것은 악이 되는가 하는 것이다). 우리가 '그렇다'고 대답한다

---

5 Ibid., p. 71.
6 하나님이 명령한다(commands)기보다는 선호한다(favors)라고 보는 신학적 주의주의자들은 신의지론자(divine will theorists)가 되는 경향이 있다. 그렇지만 그들이 더 중요하게 여기는 것은 무엇이 선한가보다는 무엇이 옳은가이다. Philip L. Quinn, "An Argument for Divine Command Ethics," in *Christian Theism and the Problems of Philosophy*, edited by Michael D. Beaty (Notre Dame, IN: University of Notre Dame Press, 1990), pp. 289-302. 참조.

면 그것은 곧 선의 '주의주의'(voluntarism)나 선의 '순수 의지론'(pure will theory of the good), 즉 신명론을 받아들이는 것이다.

이 딜레마의 두 번째 부분은 신이 이미 선한 것을 요구하고 있기 때문에 신의 명령은 선한가 하는 것을 제시한다. 그리고 만일 이에 대해서 그렇다고 대답한다면 그것은 선의 '비주의주의'(nonvoluntarist)나 선의 '지배하는 의지론'를 받아들이는 것이다. 여기서 우리가 '선'을 말할 때에는 다른 어떤 선을 언급하지 않을 경우에 '도덕적인' 선(moral good)을 의미한다. 도덕적인 선은 가장 중요한 선이고 우리가 여기서 다루는 선이지만 그 외에도 다른 선들이 있기 때문에 미리 밝혀둔다.

그래서 종교 윤리학자들은 매우 심각한 문제에 부딪치고 있는 것처럼 보인다. 그들은 주의주의나 비주의주 중에 하나를 반드시 선택해야만 하는 것처럼 보이기 때문이다. 비주의주의를 받아들이는 것은 도덕의 권위가 신의 외부에 있게 되고 그것은 전통적인 유신론자들에게는 수용할 수 없는 큰 오류가 된다. 그렇지만 안토니가 주장하듯이 신명론 또는 주의주의, 즉 '신이 그렇게 말씀하셨기 때문에' 선이라는 주장을 받아들인다면 '어떤 것이 선하다는 것은 오로지 신이 그것을 선택했기 때문이다. 그렇다면 이 세상과 다른 어떤 가능한 세상에서도 신이 그것을 선으로 택할 것이라는 보장은 없다'는 것이 된다. 루이스는 이렇게 덧붙이고 있다.

> 신명론을 따르는 사람에게는 '선'과 '신의 명령'은 동의어이다. 신이 그것을 명령했다는 사실 외에는 그것이 왜 선인가하는 이유에 관

해서는 아무것도 알 수 없다. 신명론을 따르면 신의 명령이라는 것 외에는 아무것도 선하거나 악하다고 말할 수 없다.[7]

이제 주의주의(voluntarism)로부터 시작해서 각 대안들의 문제점들을 하나씩 세심하게 살펴보기로 하자.

1. 주의주의의 부도덕

안토니의 주장을 따라 한 걸음만 더 나아가보면 주의주의(voluntarism)의 문제점을 대여섯 개 이상 만나게 된다. 그리고 이 문제들은 모두 다 실제로 에우티프론 딜레마에 기인하고 있으며 이 주제를 다루는 많은 철학 서적들에서 거듭 거론되고 있다. 이 문제들은 서로 밀접하게 관련되어 있지만 개념적으로 매우 뚜렷하게 구분되므로 하나씩 자세히 다룰 필요가 있다. 먼저 이 문제들이 던지는 도전들을 간단히 살펴보게 될 것인데 이 도전들은 앞으로 계속되는 장에서 하나씩 자세히 다루게 될 것이다. 그런 다음에 주의주의를 주장하는 학자들과 그 철학적이고 신학적인 근거들을 알아보게 될 것이다.

첫째, 규범성 반론(normativity objection). 첫 장에서 우리는 자연주의자들에게 도덕적 권위의 근거가 무엇인지를 일관되게 설명하라고 요구했다. 그러나 이와 병행하는 질문에 대해 유신론자들도 대답을 해

---
[7] Antony, p. 72.

야 할 것이다. 왜 하나님의 명령에는 도덕적 권위가 있을까? 하나님의 명령 자체가 도덕적인 힘을 만들어낸다는 그럴 듯한 생각이 받아들여지지 않는다면 주의주의자들은 자연주의자들보다 그 처지가 조금도 낫지 않고, 신 존재 증명을 위한 도덕적 논증을 펼치는 데에도 큰 어려움이 따른다. 더구나 하나님의 도덕적 권위의 근거를 제시하려는 주의주의자들은 '힘이 곧 정의를 만든다'는 주장이나 복종하지 않을 때 그 뒤에는 처벌이 기다리고 있다며 두려움을 주는 것보다 더 설득력 있는 어떤 근거를 제시해야 한다. 우리는 신명론에 관한 장(6장)에서 규범성 반대에 대한 대답을 제시할 것이다.

둘째, 이유 없음 반론(no reasons objection). 어떤 행동이 도덕적인 이유가 오로지 하나님이 그렇게 말했기 때문이라고 말하는 것은 노예제도나 인류의 학살 등이 하나님의 명령 밖에서는 그것이 잘못이라는 이유를 증명할 수 없다. 하나님은 하나님 자신의 변덕스러운 선택을 분명히 반영한다. 게다가 그런 변덕스러운 선택에는 선행하는 이유들도 없다. 따라서 신명론은 흔히 독단성의 문제(problem of arbitrariness)에 시달림을 당한다고 생각된다. 또한 하나님이 자신의 명령에 대한 이유들을 갖고 있지 않다면 그가 어떤 명령을 내리게 될지 아무도 예측할 수 없을 것이다. 왜냐하면 하나님이 어떤 기준도 없이, 또 어떤 선행하는 이유들 없이 그리고 그가 관계하고 있는 행동에 대한 본질적 특성도 없이 내키는 대로 명령을 내릴 수 있기 때문이다.

셋째, 혐오스러운 명령 반론(abhorrent command objection). 만일 하나님의 독단적인 명령이 도덕적 선을 결정한다면 하나님이 우리에게 하나님을 미워하거나 사람들끼리 서로를 미워하고 심지어는 무죄한 사람들을 무차별적으로 학살하도록 명령을 내릴 수도 있다. 신의 이름으로 사람들을 대량으로 학살한 사례들을 보면 그와 같은 가정이 탁상공론만은 아니라는 것을 알 수 있다. 혐오스러운 명령은 주의주의 체계 안에서 가능한 것처럼 보인다. 하지만 하나님이 우리에게 재미로 유아들을 고문해도 된다고 말했다면 아동학대는 선한 것이 되며, 만일 하나님이 우리에게 병에 걸린 아이들을 치료하지 말라고 말했다면 치료하는 행동은 악이 될 것이다.

넷째, 공허한 언어 반론(vacuity objection). 하나님을 '선하시다'(good)고 부를 때 우리는 그와 같은 형용사에 어떤 의미를 부여하는 경향이 있다. 그리고 그 의미는 일상적인 용법과 유사할 수밖에 없을 것이다. 하지만 그와 같은 형용사가 혐오스러운 신, 혐오스러운 명령을 내리는 신과 일치한다면 그런 형용사는 공허한 것이다. 모든 것과 일치하는 선이란 무의미하다. 그러므로 선하다는 형용사를 사용하는 것 자체가 무의미하고 공허한 것이다. 그렇게 하는 것은 선이란 단어를 극도로 모호한 의미로 사용하는 것이다. 7장에서 자세히 살펴보겠지만 무의미한 말(vacuity)은 그 원인과 해결에 있어서 '근거 없음' 그리고 '혐오스러운 명령'과 밀접하게 관련되어 있다.

다섯째, 인식론적 반론(epistemic objection). 여기에는 일련의 문제들이 관여되어 있다. 그중 몇 개를 수사학적인 질문의 형태로 간단히 언급하려고 한다. 하나님의 명령과 우리 자신의 양심 사이에 갈등이 있다면 어떤 결정을 내려야 하는가? 무엇이 더 우선해야 하는가? 하나님의 명령인가 아니면 양심인가? 우리가 하나님의 명령으로 알고 있는 명령들이 정말로 하나님의 명령인지를 어떻게 알 수 있는가? 우리의 양심이 어떤 명령이 정말로 하나님의 명령인지를 결정하는 데에 도움을 준다면 그것은 우리의 양심에 더 큰 권위를 부여하기 때문은 아닌가? 어떤 종교적 계시가 올바른 계시인가? 이와 같은 질문들에 대한 대답을 제대로 하지 못한다면 신명론을 완전히 변호할 수는 없을 것이고, 주의주의자의 어떤 도덕적 논증도 설득력을 발휘할 수 없을 것이다. 따라서 우리는 인식론의 두 번째 소주제(9장)에서 다루게 될 것이다.

여섯째, 자율성 반론(autonomy objection). 신명론을 반대하는 많은 사람들이 신명론은 우리의 도덕적 자율성을 빼앗아간다고 말하고 있다. 주의주의자들은 문제들을 스스로 생각해보려고 하지 않고 관련이 있어 보이는 명령들이나 경전의 구절들에 의존해서 결정을 내리려고 한다(인간은 스스로 결정을 내릴 수 있는 능력이 없다는 티빙의 주장을 참조). 패트릭 노웰-스미스(Patrick Nowell-Smith)는 그와 같은 자세가 '유아적'이며 성인들에게는 적절치 않다고 주장함으로써 노골적인 반대를 표명하고 있다.[8] 제임스 레이첼즈(James Rachels)는 칸트와 마찬가지로 도덕적 개체는 자기 마음에서 전적으로 동의할 수 있는 계명에만 순종해야 한다고 강조할 때 하나님의 명령에는 무조건 순종해야 한다는 자세와 갈등이 일어날 수 있음을 이야기했다. 마지막 장(9장과 10장)에서 이런 반

---

8 Patrick Nowell-Smith, "Morality: Religious and Secular," Baruch Brody's *Readings in the Philosophy of Religion: An Analytic Approach* (Englewood Cliffs, NJ: Prentice-Hall, 1974).

대에 대한 대답을 모색할 것이다.

2. 주의주의의 주장들

그러한 반대들 때문에 에우티프론 딜레마의 주의주의 측면은 많은 문제들을 내포하고 있으며 신명론이 앞에서 『다 빈치 코드』로부터 인용한 구절이 보여주듯이 대중문화에서도 실패한 견해로 여겨지고 있다. 신명론은 도덕성과 하나님을 연결시킬 수 있는 단 하나의 방법은 아니지만 그 역사적 중요성과 근거가 제시하는 것은 쉽게 파기하거나 완전히 사소한 것으로 절하시킬 수도 없는 이론이다.

아마도 신명론의 순수 의지적인 측면을 강조하는 가장 두드러진 역사적 실례는 윌리엄 오컴(William of Ockham)에서 발견된다. 그의 순수한 주의주의는 종교적 윤리주의의 가장 조악한 전형을 보여주고 있다. 오컴의 관점에서 보면 하나님의 주권적인 선택이 도덕성의 내용을 채우고 있다. 데카르트(Rene Descartes)가 수학의 세계에서도 하나님이 원하시기만 한다면 무엇이든지 가능하다고 주장한 것처럼-하나님이 원하신다면 2+2=5도 될 수 있다-오컴도 그와 같은 주의주의의 도덕적 유비를 이야기하고 있다. 하나님이 오로지 잔인성을 위한 잔인한 명령을 내린다면 또는 "독신"(*The Bachelor*)이라는 연속극 재방송을 하루 종일 보게 하는 고문을 가한다면 그 명령이 하나님의 명령이라는 이유로 도덕적으로 적절한 의무가 될 것이다.

물론 오컴은 하나님이 혐오스러운 명령을 내릴 수는 있겠지만 그런 명령을 내리려고 하지는 않을 것이라고 보았다. 하나님이 그런 명령을 내리지는 않을 것이라는 사실 때문이라도 하나님은 전적으로 찬양 받으실 만한 분이라고 믿었다. 하지만 하나님이 그와 같은 명령을 내릴 수 있다고 생각하는 사실 자체가 그를 극단적인 주의주의자로 만들기에 충분하다. 따라서 만일 하나님이 그런 명령을 내린다면 도덕성은 문제가 될 것이기 때문이다. 실제로 이런 이유 때문에 극단적인 주의주의가 '오컴주의'(Ockhamism)라고 불린다.

순수 의지론(will theory)을 주장하는 것은 오컴만이 아니다. 우리는 후기 중세철학자나 신학자들로부터 시작해서 개혁주의나 청교도 신학자들 그리고 영국의 현대 철학자, 분석 철학자들 중에서 오컴과 비슷한 견해를 가진 학자들을 얼마든지 언급할 수 있다. 물론 현대에 더 가까이 갈수록 오컴보다 훨씬 정교한 분석을 하고 있는 것은 사실이다. 놀랍게도 철학자 루드비히 비트겐슈타인(Ludwig Wittgenstein)마저도 일종의 주의주의를 지지하고 있는 것처럼 보인다. 그는 1930년 12월에 프리드리히 와이즈만(Friedrich Waismann)에게 쓴 편지에서 이렇게 말하고 있다.

> 슐릭은 신학적 윤리 분야에 선의 본질에 관한 두 가지 해석 방법이 존재한다고 말한다. 그중에서 피상적인 해석으로 알려진 방법에 의하면 선하신 하나님은 선하기를 원하기 때문에 선하다. 더 깊은 차원으로 알려진 해석방법에 의하면 하나님은 선하시기 때문에

선하시기를 원한다고 말할 수 있다. 하지만 나의 관점에서 보면 첫 번째 해석이 더 심오하다. 하나님이 명령하시는 것은 모두 다 선하다고 주장하기 때문이다. '왜 하나님의 명령은 선한가?'라는 질문에 대한 설명을 원천적으로 봉쇄하고 있기 때문이다. 반면에 두 번째 해석방법은 오히려 합리적이고 더욱 피상적인 해석 방법이다. 왜냐하면 두 번째 해석방법은 마치 또 다른 선한 이유가 더 있다는 듯 논리를 펼치고 있기 때문이다.[9]

비트겐슈타인은 선이나 행복의 근원에 관한 질문들은 물질적인 사실들이나 이 세계가 어떻게 생겼는지를 아무리 살펴보아도 그 대답을 찾을 수는 없다고 보았다. 약간씩 변형되어 나타나기는 하지만 이와 같은 주장은 그의 『노트북』(*Notebook*, 1914-1916)이나 『논고』(*Tractactus*)에서 찾아볼 수 있다. 따라서 그가 도덕적으로 환원주의 신학의 노선에 있고 '하나님'이라는 용어를 비전통적으로 사용하고 있는 것으로 보았을 때 그는 전통적인 신명론을 지지하고 있지 않는 것이 틀림없다. 겉으로 보는 것과 속 내용이 전혀 다르다고 할 수 있다.

신명론의 관점에서 윤리를 보는 더 전통적이면서 정통적인 견해들은 재닌 이드지악(Janine Idziak)의 역사적 연구를 통해서 보이고 있듯이,[10] 어거스틴, 암브로시우스, 대 그레고리우스, 위-키프리아누스, 세비야의 이시도르, 성 빅토르의 후고, 안셀무스 그리고 바르트의 저서

---

9   A. Janik and S. Toulmin, *Wittgenstein's Vienna* (New York: Simon & Schuster, 1973), p. 194.

10 Janine Idziak, ed. *Divine Command Morality: Historical and Contemporary Readings* (New York: Mellen Press, 1979).

들에서 찾아볼 수 있다. 더구나 신적 명령 윤리 이론의 요소들(때때로 그 패러다임도)은 홉스와 로크, 로버트 애덤스, 필 퀸, 에드워드 비렌가, 폴 루니 등 여러 현대 철학자들에게서 찾아볼 수 있다.[11]

신명론이 야기하는 어려운 여러 가지 도전들에도 불구하고 이 견해를 고수하게 되는 동기는 무엇일까? 그 동기는 원인을 가지지 않는 제일 원인으로 하나님을 여기거나 하나님이 최상의 능력을 소유하고 있음을 인정하고 싶은 강렬한 욕구를 필두로 해서 매우 다양할 것이다.[12] 마찬가지로 법제정 활동을 하나님의 행동의 패러다임으로 보는 유비적인 논리에 의존하고 있다. 물론 하나님을 구속적인 명령을 내릴 수 있는 권위를 지닌 창조자이자 구원자로 보는 성경적이고 주해적인 해석도 분명히 있다. 특히 이 부분에서 우리의 관심을 끄는 것은 하나님의 명령으로 인해 허용된 비도덕적으로 보이는 행동들에 관한 구절들

---

[11] Robert Adams, *The Virtue of Faith: And Other Essays in Philosophical Theology* (Oxford: Oxford University Press, 1987), chs. 7-9; Philip L. Quinn, *Divine Commands and Moral Requirements* (Oxford: Oxford University Press, 1978); Paul Rooney, *Divine Command Morality* (Brookfield, VT: Ashgate Publishing Company, 1996); Edward R. Wierenga, *The Nature of God: An Inquiry into Divine Attributes* (Ithaca, NY: Cornell University Press, 1989), chap. 8, and his "A Defensible Divine Command Theory," Nous 17: 387-407.

[12] Philip Quinn은 주의주의설의 긍정적인 면을 설명할 때 하나님의 주권을 기초로 하고 있다. "필연적으로 모든 사건들의 상태 p에 대해서 p가 성립하고 또한 p가 존재하는 하나님의 모든 사건의 상태로부터 독립해 있다면 p는 형이상학적으로 볼 때 하나님의 의지에 의존한다." 이러한 원리는 하나님에 대한 순종이 도덕적 의무라는 점을 설명하고 있지 않으나 그로 인해 이 온건한 원리는 다른 곤란한 문제점들을 일으키지는 않고 있다. Quinn은 주의주의자들이 하나님에게 순종하는 것은 신이 그렇게 원하기 때문에 의무이지만 하나님의 주권으로부터 나온 결과가 아닌 것으로 본다고 생각한다. Quinn의 "An Argument for Divine Commands Ethics," Beauty, ed., pp. 297, 299. 참조.

이다. 그리고 중세와 그 밖의 전통적인 신학자들이 그러한 행동들을 해석할 때 자의적으로 하지 않으려고 했던 것도 눈에 띤다.

이 다양한 사실들을 고려할 때 주의주의를 철저하게 반대하는 랄프 커드워스(Ralph Cudworth)의 주장과는 달리 이 이론은 단순한 생각으로 '옳지 않을까' 하는 마음에서 신명론을 맹목적으로 지지하지 않는다는 것은 분명하다.[13]

아마도 많은 유신론자들이 신명론을 고수하는 가장 깊은 이유는 하나님의 명령이 윤리와 아무런 관련이 없다고 보는 견해나 심지어는 하나님의 존재 자체가 도덕성이나 그 근거와 아무런 관계가 없다는 주장들이 늘어나면서 위기감을 느꼈기 때문일 것이다. 주의주의를 비판하는 많은 학자들은 에우티프론 딜레마가 하나님이 존재한다고 하더라도 기껏해야 우리에게 윤리적인 세부 조항들을 제공해주는 정도이며 매우 제한적인 인식론적 역할(아마도 신중한)을 수행할 뿐이라는 암시를 하고 있는 것으로 보고 있다. 실제로 그들은 하나님이 도덕성의 근거나 근원이 될 수 없다고 주장하고 있다. 하지만 유신론자들은 대부분 하나님이 존재하는 모든 것의 궁극적인 원인이라고 보고 있으며, 따라서 도덕과 윤리와 같은 인간의 조건에 가장 중요하고도 핵심적인 요소들이 하나님과 무관하다고 여기는 견해들을 수용할 수 없는 것이 당연하다. 그들이 자신의 확신에 대한 타당한 근거를 가지고 있다고 생각하면 할수록 그들의 신명론은 단순한 심리학적 취향보다는

---

[13] Ralph Cudworth, *A Treatise Concerning Eternal and Immutable Morality* (1731; New York: Garland, 1976), pp. 9-10.

훨씬 더 강력한 힘을 지니고 있다.

아무튼 분명한 것은 다음과 같은 두 가지 사실이다.

첫째, 만일 신 존재 증명을 위한 도덕적 논증이 타당성을 지닌다면 주의주의를 완전히 포기하고서 방어가 더 용이한 수정된 신명론을 제시함으로써 에우티프론 딜레마와 도덕적 논증에 대한 이 딜레마의 여러 가지 반론들을 반박할 수 있어야 한다.

둘째, 안토니가 묘사하고 있는 오컴의 신명론을 포함한 몇몇 신명론의 변형들을 모두 거부할 수 있는 데 있다.

이와 같은 신명론의 변종들은 극복하기 어려운 많은 문제들을 제기한다. 그러나 덜 분명한 것은 안토니가 묘사하는 신명론이 가장 최선의 유일한 신명론인지 아니면 에우티프론이 제시하는 반론들을 극복할 수 있는 비오컴적인 유형의 주의주의가 있는지 하는 것이다.

우리는 이제 방어가 좀 더 용이한 주의주의가 이론적으로 가능할 뿐 아니라 실제로도 제시할 수 있다고 주장하려고 한다. 그러기 위해서는 먼저 앞에서 열거한 여섯 가지 반론에 대한 합리적인 대답을 할 수 있어야 할 것이다. 그리고 우리가 제안할 주의주의의 타당성과 장점들을 설명할 것인데 이와 같은 작업을 앞으로 몇 장에 걸쳐서 수행하게 될 것이다. 하지만 먼저 에우티프론 딜레마의 두 번째 뿔, 즉 하나님이 명령을 하는 이유는 그 명령이 선하기 때문이라는 주장을 살펴보고서 그 장점과 약점들을 알아보기로 한다.

3. 유도 의지론

신명론은 루이스 안토니와 다른 학자들이 말하고 있듯이 어떤 것이 선한 이유는 하나님이 그것을 명령했기 때문이라고 주장한다. 하나님의 명령이 그것을 선하게 만든다는 것이다. 주의주의와 관련된 다양한 문제들을 피하기 위해서 어떤 학자들은 생각을 바꿔서 차라리 에우티프론 딜레마의 다른 쪽 뿔을 붙잡기를 원한다. 다시 말해 어떤 행동의 선함은 하나님이 명령하기 이전에 그 명령과 아무런 관계가 없이 그 행동의 내재적 본성으로 보고 싶어 하는 것이다. 이것이 곧 에우티프론 딜레마의 비주의주의적인 뿔이다. 마이클 레빈(Michael Levin)은 이를 '유도 의지론'(guided will theory)이라고 부르고 안토니는 그것을 '신적 독립설'(divine independence theory)이라고 부른다.

이 접근 방법은 우리가 주의주의에 대항하는 대부분의 주요한 비판을 산뜻하게 피할 수 있다. 하나님이 어떤 것을 명령하는 이유는 그것이 이미 선하기 때문이므로 충분한 근거가 있으며 따라서 독단적이 아니다. 선이 하나님의 명령의 근거가 되므로 하나님은 혐오스러운 명령을 내릴 수 없으며 하나님은 선하다고 말할 수 있다. 왜냐하면 선의 기준이 하나님의 명령과 독립적으로 존재하므로 단순히 그 정의만 참인 것은 아니기 때문이다. 또한 그 어떤 규범적 반론에 대해서도 답변할 필요가 없는데 그 이유는 하나님이 명령했다는 사실이 도덕적인 선의 근거가 아니고 이 이론이 도덕의 주관주의의 거센 공격에 항복해야 할 필요가 없기 때문이다.

자율성에 대한 반대와 인식론적 반대는 여전히 가능하다. 왜냐하면 이 이론이 하나님은 명령을 내릴 수 있다고 말하므로 그렇다면 우리의 자율성을 침범할 수 있기 때문이다. 이 문제는 아직 남아 있는데 그 이유는 인간의 자율성에 관한 어떤 이론들에 의하면 인간이 하나님으로부터 어떤 행동을 명령받는다는 자체가 비록 그 구체적인 내용을 명령받지 않는다 할지라도 인간의 자율성에게는 모욕이라고 보고 있기 때문이다. 우리는 또한 하나님이 내렸다고 알려진 어떤 명령들이 정말로 하나님의 명령인지를 어떻게 알 수 있는가 하는 인식론적 반론에 부딪힐 수 있다. 따라서 얼핏 보기에는 이 이론이 이 두 가지 반론에 있어서 아무런 장점도 지니지 못한 것처럼 보인다. 물론 이 이론은 하나님이 완전히 선한 존재인 이상 그 밖의 다른 반론들을 충분히 반박할 수 있는 것은 사실이다.

하나님이 단지 도덕적 환경의 조건들을 설정하고서 우리에게 그 조건들만(아마도 명령을 통해서) 알려주셨다면 그 하나님은 도덕 기상 관측자일지는 모르지만 윤리의 내용에 대한 책임을 져야 하는 것은 아니다. 그렇지 않다고 생각한다면 그것은 범주들을 서로 혼동하고 있기 때문이며 마치 태풍이 불어서 테니스 경기를 망친 책임을 기상 관측 레이더에게 돌리는 것과 같을 것이다. 하나님이 명령을 내리시는 행동들의 범주와 선한 행동들의 범주는 두 범주를 각각 남은 다른 범주의 용어들로 정의하지 않더라도 서로 정확하게 일치할 것이다. 그것은 마치 심장을 가진다는 것과 신장을 가진다는 것이 개념적으로 서로 전혀 다름에도 신장을 가진 동물과 심장을 가진 동물이 정확하게 일치하는 것과 같다.[14] 유도 의지론에 의하면 하나님과 도덕성은 서로 구분되어 있는데 단지 개념적으로만 다른 것이 아니다. 하나님은 도덕적 선의 근거는 아닌데, 기껏해야 우리의 도덕적 지식의 원천일 수는 있다.

하지만 이 견해는 많은 유신론자들에게 문제가 되고 있는데 이는 하나님이 도덕성과 아무런 관련도 없다고 말하고 있기 때문이다. 궁극적 실재는 자기 자신 외에는 그 어느 것에도 속박되지 않은 주권적인 하나님이라고 확신하는 사람들은 도덕적 선의 진정성과 근거가 하나님과 완전히 독립되어 있다는 주장에는 저항감을 느끼는 것이 당연한 일일 것이다. 더구나 궁극적 실재가 하나님의 외부에서 획득했기 때문에 하나님을 평가하는 데에도 사용할 수 있는 도덕적 기준이 존재한다는 생각에는 필사적으로 반대할 것이다. 그들은 하나님이 우리 인간을 판단하시지만 인간은 하나님을 판단할 수 없다고 주장하고 싶어 할 것이다. 유도 의지론은 하나님이 존재한다고 하더라도 윤리와는 아무런 관련이 없으며 윤리의 내용을 채워준다든가 또는 도덕성이 독립적으로 부과하는 기준에 따라 우리가 미달했을 때에 벌을 주고 흡족할 때에는 상을 주는 보조적인 일만 한다고 본다.

이제 이런 상황에서 정직한 유신론자라면 어떻게 해야 할 것인가? 선에 관한 순수 의지론은 강력한 수많은 반론들을 불러일으킨다. 하지만 그 대안은 하나님이 도덕성과 형이상학적으로 아무런 관련도 없다

---

14 W. V. O. Quine이 들었던 유명한 실례이다.

고 주장하고 있다. 그리고 그것은 전통적인 유신론을 완전히 부인하는 것과 같다.

유도 의지론을 신학자들에게도 타당한 것처럼 보이게 하려고 리처드 마우(Richard Mouw)와 마이클 레빈은 그럴 듯한 주장들을 내놓으려고 했다. 하지만 그들이 내놓은 이론들은 신명론의 일종으로서 유도 의지론이라고 할 수 있다. 따라서 그들이 '하나님의 명령'이라는 언어를 사용할 때에는 신명론과 주의주의를 동일시하는 안토니와는 다른 의미를 지니고 있다. 마우와 레빈은 하나님의 명령에 순종해야 하는데 그 이유가 하나님의 명령이 도덕적 선을 규정하고 있기 때문이 아니라 하나님의 명령이 우리에게 다른 경로로는 얻을 수 없는 정보를 제공할 뿐 아니라 그러면서도 궁극적인 실재라는 하나님의 지위에 손상을 전혀 주지 않기 때문이라고 주장하고 있다. 마우로부터 시작해서 그들의 주장을 차례대로 살펴보기로 하자.

4. 유도 의지론의 지지자들

"하나님의 도덕적 판단의 위치"(The Status of God's Judgements)[15]라는 초기 논문에서 마우는 『에우티프론』이 하나님의 의지와 관련해 도덕성을 정의하려는 모든 시도에 치명적인 비판을 가하고 있다는 단정을 출발

---

15 Richard Mouw, "The Status of God's Moral Judgments," *Canadian Journal of Theology* 16 (1970): 61-66.

점으로 해서 자신의 주장을 펼치고 있다. 마우는 에우티프론의 도전을 철학자 G. E. 무어(G. E. Moore)가 '열린 질문의 논쟁'(open question argument)이라고 부르는 방법으로 바꾸었다. 이 논쟁법이 열린 질문 방법으로 불리는 이유는 어떤 주장된 정의, 말하자면 선이나 도덕성의 정의(definition)를 주장하려면 그 정의를 실제로 만족시키는 것이 선인지 또는 도덕성인지는 열린 질문으로 남아있어서다.[16] 만일 그렇지 않다면 그 정의는 동어반복에 지나지 않는다. 마우의 이론을 무의미한 말의 문제라는 표현으로 다시 정리해보면 다음과 같다.

(1) 어떤 것이 도덕적이다는 주장은 정의상 그것이 하나님에 의해 명령되었음을 의미한다면, 그것이 도덕적이었다는 이유로 하나님이 그것의 명령을 공표했다.
(2) 하지만, 그와 같은 것을 말하는 것은 분명 의미가 있다.
(3) 그러므로 제안된 정의는 잘못이다.

도덕적이란 말이 하나님이 명령했다는 뜻이라면, 어떤 것이 도덕적이어서 하나님이 그것을 명령하셨다고 말하는 것은 어떤 것을 하나님이 명령하셨기에 하나님은 그것을 명령하셨다는 뜻과 동등하게 된다는 사실을 주목하기 바란다. 첫 번째 문장은 완전한 의미를 지

---

16 Robert Adams는 Moore의 질문을 도덕성은 초월적인 요소를 필요로 한다는 의미로 받아들였으며 이 요소는 우리 인간의 능력으로는 정확하게 묘사할 수 없고 유신론적인 설명으로 완벽하게 만족시키거나 비판적인 자세를 완전히 허용하지 않는다. *Finite and Infinite Goods: A Framework for Ethics* (Oxford: Oxford University Press, 2000), p. 78.참조. G. E. Moore의 견해는 그의 고전인 *Principia Ethica*, section 13을 참조.

니는 반면에, 두 번째 문장은 순환논리로서 닫혀있기 때문에 그 문장은 사실이지만, 아무런 의미를 전달하지 못한다. 따라서 하나님의 명령을 근거로 하는 도덕성 정의는 실패한 것이다. 마우의 주장은 그 결론이 전제로부터 도출되었다는 의미에서 타당성을 지닌다. 전제가 참이라면 결론도 참일 수밖에 없는 것이다.

그렇다면 여기서 결론이 참이라고 가정한다면 신명론자에게는 어떤 문제가 발생하는가? 아무런 문제도 되지 않는다고 말할 수 있다. 왜냐하면 도덕성을 분석하려고 했던 것이지 도덕성을 정의하려고 했던 것은 아니기 때문이다. 그 차이를 이해하려면 아주 유사한 예를 생각해보면 된다.

물이라는 물질을 예로 들어보자. 물은 두 개의 수소 원자와 한 개의 산소 원자로 이루어져 있다. 경험적으로 발견된 화학적인 미세구조가 그렇다는 것이다. 하지만 그러한 사실이 발견되기 훨씬 전부터 사람들은 물을 마셔왔고 물로 목욕을 하고 수영을 했으며 그 화학적 성분을 아무도 몰랐어도 모두 다 물이라고 불렀다. 그들이 물이라고 말했을 때 그것을 지칭하는 것(정의상)은 계곡이나 강에서 볼 수 있는 투명한 액체였다. 그들이 H_2O라는 화학식을 알지 못했으므로 그러한 화학식을 염두에 두지는 않았지만 그들이 물이라고 말했을 때에는 그와 같은 분자식을 가진 액체를 지칭한 것이다. 물의 정의는 사용자들에게 익숙한 그 물리적인 겉모습을 바탕으로 내려진 것이며 물이 근본적으로 어떤 것으로 이루어져 있는지는 후에 발견되었는데 그것이 이러한 물질 자체의 분석을 결정하고 있다.

이 유비가 보여주는 것은 정의와 분석이 동일하지 않다는 것이다. 다시 말해 신명론자들은 도덕성의 정의(그 본질에 관해서는 열어둔 채로)를 제공할 뿐만 아니라 그 분석(본질을 규명한다)도 제시해야 할 필요가 있다. 따라서 하나님의 명령이 도덕적 선의 정의는 아닐지라도 그 분석 결과일 수 있다. 실제로 우리는 하나님의 명령이 도덕성의 정의로서는 실패했지만 그와 같은 분석을 제공함으로써 도덕성이 하나님에게 의존하지 않는다고 생각하는 사람들이 도덕성 개념을 자신 있게 사용하고 있는 것이다. 그리고 그것은 물의 화학적 성분이 발견되기 전에도 물의 개념을 자유자재로 사용해왔던 것과 같다. 의도한 것은 아니지만 여기서 물의 실례는 매우 미묘한 유사점도 함께 보여주고 있다. 즉 물이 H_2O이고 두 명칭이 같은 물질을 칭하지만 물로서의 성질과 H_2O로서의 성질은 논리적으로 구분되어 있듯이 하나님은 어떤 행동이 도덕적이기 때문에 명령을 내리지만 어떤 행동이 도덕적인 이유가 하나님이 명령을 내렸기 때문이라고 말하는 것도 일리가 있는 것이다.

아무튼 마우는 도덕성의 근거와 도덕성의 **정당성**을 구분하고 있다. 그리고 하나님은 도덕적 명제들의 진리에 대한 궁극적인 형이상학적 근거이기도 하지만 그보다는 (어떤) 도덕적 명제들에 대한 우리 지식의 원천으로 더 적합하게 간주되어야 한다고 마우는 주장한다. 그는 주의주의에 대한 그의 비판을 발판 삼아 계속해서 유도 의지론을 설명하고 있다. 그는 월레스 매슨(Wallace Matson)처럼 우리가 어떤 수학 문제에 대한 정확한 대답을 수학교사에게서 구하듯이 하나님은 우리가 마음 놓고 의지할 수 있는 완벽한 도덕교사인 셈이다. 하나님의 명령은 다른 방법으로는 정당화시킬 수 없는 도덕적 진리인 것이다. 이런 방법으로 마우는 하나님의 명령을 진지하게 받아들일 수 있는 가능성을 만들고자 노력한다.

이와 같은 주장은 토마스 아켐피스, 시에나의 캐서린, 다마스커스의 요한네스, 존 녹스, 캐서린 부스 그리고 심지어는 전도서에서도 찾아볼 수 있다. 특히 전도서는 인간의 근본적인 의무가 '하나님을 경외하고 그 계명을 지켜라'는 말로 요약될 수 있다고 이야기한다.[17]

최근에 나온 신명론의 윤리학에 관한 마우의 저술을 보면 약간의 후퇴는 눈에 뜨이지만, 마우는 자신의 유도 의지론을 거의 고수하고 있음에 틀림없다.[18] 그는 여기서 정당성과 근거를 새로운 방법으로 구분하고 있다.

> 우리는 하나님의 명령이 '옳게 만드는' 특성을 지닌 것으로 보거나
> 아니면 '옳게 지시하는' 특성을 지닌 것으로 볼 수 있다.

이런 구분은 주의주의와 비주의주의 또는 순수 의지론(pure will theory)과 유도 의지론의 구분과 유사하다고 할 수 있다. 마우는 주로 로버트 애덤스(Robert Adams)에 의해서 신명론의 주의주의적 견해에 손을 들어주는 매우 설득력 있는 주장들이 나왔음을 인정하고 있다. 그리고 애

---

17 Ecclesiastes 12:13.
18 Richard J. Mouw, *The God Who Commands: A Study in Divine Command Ethics* (Notre Dame, IN: University of Notre Dame Press, 1990).

덤스의 주장이 도덕성의 정의보다는 그 분석을 제공하고 있는 것은 우연의 일치가 아닐 것이다.

우리는 애덤스가 최근에 이룬 성과를 이 책의 후반부에서 다루게 될 것이다. 하지만 애덤스에 대한 마우의 비판을 여기서 잠깐 언급하는 것도 좋을 것 같다. 물론 마우는 애덤스가 이룬 업적을 인정한다. 마우는 애덤스가 하나님의 어떤 특정한 본성, 즉 하나님은 정의로우시며 인간의 번영을 원하시고 우리가 풍성한 생명을 경험하기를 바라시는 분이라는 사실을 전제로 해서 자신의 이론을 발전시키고 있다는 점을 주목한다. 마우는 여기서 이와 같은 신학적 전제는 유도 의지론을 지향하는 것이라고 말하고 있다.

> 이와 같은 전제들은 하나님의 의지를 적어도 옳게 지시하는 요소의 하나로 보고 있기 때문이다. 도덕적으로 정당화된 행동은 정의를 진작시키거나 인간의 번영을 돕는 행동임이 분명하다. 그리고 우리가 하나님은 정의롭고 인간의 번영을 목적으로 한다는 것을 믿고 있는 이상 하나님의 명령들이 도덕적 정당성의 필요충분조건들을 만족시키는 의지할 만한 이정표가 될 수 있다.[19]

이와 같은 공격은 신명론에 관한 저술들에서 자주 찾아볼 수 있다. 신적 독립론을 분명하게 주장하는 루이스 안토니는 신명론자라면 다음과 같은 명제를 받아들여야 할 것이라고 주장한다.

---

19 Mouw, *God Who Commands*, p. 29.

하나님이 우리에게 아동을 학대하라고 명령했다면 아동학대는 도덕적으로 옳은 것이다.[20]

루이스는 신명론자들이 다음과 같이 반격할 것을 예상하고 있다. 즉 그처럼 있음직하지 않는 경우를 지지해줄 선례는 있을 수 없을 뿐 아니라 생각할 수도 없으며 하나님은 그와 같은 명령을 내리기는커녕 그와 같은 행동을 묵인하지도 않을 것이다. 왜냐하면 하나님의 도덕적 본성에 의해서 하나님과 그와 같은 행동은 양립할 수 없기 때문이다. 그런데 신명론자들이 그런 식으로 반론을 펼친다면 그들은 자기도 모르는 사이에 결국 '신적 독립이론'의 옹호자가 될 수밖에 없다고 말한다. 왜냐하면 옳고 그름의 구분이 하나님에게 있지 않다고 생각한다면 하나님이 무슨 명령을 내릴지 미리 알 수 있기 때문이다.[21] 안토니가 신명론자들에게 가하는 이러한 비판, 즉 그들이 비주의주의적 요소를 자기도 모르게 끌어들이고 있다는 비판은 애덤스에 대한 마우의 비판과 매우 비슷하다. 둘 다 그 방어성을 공격하고 있는 것이다.

이제 마우의 글로 다시 돌아가 보면, 하나님은 **일반적으로 의지할 만**한 도덕적 표준이 아니라 **완벽한 잣대**라고 마우는 주장하고 있다. 예를 들면 하나님이 반대하는 판단의 진술들과 부정적인 도덕적 판단들 사

---

20 Antony, p. 71. Antony는 도덕적인 선과 도덕적인 의를 동일한 개념으로 보고 있는 것처럼 보인다. 왜냐하면 그의 모든 분석은 도덕적인 선의 관점에서 수행되고 있기 때문이다. 우리는 이와 같은 구분의 중요성을 잠시 지적하고 넘어가기로 한다. 이 책의 부록에서 우리는 신명론(神命論)에 대한 반대에 있어서 Antony의 독단성과 '확대된 독단성'에 대한 답변을 하고 있다.

21 Ibid., pp. 71-72.

이에는 필연적인 관계가 있다. 그 이유는 무엇일까? 왜냐하면 도덕성이 객관적으로 진리이고, 하나님이 도덕적으로 완벽하고 전지하다면, 그렇다면 하나님의 도덕적 발언은 전적으로 신뢰할 만하기 때문이다. 매우 흥미롭게도 존 스튜어트 밀(John Stuart Mill)도 이전에 하나님과 공리주의적 쾌락주의(utilitarian hedonism) 사이의 잠재적인 관계에 대해서 비슷한 주장을 했다.

> 우리는 공리성의 이론(the doctrine of utility)이 무신론적인 이론이라고 욕하는 것을 자주 듣는다. 그런 억측에 대해서 구태여 변명을 해야 한다고 한다면 그것은 우리가 하나님의 도덕적 성격을 어떻게 정의하느냐에 달려 있다고 말할 수 있다. 하나님이 무엇보다도 모든 피조물들의 행복을 바라고 그가 피조물을 만든 목적이 행복이라고 믿는 것이 참 신앙이라면, 공리주의는 결단코 무신론적이 아니며 그 어떤 사상보다 더 깊이 있는 종교라고 할 수 있다. 만일 공리주의가 하나님의 계시된 의지를 최고의 도덕률로 받아들이고 있지 않는다고 비난한다면, 나의 대답은 다음과 같다. 하나님의 완전한 선과 지혜를 믿고, 하나님이 사유하는 것은 무엇이던지 간에 도덕의 주제에 관련해 계시하는 것에 적합하다고 필연적으로 믿는 공리주의자들은 최상의 정도로 공리성의 요구를 완수해야만 한다.[22]

마우가 하나님의 의지와 옳음의 기준 사이의 관계에 대한 추측을 두려워하는 가장 중요한 이유는 존 파이퍼(John Piper)의 『하나님을 바

---

22 John Stuart Mill, *Utilitarianism, Liberty, and Representative Government*, with introduction by A. D. Lindsay (New York: E. P. Dutton, 1951), p. 26.

라기』(Desiring God)에서 엿볼 수 있다. 존 파이퍼는 이 책에서 자기는 아무런 모순 없이 기독교 쾌락주의자가 될 수 있다고 말한다.[23] 파이퍼에 대한 마우의 비판은 매우 강력하지만, 마우는 도덕적 정당화의 세분화된 설명을 하나님의 명령들에 복종하는 것으로 연결시키는 것을 유보해야 한다고 자신의 논의에서 주장한다. 그러나 우리가 마우의 파이퍼에 대한 비판을 어떻게 평가한다고 할지라도 마우의 이런 비약된 추론은 의심할 만한 것이다. 비록 기독교 쾌락주의에 대한 파이퍼의 변호가 잘못된 것이라 할지라도, 도덕성의 중심에 하나님이 있다는 이론을 보다 성공적으로 형성하지 못할 이유는 없는 것이다.

비록 우리가 마우의 주의주의적 신명론이 하나님의 명령에 권위를 얼마나 강력하게 부여하는지를 느낄 수는 있지만 주의주의가 설 수 있는 근거를 찾아내려는 노력을 너무나 빨리 포기했다는 의혹을 떨치기 어렵다. 파이퍼의 쾌락주의를 기초로 하고 있는 마우의 추론이 근거가 약하고 그의 초기 분석이 최근에 이루어진 언어 철학의 발달을 반영하고 있지 않으므로 주의주의에 대한 그의 반론과 유도 의지론에 대한 옹호가 설득력이 없는 것은 틀림없다. 더구나 마우와 안토니의 추측, 즉 주의주의자가 하나님의 선하심을 이해하는 방법에는 오컴의

---

23 John Piper, *Desiring God: Meditations of a Christian Hedonist* (Sisters, OR: Multnomah Books, 2003; revised edition). 유신론적 규칙 공리주의 해석은 William Paley에 의해 진지하게 방어되고 취급되었다. 그의 *Principle of Moral and Political Philosophy* (reprinted by St. Thomas Press; Houston, TX, 1977)를 참조하라. 특히 그와 관련된 문제는 그가 인간의 행복을 위한 하나님의 바람을 공리주의 규칙들과 연결시키고 있는 2권, 5장-7장을 참조하라.

노선밖에 없다는 전제가 잘못된 것으로 판명이 난다면 마우의 주장에 동조할 수 없는 또 다른 이유를 갖게 된다.

우리가 마우의 주장에 대해 쉽게 동의할 수 없는 가장 중요한 이유가 아이러니하게도 마우가 신명론의 개혁주의 관점을 전개하려는 데 있다. 우리의 입장-비록 칼빈주의보다는 알미니안적이기는 하지만-도 개혁주의인 것은 마찬가지이다. 하지만 우리의 관점이 더욱 강력하다고 생각하는 이유는 우리는 주의주의 요소를 포용하고 있는 반면 마우의 유도 의지론은 하나님의 자족성과 도덕적 자율성 교리를 충분하게 인정하지 못하고 있는 데 있다. 만일 하나님의 명령이 도덕성의 근거가 되는 것이 아니라 독자적인 도덕성이 하나님의 명령을 결정한다면 도덕성은 하나님과는 무관하게 가장 숭고한 지위를 얻게 될 것이다. 마우의 유도 의지론은 하나님이 모든 것을 조정하는 중앙 통제부이자 실재의 기초적인 형이상학적 원리라고 믿는 유신론자들에게는 매우 미흡하게 보일 수 있다. 아이러니하게도 마우의 개혁주의 유신론적 윤리는 충분히 개혁주의적이라고 볼 수 없다.

그렇지만 이와 같은 유보에도 불구하고 마우의 책에서 우리는 잠재적인 관조의 희망을 주는 매우 통찰력 있고 시사적인 구절들을 발견할 수 있다. 그는 유도 의지론을 하나님에 대한 영광스러운 찬양과 비교하면 너무나 초라하다는 점을 인정하면서 순수한 의지론과 유도 의지론을 통합시켜야 할 필요성을 암시하고 있다. 그는 이렇게 이야기하고 있다.

그러나 마지막 분석 단계에서 하나님이 무엇인가를 의도한다는 것과 그것이 도덕적으로 옳다는 것은 너무 느슨한 방법으로 연결시키는 것은 적절하지 않다. 결국 하나님은 성경적인 구도 안에서는 완전한 의를 구현하고 있다. 이 문제를 간단히 다루는 것은 쉽지 않다. 하지만 우리가 잠시 멈춰서 하나님의 선에 관해 반추하다 보면 매우 신비스러운 방식으로 의를 지시하는 것과 의를 만드는 것이 하나로 통합되어가는 것을 느낀다고 말하는 것이 가장 적절한 표현일 것이다.[24]

우리도 이 부분에서는 그와 동의하며 그의 논리를 따라 다음 장에서는 하나님의 본성에 초점을 맞추게 될 것이다. 하지만 그러기에 앞서 먼저 마이클 레빈이라는 또 다른 유도 의지론자의 글들을 살펴보기로 한다.

레빈은 유도 의지론이 하나님을 독자적인 가치 기준에 종속시킴으로써 하나님의 전능성과 자족성에 의문을 품게 하고 있다는 반론에 맞서서 유도 의지론을 변호하고 있다. 그는 이와 같은 변론을 신학적으로 문제가 있는 의존 관계로 볼 수 있는 관계의 기준, 예를 들어서 하나님도 다른 사물에 의해서 만들어지고 유지되고 변화된다고 가정할 때 하나님의 사물에 대한 관계와 같은 의존 관계의 기준(또는 충분한 조건)을 제시함으로써 시작하고 있다. 그는 이런 기준의 성격을 먼저 밝히고 나서 이러한 의존 관계가 유도 의지론이 말하는 하나님과 도덕성의 관계가 아니라고 주장하고 있다. 그는 이렇게 이야기하고 있다.

---

24 Mouw, *God Who Commands*, p. 30.

> 하나님이 초월해야 하는 사물에 규범을 포함시키는 단 하나의 이유는 가치의 객관성과 객체로서의 가치의 존재가 혼합될 수도 있다는 우려 때문이다…객관성과 객체는 서로 전혀 다르며 진리는 물질들을 초월한다.[25]

다시 말해 객관적인 도덕적 진리들은 물질보다 더 다양하므로 이 진리들을 인식하는 것은 객관화시킬 수 있는 존재론적 의미를 함축하고 있는 것이 아니다.[26] 따라서 이 진리들은 문제가 많은 의존적 관계를 하나님에게 강요할 만한 위치에 있지 않는 것이다.

하지만 반대의 한 방법으로서 다음과 같은 주장을 펼칠 수도 있을 것이다. 즉 하나님이 자신의 의지와는 무관하게 사물들 안에 내재해 있는 고유한 특성들에 따라 그 가치를 인정한다면 결국 하나님은 그러한 사물들에 의존하고 있는 것은 아닐까? 이러한 독자성은 사물들의 내재적인 특성들과 진정한 도덕적 판단 사이의 관계에도 해당된다. 즉 이러한 관계도 하나님과는 무관하게 독자적으로 성립된다는 것이다.

이 문제에 대한 대답으로 레빈은 하나님의 독자성이 여전히 침범당하지 않았다고 주장한다. 왜냐하면 하나님이 X라는 명령을 내리기로

---

25 Michael Levin, "Understanding the Euthyphro Problem," in the *International Journal of the Philosophy of Religion* 25: 90-91.
26 여기서 '객관화시킬 만한' 이라는 형용사를 삽입한 것은 우리들이다. 왜냐하면 도덕적 진리들이 물질이 아니라고 하더라도 그것들이 자신의 존재론에 자신의 위치를 갖는 것이 불가능하다고 말할 수는 없기 때문이다. 만일 그렇다면 그 진리들은 존재론적인 의미를 함축하고 있으나 그렇다고 존재론에 어떤 문제를 일으키지는 않을 것이다.

결정한 것은 X자체가 도덕적이기 때문이 아니라 하나님이 X가 도덕적이라고 믿었기 때문이라는 것이다.

> 만일 행동-원인의 인과관계 언어가 하나님을 묘사하는 데에 적절하다고 할지라도 하나님이 X를 명령하는 것은 X가 반드시 행해져야 한다는 하나님에 대한 믿음 때문이지 X가 가지고 있는 내재적 의무 때문은 아닌 것이다. 하나님은 오로지 자신의 판단에 따라 명령을 내린 것이므로 자기 자신 저 너머의 어떤 것에 인과적으로 의존하고 있는 것은 아니다.[27]

레빈은 자신의 외부에 있는 어떤 것에 인과적으로 의존하고 있지 않음을 보여주고 싶어 하는 것으로 보인다. 도덕성의 추상적인 진리가 하나님의 명령 결정에 인과적인 힘으로 작용하지 않았다는 것이다.

우리는 어떤 의미에서는 레빈의 이와 같은 주장에 동의하고 싶기는 하지만 의혹을 떨쳐버리지 못하는 가장 중요한 이유는 문제의 의존적 관계에 관한 레빈의 개념이 극도로 협의적이기 때문이다. 하나님이 도덕적 사실에 대해 확신을 갖는 것은 그와 같은 사실들이 가지고 있는 내용 때문이며 유도 의지론의 관점에서 보면 그것은 하나님과 독립적으로 존재하고 있다. 어떤 행동이 본질적으로 도덕적이기 때문에 하나님이 그 행동을 도덕적이라고 믿으며 하나님은 전지하므로 어떤 의미에서는 그 행동의 내재적인 도덕성이 하나님으로 하여금 그 행동이

---

27 Ibid., p. 92.

도덕적인 것을 믿게 된 것이고 그 때문에 그런 행동을 명령하게 된 것이라고 할 수 있다. 하나님의 결정이 하나님과 무관하게 성립되는 진리를 근거로 하고 있는 것이고 그렇다면 레빈의 관점에서 보아도 이것은 하나님의 자율성에 대한 명백한 침해인 것이다.

레빈은 계속해서 자신의 입장을 다음과 같이 변호하고 있다. 만일 자신의 그 논리가 문제가 된다면 자신의 밖에 있는 어떤 것에 의존하는 하나님의 지식도 마찬가지로 문제가 될 것이라는 것이다. 하나님이 소방차는 붉은 색으로 칠해져 있다는 사실을 알고 있다고 하자. 소방차는 하나님의 외부에 있는 것이 사실이며 그 소방차가 붉은 색이라는 사실이 하나님으로 하여금 그 소방차가 붉은 색이라고 인식하게 하는 것이다. 만일 이런 논리가 문제가 안 된다면 하나님이 자신과 독립해서 성립되는 어떤 진리를 알고 있는 것도 문제가 되어서는 안 된다는 것이다.

레빈은 여기서 멈추지 않고 또 다른 반론을 예상하면서 그와 같은 반대에 대한 답변을 시도하고 있다. 소방차의 색깔은 하나님의 의지의 간접적인 기능의 하나라고 생각할 수도 있겠지만-하나님이 세상을 창조하고 유지해간다는 의미에서-유도 의지론에서 가치의 기준은 그와 똑같은 경우라고 할 수 없다는 것이다. 그와 같은 반대는 건전하더라도 자유의지론적 자유를 배제할 것이라는 것이다. 왜냐하면 그와 같은 자유는 하나님의 통제를 받지 않으므로 그 자유가 어떻게 행사되는지에 관한 하나님의 지식은 하나님으로부터 독립되어 있는 개체들의 선택에 달려 있기 때문이다. 만일 반론이 독립적으로 존재하는 진리나 하나님의 통제 영역 밖에서 일어나는 자율적인 표현을 부인한다면 자유의지적인 자유는 완전히 배제된다는 것이다.

우리는 이와 같은 답변이 부적절하다는 것을 알고 있다. 그는 그러한 반론이 자신의 입맛에 맞지 않는 결과를 초래할 것이라고 암시하는 것 외에는 별다른 답변을 하고 있지 않다. 그러나 그런 결과는 그가 생각하는 것처럼 그렇게 소화하기 어려운 것은 아니다. 우리는 자유의지─하나님이 가능하게 하고 우리에게 부여해준─를 믿는 유신론자이기 때문에 그와 같은 자유가 하나님의 독립성이나 주권을 침범한다고 보지 않는다. 윌리엄 제임스와는 다르게 우리는 하나님의 전능성이 곧 인간의 모든 선택을 하나하나 세밀하게 제어하는 것을 의미하는 것이 아니라는 것을 잘 알고 있다.[28]

자유의지를 진정으로 믿는 사람이라면 자신의 자유의지를 행사하더라도 그것이 하나님의 주권을 침해하지는 않는다는 것을 잘 알고 있다. 물론 여기서 말하는 하나님의 통제는 칼빈주의에서 주장하는 포괄적 결정주의와는 다른 것이다. 이를테면 하나님이 자신의 의지로 허용하고 은혜로 유지하지 않는다면 그러한 자유의지는 불가능할 것이다. 하나님이 자신의 목적에 맞게 자유의지를 제한하고서 우리에게 그 자유를 부여했다고 가정해보자. 앨빈 플랜팅가(Alvin Plantinga)가 말하고 있듯이 하나님은 피조물들의 자발적인 협조를 통해서만 이룰 수 있는

---

28 Baggett는 James의 이 문제를 David Baggett, "On a Reductionist Analysis of William James's Philosophy of Religion," *Journal of Religious Ethics* 28, no. 3 (2000): 423-448에서 자세히 분석하고 있다.

어떤 목적을 가지고 있을 수 있다.

> 그러나 여기서도 하나님과 그의 명령에 대한 피조물들의 모든 배반은 결국 하나님에게 달려 있을 것이다. 우리의 모든 반역 행위는 이를 지지하는 하나님의 활동들을 그 바탕에 깔고 있다. 반역 행위의 존재 자체가 매 순간마다 하나님의 승인하는 활동에 달려 있는 것이다.[29]

우리가 기독교 유신론자로서 인정하기를 원하는 것은 하나님의 통제 영역 밖에는 아무것도 없다는 것이 아니라 모든 의미에서 하나님과 전적으로 독립해서 일어나거나 존재하는 것이 없다는 것이다. 더욱 분명하게 이야기한다면 도덕적 진리와 같은 핵심적인 실재가 비주의주의 편에서 주장하는 것처럼 하나님으로부터 완전히 독립해 있을 수는 없다는 것이다.

5. 에우티프론 딜레마는 해결할 수 없는 것일까?

이 장에서 우리는 지금까지 에우티프론 딜레마를 다루고 있다. 그리고 왜 전통적인 유신론자들이 딜레마의 두 뿔(논리)을 싫어하는지 그 이유를 알게 되었다. 하나님이 명령했기 때문에 그 행동이 선

---

[29] Alvin Plantinga, *The Nature of Necessity* (Oxford: Clarendon Press, 1980), pp. 2-3.6), p. 51.

하다고 주장하자마자 독단성, 무의미한 말, 규범성에 대한 반대 등 다양한 반론들이 일어나는 것을 볼 수 있었다. 하지만 하나님은 이미 독자적으로 도덕적인 것을 명령한다고 주장하게 되면 도덕성은 하나님으로부터 독립하게 되고 하나님도 어떤 외부의 기준을 따라야 한다는 문제점들이 발생한다.

그렇다면 하나님을 독단적인 존재로 만들거나 도덕성과 무관한 존재로 만들지 않고서도 도덕성을 이해할 수 있는 방법은 없는 것일까? 도덕적 논증들이 타당하려면 반드시 그와 같은 해결책을 찾아내야 할 것이다. 그런데 다행히도 그런 방법이 있으며 우리는 앞으로 이 책에서 이 해결 방법을 소개하려고 한다.

많은 철학자들과 신학자들이 에우티프론 딜레마와 씨름해왔다. 더러는 한쪽 뿔만 붙잡고 싸우기도 하지만 어떤 학자들은 두 뿔의 장점들만 모아서 합성하려고 한다. 예를 들어 머레이 맥비스(Murray Macbeath)는 이 딜레마가 제안할 수 있는 대안들이 두 뿔만은 아니라고 말하고 있다. 그는 우리에게 제3의 가능성을 생각해보자고 말하고 있다. 즉 하나님은 우리의 행복을 극대화시키는 행동들을 선택하신다는 것이다. 그리고 이 이유 때문에 하나님의 명령들은 도덕적인 것이다. 하나님이 명령들을 내리시는 이유는 그 명령들이 도덕적이기 때문이 아니라 우리를 사랑하시기 때문이라는 것이다. 더구나 하나님이 어떤 행동을 하시는 것은 그 행동들이 도덕적이라기보다는 우리의 행복을 극대화하기 때문이라고 주장한다면 하나님이 선하시다고 말하는 것은 공허하지 않다. 맥비스는 이 방법으로 에우티프론 딜레마의 두 뿔을 모두 거부하고 있다. 즉 이 딜레마의 뿌리 두 개만은 아니라는 것이다.

우리의 접근 방법도 맥비스의 방법과 유사하다고 할 수 있다. 하지만 우리들은 이 딜레마가 제공하는 표준적인 범주들을 사용하는 데에 있어서 주저하지 않을 것이나 다만 먼저 지금까지 무시해왔던 분명한 구분들을 분명하게 밝혀두고 시작할 것이다.[30]

어떤 학자들은 지금까지 묘사한 것만큼 이 딜레마의 두 뿌리가 서로 배타적이지 않다는 점을 보여주고 싶어 한다. 예를 들어 리처드 스윈번(Richard Swinburne)은 둔스 스코투스의 제안을 받아들여서 하나님의 적극적인 의지에 그 내용과 존재와 권위를 의존하는 우연적인 도덕적 진리와 하나님이나 하나님의 창조적인 활동과는 무관하게 독립적으로 존재하는 필연적인 도덕적 진리를 구분하고 있다. 우연적인 도덕적 진리와 필연적인 도덕적 진리의 구분은 매우 중요하며 도덕성의 주관적인 요소와 객관적인 요소들을 화해시키려는 스윈번의 노력을 높이 사야 할 것이다. 하지만 우리는 필연적인 도덕적 진리의 존재론적 독립성을 스윈번처럼 적극적으로 인정하고 싶지는 않다. 왜냐하면 그렇게 되면 하나님의 주권을 약화시킴으로써 철학적으로 또 신학적으로 많은 문제를 일으킬 수 있기 때문이다.

---

30 M. Macbeath, "The Euthyphro Dilemma," *Mind* 91 (1982): 565-571. Chapter 3.

6. 일곱 가지의 구분

앞으로 전개하게 될 우리들의 대안을 미리 알아본다는 의미에서 개괄적으로 우리의 견해가 어떤 것인지 또 어떤 근거를 바탕으로 해서 우리의 접근 방법에 대한 반대들을 답변할 것인지를 설명하려고 한다. 이제까지는 안토니와 그 밖의 학자들을 따라서 크게 보았을 때 주의주의가 도덕적 선, 또는 바로 도덕성 자체에 속한 것으로 여기고서 다루어왔다. 그러나 이제부터는 도덕적인 선과 도덕적인 옳음(moral right)을 세심하게 구분하게 될 것이다.

엄밀히 말하면 도덕적 선에 관한 문제들은 가치와 관련이 있고 도덕적인 옳음은 의무와 관련이 있다. 도덕적으로 선하다고 해서 반드시 도덕적으로 옳은 것, 즉 도덕적으로 지켜야 할 의무는 아닌 것이다. 이를테면 자신의 재산을 절반이라도 떼어서 가난한 사람들에게 나눠 주는 것은 선한 행동이기는 하지만 도덕적으로 반드시 행해야 할 의무는 아니다. 마찬가지로 무료 급식소에서 날마다 봉사하는 것도 선이지만 옳음(right)은 아니다. 윤리의 가장 강력한 도전 중 하나는 많은 선한 행동 중에서 어떤 것이 도덕적 의무인가를 선별해 내는 일일 것이다.

우리 견해에 의하면 하나님의 명령이나 의지(명령은 의지로부터 나오므로)는 우리로 하여금 어떤 행동이 도덕적으로 선하기도 하면서 올바른 것을 잘 선택하도록 도와준다. 하나님의 명령은 어떤 행동이 도덕적으로 반드시 행해야 하는 의무인지를 결정해주지만 무엇이 도덕적으로 선한지에 관해서는 직접적으로 말하지 않는다. 그래서 우리들은 비주의주의의 선 개념과 주의주의의 옳음의 개념을 포용하려고 한다. 선에 관한 우리의 이론이 요구하는 도전은 도덕적 선이 결국 하나님의 명령으로부터는 독자적이지만 하나님 자신으로부터는 독립적이 아니라는 것을 보여주게 된다. 그리고 도덕적 의무에 관한 우리의 이론이 요구하는 과제는 하나님의 명령이 지니는 권위에 의존하면서도 오컴의 주의주의가 빠졌던 함정을 피하는 것이다.

우리는 앞으로 이와 같은 두 과제를 수행해감에 있어서 먼저 일곱 가지의 큰 구분을 규정하고서 그 구분들을 일관성 있게 적용해나가려고 한다. 이제 이 구분들을 간단히 소개하고 나서 앞으로 필요할 때마다 자세히 다루게 될 것이다. 이 구분들을 특별한 순서 없이 열거하자면 다음과 같다.

첫째, 분석(analysis)과 정의(definition)의 구분. 우리는 이 구분을 이 장의 처음 부분에서 사용한 적이 있다. 도덕적 선과 도덕적 옳음을 분석했지만 언어적인 정의를 내리진 않았다. 언어 분석이 중요한 것은 사실이지만 우리 생각에는 그 가치가 20세기의 분석철학에서 너무 강조된 것으로 보인다. 우리는 언어 분석을 적절한 선에서 사용하겠지만 우리의 통전적인 접근 방법에 독점적인 특별한 위치를 부여하지는 않을 것이다.

둘째, 선(good)과 옳음(right)의 구분. 우리는 이제 도덕성을 일반적으로 언급하지는 않을 것이다. 대신에 한편으로는 도덕적 선의 가치적인 문제를 다루고, 다른 한편으로는 도덕적 허용성과 도덕적 책임의 의무적인 문제를 살펴보게 될 것이다. 옳음과 그름의 문제들은 하지 않으면 안 되는 행동들(의무의 문제)이나, 아니면 해서는 안 되는 행동들(허용의 문제)과 관련이 있다. 옳음의 의무적인 면을 이야기할 때에는 특별하게 언급하지 않는 한 도덕성의 의무적인 면을 다루게 될 것이다.

셋째, 인식론(epistemology)과 존재론(ontology)의 구분. 존재론 또는 형이상학은 사물의 진리가 무엇인지를 다룬다. 반면에 인식론은 사물의 진리를 어떻게 인식할 수 있는지를 다룬다. 우리는 1장에서 도덕의 기초가 도덕성 자체의 진리보다도 인식론적으로 우리로부터 더 멀리 떨어져 있을 것이라는 이야기를 했다. 우리는 그런 가능성을 늘 염두에 두지 않으면 여러 가지 문제에 부딪치게 될 것이다.

넷째, 난해성(difficult)과 불가능성(impossible)의 구분. 다양한 도덕적 논증들이 성립되기 위해서는 하나님은 항상 선한 존재로 인식되어야 한다. 하지만 이러한 인식은 범해서는 안 되는 대부분의 도덕적 직관과 화해시키기가 어려운 하나님의 행동이나 명령들과 일치해야 한다. 그렇지만 하나님이 선한 존재로 인식되는 것은 타협할 수 없는 도덕적 의무와 합리적으로 화해시킬 수 없는 하나님의 행동이나 명령과 일치하지 않을 수 있다. 우리는 단순히 어려운 것과 실제로 불가능한 것을 구분하는 원리와 기준을 제공하려고 한다.

다섯째, 다의성(equivocation)과 일의성(univocation)의 구분. 하나님의 선하심을 합리적으로 믿기 위해서는 먼저 인식해야 한다. 하나님의 선하심이 인간의 선함과 정확하게 같아야 한다고 주장하는 것은 일의성에 대한 요구이고 하나님의 선하심이 합리적으로 선임을 인정하기 힘들 때도 여전히 신이 선하다고 인정하는 것은 다의성의 용납이다. 우리는 이 중 어떤 것으로도 오해되지 않는 자세를 취하려고 하겠지만 그보다는 유비적으로 예측하는 오랜 전통을 따르려고 한다. 이 전통에 의하면 하나님의 선하심은 인간의 선함과 같은 것으로 인식될 때에 그보다는 더 탁월하다는 것이다.

여섯째, 의존성(dependence)과 통제성(control)의 구분. 우리는 도덕적 실재론을 변호하려고 하기는 하지만-이러한 견해에 의하면 신에게도 바꿀 수 없는 필연적인 도덕적 진리가 존재한다-그럼에도 스윈번과는 다르게 그와 같은 필연적인 도덕적 진리도 매우 중요한 의미에서 하나님에게 의존하고 있다는 주장을 펼치려고 한다. 의존성과 통제성을 혼합하게 되면 어떤 사람들은 유신론적 윤리가 도덕적인 객관성을 상실하는 것으로 오해할 수 있을 것이다.

일곱째, 상상가능성(conceivability)과 존재가능성(possibility)의 구분. 다양한 시나리오를 상상할 수 있다는 사실만으로는-예를 들어 하나님이 아동을 학대하라고 명령했다는 상상-그런 상황이 가능하다고 단정할 수는 없는 것이다. 적어도 하나님이 도덕적으로 완전한 존재라면 그렇다는 것이다.

이 구분들을 다 같이 일관성 있게 골고루 적용하면 유신론적 윤리를 그 반론들로부터 효과적으로 변호할 수 있고 신 존재 증명을 위한 도덕적 논증들을 강화시킬 수 있을 것이다. 그리고 마지막으로 소개한 상상가능성과 존재가능성의 구분은 우리가 다루어야 할 다음 주제로 자연스럽게 이끌어간다. 이 책에서 전제로 하는 하나님에 관한 기능적 개념이 무엇인가 하는 문제를 다음 장에서 다루게 될 것이다. 우리는 기독교 유신론자이고 우리의 관점이 개혁주의적이라고 말했지만 그것으로는 부족할 것이다. 그러므로 이제부터 앞으로 보다 자세하게 우리의 신학적 입장을 밝히게 될 것이다.

Naming the Whirlwind   3장:
소용돌이의 이름

왜 이 보편적 도덕감이 존재하는 것일까? 우리는 왜 '선'이 '악'보다 좋은 것이라고 생각하는 것일까? 선에 대한 인식이 이처럼 뿌리가 깊고 우주적인 것을 보면 영원한 실재인 하나님을 가리키는 분명한 지표가 아닐까?

_ J. B. 필립스[1]

---

1   J. B. Phillips, *Your God is Too Small* (New York: Macmillan, 1979), p. 71.

리처드 도킨스는 최근에 성경의 하나님을 신랄하게 공격하면서 하나님에 대한 반감을 조금도 숨기지 않고 있다. 더욱이 하나님에 대한 도덕적인 비난을 마음껏 퍼붓고 있어서 매우 인상적이다. 그가 매력적인 목소리로 다음과 같은 냉혹한 선고문을 읽어 내려가는 모습은 상상하기 힘들 정도다.

> 구약 성경의 신은 그 어떤 소설의 주인공보다 더 사악한 존재다. 질투심으로 똘똘 뭉쳐있을 뿐 아니라 그것을 자랑스러워한다. 좀스럽고 편파적이며 용서할 줄 모르고 모든 것을 손아귀에 넣고서 조종하고 싶어 한다. 복수하지 않으면 못 견디고 피에 굶주려 있으며 큰 민족도 눈 한 번 꿈쩍이지 않고 말살시킨다. 여자들과 동성애자들을 증오하며 인종에 대한 편견이 심하고 어린이 학살이나 집단학살도 서슴지 않고, 존속살해나 가축 도살을 부추기고, 과대망상과 성도착증이 심하며, 변덕이 죽 끓듯 하고, 가학적인 양아치기질이 있다.[2]

생각이 이렇다보니 도킨스가 신 존재 증명을 위한 도덕적 논증들을 진지하게 여긴다면 그것이 오히려 놀라운 일이 될지 모른다.

우리는 성경의 하나님에 대한 도덕적 반론들을 다른 장에서 자세히 다루게 될 것이다. 하지만 그러기 전에 먼저 성경의 하나님을 보다 분명하게 이해할 필요가 있을 것이다. 그러므로 이 장에서 우리는 아브라함과 이삭과 야곱의 하나님 그리고 안셀무스(Anselm)의 하나님이기도

---

2 Richard Dawkins, *The God Delusion* (New York: Houghton Mifflin, 2006), p. 51.

한 전통적인 하나님의 보편적인 속성들을 살펴보기로 한다.

도덕적 논증은 자연신학의 주장들 중에서 실제로 매우 독특한 성격을 지니고 있다. 왜냐하면 도덕적 논증은 우리로 하여금 하나님이 존재할 뿐 아니라 특정한 속성을 지니고 있는 하나님, 즉 완전하게 선하신 하나님이 존재한다는 사실을 추론할 수 있게 해주기 때문이다. 하나님이 어떤 존재인가 하는 문제는 하나님이 실제로 존재하는가 하는 질문과는 달리 주의주의의 단점들을 피하는 데에 결정적인 도움이 될 것이다.

소크라테스의 대화 원문을 보면 에우티프론이 비판에 취약했던 이유는 그가 도덕적으로 결핍되고 다투기 좋아하는 신들이 있다고 믿었기 때문이다. 다시 말해 신의 성격이 문제였던 것이다. 그러므로 우리는 이 장에서 전통적으로 이해되고 있는 하나님의 선하심을 비롯해서 그 밖의 뚜렷한 성품들을 이야기하려고 한다. 그리고 다른 장에서 하나님과 선 사이의 형이상학적인 관계를 다루게 될 것이다. 하나님과 선은 서로 관계가 있지만 다른 개념들인 것이다.

하나님에 관한 철학적 토론은 단지 하나님의 존재에 관한 최소의 질문으로 만족하는 경향이 있지만 하나님을 독실하게 믿는 신자들에게는 그런 질문은 실존적으로나 인식론적으로 너무나 피상적인 것이다. 그들에게는 이러한 질문으로 마치는 것은 핵심적인 진리는 제쳐두고 주변적인 문제들만 잠깐 살펴봐도 깊은 통찰을 얻을 수 있다는 듯이 윤리에 대한 토론을 수수께끼 같은 도덕적 딜레마에만 국한시키는 것이다. 유신론적 윤리를 이해하기 위해서는 신에 관한 단순히 그 존재를 믿는 차원을 넘어서서 하나님에게 모든 것을 내 맡기는 신앙에 도달해야 한다. 하나님이 실재라면 하나님의 존재에 관한 단순히 서술된 지식이나 증명된 신앙을 추구하는 것으로 그칠 것이 아니라 존재하는 하나님과 개인적인 사귐이 가능하다면 그러한 친교를 위해 노력해야 할 것이다. 그리고 그와 같은 친밀한 관계는 하나님의 성품에 달려있을 것이다.

이제 우리는 신 존재 증명을 위한 도덕적 증거를 제시하기 시작했고, 그 일환으로서 에우티프론 딜레마를 바탕으로 제기된 여러 가지 반론들에 대해 도덕적 논증들을 변호하고 있다. 그런데 이러한 변호는 전적으로 방어적인 것이 보통이지만 여기서는 더 적극적인 자세를 취하게 될 것이다. 왜냐하면 에우티프론의 반론들에 대한 대답을 하다보면 단순히 신 존재 증명을 위한 도덕적 논증들이 강화될 뿐 아니라 어떤 특정한 성품을 지닌 하나님의 존재를 증명할 수 있게 되기 때문이다.

우리는 단순히 유신론적 윤리의 가능성만이 아니라 그 합리적 타당성을 주장하려고 하며 유신론이 다른 어떤 대안들보다 도덕적 사실들을 효과적으로 설명해줄 수 있음을 입증하려고 한다. 유신론적 윤리에 대한 반론들을 반박하다 보면 도덕적 논증들의 합리성이 더욱 두드러지게 되며, 하나님의 어떤 특정한 성품이 그와 같은 반박에 보다 효과적이라면 도덕적 논증은 신 존재 증명에 힘을 실어줌과 동시에 그 특정한 성품을 지닌 하나님의 존재 증명에도 효과적인 것이다.

1. 철학자들의 신

우리는 언어철학으로부터 용어와 구분, 그중에서도 특히 칭호(title)와 이름(name)의 구분을 사용해서 우리의 분석을 용이하게 하려고 한다. 물론 이러한 구분은 매우 미묘하기는 하지만 우리의 관점을 충분히 명확하게 보여주는 데에는 큰 도움이 된다.

만일 어떤 사람이 '신은 전지하지 않으면 신이 아니다'라고 주장한다면 '신'은 여기서는 호칭으로 쓰였으며 이러한 호칭을 지닌 존재는 어떤 특성적 기준, 예컨대 전지성을 지녀야 한다는 것이다. 무신론자도 이에는 동의할 것이며 이때 그 동의는 우리가 '신'이라는 호칭을 사용한다고 해서 그것이 반드시 그러한 존재가 존재한다는 것은 아니라는 것을 의미한다. 이제 '신은 전지하다'는 주장을 살펴보자. 이 경우에 '신'은 칭호로 사용되었다고 생각할 수 있으나 신자라면 그가 실제로 존재한다고 믿는 존재인 신의 어떤 성품을 인정하는 주장이 될 것이다. 그렇다면 '신'은 여기서 칭호보다는 이름으로 사용된 것이다.

각 용법-호칭으로 또는 이름으로서의 '신'-은 전통적으로 이해되고 있는 하나님의 선하심을 강조하는 데에 사용될 수 있다. '신'을 호칭으로 사용했을 때 '신은 선해야 한다'라는 주장은 신의 자격을 갖춘 존재가 반드시 선해야 한다는 뜻을 지니고 있다. 다음과 같은 유비를 예로 들어보자. 미국의 대통령은 적어도 35세는 되어야 한다고 되어 있다. 그렇다면 마치 미국 대통령은 적어도 35세는 되어야 하는 것처럼 신도 반드시 선해야 한다고 말하는 것은 실제로 존재하는 어떤 신에 대한 발언이 아니며 신이라면 갖추어야 할 자격을 말한 것에 불과하므로 실제로 그런 신이 존재하지 않더라도 아무런 문제가 되지 않는 발언이다. 선에 관한 이러한 분석은 '신은 선하다'라는 명제를 바탕으로 한 공적 발언이므로 하나의 사실이라고 할 수 있다. 그리고 그러한 명제는 반드시 참이며 필연적인 하나님의 선하심에 대한 실질적인 분석이므로 거짓일 수 없다.

반면에 '신'을 이름으로 사용하는 용법은 신으로 확인된 어떤 특정한 존재에 관해 이야기할 수 있게 해준다. '신은 선할 수밖에 없다'라고 말할 때 '신'을 이름으로 사용했다면 신은 선할 수밖에 없다는 말이 참이 되려면 의미된 대상(res), 곧 신이 존재해야만 한다. 이때 신이 선하다는 말은 실제로 신인 어떤 개체를 대상으로 삼고서 한 발언이다. 신은 필연적으로 또는 본질적으로 선하다고 말하는 것은 실제로 신인 어떤 존재의 완전한 도덕성을 이야기하고 있는 것이다. 이제 우리는 '신'은 호칭이 아니라 이름이라고 주장하려고 한다. 실제로 존재하는 하나님의 성품을 이야기하려고 하는 것이다. 하지만 우리는 동시에 '신'이라는 용어는 기술적인 도덕적 내용을 포함하고 있으며 그러므로 '신'은 호칭과 마찬가지로 명제적으로 이해되는 하나님의 선하심을 분석할 수 있도록 해준다.[3] 그렇다면 어떤 신이 도덕성을 만들어냈을까?

---

3 언어 철학자들은 고유 명사와 한정적 묘사를 엄밀하게 구분하는 경향이 있다. 고유명사는 단순히 지칭하는 역할을 하며 그 고유명사를 포함하는 문장에 의해 표현된 명제에 명칭을 제공해줄 뿐이다. 따라서 그 명칭이 지시하는 존재가 실제로 존재하지 않는다면 그 이름을 포함하는 문장들에 의해 표현되는 명제도 존재하지 않는다. 한정적 묘사는 Bertrand Russell에 의하면 명칭이 지시하는 존재가 존재하지 않더라도 실제적인 의미를 지니는 방법으

작고한 케임브리지 철학자 에윙(A. C. Ewing)은 모든 도덕법칙을 내포하고 있는 존재라면 완전히 선할 수밖에 없다고 말하고 있다.[4] 도덕적으로 결핍된 신이나 한 무리의 신들은 도덕적으로 완전한 신보다는 도덕적 사실들을 완전하게 설명할 수 없을 것이다. 하지만 실제로 비오컴주의적인 어떤 신이 도덕적으로 완전할 수 있을까?

도덕적인 면을 포함한 모든 면에서 최고로 완전한 하나님, 즉 안셀

로 분석될 수 있다. 이름과 묘사는 일반적으로 볼 때 서로 매우 다르다. 그러나 무신론자들은 대부분 '신은 존재하지 않는다'라고 말하고서 사용된 단어들이 어떤 의미가 있다고 생각한다. 그렇지만 '신'(God)이 지칭하는 특정한 존재만을 지시한다면 여기서 어떤 명제가 제안된 것이 아니므로 이 문장은 아무런 의미도 지니지 않는 것으로 보일 수 있다. 여기서 언어철학은 어떤 역할을 하고 있는가? 우리는 '신'을 묘사나 또는 칭호의 하나로 여길 수는 있다. 하지만 그랬을 때 우리는 '신'이 이름으로 사용되었다는 느낌을 떨쳐버릴 수 없다. 여기서 Mike McKinsey가 제안하는 혁신적인 해결 방법에 의하면 '신'이 '묘사적인 이름들'이라고 부르는 소 범주의 하나라는 것이다. 그리고 그가 여기서 소 범주라 함은 곧 이름을 의미한다. 하지만 그 의미의 일부는(명제적이 아니라 언어적) 공적으로 알려진 몇몇 뚜렷한 특징들로부터 도출된 것이다. 신의 경우에 있어서 신성(Deity)에 일반적으로 부여되는 특성은 전지성, 전능성 등이다. 어떤 이름이 지칭하는 것과 그 이름을 고정시키기 위해서 사용되는 묘사들은 잘못되었을 가능성이 있다. 그래서 Saul Kripke는 자신의 주장에서 이름은 묘사들에 의해서가 아니라 어떤 인과관계에 의해서 고정된다고 말하고 있다. 하지만 맥킨지는 어떤 이름과 그 이름이 지칭하는 대상을 고정할 때 사용된 묘사들이 일부 맞지 않을 수 있지만, 그래도 묘사들 중에는 맞는 것도 있다고 말한다. 예를 들어 아인슈타인은 상대성 이론을 발견한 것이 아니라 누군가에게서 훔쳤을 수 있다. 하지만 그는 상대성 이론을 발견한 사람으로 확실하게 알려져 있는 것이다. McKinsey는 묘사적 이름에 대한 명백한 증거로서-'신'도 그 묘사적 이름의 하나이다-이름이 지칭하는 대상을 묘사하는 단어가 비교적 적을 때에는 잘못될 가능성이 희박하다고 말하고 있다. 이를테면 '어떤 존재가 있는데 그는 전지하고 전능하지만 신은 아니다'라고 말하는 것은 무의미하다는 것이다. 물론 그는 신임에 틀림없을 것이다. 이런 경우에 '신'은 묘사적 이름이 되는 것이다. Michael McKinsey, "The Semantics of Belief Ascriptions," *Nous* 33, no. 4 (1999): 519-557참조.

4 4. A. C. Ewing, *Value and Reality: The Philosophical Case for Theism* (London: George Allen & Unwin, 1973), p. 199

무스가 생각한 하나님은 '철학자들의 신'으로 여겨지고 있다. 이러한 신은 전능하고 전지하고 전선한 존재이다. 이러한 안셀무스의 신이야말로 전통적인 유신론의 신이며, 이 신학적 견해의 내용은 일반적으로 경험이나 경험주의적 사고보다는 선험적 이성으로부터 도출된 것이다. 이러한 관점에서 보면 신은 가능할 수 있는 최고의 존재로서 자신을 위대하게 만드는 모든 특성들을 그 범위와 정도에 있어서 완벽한 조화를 이루며 최고로 구현한다. 다시 말해 신은 조성될 수 있는 최고의 존재이다.

도덕적 논증은 안셀무스의 신을 어느 정도 지시하고 있는가?[5] 아무튼 신의 완전한 선과 안셀무스가 말하는 한없이 자애로움 사이에는 비슷한 면이 분명히 있지만 여기서 우리는 짚고 넘어가야 할 매우 중요한 사실이 있다. 그것은 도덕적 논증이 신이 필연적으로 존재한다는 사실을 믿게 하는 좋은 이유를 제공한다는 것이다. 물론 존재론적 주장과 우주론적 주장의 변형들이 신의 존재의 필연성을 수반하는 것으로 알려져 있지만, 그리고 그와 같은 주장들이 매우 강력한 것은 사실이지만 여기서 더 이상 다루지는 않을 것이다. 하지만 우리는 신이 필연적으로 존재한다는 것을 믿게 하는 세 번째 이유를 제시하려고 하

---

5   Kant는 도덕성이 안셀무스주의의 신을 지시한다고 생각했다. Kant는 도덕성이 반드시 일어나야 할 일들을 가리키고 있기 때문에 모든 목적과 연결되어 있다고 주장했다. 신의 기능이 모든 목적을 이루어가는 것이므로 도덕신학의 이와 같은 차원은 신을 지시하고 있다고 보았다. 그리고 이 신은 유한한 신이 아니라 무한한 신이며 이 신의 탁월하면서도 유일한 의지는 모든 도덕률을 하나로 통일시킨다. 미학적, 목적론적 판단을 따라 우리가 눈에 보이는 것보다 중요한 것에 대한 가장 일리 있는 주장을 할 수 있으며 이와 같은 판단은 현재 있는 것을 넘어서서 반드시 있어야 할 것을 지시하는 의무들을 포함하는 것이다.

는데, 이 이유 역시 설득력이 매우 강력하다. 그리고 이 이유가 자연신학의 다른 면들과 함께 합해지면 그 설득력은 더욱 강해진다. '도덕실재론'(moral realism)의 주요한 특징 중의 하나가 필연적인 도덕적 진리들이 실제로 존재한다는 것이다. 이 도덕적 진리들은 참일 수밖에 없으며 앞에서 주장한 것처럼 플라톤주의보다는 신의 존재에 의해 더 잘 설명될 수 있다. 또한 신이 도덕성의 궁극적인 형이상학적 근거라면 그리고 도덕성이 필연성을 내포하고 있다면, 이 모든 것을 있게 하는 존재가 반드시 존재해야 한다는 사실이 더욱 분명해진다. 우리는 이에 대해서 앞으로 더 자세히 이야기하게 될 것이지만 여기서 한 가지 반론이 제기될 수 있다는 것을 알고 있다.

그런데 현재로는 도덕적 논증이 성립된다면 신이 존재한다는 것과 그 신이 선하다는 사실뿐 아니라 신이 필연적으로 존재한다는 것과 그 신이 완벽하게 선하다는 사실을 입증하는 증거이다. 그것은 신의 기능적인 개념을 넘어서서 안셀무스의 신으로 나아가게 하는 매우 강력한 증거인 것이다.[6] 더구나 앞에서도 언급했듯이 안셀무스의 신은

---

6 이처럼 주제에서 약간 벗어난 견해들 외에도 우리는 Thomas V. Morris의 다음과 같은 통찰을 염두에 두어야 할 것이다. "신에 대한 Anselmus의 직관은 더 넓은 의미에서 보면 안셀무스주의 신 개념을 형성하는 모든 직관들은 그러한 직관들이 반드시 있었다는 그 핵심적인 직관들이 의존할 만하다는 점에서 일리 있는 신념 체계를 자연스럽게 만들어낸다는 것이다. 왜냐하면 만일 안셀무스주의의 신이 존재한다면 그리고 그러한 하나님이 하나님 자신을 인식하는 피조물을 만들어낸다면 그들이 몇몇 사람에게만 허용되는 고도로 기술적인 논쟁 없이도 그의 존재를 인식해야만 한다는 것은 매우 일리 있는 주장이기 때문이다. 안셀무스주의의 신 개념을 형성하는 의존할만한 직관들이 존재한다는 주장은 매우 일리가 있는 추론이라고 할 수 있다." Thomas V. Morris, *Anselmian Explorations: Essays in Philosophical Theology* (Notre Dame, IN: University of Notre Dame Press, 1987), p. 68.

유신론적 윤리에 대한 반론을 반박하는 과정에서 가장 잘 입증된다면 안셀무스의 신을 그보다 더 잘 입증하는 좋은 증거는 없다. 물론 앞으로 이와 같은 사실을 더 자세히 설명하게 될 것인데 악순환적인 순환 논리에 빠지지 않으면서 여기서 지금 말할 수 있는 것은 앞으로 전개할 분석에서 가장 두드러지는 기능을 발휘하는 신은 다분히 안셀무스주의적일 것이다.

2. 기독교의 하나님

우리의 접근 방법은 안셀무스주의적이며 또한 기독교적인데 이 둘은 서로 상충하는 부분은 없을까? 안셀무스의 전통은 선험적이며 이성과 합리성의 논리성에 그 기초를 두고 있다. 이에 반해서 보다 구체적인 기독교 신학의 요점은 명백한 성경의 가르침이나 이 가르침과 인간적인 지식들을 전제로 하는 추론들부터 그 교리들을 이끌어내고 있다. 따라서 기독교 신학은 보다 경험적이며 후험적이라고 할 수 있다. 하나님에 관한 전통적인 기독교 가르침은 삼위일체론, 속죄론, 부활 등을 포함하고 있다. 물론 성경의 가르침들을 진지하게 받아들이자면 위에서 열거한 도킨스의 도전들과 부딪치게 될 것이다. 예를 들어 가나안 정복 이야기나 이삭을 제물로 바치는 장면과 같은 부분들을 어떻게 이해해야 할 것인가 하는 것이다. 안셀무스의 선험적 전통과 기독교 성경의 경험주의적 전통을 합성할 수 있는 길은 있는가?

성경적인 관점에서 보면 하나님은 세계사와 밀접하게 관련되어 있다. 하나님은 세계사에 관여하면서 자신의 목적을 이루어가고 있다. 반면에 안셀무스의 신 개념을 따르자면 하나님은 보다 건조하고 비활동적이라고 할 수 있다. 그런데 테르툴리아누스(Tertullian)는 신실한 신자들은 성경의 하나님을 더 좋아하고 철학적인 신을 싫어한다고 말한다. 테르툴리아누스는 "아테네와 예루살렘이 무슨 관련이 있으며 어둠과 빛이 무슨 상관이 있는가?"라고 묻고 있다.[7] 그에게 있어서 아테네는 인간의 철학 사상을 상징하고, 예루살렘은 하나님의 계시를 상징하고 있다.

하나님에 대한 보다 철학적인 개념을 선호하는 사람들도 그 열정에 있어서는 테르툴리아누스 못지않다. 그들은 구약과 신약의 하나님이 피로 범벅이 된 희생 제사, 유황불의 위협 등 때로는 매우 당혹스러운 모습을 보여준다고 보고 있다. 톰킨슨(J. L. Tomkinson)이라는 선험주의 신학자는 이 두 전통이 서로 부딪칠 때 일어나는 갈등을 다음과 같이 묘사하고 있다.

> 철학신학의 견해들과 계시신학의 주장들을 서로 화해시킬 때에 일어나는 문제는 적어도 철학신학의 입장에서 보면 항상 계시를 옹호하는 학자들에게 있었다. 철학신학자들이 자신이 발견한 사실들과 계시신학자들이 찾아낸 결과들이 서로 양립한다는 것을 보여주어야

---

7 "The Prescriptions against the Heretics," trans. S. L. Greenslade, *Early Latin Theology*, vol. V in "The Library of Christian Classics" (Philadelphia: Westminster Press, 1956), pp. 31-32.

하는 책임이 적어도 철학자들에게는 있지 않다. 이는 매우 중요한 방법론적 문제이다. 신은 예를 들어 최고의 존재로 보는 신관에 대한 분석이 계시신학의 주장과 상반되는 결과에 도달할 경우 철학신학자들은 이성의 능력을 주장하며, 분석은 그 타당성을 모든 사람들이 점검할 수 있음을 강조하곤 한다. 지지하는 논리가 타당한 경우에는 어떤 특정한 경험에 대한 해석보다 논리적으로 더 우선한다는 사실을 받아들여야 할 것이다.[8]

안셀무스의 신 개념과 전통적인 기독교 하나님 개념을 대조할 때 느끼는 가장 신랄한 아이러니는 안셀무스 자신이 독실한 기독교인이라는 데에 있다. 안셀무스주의를 전적으로 따르기 위해서는 완전한 존재로 보는 하나님이 핵심적인 기능을 하도록 놓아두어야 할 뿐 아니라 성경의 메시지도 그에 못지않은 기능을 하도록 해야 한다. 이러한 맥락에서 톰 모리스는 다음과 같이 말하고 있다.

> 기독교 신학자로서 안셀무스는 성경의 내용과 교회의 전통을 신학적 성찰을 위한 가장 중요하고 범할 수 없는 기준으로 받아들이고 있다. 안셀무스의 이러한 면은 오늘날 널리 인정받고 있지 못하고 있는 부분이라고 할 수 있다.[9]

안셀무스의 신 개념을 협의적으로 이해한다면 독실한 기독교 신

---

[8] J. L. Tomkinson, "Divine Sempiternity and A-temporality," *Religious Studies* 18 (1982): 186-187.

[9] Thomas V. Morris, *Anselmian Explorations*, p. 3.

자들은 신앙의 핵심적인 부분을 상실할 수 있다. 안셀무스의 신 개념이 오로지 성경에만 기초로 하고 있지 않는 것이 사실이며 기독교 계시의 중요한 구체적 내용들이 협의의 안셀무스주의에 포함되어 있지 않다는 것도 부인할 수는 없을 것이다. 두 전통들이 서로 충돌하지 않고 서로 배타적이지 않는 부분에서는 하나가 되기 위해서 어느 하나가 다른 하나를 뒤따를 필요는 없을 것이다. 두 전통이 서로 다른 부분에서만 어느 하나가 다른 하나를 공격하게 되고 이때 이와 같은 중요한 의미를 지니게 될 것이다.

앞에서 인용한 톰킨슨의 도전은 안셀무스주의를 정확하게 이해하고 있지 못하며 선험적인 부분만을 공격하고 있는데 그 부분마저도 크게 왜곡시키고 있어서 그의 비판은 과녁을 크게 빗나가고 있다고 볼 수 있다. 톰 모리스가 지적하고 있듯이 다른 중세기 신학자들처럼 이성적인 인식과 성경의 통전성을 자신의 신학체계에 아무 손상 없이 받아들이려고 했으며 우리가 하려는 시도는 안셀무스와 같다. 안셀무스주의는 특별계시와 일반계시를 모두 받아들이고, 경험적 전통과 선험적 전통으로부터 얻은 통찰을 통합하고 합성시킴으로써 유신론적 윤리를 그 다양한 반론으로부터 변호할 수 있는 강력한 철학적이고 신학적 방법을 제시하고 있다. 이 장의 남은 부분에서는 하나님의 도덕적 선에 대한 도전을 먼저 다루고서 하나님의 완전한 선에 대한 도전에 대한 응답을 하도록 할 것이다.

3. 하나님의 도덕적 선하심에 대한 아퀴나스주의자들의 도전

아퀴나스주의 학자인 브라이언 데이비스(Brian Davies)는 하나님의 선하심에 관한 아퀴나스(Aquinas)의 이해는 도덕적인 것이 아니라 존재론적으로 아무런 결점이 없는, 그리고 인간들이 열망하는 가장 완벽한 하나님의 완전성에 있다고 매우 설득력 있게 주장하고 있다. 특별히 그는 『하나님의 실재와 악의 문제』(The Reality of God and the Problem of Evil)라는 책의 하나님의 도덕적 입장이라는 장에서 이와 같은 주장을 펼치고 있다.[10] 데이비스는 하나님이 도덕적으로 선하다고 말하는 것은 적절치 않다고 말하고 싶어 한다. 물론 그 이유는 하나님이 악하거나 나쁘다고 믿기 때문이 아니라 하나님의 선하심이 도덕성이 아닌 다른 관점에서 더 잘 이해될 수 있다고 생각하기 때문이다.

데이비스가 선이 단지 도덕적인 의미만 지니고 있는 것은 아니라는 사실을 강조한 것은 정확한 판단이었다. 로버트 애덤스도 자신의 수정된 신명론(divine command theory)을 옹호하면서 선은 단순한 도덕보다는 훨씬 범위가 넓다고 말하고 있다.[11] 우리 생각에는 데이비스가 하나님이 어떤 행동을 하시되 정당하게 행동하시기 전에 어떤 독자적인 도덕기준 목록을 참조해야 하는 것은 아니라는 점을 주장한 것은 매우

---

10 Brian Davies, *The Reality of God and the Problem of Evil* (London: Continuum, 2006).

11 Robert Adams, *Finite and Infinite Goods* (Oxford: Oxford University Press, 2000), p. 14를 참조.

옳은 일이다. 데이비스가 여기서 거부한 것은 앞에서 살펴본 일종의 유도 의지론(guided will theory)이며 우리도 하나님이 의롭게 행동하시기 위해서는 먼저 존재론적으로 독립적인 도덕률을 참고하셔야 할 필요가 없다는 그의 주장에 전적으로 동의한다.

우리는 또한 데이비스가 한걸음 더 나아가 우리 인간들이 하나님이 도덕적으로 하실 수 있는 일과 하실 수 없는 일에 대해서 판단할 때 진정한 인식적 겸손을 사용해야 한다고 주장하는 데에 대해 전적으로 동의한다. 우리 인간들은 하나님이 도덕적으로 하실 수 있는 일과 하실 수 없는 일을 판단할 때 두려움과 경외심으로 해야 한다는 것이다.

존 베버스루이스(John Beversluis)가 C. S. 루이스에게 구약의 집단 학살에 관한 질문을 했을 때 루이스가 그와 같은 맥락에서 대답하고 있음을 볼 수 있다. 루이스는 여호수아의 학살과 배신으로 보이는 행동들에 대해 도덕적인 질문을 하는 것은 '매우 위험하다'고 인식했다. 그는 이어서 말하기를 우리에게 악하게 보이는 일들도 궁극적으로는 선한 일일 수 있다는 점을 강조하고 있다. 하지만 전적으로 악해 보이는 어떤 일들이 혹시나 본래 선한 일이 아니었는가 하고 판단할 때에 우리의 인간적인 양심을 그 기준으로 삼아서는 안 된다고 말하고 있다. 우리는 단지 거기에 눈에 뜨이지 않는 선이 존재한다면 하나님에게 자신의 가장 적절한 시간에 보게 해달라고 기도할 수밖에 없다. 하나님은 우리에게 그것을 보아야 할 필요가 있을 때에는 반드시 그렇게 하실 것이라는 것이다. 왜냐하면 어떤 때에는 하나님이 '그게 지금 너

한테 왜 필요한데?'라고 응답하시기 때문이다.[12]

그래서 우리는 데이비스가 하나님은 하나님이시고 창조자이시며 우리와는 질적으로 다른 존재이고 도덕교과서를 참고로 해야 할 필요가 전혀 없다고 주장하는 데에 대해 기쁘게 동의할 수 있다. 그리고 데이비스의 아퀴나스 강독에서 보면, 하나님은 인간들이 자신의 깊은 중심에서 열망할 수 있는 가장 적절한 대상이라는 점에서 선한 존재로 볼 수 있다고 주장했다고 본 데에 대해서도 데이비스에게 전적으로 동의할 수 있다. 그렇지만 그가 이를 전제로 삼아 하나님을 도덕적으로 선하다거나 도덕적인 개체로 보는 것은 적절치 않다고 주장하는 것은 하나님을 도덕적으로 선하실 뿐만 아니라 완전하신 존재로 보는 안셀무스의 신 개념과는 갈등을 일으키고 있다.

정확하게 말하면 데이비스는 하나님이 악하다고 말하는 것은 절대로 아니다. 하지만 하나님을 도덕적으로 선하시다고 말하는 것은 그가 적절하지 않다고 주장함으로써 신인동형론의 냄새가 나는 것이 문제이다. 다시 말하면, 하나님은 어떤 독립적인 도덕지침 교과서를 참고하실 필요가 없는 것이다. 더욱이 데이비스는 한걸음 더 나아가 고대에서 현대에 이르기까지 철학사나 교회사를 전반적으로 살펴볼 때 하나님의 선하심이 (1) 존재론적 완전성과 (2) 하나님은 인간이 열망할 수 있는 가장 적절한 대상이라는 점에서 타당성을 갖는 것이지 도덕적 선의 문제는 아니라고 주장하고 있다.

---

12 John Beversluis, *C. S. Lewis and the Search for Rational Religion* (Grand Rapids, MI: Eerdmans, 1975), p. 157에서 인용.

그럼에도 불구하고 데이비스의 어떤 주장들은 설득력이 크게 떨어지는 것으로 보인다. 데이비스는 악의 문제에 관한 무신론자들의 토론에 대해 응답하면서 모든 면에서 완전한 창조자인 하나님이 단지 악을 위해 악을 저지를 수 있다고 생각하는 자체가 불가능하다고 말하고 있다. 우리는 '하나님을 판단하는' 행동의 내재적인 어리석음에 대한 데이비스의 견해와 함께 그의 그와 같은 견해를 받아들일 수 있다. 데이비스는 또한 유신론자든 무신론자든 많은 사람들이 하나님이 자신과 독립적으로 존재하는 도덕적 기준을 참고하신다고 주장함으로써 하나님이 자신들의 기대에 미치지 못한다고 생각하는 부분들에 대해서 하나님의 성품을 자기들 마음대로 비판하는 경솔한 태도(아마도 도킨스를 염두에 두고서)를 지적하고 있는데 이 또한 올바른 판단인 것이다.

그렇지만 우리는 여기서 중요한 구분이 필요함을 지적하고 넘어가려고 한다. 무흠한 하나님은 죄를 생각조차 할 수 없다고 하더라도 하나님이 도덕적으로 하실 수 있는 일과 하실 수 없는 일에 대한 사고를 실험하는 것은 매우 유용하다고 할 수 있다. 이러한 실험은 개념적인 명확성을 확립하기 위해서도 필요하지만 건전한 철학과 신학을 위해서도 필요하다. 데이비스는 일종의 신학적 으뜸 패(trump card)를 소개하고 있는데 우리의 추론에 의하면 이 패는 잠재적으로 풍성한 결실을 얻을 수 있는 생각 속의 실험을 조기에 중단시키거나 또는 사건들의 상태나 사실들과 정반대되는 하나님의 명령들을 보여주는 분석의 함축적인 의미들을 탐험하지 못하도록 미리 막아버릴 수 있다. '하나님을 판단하는' 잘못을 피하려는 지나친 욕구 때문에 우리는 잘못된 관념이 하나님이라는 용어에 연결되어 있을 수 있고 실제로 연결되어 있으며 우리의 철학 작업이 하나님에 대한 모순된 견해들을 평가할 수 있다는 사실을 잊어버릴 수 있다.

하나님의 완전한 선하심을 실제로 분석한 결과가 적절함에도 불구하고 모든 신 개념들이 어두운 그늘이나 악의 그림자가 전혀 없는 존재인 것은 아니다. 그러나 전통적으로 유일신인 기독교의 하나님은 흠이 없으며 도덕적으로 완전하고 완전한 사랑이다. 데이비스는 하나님을 도덕적으로 선한 도덕적 개체로 규정하고 있지는 않지만 성경이 하나님이 거룩하고 의롭고 공평하고 신실하고 자비롭고 완전한 사랑이시라는 것을 증거하고 있음을 인정하고 있다.

그럼에도 데이비스는 하나님이 '도덕적으로 선하시다'고 말하는 것은 적절하지 않다고 말하고 있다. 실제로 이러한 주장은 그에 대한 신뢰에 손상을 주고 있으며 하나님의 완전성에 관한 범주는 인정하면서 보다 명확한 개념인 '완전히 선한' 존재의 범주는 무시하는 것은 일종의 말장난을 하고 있다는 인상까지 주고 있다. 하나님이 독립적인 도덕률을 참조할 필요가 없는 것은 사실이다. 그리고 그렇다. 도덕적으로 볼 때 하나님은 우리에게는 없는 특권을 가지고 계시고 우리의 기본적인 도덕성에 대해 질문을 던지실 수 있는 것이다. 하지만 어떻게 이러한 사실들로부터 하나님이 도덕적으로 선하다고 말할 수 없다는 코페르니쿠스의 패러다임이 가능하다고 할 수 있다고 생각하는 것일까?

아퀴나스에 대한 데이비스의 분석은 지난 몇십 년 동안 출간된 유신론적 윤리에 관한 저술들 중에서 가장 탁월한 것은 사실이지만 우리 생각으로는 그가 하나님의 선하심을 부인함으로써 비평에 가장 취약한 면을 드러내고 있다. 그의 주장을 상세히 분석해보면 그가 전적으로 잘못되었다고는 할 수 없다. 왜냐하면 데이비스가 제안한 개념들에 의하면 하나님이 도덕적으로 선하다거나 도덕적 개체라고 주장할수는 없는 것이 틀림없기 때문이다. 하지만 분명한 것은 도덕적 선에 대한 데이비스의 정의는 지나치게 협의적이며 그 근거가 충분치 않다는 것이다. 따라서 우리가 보기에는 대화를 통한 협조의 원리가 실패한 경우라고 할 수 있을 것이다.

유신론자라면 대부분 지지하리라고 생각되는 다음과 같은 판단을 생각해보자. "하나님이 재미로 어린아이들을 고문하라고 말했다면 그것은 하나님이 선하지 않다는 증거이다." 이와 같은 판단에 동조한다고 해서 실제로 '하나님을 판단하는' 것은 아니다. 하나님이 그 문제에 직접 개입하시거나 도덕성이 하나님으로부터 독립해있다고 주장한다거나 또는 그 비슷한 주장을 하는 것은 아니다. 우리는 하나님의 사랑에 따르는 필연적인 진정한 결과들을 강력하게 주장하고, 우리가 사용하는 단어들과 근본적으로 의미가 다른 형태의 행동들을 찾아낼 것이다. 그와 같은 가정의 실제성을 확인할 수 있는 능력을 가지고 있지 않는 한 하나님의 사랑과 선하심에 관한 우리의 대화는 공허한 것이 될 것이다. 그리고 그렇게 되면 우리는 에우티프론 딜레마의 함정에 빠지게 될 것이다.

데이비스는 다음과 같은 사실을 미리 알고 있음이 분명하다. 즉 우리가 다음과 같은 질문을 던질 것이라는 것이다.

"우리가 하나님이 사람들을 재미로 고문하라고 하거나 다시는 복구할 수 없는 해를 끼치는 명령을 내렸다고 믿는다면 하나님이 선하지 않다고 생각하거나 아니면 우리가 하나님의 음성을 재대로 들었다기보다는 잘못 들은 것이라고 생각하는 것이 더 합리적이지 않을까?" 그리고 데이비스가 준비한 대답은 "그렇다는 것이다."[13] 이제 데이비스는 계속해서 다음과 같이 주장하고 싶어 하는 것이 틀림없다. 그와 같은 가정은 사실과는 반대되며 창조자인 하나님이 존재함을 고려할 때 그러한 가정은 생각하기조차도 불가능하다.

그러나 중요한 것은 우리가 철학적으로 말해서 저 울타리 너머에 도덕적인 어떤 것이 있다고 말할 수 있어야 한다는 것이다. 하나님이 사랑이시고 정의시라면 그와 같은 일, 즉 절대로 할 수 없는 일들이 있을 것이다. 그리고 하나님이 이와 같은 일들을 하실 수 없는 이유는 외적인 도덕적 기준보다는 하나님의 완전한 본성 때문인 것이다. 또한 사랑이라는 본성 때문에 하지 않고는 견딜 수 없는 일들이 있으며 하나님의 도덕적 본성이 그 부합되는 구체적인 내용을 갖게 된다. 만일 우리가 하나님의 그와 같은 특성들을 인정할 수 있다면 그와 같은 특성들이 하나님의 도덕성을 보여준다는 사실을 부인하는 것은 무슨 의미가 있을까?

하나님이 도덕적 진리와 권위의 근원이시라면 하나님에게 적용되는 언어는 우리 인간에게 적용되는 언어와 매우 중요한 면에서 서로 다르

---

13 2008년 11월에 개인적으로 반응한 것임.

다. 그건 부정할 수 없는 사실이다. 하지만 데이비스가 여기서 새롭게 주장하는 것은 하나님과 우리 인간이 너무나 다르기 때문에, 그리고 하나님이 창조자, 존재론적으로 완전한 존재라는 지위 때문에, 하나님은 도덕적으로 선하다고 말하는 것은 전혀 옳지 않다는 것이다. 하지만 이러한 주장은 도덕적 선의 의미를 너무 협의적으로 이해하고 있으므로 옳다고 할 수 없다.

데이비스의 그와 같은 추론은 '완전한 실재'의 범주에 속한다고 보기에는 너무나 불분명하다. 이 완전한 실재라는 범주는 아퀴나스 학파의 보다 직설적인 범주인 도덕적 완전만큼 투명하거나 적절하지 않다. 저 너머에는 어떤 명령과 사건들의 상태가 있으며 그 너머에서 우리는 합리적으로 하나님은 선하시고 완전하시며 또는 신뢰할 만하다고 말할 수 없다. 하나님이 허용한 명령들과 사건들의 상태는 사실과 반대되거나 거짓된 시나리오라는 것을 보여줄 수 있다. 이는 부인할 수 없는 사실이다. 우리는 그것들이 반본질적이며 사건들의 불가능한 상태임을 잘 알고 있다. 데이비스와 우리는 그 사실에 전적으로 동의한다. 그럼에도 불구하고 우리가 하나님에게 돌리는 속성들이 독단적이거나 의미 없는 말이 되지 않게 하는 하나님의 명령들이나 사건들의 상태는 반드시 있다.

하나님의 선하심에 대한 변론은 하나님의 사랑, 의로움, 거룩함 등 전적으로 성경적인 용어들이 함축하는 의미들을 이야기함으로써 수행될 수 있다. 하나님의 선하심은 도덕적인 것보다는 탁월한 어떤 것일 수 있어도 그보다 더 못한 것은 절대로 아니다. 데이비스가 전적으로 부정하는 것은 우리도 편하게 부정할 수 있는 것들인데, 즉 하나님은 우리들처럼 도덕적 기준을 외부에서 찾지 않는다는 것이다. 그런데 이 모든 주장들이 그 어느 것도 하나님의 선하심과 도덕적 개체가 요구하는 것보다 더 본질적인 것은 아니다. 그래서 우리는 결국 계속 의심할 수밖에 없는 것이 데이비스는 완벽한 완전성이라는 형이상학적 범주를 만들어내고서 미묘한 말장난을 통해서 하나님의 한 속성으로 도덕적 선을 합리적으로 부여할 수 없다는 궤변을 늘어놓고 있으며 불필요한 오해를 불러일으키고 허용해서는 안 되는 개념들에게 문을 열어놓고 있다.

4. 하나님의 완전한 선하심에 대한 도전

하나님이 필연적으로 선하다는 견해는 하나님의 무흠성(God's impeccability)에 관한 기독교 교리, 즉 하나님은 죄를 **범하지도 않으시며** 죄를 **범하실 수도 없다**는 교리를 함축하고 있다. 이 교리는 여러 방면에서 공격을 받아왔다. 다른 모든 면에서는 정통 신학자들과 전통적으로 생각하는 유신론자들도 그와 같은 반론들에 부분적으로 수긍하고 있으며 이 교리에 대한 충성을 제고하고 있다.[14] 하지만 이 교리를 완전히

---

14 예를 들어 Bruce Reichenbach, *Evil and a Good God* (New York: Fordham University Press, 1982), 7장과 Stephen Davis, *Logic and the Nature of God* (London: Macmillan, 1983), 6장을 참조하라.

버리려면 철학적으로 많은 것을 지불해야 하는데 아무도 절대로 그처럼 많은 것을 포기하고 싶어 하지 않는다. 특히 하나님의 무흠성에 대해 깊이 고찰하고 나면 더욱 그럴 마음이 사라진다. 하나님의 무흠성에 대한 비판은 몇 가지 반론들로 나타나는데 예를 들어 하나님의 능력, 하나님의 자유, 하나님의 찬양받기에 합당하심 등을 기초로 해서 반론들이 나오고 있다. 그런데 우리가 여기서 반박하게 될 패러다임적인 반론은 상상가능성(conceivability)을 기초로 하고 있다. 우리가 이를 상상가능성 반론이라고 부르는 이 반론은 더 이상 적절한 명칭이 없어 보이는데 다음과 같이 펼쳐질 수 있다.

1. 하나님이 죄를 범한다는 것은 생각할 수 있다.
2. 하나님이 죄를 범하는 것을 생각할 수 있다면 하나님은 죄를 범할 수 있다.
3. 하나님이 죄를 범할 수 있다면 하나님은 무흠하지 않다.
4. 따라서 하나님은 무흠하지 않다.

이와 같은 주장의 가장 두드러진 예는 넬슨 파이크(Nelson Pike)의 "전능성과 하나님이 죄를 범할 수 있는 능력"이라는 논문에서 찾아볼 수 있다.[15] 파이크는 이 글에서 하나님은 전능하므로 본질적으로 죄를

---

15 Nelson Pike, "Omnipotence and God's Ability to Sin," *American Philosophical Quarterly* 6 (1969): 208-216. Pavel Tichy, "Existence and God," *Journal of Philosophy* 76 (1979): 410-411, Pike는 이 논문에서 하나님은 묘사이지 이름이 아니라고 주장한다. 그렇지 않다면 하나님은 전적으로 자유로운 분이라는 말은 필연이 아니라 우연이 되기 때문이라는 것이다. 왜냐하면 그 어떤 존재도 '악의적이라는 생각'은 할 수 있기 때문이다. 보

지을 수 없다고 말하는 것은 잘못이라고 주장하고 있다. 얼핏 듣기에는 파이크가 하나님의 전능성에 기초해서 무흠성을 부인하는 것처럼 보이지만 실제로 그의 반론은 상상가능성을 바탕으로 하고 있다. 하지만 토마스 V. 모리스가 지적하고 있듯이 그와 같은 결론은 너무 성급하다.

> 어떤 사람(파이크)은 전능성이라는 속성에 대한 너무나 단순하고 부적절한 이해에 전적으로 의존하고 있는데 그래서는 안 될 것이다. 그는 정리가 잘 되지 않은 개념을 전제로 하고 있는 것이 분명하다. 하지만 그의 그러한 주장으로 인해 일어나는 실제적인 문제는 그가 어떤 특정한 사건들의 상태가 생각할 수 있다는 주장으로부터 그 상태가 논리적이고 실제적으로 가능하다는 주장으로 너무 성급한 비약을 하고 있다는 것이다.[16]

이 논증의 세 번째 전제-하나님이 죄를 범할 수 있다면 하나님은 무흠하지 않다-는 더 이상 반론의 여지가 없다. 무흠성이 성립하기 위해서는 분석적으로 볼 때 죄를 범할 능력이 전혀 없어야 하기 때문이다. 논란의 여지가 있는 전제는 오히려 첫 번째와 두 번째인데, 즉 하나님이 죄를 범한다는 것은 생각할 수 있고, 그리고 만일 그렇다면

다 최근에 들어서 Timothy P. Jackson은 "Is God Just?" *Faith and Philosophy* 12 (1995): 393-408에서 또 다른 이유 때문에 하나님의 무흠성을 비판하면서 신의 도덕적 선하심을 옹호하고 있다.

16 Thomas V. Morris, *Anselmian Explorations: Essays in Philosophical Theology* (Notre Dame, IN: University of Notre Dame Press, 1987), p. 47.

하나님은 죄를 범할 수 있다는 것이다. 우리는 상상가능성의 개념을 분명하게 정의하면 이 두 전제 중 하나가 참이 아니라는 것을 보여줄 수 있다고 본다.

하나님이 죄를 범한다는 생각을 할 수 있다면 그것은 죄를 범할 수 있다는 전제 (2)는 어떤 것의 상상가능성이 그 가능성을 수반한다는 일반적인 주장을 따르고 있는 경우다. 예를 들어 우리가 화성인에 대해 생각할 수 있다면 화성인이 존재할 가능성이 있다는 것이다. 우리는 이 원리를 일반화해서 '상상가능성 원리'(conceivability principle)라고 부르기로 한다. 우리가 더 자세히 다루어야 할 문제는 여기에 있다. 이 상상가능성 원리는 참인가? 앞으로 드러나게 되겠지만 이 문제에 대한 우리의 판단은 앞으로 펼쳐갈 우리의 주장에 큰 의미를 지닌다.

이 원리는 대단하고도 총명한 학자들의 지지를 얻고 있다. 바로 데이비드 흄이 이 원리에 대해 이렇게 말하고 있다.

> 마음이 분명하게 생각할 수 있는 것은 그 존재 가능성의 개념을 포함하고 있다는 것이 형이상학에서 널리 받아들여지고 있는 원칙이다. 또는 다른 말로 표현하면 우리가 상상할 수 있는 것은 그 어떤 것도 실제로 존재할 가능성을 완전히 배제할 수 없다는 것이다. 예를 들어 우리는 황금으로 만들어진 산을 상상할 수 있다. 따라서 그러한 산이 존재할 가능성이 전혀 없는 것은 아니라고 말할 수 있다. 하지만 계곡이 없는 산은 상상할 수 없으므로 실제로 계곡이 없는 산이 존재할 가능성은 전혀 없다.[17]

---

17 David Hume, *A Treatise of Human Nature*, 2nd ed., ed. L. A. Selby-Bigge, rev. P. H.

데카르트도 그의 몇몇 글에서 이 원리를 받아들이고 있는 것으로 보인다.[18] 최근에는 데이비드 차머스(David Chalmers)가 이 원리를 나름대로 자신의 관점에서 설명함으로써 학계의 관심을 얻어내고 있다.[19]

상상가능성 개념은 악명이 높을 정도로 모호하다. 전제들을 존중한다고 하더라도 이러한 상상가능성이 어떤 진정한 가능성을 실제로 수반하는 것일까? 이제 우리들이 상상할 수 있는 매우 간단한 생각으로부터 시작해보자. 대부분의 사람들은 골드바하의 명제(Goldbach's conjecture), 즉 '2보다 큰 수는 두 소수의 합으로 나타낼 수 있다'는 주장은 사실일 수도 있고 사실이 아닐 수도 있다는 것을 잘 알고 있다. 그렇지만 이 명제가 참인지 거짓인지를 잘 모르는 상태에서 그 명제가 거짓이라는 생각을 할 수 있다는 자체는 거짓일 가능성을 만드는 것이 아니라는 것이다. 어떤 명제가 참이라는 것을 모른다고 해서 그 명제가 거짓이라고 생각하는 것을 의미한다는 것은 아니며 문제의 명제가 인식론

Nidditch (Oxford: Clarendon, 1978), p. 32. Michael Hooker는 "A Mistake Concerning Conception," *Thomas Reid*, ed. Stephen Barker and Tom Beaucham (Philadelphia: Philosophical Monographs, 1977), pp. 86-93에서 상상가능성에 관해 이야기하면서 그 가능성과의 관계를 다루고 있다.

18 Rene Descartes, *The Philosophical Writings of Descartes*, 3 vols., trans. John Cottingham, Robert Stoothoff, Dugald Murdoch, and Anthony Kenny (Cambridge: Cambridge University Press, 1984-1991). "Principle 7" (1:194-195) and "Notes against a Program"을 참조. 또한 Descartes's second reply to the third set of "Objections" (2:121-137) and a letter to Gibieuf, January 19, 1642 (3:201-204)를 참조.

19 David J. Chalmers, *The Conscious Mind: In Search of a Fundamental Theory* (New York: Oxford University Press, 1996)를 참조. Chalmers, 시드지 슈매이커, 브라이언 맥클로린, 스테펜 야블로, 그리고 브라이언 로어가 한 심포지엄에서 이 주제에 대해 벌인 토론은 *Philosophy and Phenomenological Research* 59 (1999): 435-496에서 찾아볼 수 있다.

적으로 거짓일 가능성이 있다는 것뿐이다. 그리고 인식론적 가능성만 가지고는 우리가 추구하는 상상가능성에는 크게 미치지 못한다.[20]

상상가능성은 우리가 비교적 명확하게 생각해 낼 수 있는 것과 관련이 있다. 얼마나 분명한 명확성이 필요한 것인가의 질문은 대답하기가 매우 어려운데 바로 이런 어려움 때문에 상상가능성 개념의 모호성은 더욱 커진다. 여기서 상상가능성이란 생각하거나 상상할 수 있는 가능성을 의미한다. 어떤 것을 분명하고 확실하게 생각할 수 있다면 상상가능성이 있다고 말할 수 있다는 것이다.

이 상상가능성에 관해 조금만 생각해보아도 그러한 상상가능성은 진정한 가능성을 위한 필요충분조건이 되지는 못한다는 것이다. 우리의 정신적인 한계 때문에 광범위한 제안들, 비록 참인데도 불구하고 너무 복잡해서 우리의 능력 밖에 있는 제안들은 이해하거나 상상할 수 없다. 말하자면, 우리의 정신적 한계나 그 복잡성 때문에 상상하거나 생각할 수 없는 사실들이 많이 있을 것이다. 그러므로 여기서 더 적절한 질문은 어떤 제안의 진실성을 생각할 수 있는 능력이 그 제안에 의해 제시된 사건들의 상태가 가능함을 충분히 보여줄 수 있는가 하는 것이다. 사건들의 상태를 일관성 있게 설명할 수 있으나 상상할

---

20 인식론적 가능성은 G. E. Moore가 "Certainty," Philosophical Papers (New York: Collier, 1962), pp. 223-246에서 그리고 그 후에 Wildred Sellars가 "Phenomenalism," *Science, Perception, and Reality* (New York: Humanities Press, 1963), pp. 60-105에서 그리고 Paul Teller가 "Epistemic Possibility," *Philosophia* 2 (1972): 303-320에서 다루고 있다. R. S. Woolhouse, "From Conceivability to Possibility," *Ratio* 14 (1972): 144-154도 참조하라.

수 없는 경우가 있다. 그렇다면 일관성 있게 묘사할 수는 없지만 상상은 할 수 있는 경우도 있는 것이 아닐까?

우리는 어떤 명제의 진실성을 생동감 있고 분명하게 상상할 수 있으면서도 결국 조리 있게 설명할 수는 없는 경우, 그래서 어떤 수학적 공리가 거짓일 때처럼 일관성 있게 설명할 수 없는 경우가 있다고 생각한다. 그렇지 않다고 주장하는 것은 순환논리의 오류를 범하는 것이라고 할 수 있다. 어떤 명제가 참일 가능성이 없기 때문에 상상할 수도 없다고 말하는 것은 상상가능성이 가능성을 수반한다는 주장의 또 다른 표현일 뿐이다.

궁극적으로 일관성 없는 명제를 생각할 수 있다는 것이 잘못된 생각이라면 적어도 상상가능성이 가능성을 수반할 가능성은 여전히 남아 있다. 하지만 이러한 가능성은 여기서 별다른 의미가 없는데 그 이유는 우리가 골드바하의 명제가 참인지 거짓인지에 관해서 잘못 생각할 수 있거나 또는 생각할 수 없는 것이기 때문이다. 만일 그렇게 할 수 있다면 상상가능성 원리는 참이 아니며 상상가능성 주장은 잘못된 것이다. 왜냐하면 상상가능성 원리는 필연적으로 거짓인 어떤 것을 생각할 수 있다는 사실과 함께 참이 아닌 어떤 것이 참일 가능성이 있다고 말하기 때문이다.

그런데 골드바하의 명제가 참인지 거짓인지에 관해서 잘못 생각할 수 없다고 할지라도 지성인들이 그들은 그렇게 할 수 있다고 잘못 생각하고 있다는 흥미로운 사실은 그대로 남는다. 예컨대 마이클 후커(Michael Hooker)는 다음과 같이 이야기하고 있다.

충분한 지식을 갖추고 있는 사람은 골드바하의 명제가 참인지 거짓인지를 이미 생각할 수 있는 위치에 있다고 본다. 이를테면 우리는 골드바하의 명제가 거짓이라고 생각한다고 하자. 그렇다면 컴퓨터를 사용해서 골드바하의 명제를 반증할 수 있는 증거를 찾아내서 적절한 토론을 거친 후에 그 명제를 수정하게 될 것이라고 생각한다.[21]

후커 자신도 곧바로 인정하기를 상상가능성 원리를 반증할 수 있는 증거들을 회피하면서도 'p는 가상적이다'에 관한 받아들일 만한 분석이 있을 수 있다고 말하고 있다. 그가 이 원리를 포기하기를 주저하는 이유는 이 원리가 "철학사에서 너무나 중요한 역할을 해왔기 때문이다. 실제로 형이상학의 역사는 바로 이 원리를 중심으로 펼쳐져 왔다."[22]

그렇지만 여기서 얻을 수 있는 교훈은 다음과 같다. 즉 수많은 지적인 사상가들도 골드바하의 명제가 거짓인지 참인지에 관해 매우 의미 있는 생각을 할 수 있다는 것이다. 왜냐하면 그들이 자신의 잘못을 인정하고 이에 관해서 생각할 수 없음을 수긍한다고 하더라도 그들에게서 잘못에 대한 인정을 받아내는 것은 생각에 대한 직관이 아니라 사실 그 자체 때문인 것이다. 다시 말해 골드바하의 명제가 필연적으로 참일 때에만 완전히 참으로 받아들일 수 있다는 것이다. 그리고 그들이 상상가능성은 가능성을 수반한다고 고집한다면 그들이 생각할 수

---

21 Michael Hooker, "Descartes's Denial of Mind-Body Identity," *Descartes: Critical and Interpretive Essays*, ed. Michael Hooker (Baltimore, MD: Johns Hopkins Press, 1978), p. 178.
22 Ibid.

있는 어떤 것, 예컨대 골드바하의 명제가 참인지 거짓인지에 대한 생각을 할 수 없다고 말했다는 것을 인정해야 할 것이다. 왜냐하면 만일 그들이 잘못된 진리 값을 생각할 수 있다면 잘못된 진리 값이 가능해야 하는데 그렇지 않기 때문이다. 즉 이 명제가 참이라면 필연적으로 참이어야 한다는 것 때문이다.

이제까지 우리가 살펴보면서 알아낸 것은 어떤 명제가 참인지 거짓인지를 실제로 생각할 수 있는가를 결정하는 것이 쉽지 않다는 것이다. 현재로서는(아마도 내재적으로) 상상가능성은 단적으로 말해서 너무나 모호한 개념이기 때문에 이를 근거로 형이상학적인 결론을 내리는 것은 무모한 일이다.

요약해보면, 후커 등은 골드바하의 명제가 거짓임을 생각할 수 있다고 진지하게 믿고 있었던 것으로 보인다. 이 명제가 결국 참인 것으로 밝혀졌다고 생각해보자. 이와 같은 경우에는 어느 하나를 포기해야 한다. 이 명제가 거짓임을 후커가 생각할 능력이 없었다는 것을 인정하거나 아니면 상상가능성 원리 자체를 포기해야 한다. 이 둘은 모두 다 성립할 수 없다. 왜냐하면 이 둘을 모두 다 전제로 하면 잘못된 결론에 도달하기 때문이다. 인식론적 가능성은 골드바하의 명제가 가지는 진리 값을 잘못 생각했다는 느낌을 인정하므로 후커는 그가 생각했다고 생각한 것이 실제로는 생각한 것이 아닐지도 모른다고 말한다.

이와 같은 경우에는 다음과 같이 주장할 수 있을 것이다. 즉 우리는 진정한 생각과 거짓된 생각을 구분할 능력이 없으며 이런 생각들이 밝혀낼 수 있는 양태들의 진정한 영역에 호소할 수 없다는 것은 당연한 일이라는 것이다. 생각과 사실이 우연히 일치한 사람들의 주관적인 현상학적 경험들을 망상적인 생각을 하는 사람들의 경험으로부터 구분할 수 없는 것이다. 상상가능성 원리가 참이라 하더라도 이러한 인식은 우리가 지금 어떤 것을 진정으로 생각하고 있다는 주장에 아무런 인식론적인 확신도 더해주지 못한다. 따라서 가능성 원리가 참이라 하더라도 또 실제로 참이라고 해도 더욱더 우리가 추론의 근거로 삼고 있는 진정한 생각을 실제로 하고 있는지에 대한 확신을 근본적으로 흔드는 반증들이 얼마든지 우리 주위에 널려 있다는 것이다.

우리의 목적에 비추어볼 때 이 논의의 가장 핵심적인 사실은 다음과 같다. 즉 우리는 상상가능성 원리와 하나님이 죄를 범할 수 있다고 생각할 수 있는 능력, 그 어떤 것에도 자신감을 가지기에 충분한 이유를 가지고 있지 못하다는 것이다. 처음에는 이 전제들이 매우 그럴듯하게 보이기는 했지만 충분한 근거를 발견할 수 없기 때문에 상상가능성 대 무흠성의 논쟁은 결론을 얻기가 더욱 어려워지고 있다. 다시 이 논쟁을 살펴보기로 하자.

1. 하나님이 죄를 범한다는 것은 생각할 수 있다.
2. 하나님이 죄를 범하는 것을 생각할 수 있다면 하나님은 죄를 범할 수 있다.
3. 하나님이 죄를 범할 수 있다면 하나님은 무흠하지 않다.
4. 따라서 하나님은 무흠하지 않다.

우리가 하나님이 죄를 지을 수 있다는 생각을 할 수 있다면 더 넓은 논리적이고 형이상학적 가능성의 관점에서 볼 때 하나님이 죄를 범할 수 있는 가능성이 있다는 것이 참이라고 가정해보자. 그리고 이제 어떤 사람이 나서서 그는 하나님이 죄를 범할 수 있다는 생각을 할 수 있다고 주장한다고 가정해보자. 이러한 가정은 매우 쉬워 보인다. 하지만 이 때문에 다음과 같은 매우 심오한 철학적 결론이 박살나고 있다. 그 논리적 결점이 눈에 곧 들어온다. 하나님은 본질적으로 무죄일 수 없다는 것으로부터 시작해서 하나님은 무흠할 수 없으며, 하나님이 존재한다면 그 하나님이 죄를 범할 수 있는 가능성이 있는 세계가 있을 수 있으며, 신명론자들은 필연적인 도덕적 진리를 일관성 있게 주장할 수 없다는 등의 꼬리에 꼬리를 물고 계속 이어진다. 불행하게도 철학적인 논쟁은 그렇게 쉽지가 않다.

이와는 반대로 일단 전제 (2)를 인정한다면 골드바하의 사례는 하나님이 죄를 범할 수 있다는 생각을 할 수 있다는 주장에 큰 힘을 실어주게 된다. 앞에서 우리는 진정한 생각과 가짜 생각의 차이가 너무나 미묘해서 이 세계가 실제로 현재 어떤 모습이고 앞으로 어떻게 변할 수 있는지를 깊이 숙고하지 않고서는 이 두 생각을 구분할 수 없다는 것을 알았다. 전제 (1)이 성립하는 경우들을 쉽게 생각할 수 있는데, 예를 들어 데카르트가 말하는 악마나 흄이 이야기하는 반쪽의 하나님은 도덕적으로 악한 행동을 할 수 있다. 하지만 여기서 완전히 자애로운 하나님이 존재하고 그 하나님이 본질적으로 죄를 범할 수 없다고 가정해보자. 그런 존재가 죄를 범할 수 있다고 생각할 수 있는가? 우리는 본질적으로 무죄한 존재가 죄를 지을 수 있다는 생각을 필요한 만큼 분명하게 할 수 있는가? 여기서 우리는 데이비스의 주장을 그대로 따라서 그럴 수는 절대로 없다고 말할 것이다. 무흠한 하나님이 죄를 범할 수 있다는 매우 혼란스러운 주장을 하는 것이 이상적인 논증일까? 물론 아닐 것이다. 먼저 진실을 밝혀낸다면 무흠성에 대한 단순한 실제적 분석으로도 그러한 가능성이 논리적으로 쉽게 배제될 수 있을 것이다.[23]

---

23 Morris는 『안셀무스의 탐험』(Anselmian Exploration)에서 실제로 다음과 같이 주장하고 있다. 즉 무흠성을 지키기 위해서는 하나님의 존재가 반드시 증명되어야 할 필요가 있는 것은 아니며 단지 안정적으로 속성을 나타내야 할 필요가 있다는 것이다. 예를 들면 Chalmers는 신 존재의 필연성은 아무 것도 필연적인 것은 없다는 자신의 주장을 반대하는 증거가 될 수 있다고 인정하고 나서 곧바로 그와 같은 필연적인 신 존재는 생각할 수 없다고 덧붙이고 있다. 우리는 Chalmers가 그와 같은 신 존재의 필연성을 생각할 수 없다고 믿고 있다는 데에는 의심할 여지가 없으나 그와 같은 생각이 정말로 불가능한가에 대해서는 의심하게 된다. 이에 관해서는 Robert M. Adams가 "Divine Necessity," *Journal of Philosophy* 80 (1983): 741-752에서 분명하게 설명하고 있다. 아무튼 Morris는 신 존재의 필연성은 무흠성과 같은 속성이 필요로 하는 지속적인 안정성의 필수적인 전제 조건은 아니라고 주장하는데, 이와 같은 주장은 설득력이 있는 것으로 보인다.

Chalmers는 자신의 책과 『철학과 현상학적 연구』(*Philosophy and Phenomenological Research*)에 관한 학술 발표회에서 필연적인 존재의 필연성에 대한 깊은 회의를 보여주고 있다. 그 이유는 그와 같은 필연성은 형이상학적으로 가능 세계의 범위를 축소된 논리적인 가능성에 의해 훨씬 축소된 협소한 세계로 축소시키기 때문이라고 보고 있다. 논리적으로 가능한 광활한 세계와 정확하게 맞추기 위해서 그는 물론 『필연성의 본성』(*The Nature of Necessity*)(Oxford: Oxford University Press, 1974)에서 그와 같은 구분에 대한 Plantinga의 성격 규정으로부터 이탈하고 있다. 상상가능성 원리에 대한 집착과 함께 이와 같은 주장 덕분에 Chalmers는 전통적인 유신론자들이 절대로 동의할 수 없는 견해를 가지게 되었다. 예를 들어서 그는 다음과 같이 말하고 있다. "물론 유신론자라면 두 번째 문구(이 세계가 실제로 될 가능성이 있었던 상태)를 선택했을 것이고 그 결과 나타났을 양태를 '형이상학적' 양태라고 불렀을 것이다. 그로 인해 하나님은 양태적 이원론의 근거가 되었을 것이다. 그러나 그렇다 하더라도 하나님이 자신의 능력을 사용해서 논리적으로 가능 세계가 만들어지는 것을 왜 방해해야 하는지는 분명하지 않다." Chalmers가 전능성과 의심스러힐러리 퍼트남(Hilary Putnam)과 사울 크립케(Saul Kripke)와 같은 직접적인 지시 이론자들(reference theorists)은 상상가능성의 원리를 부인하고 있는데 그들이 찾아낸 사실들은 많은 철학자들로 하여금 상상가능성이라는 모호한 양태에 너무 큰 인식론적 능력을 부여하지 않도록 설득하기에 충분하다고 본다. '물은 XYZ이다'라는 설명은 형식적 일관성 또는 일관적인 설명이라는 기준을 만족시킨다. 그럼에도 불구하고 이 설명은 일반적으로 사실이 아닌 것으로 간주된다. 브라이언 로어는 이렇게 말하고 있다.

> 상상가능성과 존재가능성의 차이를 구분하는 것은 표준이 되어가고 있다. 아무런 절차도 밟지 않고 상상가능성으로부터 존재가능성으

운 상상가능성을 정확하게 이해하지 못하고서 사용하고 있기 때문에 Anselmus의 하나님의 행동에 가해진 잠재적인 논리적 내적 제한-예를 들어서 도덕과 같은-들을 전적으로 무시함으로써 극히 오류 가능한 유한한 인식자의 유한한 생각에 너무 많은 것을 거는, 잠재적으로 불안한 방법을 더욱 두드러지게 하고 있다. 우연이기는 하지만 여기서 Chalmers의 어조는 전능성에 기초하고 있는 무흠성을 반대하는 공격적인 분위기이다. Chalmers에 대한 유신론자의 대답은 Morris에게서 찾을 수 있을 것이다. "데카르트보다 더 온건한 관점에서도 무흠한 하나님은 모든 가능성의 근거이다. 하나님의 상충되는 의무가 개입되어 있는 상황들을 설명하다 보면 상상가능성과 가능성의 구분이 머리에 떠오르게 된다. 상상가능성과 가능성은 우연으로라도 서로 일치하는 것이 아니다. 그리고 전능성은 가능한 것들의 범위 안에서만 성립한다." Morris, "Impeccability," *Analysis* 43 (1983): 106-112과 그의 *Anselmian Explorations*을 참조. 또한 Joshua Hoffman, "Can God Do Evil?" *Southern Journal of Philosophy* 17 (1979): 213-220과 Jerome Gellman, "Omnipotence and Immutability," *The New Scholasticism* 51 (1977): 21-37을 참조. Chalmers가 자신의 직관을 기초로 하는 전능성보다 더 다양한 의미들을 원한다면 Alfred J. Freddoso and Thomas P. Flint, "Maximal Power," *The Existence and Nature of God*, ed. Alfred J. Freddoso (Notre Dame, IN: University of Notre Dame Press, 1983), pp. 81-113. 참조.

로 도약할 수는 없다.²⁴

그러나 데이비드 차머스의 최근 저서들을 보면 새로운 상상가능성 원리에 대한 믿음이 되살아난 것을 알 수 있으며 실제적인 필연성 등에 회의적인 사람들을 지지하고 있는 것으로 보인다.²⁵ 로에도 상상가능성에 대한 일반적인 반론을 사용해서 차머스의 인상적인 상상가능성 원리를 공격한다는 것은 너무 성급한 대처라는 점을 인정하고 있다.

우리는 이 장에서 토론을 무흠성에 대한 공격으로 사용된 상상가능성 원리에 대한 반론으로 제한하였는데 그것은 의심스러운 상상가능성 원리를 받아들이는 사람들도 상상가능성 주장을 그대로 수용하고 있지 않다는 것을 보여주기 위해서였다. 우리가 여기서 선택한 전통적인 상상가능성 개념이 아니더라도 무흠성의 공격에 사용되는 상상가능성의 주장이 효과적이라고는 보지 않는다. 상상가능성 원리가 거짓이거나 아니면 안셀무스의 신이 죄를 범할 수 있는 가능성이 전무하거나 아니면 이 둘이 모두 다 사실일 수 있다.²⁶

---

24 앞서 언급한 *Philosophy and Phenomenological Research*에서 인용.
25 예를 들어 어떤 회의론자들은 Hume의 계속적인 영향 때문인 것이 분명하지만, 필연성이 "우리가 우리들의 용어로 의미하는 것"의 한 기능으로 남아 있어야 한다고 주장하고 있다. Alvin Plantinga처럼 이와 같은 주장도 어떻게 우리가 인간으로서 행한 어떤 행동들에 의해 긍정식 삼단논법이 증명될 수 있는지 혼란을 주고 있다. 게다가 '하나님은 우리의 창조자다'라는 말은 우연적인 것으로 추정되면서도 우리의 용어에 의해서 '의미하는' 어떤 것의 한 실례이므로 '모든 총각들은 결혼하지 않은 사람들이다'라는 필연적인 분석적 진리와는 중요한 의미에서 매우 다르다. 둘 다 우리가 우리의 용어에 의해서 의미하는 것의 사례이기 때문에 이 둘의 차이를 설명하기 위해서는 다른 어떤 것이 더 필요하다.
26 하나님은 죄를 범할 수 있다는 주장은 크게 세 가지의 변형으로 나타나며 기본적으로 다

우리는 이 장에서 주로 안셀무스의 신 개념을 변호했다. 특히 안셀무스의 신 개념이 비성경적이며 하나님의 도덕적 선하심이 완전하다고 말한 것은 잘못이라는 비판에 대한 반론을 제기했다. 다음 장에서는 도덕적 논증과 관련이 있는 하나님의 성품들을 더 자세히 살펴보고 나서 하나님과 선의 관계로 돌아가 이 관계의 필연성과 의존성을 다루게 될 것이다. 우리가 바라는 것은 하나님의 선하심을 합리적으로 입증하기 위해서 반드시 오컴주의나 완전한 신적 독립설이 필요한 것이 아니라는 것을 보여주기를 희망하는 것이다.[27]

음과 같은 형태를 취한다. (1) 하나님이 죄를 범한다는 것은 우리가 생각할 수 있으므로 따라서 가능하다. (2) 하나님의 자유와 찬양을 받을 만하다(죄를 범하지 않은 데에 대한)는 것은 죄를 범할 수 있다는 것을 전제로 한다. (3) 하나님의 전능성은 죄를 범할 수 있는 능력도 포함하고 있다. 따라서 죄를 범할 가능성이 있다. 자유와 전능성 주장도 상상가능성과 같은 운명을 피할 수 없다. 전능성 주장은 반증하기가 매우 쉽다. 만일 전능성이 형이상학적으로 가능한 모든 것을 할 수 있다는 뜻이라면 하나님의 전능성은 자신의 본성에 거슬리는 일은 하지 못한다고 해서 성립되지 않는 것은 아니다. 왜냐하면 하나님의 본성에 비춰볼 때 하나님이 자신의 본성에 거슬리는 일을 할 수 있다는 것은 형이상학적으로 불가능하기 때문이다. 그러면 하나님이 자신의 본성 안에서 행동한다고 해서 자유롭지 않다고 말할 수 있는가? 물론 하나님이 무엇인가에 의해서 제약받고 있는 것은 사실이지만, 그 제약이 외적인 것은 아니다. 제약의 개념과 무흠성을 긍정하는 문장들의 표면적인 문법은 매우 미묘한 오해를 불러일으킨다. 왜냐하면 하나님의 의지가 약화되고 자신의 한계 안에 갇혀 있다는 느낌을 주기 때문이다. 하지만 전통적인 신학이 주장하는 것처럼 하나님의 본성과 의지가 완전하게 서로 일치하고 공명한다면 하나님은 아무런 제약도 받지 않는다는 것을 확실하게 수긍할 수 있다.

27 이 부분의 주장을 보다 자세히 알고 싶으면 "On Whether God Can Sin," *Philosophia Christi* 5, no. 1 (Fall 2003): 259-267을 보라.

A Reformed Tradition Not Quite Right

4장:
완벽하지 않은 개혁주의 전통

"오면서 누구를 지나쳤는고?"
왕이 건초를 달라고 전령에게 손을 내밀면서 물었다.
"아무도 없었나이다."
전령이 대답했다.
왕은 전령의 말을 끊으면서 소리쳤다.
"맞아 그랬을 거야. 여기 이 부인도 그를 보았다는군.
그러니까 아무도(Nobody)는 자네보다도 더 천천히 걸어오지."

_ 루이스 캐롤[1]

---

1 Lewis Carroll, *Alice's Adventures in Wonderland and Through the Looking Glass* (Madison, WI: Cricket House Books, 2010), p. 101.

캐롤의 이 우스꽝스러운 이야기는 다의어(equivocation)의 전형적인 사례이다. 즉 동일한 맥락에서 어떤 용어가 한 가지 이상의 의미로 사용되고 있다. 다의적인 용어들을 할 수 있는 한 피해야 하는 것이 바로 하나님의 주권을 확실하게 긍정하고 싶기는 하지만 칼빈(Calvin)의 신학체계를 받아들이지 못하는 중요한 이유이다.

우리는 앞 장에서 하나님의 선하심, 하나님의 완전한 선에 관해서 이야기했으며 다음 장에서는 하나님의 필연적인 선에 관해서 더 자세히 이야기하게 될 것이다. 그리고 이 장에서는 하나님의 선하심이 인식될 수 있다는 사실이 얼마나 중요한 의미를 지니는지를 살펴보게 될 것이다. 왜냐하면 도덕적 논증이 신 존재 증명의 증거가 되려면 먼저 하나님의 선하심이 인식될 수 있어야 하기 때문이다. 만일 그렇지 않다면 선으로 인식될 수 없는 어떤 것을 지칭하기 위해서 '선'(good)이라는 용어를 사용하는 것이 되는데 이러한 다의어의 사용은 비합리적이라고 할 수 있다. 따라서 이 장에서 우리는 칼빈주의에 대한 도덕적인 인식론의 반론을 펼치게 될 것이다.

칼빈주의에 관한 이와 같은 논쟁은 주로 기독교 내부에 속하는 문제이며, 따라서 논쟁의 양 진영에는 저명한 기독교 신앙인들이 포진해 있다. 우리는 여기서 이 논쟁의 중요성을 지나치게 강조하고 싶지 않다. 하지만 신 존재 증명을 위한 도덕적 논증을 옹호하는 데에는 매우 적절한 논쟁임이 틀림없다. 왜냐하면 우리는 몇 가지 이유 때문에 칼빈주의와 도덕적 논증이 서로 어울리지 않는다고 주장하기 때문이다. 그리고 알미니안주의가 하나님의 주권에 관한 개혁주의 입장을 더 잘 설명하고 있으며 그중 한 부분이 이 책에서 주장하려고 하는 유신론적 윤리의 한 면을 이루고 있다.

칼빈주의와 알미니안주의의 논쟁은 하나님의 주권과 사랑을 올바로 이해하기 위한 것이다. 존 칼빈의 사상을 기초로 하고 있는 칼빈주의, 그의 제자 테오도르 베자(Theodore Beza) 그리고 도르트 종교회의(1618-19)에서 결정한 5대 교리(TULIP)는 모든 인간이 죄 안에서 사산한 채로 태어났으며, 하나님은 오로지 자신의 주권으로 어떤 사람들을 구원할 것을 무조건 선택했으며, 예수는 오로지 그 사람들을 위해 죽었으며,[2] 그들은 자신의 삶에서 이 은혜를 거부할 수 없으며, 선택받은 사람은 끝까지 그 구원이 견고하다고 주장한다.

이에 반해서 전통적인 알미니안주의는 네덜란드 신학자인 제임스(제이콥) 알미니우스(James/Jacob Arminius, 1560-1609)를 따르는데, 우리는 죄 안에서 죽었고 하나님의 은혜 없이는 죄를 회개할 수 없지만, 하나님의 선택은 무조건적이 아니라 조건적이며 (하나님이 부여해준) 자유의지에 따른 인간의 자유로운 선택에 관한 하나님의 지식에 달려있다고 주장한다. 알미니안주의에 의하면 예수는 모든 사람들을 위해 죽었으며, 하나님의 은혜는 모든 사람들에게 구원의 진정한 기회를 주었다는 의미에서 보편적이며 인간은 하나님이 주는 구원의 은혜를 거부하고 저주받을 수 있다. 알미니안주의자들은 일단 구원을 받고 나면 영원히

---

2 실제로는 Calvin 자신은 제한적 속죄 교리를 거부한 것으로 보이는 증거가 있지만 역사적인 질문은 여기서는 주제와 벗어나므로 다루지 않는다.

안전한가 하는 문제에 관해서는 견해가 다르다.[3]

칼빈주의와 알미니안주의의 가장 두드러지게 나타나는 차이는 하나님의 선택이 조건적인가 아니면 무조건적인가 하는 것이다. 왜냐하면 하나님의 선택이 무조건적이라면 어떤 사람은 궁극적으로 구원을 받고 어떤 사람은 구원을 받지 못하는가 하는 문제가 오로지 하나님의 주권적 선택에 달린 것이 되고, 만일 하나님의 선택이 인간의 선택에 의존한다면, 즉 조건적이라면 모든 사람은 하나님의 은혜에 따라 그리스도 안에서 주어지는 구원을 받을 것인지 거절할 것인지를 선택하는 권리를 지니는 것이기 때문이다.

그런데 이 두 전통의 가장 근본적인 차이는 앞으로 보게 되겠지만 하나님의 도덕적 본성에 관한 것이며, 특히 하나님의 사랑과 선에 대한 이해의 차이이다. 하나님의 주권과 선택에 대한 이해의 차이 그리고 이 차이 때문에 일어나는 인간의 자유에 관한 다른 해석이 이 논쟁의 가장 기본적인 논점으로 알려져 있다. 하지만 실제로 가장 심오한 차이는 하나님의 본성에 관한 이해이다. 이 때문에 이 중요한 신학적 논쟁이 도덕적 논증과 매우 깊은 관계가 있는 것이다.

이 장에서 우리는 하나님의 무조건적 선택에 관한 칼빈의 교리에 대항해서 철학적 주장을 제안하려고 한다. 이 철학적 주장과 함께 더욱 전통적인 알미니안주의의 개념들을 지지하는 증거들을 제시할 것

---

3 '한 번 구원받으면 영원히 구원받는가?' 하는 질문을 두고 알미니안주의자들 자체가 양대 진영으로 갈라져 있다. 그러나 이 문제는 어떤 사람들은 처음부터 구원받을 가능성이 없는가 하는 문제에 비하면 지엽적일 수 있다.

이다. 하지만 우리의 가장 일차적인 목표는 칼빈주의가 무엇보다도 가치론에서 그리고 다른 여러가지 면에서도 철학적으로 약하다는 것을 보여주고자 한다. 우리의 논증이 성공한다면 우리는 칼빈주의자들에게 서로 다시 돌아갈 가장 주요한 이유를 제공하게 될 것이며, 그렇게 되면 그들은 일반계시와 직접 충돌하지 않는 방향으로 하나님의 주권과 선택을 새롭게 해석할 수 있게 될 것이다.

1. 종결자로서의 철학

우리는 아무런 거리낌 없이 일반계시에 비변증적으로 호소하면서 우리의 주장을 전개하려고 한다. 다시 말해 우리는 신학적 질문들에 대한 해답들을 찾을 때에 철학은 무시되어야 하고 무시될 수 있다는 주장을 거부한다는 것을 의미한다. '오직 성경으로'(sola scriptura)라는 개신교의 원리는 오늘날 하나님의 계시된 진리를 알아낼 때에는 명확한 사고나 합리적인 이성이 필요 없다는 것으로 잘못 이해되는 경향이 있다. 성경의 신학적 진리에 있어서 성경이 가장 중요하다는 것은 일어날 수 있는 모든 신학적 논쟁에 대한 대답을 구할 때 그 어떤 다른 통찰 방법보다도 주석과 성경해석에 의존해야 하고 의존할 수 있다는 것을 의미한다.

성경 자체는 때로는 철학적 가치에 대한 회의론(skepticism)을 가르치는 것으로 여겨져 왔다. 우리는 그 누구도 기만적이고도 공허한 철학으로 우리를 사로잡아가지 못하도록 조심해야 한다는 경고를 받고 있다. 이러한 철학은 그리스도보다는 이 세상의 인간적인 전통과 기본적인 원리에 의존하고 있다고 말한다(골 2:8). 그리고 고린도전서 1:20은 다음과 같이 묻고 있다.

> 지혜 있는 자가 어디 있느냐 선비가 어디 있느냐 이 세대에 변론가가 어디 있느냐 하나님이 이 세상의 지혜를 미련하게 하신 것이 아니냐(고전 1:20).

우리는 앞 장에서 초대 기독교 지도자인 테르툴리아누스가 "예루살렘과 아테네가 무슨 관계가 있으며 교회와 학교 그리고 기독교인과 이교도가 무슨 관련이 있는가?"라고 물었던 것을 기억한다.[4] 마틴 루터(Martin Luther)도 이와 비슷한 맥락에서 다음과 같이 말하고 있다.

> 철학은 하나님의 문제에 대해 무가치하다고 이해한다. 나는 사람들이 철학을 가르치고 배우지 않아야 한다고 말하는 것은 아니다. 그것에 관해서 나는 철학이 이성과 절제 속에 있다는 것에는 찬성한다. 철학은 하나님이 정한 것처럼 철학의 경계 내에서만 남아 있도록 해야 하며, 그리고 연극의 한 특징으로 철학을 사용하도록 해야 한다. 하지만 철학과 하나님을 섞는다는 것은 참을 수 없다."[5]

---

4 "The Prescriptions against the Heretics," trans. S. L. Greenslade, *Early Latin Theology*, vol. V "The Library of Christian Classics" (Philadelphia: Westminster Press, 1956), pp. 31-32.
5 Hugh T. Kerr, ed., *A Compend of Luther's Theology* (Philadelphia: Westminster Press, 1956), p. 4.

철학에 대한 회의론은 종종 칼빈주의와 알미니안주의의 논쟁에서 극에 달하는 모습을 보여준다. 이 논쟁의 양 진영이 모두 다 철학을 축출하고 성경과 그 주석과 해석을 기초로 해서 문제를 풀어가야 한다고 주장하고 있기 때문이다. 이 논쟁에서는 철학적인 분석을 도입하려는 기미만 보여도 이단으로 매도하고 믿을 만한 계시를 제공하는 성경의 권위를 포기하는 것으로 여기는 경향이 있다.

우리는 여기서 중요한 구분을 지어야 할 필요가 있다. 즉 성경의 권위가 신학적 규범의 세계에서는 으뜸인 반면에 근본적인 인식론의 세계에서는 기본적인 철학적 과정이 논리적인 우선권을 갖는다는 것이다. 이를테면 무엇보다도 먼저 성경의 진실성에 대한 신뢰가 하나님의 영감을 받아 기록된 성경의 저자 자신들이 겪었던 경험들에 대한 신뢰를 전제로 하고 있다. 이와 같은 경험들에 대한 신뢰가 먼저 이뤄지지 않으면 성경의 권위에 대한 합리적인 확신은 가질 수 없다.

또는 코란보다 성경을 권위로 선택하는 경우를 살펴보자. 이때 이 선택이 합리적이기 위해서는 성경이 하나님의 진정한 계시임을 믿어야 할 적절한 이유들이 필요하다. 이 과정에서 우리는 이성을 신뢰해야 하고 그러기 위해서는 먼저 철학적으로 생각할 수 있는 자신의 능력을 신뢰해야 한다.

성경은 신학적 진리의 영역에서 권위를 갖는 것이 당연하다. 하지만 이성적으로 그와 같은 사실을 믿기 전에 우리 인간이 일반계시에 접근할 수 있으며 생각할 수 있는 능력을 가지고 있기 때문에 우리는 주장들의 장단점을 저울질함으로써 적절한 결론에 도달할 수 있어야 할 것이다. 철학을 한다는 것은 바로 그러한 과정을 의미한다. 성경을 적절하게 신뢰하기 위해서는 합리적으로 생각하는 과정을 필요로 한다. 이와 다른 생각을 하는 것은 근본적으로 잘못된 것이다.[6]

감리교를 창설한 존 웨슬리(John Wesley)는 이성을 포기하는 것은 신앙을 포기하는 것이고, 신앙과 이성은 서로 손을 잡고 나아가야 하며, 비이성적인 신앙은 잘못된 신앙이라고 말한 적이 있다. 실제로 웨슬리는 목회자가 되기 위한 준비로서 철학과 논리학을 철저하게 공부할 것을 권유한 바 있다. 어떤 사람이 우리의 이 논쟁에서든 일반적으로든 간에 "우리는 철학이 필요 없다"라고 말한다면 그는 매우 중대한 오해에 사로잡혀 있음을 보여주고 있는 것이다. 그는 우리에게 생각하는 능력이 없어도 하나님의 궁극적인 계시를 알아낼 수 있을 뿐 아니라 성경을 이해할 수 있다고 잘못 주장하고 있는 것이다.

철학이란 간단히 말하면 명확한 사고(clear thought)라고 할 수 있다. 우리에게 필요한 것은 성경뿐이라고 말하면 경건하게 들릴지도 모르고 개신교인들이 기독교인들은 오로지 한 권의 책, 즉 성경에 속한 사람들이라는 말에 일리가 있다고 믿고 있기는 하지만 그처럼 감정에 치우친 발언은 우스꽝스러울 정도로 천박하고도 단순하며 어리석은 차원의 인식론과 해석학을 암시하고 있을 뿐이다. 신학은 그렇게 단순하지 않다. 우리의 이성을 사용하지 않고서는 성경을 열어도 이해할 수 없을 것이다.

6　Jerry L. Walls, *The Problem of Pluralism: Recovering United Methodist Identity* (Wilmore, KY: Bristol Books, 1988), 특별히 5장을 보라.

이런 방법으로 우리의 비판적인 능력을 해석하는 도구로 사용한다고 해서 이성의 힘을 성경 위에 놓는 것은 아닌 것이다. (이 책의 범위를 벗어나므로 시도하지는 않겠지만) 칼빈주의에 대한 성경적이고 역사적 반론에 철학적인 반론을 더할 수 있다면 매우 의미 있는 공격이 될 것이다. 이와 같은 방법은 실제로 성경적 해석 과정에 근본적으로 중요한 것이다. 이 장에서는 성경적 반론이나 역사적 반론이 분명한 것들은 생략하고 철학적인 반론에 초점을 맞출 것이다. 철학적 반론만 다루어도 지면이 부족할 것으로 보이기 때문이다. 철학은 기독교인들에게 엉킨 실타래처럼 풀기 어려워 보이는 변론들을 이해하기 쉽도록 도울 수 있으며 도와야 할 의무가 있다.

칼빈주의에 대한 철학적 반론을 전개하면서 관련은 있지만 약간 다른 문제인 알미니안주의를 철학적으로 변호하는 것은 다음 기회로 미루기로 한다. 보다 완벽한 철학적 분석을 위해서는 이 문제를 논의에 포함시켜야 했을 것이다. 특히 알미니안주의의 자유의지, 반-인과성, 개체적 인과성의 자유에 대한 집요한 추구는 변호할 필요가 있다.[7] 비록 알미니안주의에 대한 철학적인 반론이 칼빈주의에 대한 것보다 대답하기가 훨씬 용이한 것은 사실이지만 이에 관한 논의는 다음 기회

---

[7] 칼빈주의들은 자유론자의 자유를 모순으로 규정하기는 경향이 있다. 하지만 하나님이 자신이 만들어놓은 세계를 만드는 이유가 있었다면, 다른 선택이 가능한데도 그와 같은 선택을 한 이유가 있었다면, 바로 그것이 자유론자의 패러다임적 실례라고 할 수 있다. 사탄이나 인간의 원죄가 피할 수 있었던 것이었다면 모르되 그렇지 않다면 그들의 죄는 하나님에게 돌릴 수밖에 없으며 하나님이 죄를 만들었다고 할 수밖에 없을 것이다. 그러므로 하나님의 거룩성을 지키기 위해서는 우리가 자유의지의 일관성을 인정할 수밖에 없는 것이다.

로 미루기로 한다. 따라서 곧바로 칼빈주의에 대한 철학적 반론으로 넘어가기로 한다.

2. 양립가능론

대부분의 칼빈주의자들은 비록 모든 일이 하나님에 의해 인과적으로 결정되어 있기는 하지만 우리는 상당한 자유를 지니고 있다고 주장한다. 따라서 일관성 있는 칼빈주의자들이라면 양립가능론(compatibilism)을 포용하고 있다고 할 수 있다. 즉 이것은 결정주의와 진정한 자유가 양립할 수 있다고 보는 것이다. 이 입장에 의하면 우리의 모든 행동, 특히 구원과 관련이 있는 모든 행동은 하나님에 의해 결정된다. 하지만 어떤 인간도 자신의 의지에 거슬리는 행동을 하도록 되어있지 않다는 것이다. 그보다는 하나님은 우리의 행동뿐 아니라 의지도 결정한다. 따라서 우리가 어떤 결정을 내리든 그에 대한 책임은 전적으로 우리가 져야 한다는 것이다.

우리가 보기에는 칼빈주의의 이 양립가능론은 적어도 다섯 가지의 주요한 철학적 문제들을 제기하고 있다.

첫째, '의무에 대한 반론'(obligation objection)이 있다. 간단히 말하면 도덕적 의무들은 이 양립가능론을 무의미한 것으로 만들고 있다. 의무들은 우리가 반드시 해야 할 일들을 말해주고 있으며, 해야 한다(ought)는 말은 할 수 있다(can)는 의미를 내포하고 있다. 하지만 만일 우리가 우리의 통제권 밖에 있는 어떤 원인에 의해서 선택하고 행동하도록 결정되어 있다면 우리가 다르게 선택하고 행동할 수 있는 자유가 있다는 말은 아무런 의미가 없을 것이다.

여기서 고려해야 할 칼빈주의에 대한 매우 중대한 반론은 기독교 신학의 맥락 안에서 제기되고 있다. 인간의 상황을 전반적인 맥락에서 볼 때 이론적으로는 죄를 범하지 않는 인간이 존재할 가능성이 전혀 없는 것은 아니다. 어쨌든 예수가 그 모범을 구성하고 있기 때문이다. 물론 예수는 특별한 경우이기는 하다. 하지만 기독교인들은 전반적으로 어떤 상황에 있는가? 하나님의 은혜로 거듭난 인간은 모든 죄를 피할 수 있다. 물론 구원의 과정이 완성되기 전까지는 실제로 그런 일이 일어나지는 않는다. 그렇지만 고린도전서 10:13은 우리 인간들이 아무리 큰 시험을 만나도 피할 길을 마련해주신다고 약속하고 있고 있으며 이와 같은 하나님의 약속은 칼빈주의자들에게 문제를 안겨주고 있다. 왜냐하면 적어도 일관성 있는 칼빈주의자들에게 그 어떤 일도 다르게 일어날 수 없는 것으로 되기 때문에 기독교인도 죄를 범한다는 사실은 어떻게 이해해야 하는가? 하나님이, 기독교인들의 범죄를 포함해서, 모든 일을 결정하면서도 시험을 이겨낼 길을 열어주어서 그 어떤 죄도 피하도록 해준다는 것은 일관성이 없는 태도이다.

그러나 여기서는 칼빈주의에 대한 그러한 도전은 잠시 옆으로 제쳐 두기로 한다. 왜냐하면 그 대신에 알미니안주의자들이 부딪칠 것으로 보이는 문제를 다루기 위해서이다. 이 문제는 거듭난 사람들이 아니라 거듭나지 못한, 즉 비기독교인들과 관련이 있다. 그들의 상황은 어떤

가? 범죄를 피할 수 있는 은혜가 그들에게도 미칠 정도로 충분한가? 만일 그렇다면 그것은 알미니안주의에서 '선행적 은혜'(prevenient grace)라고 말할 수 있다. 즉 은혜가 구원보다 먼저 오며 무엇보다도 이 은혜가 그리스도를 받아들이고 죄를 회개할 수 있도록 해준다는 것이다. 중생하지 못한 사람이 죄를 피할 수 없다면 그것은 반드시 그렇게 해야 한다는 것은 그렇게 할 수 있다는 것을 암시한다는 원리를 반증하는 증거가 되는 것이 아닌가? 왜냐하면 그것은 그들이 범할 가능성이 있는 죄를 피할 만한 충분한 은혜를 받지 못한 증거가 되기 때문이다.

여기서 우리는 자유의지와 자유로운 은혜를 구분할 필요가 있다. 선행적 은혜는 그리스도를 구주로 받아들이게 할 뿐 죄를 거부하게 하는 것이 아니다. 선행적 은혜는 죄를 피하게 하는 다른 은혜들(예를 들어 중생하는 은혜)을 받아들이는 자유를 회복시켜줄 뿐이다. 다시 말해 선행적 은혜는 모든 죄를 피할 수 있는 힘을 제공하는 것이 아니라 간접적인 방법으로서 죄의 능력과 권세로부터 실제로 해방시켜주는 충분한 은혜를 받아들일 수 있는 자유(책임도 수반되는)를 회복시켜 주기만 한다는 것이다.[8]

그렇지만 이와 같은 반응은 적절하지 않다. 왜냐하면 중생을 얻지 못한 사람도 어떤 시점에는 죄를 저항할 수 있는 능력이 있지 않는 한 죄에 대한 회개 자체가 아무런 의미가 없기 때문이다. 죄를 저항할 수 있는 자유가 없다면 죄에 대한 진정한 죄의식도 아무런 의미가 없다.

---

8 이 분석은 Kenneth Collins로부터 빌려온 것이다.

따라서 이 대답은 어느 정도 통찰을 주는 것이 사실이기는 하지만 더 자세한 해명이 필요하다.[9]

다시 말하면, 'P'가 '우리는 모든 죄를 피해야 한다'이고 'Q'가 '우리는 모든 죄를 피할 수 있다'라면 P는 Q를 암시한다. 문제는 대부분의 기독교 신학들이 인간이 타락한 후부터 Q가 참이라고 해도 P는 거짓일 수 있다고 주장하는 것이다. 그렇다면 이 유명한 원리는 거짓인 것이다. 하지만 양적인 범위를 여러 가지로 한정해 봄으로서 다시 살펴볼 필요가 있다.

(P1) 모든 x에 대해서 x가 죄라면, 우리는 이 x를 범하는 것을 반드시 피해야 한다.
(Q1) 모든 x에 대해서 x가 죄라면, 우리는 피할 수 있다.

여기서 만일 P1이 P이고 Q1이 Q라면 P1과 Q1을 살펴보면 P와 Q의 초기 상태를 알 수 있을 것이다. 그리고 틀림없이 죄의 정의에 따라 P1과 Q1은 참이다. 분석되지 않은 초기 상태의 P와 Q의 문제는 P는 참이고 Q는 거짓일 때 '모든'을 모호하게 읽어야 한다. 즉 P

---

9 어떤 죄들은 개체가 달리 행할 수 없는 경우에도 범해질 수 있다. 예를 들어 전에 내린 잘못된 결정으로 인해 자유를 상실하는 경우, 즉 그리스도 안에서 제공되는 구원을 자유의지에 따라 거부한 경우 또는 회개를 거부하는 데에 자유를 사용한 경우에는 아무런 다른 길이 없어도 죄가 성립된다. 이와 같은 선택들은 성격을 변하게 만들어서 자유를 방해하며 완전히 제거하기도 한다. 이는 마치 알코올 중독자가 취한 상태에서 할 수 없이 잘못된 선택을 했더라도 애초에 알코올 중독자가 되는 것을 그가 자유롭게 선택했기 때문에 그 죄는 여전히 성립되는 것이다.

에서는 모두를 분배적인 방법으로 읽어야 하고('각각의 죄 x에 대해서 그 자체적으로 보았을 때') Q에서는 종합적인 방법('모든 죄를 통합적으로 보면')으로 읽어야 한다. 물론 모호성에 의존하는 주장은 설득력을 상실한다. 따라서 여기서는 우리가 반드시 그렇게 해야 한다는 것은 '그렇게 할 수 있다'는 것을 암시한다는 원리를 반증하는 증거를 찾을 수 없을 것이다.[10]

식당에서 한 친구가 음식 알레르기가 걱정이 되어서 메뉴의 모든 음식을 다 먹어볼 수 있는지를 물어보았다고 하자. 이때 우리는 메뉴를 한번 훑어보고 나서 아무 문제없다고 자신 있게 대답할지 모른다. 우리는 그 질문의 의도를 오해하고서 기네스북의 음식소비 기록을 깰 수 있다거나 기꺼이 깨뜨리겠다는 생각으로 메뉴에 있는 모든 음식을 다 한꺼번에 먹을 수 있다는 의미로 그렇게 장담할 수 있을 것이다.[11]

양립가능론을 따르는 많은 무신론 철학자들이 개인적으로는 양립론이 진정한 의무를 설명하기가 어렵다는 것을 인정한다. 하지만 그들은 공적으로는 양립가능론이 가장 설득력 있는 이론이라고 주장한다. 그

---

10 Thomas V. Morris에게서 도움이 되는 개념을 빌려왔다.
11 이 문제를 보다 쉽게 이해할 수 있는 또 다른 방법이 있다. 우리가 살아가면서 죄를 거부할 수 있는 확률이 각 기회마다 0.5라고 가정하자. 이와 같은 경우 처음 두 개의 죄를 계속해서 거부할 수 있는 확률은 0.25이며 처음 세 개의 죄를 계속할 수 있는 확률은 0.125이다. 그렇다면 75년 동안 살면서 계속해서 죄를 범하지 않을 가능성은 0으로 수렴되기 때문에 그 가능성은 거론할 가치가 없다. 기독교인들은 원칙적으로는 모든 죄를 하나님의 할 수 있는 은혜에 의해 저항할 수 있는데도 실제적으로는 오직 한 사람만이 실례로 그렇게 했고 그렇게 할 수 있었다고 믿는다. 이와 같은 통찰력 있는 분석에 대해서 David Lahm에게 감사한다.

리고 도덕적 의무의 언어를 유지하는 것이 실용적으로 정당화되었다고 믿는다. 하지만 많은 세속적인 철학자들은 그들의 견해가 다른 방법은 없다는 주장을 입증해준다고 말은 하면서도 처벌이나 공평이라는 범주를 포기해야 할 것이라고 말하고 있다. 회복이나 저지르는 죄에 대한 처벌의 필요를 타당하게 하기는 하지만, 엄밀히 말하면, 처벌은 양립가능론과는 어울리지 않으며 구시대의 유물로 남겨두고 포기하는 것이 낫다고 말하고 있다.

형벌을 통한 정의가 실현되는 것처럼 도덕적으로 중요한 범주를 포기한다는 것은 자연주의에 대한 강력한 반론으로 보이는데도 이를 인정하는 그들의 솔직함은 높이 사야 할 것이다.[12] 하지만 칼빈주의의 경우는 다르다. 왜냐하면 처벌이나 징벌은 칼빈신학에서는 매우 본질적이기 때문이다.

둘째, 칼빈주의의 양립가능론을 그들은 죄인들이 현세에서도 그 값을 갚아야 할 뿐 아니라 하나님이 결정한 대로 영원한 형벌에 공평하

---

[12] 유신론적 양립가능론과 세속적인 양립가능론 사이에는 큰 차이가 있다. 많은 유신론자들은 자기들이 무신론자라면 양립가능론을 택하고 싶을 것이라고 말하고 있다. 왜냐하면 양립가능론이 허용하는 것보다 훨씬 강한 의미에서 우리가 자유롭다는 것이 곧바로 드러나는 데도 불구하고 양립가능론이 나름대로 타당성이 있어 보이는 견해이기 때문이다. 아마도 어떤 사람들이 주장하듯이 진화는 우리에게 우리는 자유로운 존재라는 매우 강력한 망상을 심어주었고 이러한 망상은 나름대로 진화의 목적에 기여를 하고 있는지도 모른다. 세속 철학자들이 양립가능론적 자유를 옹호하는 그 어떤 견해도 전형적인 칼빈주의 교리에 도움을 주지는 않는다. 문제의 양립가능론이 진정한 도덕적 책임을 지지하는 것을 보여주지 않을 뿐 아니라 그와 같은 책임이 처벌의 의미에서 영원한 지옥을 옹호하지 않는 한 그렇다는 것이다. 우리는 세속 철학자들에게서 그와 같은 견해를 기다리고 있다. 하지만 이 장에서 전개되고 있는 논증에 의하면 그 견해는 기대하기 어려울 것으로 보인다.

게 처해져야 한다고 주장한다. 이와 같은 주장에는 도덕성이 심하게 결핍하고 있기 때문에 우리가 믿기에는 너무나 비합리적이다. 바로 이러한 비판이 칼빈주의에 대한 두 번째 반론, 즉 '가범성 반론'(culpability objection)이다.

셋째, 칼빈주의의 양립가능론이 지니고 있는 또 다른 문제는 그들이 하나님은 각 개인의 자유의지를 침범하지 않고서도 모든 사람을 구원할 수 있다고 믿는 것이다. 칼빈주의자들은 만인구원설을 따르지 않으므로 이러한 주장의 의미는 다음과 같다. 즉 선택받지 못한 죄인들이 하나님과 화해해서 영원한 고통과 슬픔 대신에 영원한 기쁨을 누릴 수 있었음에도 불구하고 하나님이 자신의 주권으로 그들을 지옥으로 가도록 선택했다는 것이다. 만일 그렇다면 잃어버린 영혼들에 대한 하나님의 사랑은 이해하기 힘들며 하나님이 그들에게 선한 하나님이라고 보기에는 어렵다. 이러한 비평이 곧 '악한 신 반론'(bad god objection)이다.

넷째, 칼빈주의적 양립가능론은 사랑의 관계란 본질상 그리고 논리적으로 볼 때 쌍방관계라는 것이다. 그러므로 하나님의 저항할 수 없는 은혜가 필연적으로 하나님과의 화해와 교제로 완성되는 것이라 해도 사랑의 신적인 일방통행일 뿐이고 은혜가 주어진다고 해도 사랑받는 자들에게 영원한 열락을 줄지언정 진정한 사랑은 아니라는 것이다. 따라서 우리는 이와 같은 비판을 '사랑에 대한 반론'(love objection)이라고 부르는 것이다. 사랑의 논리는 칼빈주의자들이 허용할 수 있는 것

보다 훨씬 많은 의지의 원리를 필요로 한다.¹³

다섯째, 칼빈주의의 양립가능론은 도덕적으로 책임 있는 행동이 반드시 자신의 성격을 그대로 반영한다는 점을 강조하면서 만일 그렇지 않다면 자신의 행동을 책임질 필요가 없다고 주장한다. 자신의 성격을 반영하지 않는 행동은 객관적으로 볼 때 임의적이거나 아무런 이유가 없어 보인다는 것이다. 하지만 이에 대한 대답으로 우리는 칼빈주의자들이 과정을 전도시키고 있다고 말할 수 있다. 완성된 성격을 과정의 후반이 아닌 시작에 놓고 있기 때문이다. 상식적으로 생각하더라도 우리는 처음부터 완성된 성격으로 삶을 시작하는 것은 아니다. 덕 윤리학자들(virtue ethicists)이 말하는 책임질 만한 도덕성의 발달 과정을 보거나 행동들이 성격 형성에 미치는 영향을 생각할 때 나면서부터 피할 수 없이 부여된 성격에 의해서 우리 행동들이 결정된다는 칼빈주의자들의 주장은 일리가 없어 보인다. 그래서 우리는 이를 '덕에 대한 반

---

13 William Hasker는 다음과 같이 주장하고 있다. "모든 경험과 관계는 자유롭게 부어지는 사랑과 신뢰와 애정을 수반하기 때문에 특별한 가치를 필요로 한다. 수많은 요정 이야기(그리고 해리 포터 시리즈에도)에 나오는 사랑의 묘약은 함정일 수 있다. 사랑의 묘약을 사용하는 사람들은 묘약 때문이 아니라 자신의 가치 때문에 사랑받기를 원한다. 하지만 묘약을 사용하지 않으면 사랑하는 사람의 애정을 잃을까봐 두려워한다." Hasker는 계속해서 다음과 같이 이야기한다. "사랑에 관한 한 자유의지가 없으면 절대로 인간이 아니며 자유로운 선택을 하는 능력이 인간의 본질일 가능성이 아주 높으므로 자유의지는 더욱 더 인간의 필수불가결한 조건인 것이다. 그리고 그렇다면 자유의지가 존재하지 않는다고 말하는 것은 진정한 인간이 존재하지 않는다고 말하는 것과 같다. 그와 같이 말할 수도 있고 진정으로 믿을 수도 있겠지만 그로 인해서 지불해야 할 대가는 엄청날 것이다." William Hasker, *The Triumph of God over Evil: Theodicy for a World of Suffering* (Downers Grove, IL: InterVarsity Press, 2008), p. 156을 참조.

론'(virtue objection)이라고 부르기로 한다.

다섯 가지로 세분화된 반론들을 종합해보면 모두 다 칼빈주의의 양립가능론에 대한 철학적 반론으로서 형이상학, 인식론, 윤리학 등의 전반에 걸쳐있음을 볼 수 있다.

3. 완곡어법

칼빈주의에 대한 중요한 반론으로서 다른 한 가지로 칼빈주의자들의 글에 빈번히 등장하는 완곡어법(euphemism)에 관한 것이다. 서로 모순되는 개념들, 예를 들어 철저한 결정주의와 도덕적 가범성을 둘 다 인정하는 데에 따르는 논리적 문제들을 나름대로 해결하는 방법으로서 칼빈주의자들은 문제의 심각성을 완화시키기 위해서 신비적, 역설적, 이율배반적 또는 '성경적 긴장'이라는 모호한 용어들로 문제들을 얼버무리려고 한다. 하지만 모순을 아무리 그럴듯한 말로 포장한다고 해도 문제가 사라지는 것은 아니다.

또 다른 예를 들자면 칼빈주의자들은 하나님이 선택받지 못한 자들에게도 진정한 구원의 기회를 제공하는데 그들이 자기 마음대로 그 구원을 거절한 것이라고 주장한다. 다시 이야기하지만 이는 회피적이고 완곡한 표현이라고 할 수 있다. 칼빈주의의 교리에 의하면 오직 선택받은 자들만이 구원을 받는 것으로 되어 있다. 그러므로 선택받지 못한 자들에게 진정으로 제공되는 구원은 없다고 할 수 있다. 어떤 것을 상대방이 받아들일 가능성이 전혀 없는 것을 잘 알면서도 제공하는 것은 진정한 제공이라고 할 수 없다. 이처럼 공허한 제공을 진정한 제공이라고 부르는 것은 완곡어법이라고 부를 수도 없는 표현이다. 이런 주장은 특히 처음 듣는 사람들, 즉 모든 제공은 받아들여질 수 있는 가능성을 전제로 하고 있다는 상식에 길들여진 사람들에게는 심각한 오해를 불러일으킬 수 있다.

같은 맥락에서 칼빈주의자들이 선택받지 못한 자들에 대한 하나님의 사랑을 설명해보라고 강요받으면 하나님은 자신의 주권적인 의지로 이미 선택에서 제외하기로 결정한 불행한 사람들도 사랑한다고 말한다. 선택받지 못한 자들에 대한 사랑은 하나님의 거룩함이나 공평과 일치한다고 말하면서도 선택받은 자들에 대한 사랑은 더욱 깊고 특별하다고 주장한다. 하나님은 세상적으로 필요한 것들과 생명과 숨을 제공함으로써 선택받지 못한 자들을 사랑한다는 것이다. 모든 사람들에게 합당한 만큼 주는 것(천국이든 지옥이든 간에)은 사랑이 부족한 것이 아니다. 하나님은 그들에 대한 의무를 저버린 적이 없으며 그들이 받은 저주는 하나님의 영광과 선택받은 자들에 대한 은혜의 위대함을 강조하는 목적을 가지고 있다는 것이다. 하지만 이를 사랑이라고 부르는 것은 완곡어법의 매우 좋은 실례일 뿐이다.

앞에서 이미 잠깐 언급한 칼빈주의에 대한 비판도 결국은 완곡어법의 좋은 사례라고 할 수 있다. 칼빈주의의 교리에 의하면 기독교인들이 죄를 범하는 것은 이치에 맞지 않는다. 왜냐하면 그들은 유혹을 만날 때마다 피할 수 있는 길이 반드시 있기 때문이다. 하지만 사용할 수 없는 '피할 수 있는 길'이란 진정으로 피할 수 있는 길이 아니다. 대화의 협동 원리는 이와 같은 용어들을 사용할 때 언어에 대해 그처럼 노골적인 폭력을 휘두르는 것을 허용하지 않는다. 다시 말하지만 보다 온건한 용어로 포장한다고 해도 모순이 극복되는 것은 아니다.

양립가능론을 정확하게 파악하지 못하고 있거나 또는 자유주의 관점에서만 이해되는 언어를 사용하여 그 진정한 의미를 피해가려고 하는 칼빈주의자들의 글들을 보면 자주 나타나는 패턴이 있다. 그것은 그들이 하나님의 사랑이나 누구에게나 구원을 제공하는 진정한 은혜를 완곡한 언어로 표현하려고 할 때 잊어버리는 사실이 있는데, 그것이 바로 하나님은 모든 사람들의 자유를 지켜주면서도 그들을 모두 구원할 수 있었지만 그렇게 하려고 하지 않았다는 것이다. 그 예를 얼마든지 들 수 있지만 양립가능론이 칼빈주의자들에게 언어적으로뿐 아니라 논리적으로도 극복하기 힘든 문제들을 안겨주고 있다는 것을 충분히 보여주었기 때문에 그만 두기로 한다.

4. 급진적 주의주의

이 부분에서 우리는 칼빈주의의 깊은 뿌리 중 하나를 다루게 될 것인데 이 뿌리는 하나님의 주권에 대한 칼빈주의의 그릇된 견해와 관련이 있다. 이 뿌리는 칼빈주의자들이 하나님의 의지를 너무나 강조한 나머지 극단적인 주의주의에 빠져들었던 것이다. 그들의 견해는 결국 도덕성에 관해서 하나님이 말한 것이 무엇이든지 글자 그대로 받아들여야 하다는 오컴주의로 귀착된다.

주의주의(voluntarism)에 대한 가장 악명 높은 반론은 극히 독단적이라는 것이다.[14] 만일 하나님이 우리에게 재미로 아이들을 고문해도 좋다고 말했다면 어떻게 되는 것일까? 만일 하나님의 의지가 도덕성의 유일한 근원이고 그리고 합리적으로 발견할 수 있는 그 어떤 제약도 존재하지 않는다면 하나님은 자신의 본성 때문에 그러한 명령을 내리지 않을 것이라고 말할 수 없다. 실제로 칼빈주의자들은 하나님이 어린아이를 재미로 고문해도 좋다는 명령을 내릴 수는 없다고 믿고 있으면서도 도덕적인 설명은 거의 비슷하게 어려운 일들을 하고 있다. 칼빈주의에 의하면 하나님은 수많은 사람들을 자신이 선택하지 못하도록 결정한 것을 결정하지 않은 죄에 대한 처벌로 영원한 고통에 넘기는 선택을 한 것이다. 이런 선택은 우리가 생각할 수 있는 그 어떤 도덕성에도 너무나 거슬리는 것이기 때문에 칼빈주의는 오컴주의를 기반으로 하고 있다는 것이 더욱 분명해진다.

---

14 독단성 문제와 공허 반론은 앞으로 보다 자세히 설명하겠지만 실제로 서로 깊은 관련이 있다. 하나님의 의지에 아무런 제약이 없고 하나님의 의지가 도덕성의 유일한 기준인 한에서 다음과 같은 두 가지 함축적인 의미가 뒤따르게 된다. 즉 도덕성은 하나님이 말한 말 그대로라는 것이다. 이 점에서는 독단성 문제가 따른다. 그리고 하나님은 무조건 선하고 옳다는 것이다. 그리고 이 경우에는 이 용어들이 지니는 판단적인 요소가 사라지기 때문에 그 어느 것과도 일치하지 않아서 공허한 용어가 된다. 극단적인 주의주의는 이 두 가지 문제를 일으킨다. 하나님의 의지에 적절한 제약을 가할 수 있으면 이 문제들은 사라진다. 그러나 급진적 주의주의(radical voluntarism)는 하나님의 성품에 내재해 있는 제약까지 그 어떤 제약도 허용하지 않는다.

이제 칼빈주의자들은 이 비판을 피하기 위해서 보편가능론(universal possibilism)을 거부하고 어떤 행동들은 도덕적으로 완전히 제거되어야 한다는 사실을 강조하려고 할 것이다. 하지만 칼빈주의자들이 이러한 주장을 한다고 해도 여전히 인식론적인 면에서는 오컴주의를 벗어나지 못하는 것이다.[15] 왜냐하면 만일 우리의 정신능력이 무조건적 고통이 불공평함과 도덕적 추악함을 인식할 수 없을 정도로 비뚤어져 있다면 다른 문제들에 대한 판단은 어떻게 신뢰할 수 있겠는가?[16] 그보다 더 명백한 잘못은 없을 것이다. 어린아이들을 고문하라고 명령한 독재자가 있다면 그보다 더 흉악한 자는 없는 것처럼 보이지만 적어도 그의 잔인성은 한정적이다. 이에 반해서 선택받지 못한 자들이 받는 저주와 처벌은 제한되지 않고 영원하다. 하나님이 어떤 사람들을 행복과 기쁨으로 쉽게 인도할 수 있음에도 불구하고 그와 같은 불행

---

15 칼빈주의자들은 보편가능론(universal possibilism)을 거부함으로써 존재론적인 면에서는 오컴주의를 극복하는지 모른다. 하지만 하나님의 선하심에 의해서 이미 배제된 어떤 특정한 행동을 우리 인간들은 찾아낼 수 없다거나 무조건적 선택이 도덕적으로 합법적이라는 시사를 함으로써 인식론적으로는 오컴주의를 벗어나지 못하고 있는 것이다. 따라서 이 토론에서 보여주고 싶은 것은 칼빈주의자들의 비합리성이 여전히 남아있다는 것이다. 어쩌면 그들의 견해가 옳고 우리의 인식 능력과 도덕적 직관이 그만큼 왜곡되어 있을 수도 있다. 그럼에도 우리가 가지고 있는 증거에 의하면 그들의 견해를 합리적이라고 말할 수는 없다. 우리의 접근 방법은 악의 문제에 대한 Wykstra의 인식적 한계 변론에 대한 William Rowe의 대답에서 그 실마리를 얻었다.

16 칼빈주의자들은 이 시점에서는 무조건적 처벌을 타당하게 하는 이중예정설은 고등-칼빈주의(hyper-Calvinism)에서만 받아들이고 있는 교리라면서 한발자국씩 물러서는 경향이 있다. 하지만 John Wesley도 그랬듯이 우리는 이 점에서도 칼빈주의자들에게 동의할 수 없다. 전통적인 칼빈주의에 의하면 선택받지 못한 자들이 지옥을 피할 수는 없으며 따라서 지옥을 위해 예정되었다고 해도 과언이 아니다. 따라서 그들이 고등-칼빈주의자와 다르다고 주장하지만 실제로는 아무런 차이가 없다.

한 운명에 넘겨준다면 하나님은 그 독재자보다 도덕적으로 더 흉악한 잘못을 범하는 존재일 것이다. 칼빈주의자들이 옳다면 선택받지 못한 자들에 대한 하나님의 행동은 사랑스럽기보다는 혐오스럽기 그지없다. 우리와 견해를 같이 하는 사람들은 칼빈주의자들이 오컴주의를 따르고 있음을 인정할 수밖에 없으며 이 때문에라도 칼빈주의를 거부해야 할 충분한 이유가 되는 것이다.[17]

칼빈과 또 다른 개신교 종교개혁자인 마틴 루터가 무조건적 예정설(unconditional predestination)을 이해하고 변호하기 위해서 그들의 도덕적 감수성을 자제했다는 사실은 강조할 만한 가치가 있다. 그들은 둘 다 그와 같은 예정설에 대해서 도덕적인 주저함을 강하게 느끼기는 했지만 그럼에도 불구하고 하나님이 명령하셨다는 사실 하나만으로도 하나님의 선택과 명령은 전적으로 도덕적이라는 전제를 근거로 해서 무조건적 예정설을 지지하고 변호했다. 우리는 그들이 성경적 해석 과정에서 자신들의 소중한 도덕적 확신과 통찰을 포기했다는 사실과 건전한 철학과 신학 사이의 관계도 왜곡될 수 있다는 뚜렷한 증거로 보고 있다.

---

17 어떤 칼빈주의자들은 하나님의 의지보다는 성품을 더 중요하게 여기고 있으며, 하나님의 본성이 가장 우선한다고 보기 때문에 자기들은 주의주의자가 아니라고 주장하고 싶어 할지도 모른다. 물론 문자적으로는 맞는 말이긴 하지만 그들의 견해는 여전히 오컴주의의 주의주의와 똑같은 문제, 즉 도덕성은 독단적이란 문제에 봉착하게 된다. 하지만 주의주의를 반대한다고 해도 만일 하나님의 본성에 대한 호소가 하나님이 본성적으로 선하다는 사실에 기초하지 않는다면 그 독단성 문제는 해결되지 않는다. 그렇지 않고서 주의주의를 거부하면서 하나님의 변함없는 본성을 도덕성의 기초로 삼아도 도덕성은 최악의 오컴주의만큼 독단적인 것이 될 것이다. 칼빈주의의 하나님 개념은 선을 포함하고 있지 않으므로 주의주의라는 비판을 피한다고 해도 도덕적 독단성과 신적 변덕성에 대한 공격은 피할 수 없을 것이다.

우리는 칼빈과 루터가 맞기도 했지만 틀리기도 했다고 주장한다. 그들은 하나님과 윤리의 결정적인 관련을 인식한 것까지는 옳았지만 이 관계의 성격을 너무나 심하게 왜곡시키는 성경해석을 허용하고 있다. 칼빈은 다음과 같이 주장하고 있다.

> 그러므로 그들은 만일 자신들의 행동과는 아무 상관없이 오로지 하나님의 선택에 의해서 영원한 사망에 이르러야 한다면 하나님과 따져야 할 이유가 있다고 생각한다. 그런데 이와 같은 생각이 경건한 사람에게 떠오르는 그는 하나님의 뜻에서 어떤 이유를 찾으려는 것 자체가 사악하다는 신념 때문이라도 곧 그와 같은 생각이 사슬에서 벗어나고 말 것이다. 왜냐하면 하나님의 의지는 존재하는 모든 사물의 근원이며 반드시 그래야 하기 때문이다.[18]

여기서 칼빈이 주장하는 것은 분명하다. 하나님의 뜻은 어떤 모습으로 나타나든 간에 도덕적으로 옳다는 것이다. 이 견해는 두말할 것도 없이 철저하게 주의주의적이다. 칼빈에게 하나님은 윤리의 유일한 근원이다. 비록 몇 줄 지나서 "'절대적인 권력,' 자기 스스로가 법이 되는 '법 없는 하나님'과 같은 허구적인 개념"을 지지한다는 사람들의 비판에 대해 사실이 아니라고 부인하고 있기는 하지만 이와 같은 발언은 앞에서 지지한 견해와 쉽게 일치시킬 수 없다.

루터 역시 무조건적 예정설을 지지하고 있는데 그는 이 교리가 일

---

18   John Calvin, *Institutes of the Christian Religion*, trans. Ford Lewis Battles, ed. John T. McNeill (Philadelphia: Westminster, 1961), 3.23.2.

으키는 도덕적 문제들을 인정하고 있다고 볼 수 있다.

> 자비와 선으로 충만한 하나님이 선택받지 못한 불행한 인간들의 죄와 그 영원한 형벌을 즐기기라도 하는 것처럼 오로지 자신의 의지로 그들을 포기하고 강퍅하게 하고 저주할 수 있다는 생각이 상식이나 자연적인 이성과 정면으로 배치된다는 것은 의심할 여지가 없는 사실이다. 하나님에 관해서 이런 생각을 한다는 것 자체가 불공평하고 부도덕하고 무자비하고 견딜 수 없는 일이다. 이러한 생각은 오랜 세월 동안 많은 위대한 신앙인들을 괴롭혀 온 것은 사실이다. 그리고 제정신이라면 누구나 걸려 넘어질 걸림돌이 아니겠는가? 나도 여러 번 넘어진 경험이 있으며 그 때마다 너무나 절망스러워 사람으로 태어난 것이 후회스러울 정도였다.[19]

그렇지만 루터는 무조건적 예정설에 대한 그의 본능적이고 직관적인 거부감에도 불구하고 하나님이 구원과 형벌을 베푸시는 방법에는 아무런 불공평함이 없다고 주장했다. 그렇게 생각하지 않는 사람들에게 그는 칼빈과 같은 맥락에서 다음과 같이 대답하고 있다.

> 하나님은 자신의 의지에 대해서 그 기준과 법칙을 위해서 그 어떤 이유나 근거가 필요하지 않은 분이다. (왜냐하면) 그 어떤 것도 그 분과 동등하거나 위에 있지 않으며 그 분 자신이 모든 것이 법이기 때문이다.

---

19 Martin Luther, *Bondage of the Will*, trans. J. I. Packer and O. R. Johnston (Westwood, NJ: Revell, 1957), p. 217.

루터는 계속해서 다음과 같이 주장한다.

> 하나님이 뜻하는 것은 그렇게 뜻해야만 하고 또 그렇게 뜻하도록 되어 있기 때문에 옳은 것이 아니다. 오로지 하나님만이 그렇게 뜻하기 때문에 옳은 것이다.[20]

칼빈과 루터는 하나님의 의지가 전부라고 말하고 싶어 한다. 하지만 그렇게 주장하는 것은 철학적으로 변호할 방법이 없는 중대한 오류를 범하는 것이다. 왜냐하면 하나님의 명령이 어떤 행동을 의무화한다면 그리고 하나님의 의지보다 더 높은 것이 없다면, 이론적으로는 하나님이 어린아이를 재미로 고문하라고 명령할 수도 있기 때문이다. 하나님이 명령만 하면 어떤 행동도 도덕적으로 정당화될 뿐 아니라 의무가 될 수 있기 때문이다. 만일 칼빈주의자들이 하나님은 그러한 명령을 내리지 않을 것이라고 말한다면 그것은 자신들의 내적인 모순을 드러내는 것이다. 왜냐하면 그들은 이미 하나님의 본성보다 의지에 우월성을 부여했기 때문이다. 하나님의 본성에 의지해서 하나님이 그와 같은 명령을 하지 않을 것이라고 주장하는 것은 옳은 일이지만 칼빈주의자들은 그럴 자격이 없다는 것이다. 그들은 하나님의 의지에 절대적인 초점을 맞추고 있으므로 뒤늦게 하나님의 본성에 호소하는 것은 모순이라는 것이다.

---

20 Luther, *Bondage*, p. 29. 우리는 여기서 에우티프론 딜레마의 주의주의 뿔(voluntarist horn)을 위한 루터의 선택을 분명히 보고 있다.

급진적 주의주의(radical voluntarism)는 제어할 수 있는 방법이 없다. 무조건적 처벌이나 단순 예정설, 즉 선택받지 못한 자들이 지옥에 가도록 예정되어 있지는 않으나 그럴 수밖에 없다는 억지스러운 주장 역시 하나님은 선하고 사랑이라는 속성과 아무리 조화를 시켜보려고 해도 불가능하다는 사실은 앞에서 이미 확인한 바 있다.

신명론은 폐기되거나 아니면 최소한의 도덕적 제약이 하나님에게 있어야만 한다는 것이다. 이와 같은 제약은 하나님의 본성 안에 내재해 있을 수 있다는 것을 인정하기만 하면 쉽게 해결될 수 있는 문제임에도 칼빈주의자들은 하나님의 본성에 호소할 수 없는 이유가 칼빈과 루터 그리고 우리의 도덕적 직관으로 전통적인 칼빈주의를 공격할 때 그들이 방어하는 논리들이 너무나 극단적으로 주의주의에 치우쳐 있기 때문이다.

5. 무서운 교리

'무서운 교리'(the terrible tenet)는 선택받지 못한 자들을 기다리고 있는 극도로 비참한 운명을 지칭하고 있다. 칼빈주의 5대강령 또는 4대강령[21] (또는 무조건적 선택을 인정하는 부분만 보아도)이 분명하게 의미하는

---

21 4대 강령 칼빈주의는 전통적인 5대강령 튤립(TULIP) 중에서 제한적 속죄를 제외시키고 있다. 칼빈주의자들이 때때로 제한적 속죄를 제외시키면서도 문제의 핵심인 무조건적 선택은 포기하지 않는다는 것은 제한적 속죄가 문제의 뿌리가 아니라는 것을 보여주고 있다.

것은 사람들 중에는 소망이 전혀 없는 자들이 있으며 그들은 처음부터 희망이 전혀 없었다는 것이다.

칼빈주의가 맞는다면 그들은 태어나기 전부터 그들이 미리 알거나 자유의지로 선택하지 않았는데도 아무런 조건 없이 오로지 하나님의 주권적인 결정으로 그들이 죄인의 상태로 태어나 버려진다는 것이다. 만일 예수가 그들을 위해 죽지 않았거나 또는 만일 그들을 위해서도 죽었다면 그들은 예수 안에서 하나님이 베푸신 구원에 반응을 할 수 있는 기회가 주어지지 않는 것이다. 지옥은 선택받지 못한 자들이 가야 할 곳이며 그 이유는 오로지 하나님이 그들을 지옥으로 가도록 선택했기 때문이라는 것이다. 참으로 이해하기 어려운 가르침이 분명하다.

어떤 사람들은 성경이 가혹한 현실들을 포함하고 있으며 우리를 판단하게 하는 것은 성경이지 그 반대가 되어서는 안 된다고 말할지도 모른다. 물론 맞는 말이다. 성경은 옳고 그름에 대한 우리의 관념에 대해 도전할 수 있으며 실제로 도전하고 있다. 그리고 무엇보다도 철학자들이 우리의 이성적인 판단력을 가장 중시하고 있기 때문에 기독교인들이 철학에 회의적인 것도 사실이다. 성경 자체가 허황된 철학으로 인해 길을 잃지 않도록 경고하고 있으며 현대신학에서도 그와 같

흥미롭게도 무조건적 선택을 포기하게 되면 제한적 속죄는 아무런 문제도 되지 않는다. 왜냐하면 신이 누가 그리스도를 영접하고 안 할지를 미리 알고 있다면 예수를 그 선택받은 사람들만 위해서 보내면 되는 것이다. 구원의 기회는 누구에게나 진정으로 주어지지만 하나님이 미리 누가 그리스도를 받아들일지 받아들이지 않을지(그들이 다르게 선택할 수는 없지만)를 알고 있기 때문에 예수는 그 선택받은 사람들을 위해서만 죽은 것이 되는 것이다. 물론 우리가 이러한 해결책을 받아들이는 것은 아니지만 제한적 속죄 교리와 무조건적 선택의 교리가 서로 독립적으로 기능한다는 것을 효과적으로 보여주고 있기는 하다.

은 상황은 변함이 없다. 즉 신학자들이 인간의 이성을 성경의 권위 위에 놓음으로써 전통적인 정통신앙의 풍성한 유산을 자주 왜곡시키거나 부정하고 있는 실정이다. 그들은 깊이 생각하지 않고 너무 도전이 되는 성경구절들은 제거해버리거나 성경을 현대인이나 현대사상 체계의 구미에 맞도록 합리적으로 해석하려고 하는 경향이 있는 것도 사실이다.

우리는 이와 같은 접근 방법들을 거부하지만 이런 실수를 피하려고 할 때 조심하지 않으면 목욕물을 버릴 때 갓난아이도 함께 버리는 어리석음을 범하게 될지 모른다. 이제, 사실은 아니지만 성경이 우리들에게 고양이 발톱을 재미로 빼내도 좋다는 허락을 했다고 가정하자. 만일 성경이 정말로 그런 행위를 허용했다면 우리는 성경이 믿을 만한 책이 아니라는 결론을 내릴 수 있는 인식론적이고 도덕적인 권리를 갖고 있다. 신앙과 이성이 서로 조화를 이루어야 한다는 것은 올바른 이해일 것이다. 예를 들어 성경은 적어도 내적인 기준에서뿐만 아닌 외적인 기준에서도 일관성 있는 방법으로 이해될 수 있어야 할 것이다.

존 로크(John Locke)는 비록 성경이 전적으로 신뢰할 만한 진리라는 것은 사실이라고 해도 이성이 이해를 도울 수 있어야 한다고 말했을 때 바로 그런 사실을 이야기한 것이다. 물론 그렇다고 해서 성경의 내용을 선험적으로 이해할 수 있어야 한다는 것은 아니지만 그 가르침이 근본적으로 우리의 이성적이고 도덕적인 확신과 정면으로 충돌해서는 안 되며 우리의 기본적인 신념을 비합리적이거나 비도덕인 것으로 여겨서도 안 된다. 그것이 교조주의와 신앙주의로 가는 지름길이며 적절한 철학적 사고를 철저하게 배제하는 단순하고도 유치한 해석학이 결국 도달하는 곳이다. 따라서 우리는 여기서 균형과 조화를 이루어야 한다. 한편으로는 희석된 현대신학을 피해야 하며 다른 한편으로는 단순한 신앙주의에 빠지지 않도록 조심해야 할 것이다.

 이 시점에서 우리에게 필요한 균형을 이루기 위해 도움이 되는 한 유용한 구분을 이야기하려고 하는데 그 구분은 바로 이해하기 **어려운 것**과 너무 비이성적이어서 이해하거나 믿기가(심리적으로는 아니라도 합리적으로) **불가능한 것**의 차이이다. 앞에서 예로 든 명령, 즉 어린아이를 재미로 고문하라는 명령은 불가능하다고 할 수는 없지만 너무나 비합리적이어서 하나님에게서 나온 명령이라고 믿을 수 없다. 이에 반해서 구약성경에 나오는 정복이야기는 이해하기 어렵기는 하지만 불가능하지는 않다. 앞으로 다른 장에서 가나안 정복 이야기들을 더 자세히 다루면서 난해성과 불가능성의 구분을 집중적으로 이야기하게 될 것이다. 하지만 여기서는 이 이야기들이 이해하기 어렵기는 해도 불가능하지는 않다는 사실만 짚고 넘어가기로 한다.

 한편으로 이해하기 **어려운** 것과 다른 한편으로 합리적으로 이해하거나 믿기가 **불가능한** 것의 차이를 정확하게 구분한다면 극단적인 신앙주의나 자유주의 신학을 피하는 데에 큰 도움이 될 것이다. 삼위일체론처럼 단순히 우리의 이성을 초월하는 것은 이해하기 어렵기는 해도 합리적으로 믿는 것은 불가능하지 않다. 그런데 이에 반해 근본적으로 우리의 이성이나 타협 불가능한 도덕적 직관과 거슬리는 것은 너

무나 비합리적이고 이성적인 한계를 벗어난 것이기 때문에 믿을 수가 없는 것이다.[22]

그 좋은 예를 들자면 이와 같은 구분에 대한 혼란 때문에 존 베버슬리우스(John Beversluis)[23]와 안토니 플루(Antony Flew)[24]가 C. S. 루이스를 비난하면서 그가 말년에 도덕적 실재론를 버리고 오컴주의를 받아들였다는 주장을 한 것이다. 그들이 그러한 실수를 범한 것은 루이스가 비록 비극적이기는 했어도 아내의 죽음을 이해할 수 없는 악의 문제로 보지 않았던 사실을 잘못 해석했기 때문이다. 그들은 루이스가 그 어떤 사건도 이해할 수 없는 악의 문제가 될 수 없다고 생각한다고 믿으면서 이와 같은 확신과 그와 같은 사실을 동일시하는 잘못을 범한 것이다.

실제로 루이스가 그런 말을 하거나 암시한 적은 한 번도 없었다. 아내의 죽음이 그와 같은 경우가 아니라고 말한 것은 루이스의 주장의 전반부에 불과하다. 원칙적으로는 그러한 경우들을 얼마든지 찾아볼 수 있다고 말한 것이다. 실제로 루이스가 여기서 가장 두드러진 예로 든 것은 급진적 칼빈주의였다. 루이스의 말을 빌리자면 칼빈주의는 뒷문으로 악한 신을 살그머니 불러들임으로써 악의 문제를 더욱 더 다

---

22 앞으로 다른 장에서 이 구분을 더 자세히 다루게 될 것이다.
23 John Beversluis, *C. S. Lewis and the Search for Rational Religion* (Grand Rapids, MI: Eerdmans, 1985), p. 151. 이 책의 수정본은 2007에 출판되었다.
24 Gary R. Habermas's and Antony G. N. Flew's *Resurrected? An Atheist and Theist Dialogue* (New York: Rowman & Littlefield, 2005), p. 56을 참조.

루기 힘들게 만들고 있다.²⁵

루이스가 여기서 주장하는 요점은 우리가 이미 지적한 바 있다. 즉 무조건적인 형벌은 도덕적으로 완전한 하나님과 화해시키기 어려울 뿐 아니라 불가능하다는 것이다. 성경이 하나님의 주권에 관해서 어떻게 가르치고 있든 간에 (도덕성에 관한 한 우리는 하나님이 절대적인 주권을 가지고 있다고 본다) 우리가 하나님을 온 마음으로 사랑할 수 있다면 하나님의 주권이 그처럼 무서운 교리를 수반하지는 않을 것이라고 생각하는 것이 합리적일 수 있다.²⁶

---

25 Lewis가 극단적인 칼빈주의를 싫어하게 된 이유가 저주에 대한 깊은 성찰 때문인 것이 틀림없다. 그는 저주를 도덕적으로 이해하기 위해서 지옥에 대해 깊이 생각한 후 『천국과 지옥의 이혼』(*The Great Divorce*)을 집필했는데 이 책을 보면 Lewis는 무조건적 선택의 교리를 자신의 도덕적 직관과는 절대로 화해시킬 수 없음을 알고서 두려움은 느꼈을지언정 그와 같은 교리를 받아들인 것은 아니었다. 아마도 그와 같은 교리를 받아들인 사람들이 오히려 더 지옥에 관한 합리적인 설명을 위해서 자유의지가 핵심적인 요소가 있어야 한다는 사실을 잘 보지 못하는 것으로 보인다. 그 때문에 기독교가 도덕적으로 매우 흉악한 신학을 필요로 한다고 생각하는 것이다. 이 장에서 우리가 주장하는 견해를 만인구원론에 대한 변론으로 오해하는 경향이 있는 것으로 보여서 이와 같은 해명이 필요한 것으로 보았다.

26 여기서 어떤 비평가들은 알미니안주의자들도 역시 똑같이 큰 문제에 봉착할 것이라고 말하고 싶을 것이다. 즉 하나님은 지금과 다른 세계라면 그를 믿었을 사람들이 이 세상에서는 자유의지로 거부하는 것이라는 것을 미리 알면서도 세상을 지금과 같이 만들기로 선택한 것이기 때문이다. 그러나 이와 같은 반론에 대한 대답은 단순한 예지(pure foreknowledge)보다는 중간지식(middle knowledge)을 필요로 한다. 이는 마치 알미니안주의가 늘 듣는, 신은 자기를 거부하고 지옥으로 갈 것을 이미 알고 있는 사람들을 왜 만들었냐는 공격에 대한 답변과도 같다. 하지만 인식적 양태에 대한 이와 같은 우리의 야심적인 주장이 정확하다고 해도 그 기본적인 대전제는 인간의 진정한 자유로운 선택과 그러한 선택에 대한 책임이라고 할 수 있다. 하나님이 우리의 선택 내용을 미리 알고 있다고 해서 곧 그러한 인간의 선택에 대한 책임이 하나님에게 있는 것은 아니며, 다르게 선택할 수 있는 힘이 우리 인간에게 없다는 것을 의미하지도 않는다. 결국 이 문제는 인간이 하나님의 제안에 긍정적

성경이 실제로 그와 같은 교리를 가르쳤다면 성경은 도덕적으로 신뢰할 만하지 못한 책이라고 생각하는 것이 합리적이 아닐까? 성경이 믿을 만한 책이라고 확신하는 가장 근본적인 근거는 완전히 선한 하나님이 우리를 속이지는 않을 것이라는 신뢰이다. 만일 하나님을 선한 분으로 인식하기가 어렵다면 우리는 그와 같은 신뢰에 완전히 우리 자신을 내 맡길 수 없다. 다시 말하지만 만일 무조건적 선택이 사실이라면 우리는 하나님을 선한 분으로 받아들일 수 없으며 악의 문제는 더 이상 해결할 방법이 없다. 이처럼 칼빈주의는 성경의 가르침을 믿을 만한 계시로 신뢰하면서 합리적으로 받아들이는 데 중대한 문제를 일으키고 있다. 다시 강조하여 말하지만 칼빈주의는 윤리적으로나 인식론적으로나 극복하기 어려운 철학적 문제들을 일으키고 있다.

이런 현실을 고려할 때 성경의 계시에 대한 확신을 보존하기 위해서는 칼빈신학을 폐기하는 수밖에 다른 방법은 없다. 칼빈주의자들

으로(끝까지 고집을 부리며 반항하지 않고) 반응하느냐 그렇지 않느냐 하는 것이다. 하나님은 인간이 어떻게 반응할지를 미리알고 있기는 하지만 하나님이 그들의 선택과정에 개입한 것은 아무 것도 없다. 만일 하나님이 개입했다고 생각한다면 그건 양립가능론이며 우리는 양립가능론을 거부하는 입장이다. 우리도 필연적인 것은 있다고 생각하지만 이 필연성이 다르게 결정할 수 있는 선택 능력을 배제하는 것은 아니다. 이 필연성은 개체적이기 보다는 실제적이다. 어떤 개체가 X라는 행동을 한다면 그는 필연적이라 X라는 행동을 하게 된다 하지만 그것은 다음과 같은 필연성은 아니다. 즉 어떤 개체가 X라는 행동을 한다면 그때야 비로소 그 행동이 필연적이 되는 것은 아니다. (주제에서 벗어나기는 하지만 어떤 알미니안주의자들과 몰리니스트들(Molinists)은 지옥은 이 세계나 모든 가능 세계에서도 그리스도를 자유의지로 거부할 사람들을 위한 것이라고 주장하는 것으로 이것이 만일 사실이라면 하나님의 선에 대한 의심은 모두 사라지기 때문에 매우 흥미로운 가설이라고 할 수 있다.)

이 늘 잊어버리면 안 되는 사실은 그들의 성경해석이 말 그대로 하나의 해석에 불과하다는 것이다. 칼빈주의자들은 기독교 역사를 통틀어서 볼 때 대부분의 기독교인들은 성경이 무조건적 선택을 가르치고 있다고 보지 않으며 칼빈주의의 무서운 교리는 특히 어거스틴 이전의 교리들과 전혀 어울리지 않는다는 사실을 곰곰이 생각해볼 필요가 있다.[27] 더구나 건전한 성경주석 원리들을 거슬리지 않는 다른 좋은 성경해석 방법들이 있으므로 칼빈주의자들은 분명한 도덕적 직관과 정면으로 부딪치는 성경해석만 고집할 것이 아니라 더 나은 해석방법을 찾아야 할 충분한 이유가 있다.[28]

6. 의미론적 현상

끝으로 칼빈주의자들은 하나님의 주권을 포괄적인 신적 결정주의로 정의하기를 완고하게 고집하고 있기 때문에 자신들의 미세경륜적인 편협한 섭리교리 외에 하나님의 전능한 주권을 설명할 수 없다고 믿

---

[27] Richard Swinburne, *Responsibility and Atonement* (Oxford: Clarendon Press, 1989), p. 139을 참조.

[28] 세속화된 펠라기우스주의 알미니안주의를 고려해 볼만 가치가 없는 것으로 단정함으로서 이 문제를 해결하려고 하기보다는 아르미니우스의 글을 읽어보기를 바란다. 아르미니우스는 자신이 개혁주의 전통 밖에 있다고 생각한 적은 없다. 관련 성경구절들에 관한 알미니안주의의 분석을 참조하면 1세기 유대인들의 공동체 의식과 거슬리는, 선택과 예정에 관한, 현대의 개인주의에나 어울릴 만한, 극단적인 개인주의 해석들을 회피할 수 있어서 더욱 좋을 것이다.

는다. 알미니안주의자들을 대놓고 이단이라고 부르지는 않더라도 칼빈주의자들은 그와 같은 절대적인 통치력보다 조금만 느슨해도 하나님의 주권에는 안 어울린다고 믿는다. 그보다 덜 절대적인 주권은 하나님의 주권이 아니며 주권에 관한 한 유일성이 가장 중요한 속성이라는 것이다.

흥미롭게도 그리고 드러내놓고서 칼빈주의자들은 주권에 관한 이중적 의미를 피하는 데에 완강하기는 하지만 무서운 교리가 실제로는 그렇게 두렵지 않으며 선택받지 못한 자들에 대해서 사랑의 결핍으로 보일지는 모르지만 모든 사람에 대한 진정한 사랑이라고 주장한다. 선택받은 자들에 대한 사랑처럼 찬란하지는 않지만 진정한 사랑인 것은 틀림없다는 것이다. 그러므로 그들이 주장하는 것은 양심에 거리끼는 것이 없이 그리고 지적인 저항감이 없이 어떤 사람들을 영원한 불행과 형벌에 처하기로 무조건 선택한 하나님의 행동을 사랑이라고 부를 수 있다는 것이며, 그들의 자유의지를 빼앗지 않고서도 구원할 수 있었음에도 영원히 멸망시킨 행동이 사랑이라는 것이다. 칼빈주의자들도 나름대로 자신의 도덕적 감각을 형성해갈 권리는 있을지라도 그들이 하나님에게 돌리는 이러한 행동은 세상의 그 어떠한 행동보다도 근본적으로 비정하며 이에 관해서는 앞에서도 이야기한 바 있다.

이처럼 두 가지 서로 다른 의미론적 결정의 방법을 혼용하고 있기 때문에—하나님의 주권을 포괄적인 신적 결정주의로 정의할 때에는 조금도 모호성을 허용하지 않으면서도 사랑의 본성과 의미에 있어서는 한없이 모호한 태도를 취하는—그들에 대한 신뢰는 완전히 무너질 수밖에 없다. 그들은 주권에 관한 정의에서는 조금도 양보할 수 없다고 고집함으로써 대응하기 어려운 수많은 반론들을 야기하면서도 사랑에 관해서는 한없이 모호한 태도를 취하고 있다. 이 두 태도 중 어떤 것도 성경적으로나 철학적으로나 분명한 원칙이 없다. 왜냐하면 만일 주권(sovereignty)을 비록 포괄적이기는 하지만 무서운 교리를 수반하지 않는 방법으로 일관성 있게 해석할 수 있다면, 그리고 칼빈주의가 주장하는 사랑의 이중적인 의미를 회피할 수 있다면 합리적인 해결로 들어설 수 있을 것이다. 철학은 이 주장을 이끌어가는 데에 있어서 매우 중요한 역할을 할 것이며 그 과정에서 칼빈주의를 그 구원론에 관한 한 물에 수장시키게 될 것이다. 우리의 온 마음을 다해 하나님을 사랑하기 위해서는 칼빈주의가 제공하는 신학보다는 더 믿을 만한 신학을 필요로 할 것이다.[29]

2006년 9월에 교황 베네딕트 16세(Pope Benedict XVI)는 레겐스버그 대학교에서 "신앙, 이성 그리고 대학: 회상과 성찰"(Faith, Reason, and the

---

29 영국 신학자 Colin E. Gunton은 기독교의 핵심 교리들이 이성적인 궤도를 이탈하는 시점들을 이야기한 적이 있다. 그 중에서도 특히 흥미로운 관찰은 어거스틴 이래 서구신학에서 사랑의 주제를 항상 의지의 주제 아래 종속시켜 왔다는 것이다. 즉 칼빈주의에서 말하듯이 주권이 인식 가능한 어떤 사랑보다 더 우월하다는 것이다. 이로 인해 야기되는 가장 근본적인 문제는 삼위일체에 대한 이해가 더욱 빈약해진다는 것이다. 왜냐하면 삼위일체는 하나님의 삼위가 완전한 사랑의 영원한 관계 안에서 존재하는 것을 필요로 하기 때문이다. 하나님이 주권을 가지고 다스릴 세상이 있기 전에 이미 그는 사랑이었으며 따라서 진정한 질문은 주권의 하나님이 사랑을 어떻게 표현하는가가 아니라 완전한 사랑의 하나님이 어떻게 다스리느냐가 문제일 것이다. Colin Gunton, *The One, the Three and the Many* (Cambridge: Cambridge University Press, 1993), p. 120. 31을 참조.

University: Memories and Reflections)[30]이라는 제목으로 주목할 만한 강연을 했다. 이 강연은 많은 이슬람교 신자들을 격분시켰으며 이슬람 지역사회로부터 사과를 받아야 한다는 요구가 빗발쳤고 적지 않은 폭력 사태를 유발했다. 매우 유감스러운 일이었지만 놀라운 일은 아니었다. 그런데 불행하게도 이 불필요한 논쟁에 모든 관심이 쏠리는 바람에 신앙과 이성의 관계에 대한 주목할 만한 발언의 핵심적인 주제들, 즉 이 장에서 다루고 있는 주제들은 잊혀지고 말았다.

이 강연에서 교황은 중세 후기에 주의주의(voluntarism)-후기 어거스틴주의의 예정설이 잊혀진 지 수세기 후에-가 등장함에 따라 진리 또는 선을 초월하는 변덕스러운 신 개념이 나타나게 되었다고 말했다. 교황은 이슬람뿐 아니라 기독교에서도 부분적으로 "하나님의 초월성과 타자성이 너무 추앙된 나머지 우리의 이성과 진리, 선에 대한 우리들의 감각이 더 이상 하나님의 진정한 형상을 반영하지 않는다"는 점을 분명히 했다. 오컴주의와 상반되는 주장이 역사적인 기독교 신앙전통이며 이 전통은 "하나님과 피조된 이성 사이에는 같은 부분보다 다른 부분이 월등하게 많다고 해도 그 유비성과 유비적인 언어를 폐기할 정도는 아니다"라고 주장한다. 베네딕트교황은 기독교의 비헬라화 작업을 개탄하면서 하나님의 초월성을 너무 강조한 나머지 하나님을 인식하기가 더욱 힘들어졌다고 말하고 있다.

---

30 이 강연의 전체 본문은 http://www.cwnews.com/news/viewstory.cfm?recnum=46474〉을 비롯한 여러 인터넷 사이트에 올라와 있다.

침투할 수 없는 단순한 주의주의로 하나님을 더욱 깊숙이 밀어 넣는다고 더욱 하나님다워지는 것은 아니다. 진정으로 성스러운 하나님은 로고스(말씀)로 자신을 계시하는 하나님이며 이 하나님은 로고스로서 우리를 위해 역사하고 계속해서 우리를 사랑한다.

하나님이 존재한다면 실재의 여러 부속품 중 하나는 아니며 그 모든 것을 이해하는 열쇠일 것이다. 기원전 553년에 소아시아의 고대 그리스 식민지였던 에베소에서 태어난 철학자 헤라클레이토스(Heraclitus)는 지혜는 로고스, 즉 모든 변화를 이끄는 지적인, 그러나 비인격적인 법칙의 숨겨진 조화를 찾아내는 데에 있다고 말한 바 있다. 로고스 사상은 요한이 네 번째 복음서를 다음과 같이 시작할 때 그 배경이 되었던 철학 사상이었던 것이 분명하다.

> 태초에 말씀이 계시니라 이 말씀이 하나님과 함께 계셨으니 이 말씀은 곧 하나님이시라(요 1:1).

예수는 요한이 말한 신의 로고스였지만 다른 점은 비인격적인 힘이 아니라 인격체이자 하나님의 아들이며 이 세상을 살아 움직이게 하고 능력으로 모든 만물을 붙잡고 계시고 모든 실재에 의미를 부여하시는 분이라는 것이었다. 합리성과 논리성 그리고 최고의 철학적 도구들과 도덕적 통찰을 사용하는 것이 기독교인들을 위한 신의 계획에 상반되지 않는다. 이 모든 것은 하나님이 우리에게 주신 본성과 일반계시의 일부분이며 이를 통해서 우리는 무엇보다도 성경이 우리를 위한 하나님의 특별계시라는 사실을 인정하며 하나님의 완전한 도덕성과 인식되는 선한 본성과 일치하는 방향으로 최선을 다해서 성경을 해석하는 것이다.

하나님의 본성에는 우리의 이성을 초월하는 부분이 당연히 있다. 하지만 하나님은 우리의 이성과 거슬리는 어떤 것을 믿으라고 강요하지는 않는다. 이러한 구분은 어떤 대중적인 포스트모던 기독교인들도 정확하게 파악하지 못하고 있는 구분이다. 그래서 그들은 오히려 비합리적인 것을 미화하고 있는 실정이다. 예를 들어 도날드 밀러(Donald Miller)는 베스트셀러 저서인 『재즈처럼 슬픈』(Blue Like Jazz)에서 하나님이 이성과 충돌하고 이해할 수 없는 분이기를 원했다.[31] 왜냐하면 그는 하나님이 초월해 계신 신비한 분이기를 바란 것이다. '이해할 수 없는'(not making sense)이란 표현은 여기서 이중적인 의미를 지닌다. 따라서 우리는 이렇게 답변할 수 있을 것이다.

> 하나님이 우리의 이성을 **앞질러** 가는 것은 맞다. 하지만 그는 **거슬러 오지는** 않는다. 이를테면 우리는 아이들을 재미로 고문하라고 명령하는 신, 거짓말을 할 수도 있고 하지 않을 수도 있는 신을 선한 양심으로 예배하기를 원하지도 예배할 수도 없을 것이다.

그와 같은 하나님은 우리의 이성과 충돌하지만 예배할 가치는 없는 것이다. 변덕스럽고 일리가 없는 하나님이라면 이해할 수는 없는 것은

---

[31] Donald Miller, *Blue Like Jazz* (Nashville, TN: Nelson, 2003).

사실이고 예배할 하나님은 아니다.

이에 반해서 도덕 변론가 C. S. 루이스는 하나님의 선하심에 대한 모호함은 피해야 할 필요성을 역설하고 있다. 존 스튜어트 밀(John Stuart Mill)이 도덕성에 대한 모호함을 공격한 것과 똑같은 맥락이다. 루이스는 밀처럼 동일성을 고집하지는 않았다. 그보다는 선에 대한 하나님의 생각과 이상(vision)에는 있을 수밖에 없는 당연한 차이가 있다고 말하면서 그 차이를 완전한 원과 어린아이가 처음으로 그리는 바퀴의 차이로 비유하고 있다.

하나님의 선은 우리의 선을 앞질러간다. 하지만 하나님의 선은 비록 때때로 어렵기는 하겠지만 궁극적으로는 우리가 참된 선으로 인식할 수 있는 선이다. 따라서 루이스의 유비는 교황 베네딕트가 말하는 아퀴나스의 전통에 서 있다고 할 수 있다. 하나님의 선이 우리가 보기에 악할 수는 없다. 루이스는 도덕 실재론자이다. 그는 도덕은 객관적으로 참이어야 하고 합리적으로 적어도 매우 가까이 접근할 수 있어야 한다고 믿었다. 우리는 하나님의 선이 어떤 결과를 수반할는지에 대해서는 잘 알 수 없을지 모른다. 하지만 어떤 결과가 절대로 따르지 않을 것이라는 것은 알고 있다.

데이비드 흄(David Hume)이 생각한 것처럼 도덕성이 하나님의 존재를 부정하는 근거가 아니라 칸트가 생각한 것처럼 하나님의 존재를 인정하는 근거로 작용한다면 하나님의 본성은 당연히 선하게 인식되어야 할 것이다. C. S. 루이스와 같은 기독교인이 도덕적 논증을 신 존재 증명에 도움이 되는 것으로 받아들인다는 사실은 하나님이 초월적이기는 하지만 지극히 선한 분이며 그리고 때로는 위험할 때도 늘 사랑하시는 것은 변함없는 분으로 인식해오고 신뢰해왔다는 것을 보여주고 있다. 오컴주의자들과 칼빈주의자들은 추론의 근거가 되어야 할 도덕적 확신들을 포기함으로써 그와 같은 도덕적 변론을 기초할 만한 자원을 빼앗긴 것이다.

양립가능론, 완곡어법, 극단적 주의주의, 무서운 교리, 의미론적 문제 등 이처럼 칼빈주의가 야기하는 문제점은 산처럼 쌓여있다. 그 하나하나가 거의 극복하기 불가능한 것들이어서 도저히 회생할 수 없는 불치병처럼 보인다.[32]

---

[32] 우리가 자신의 근본적인 도덕적 직관을 신뢰하지 못한다면 성경의 가르침도 합리적으로 신뢰할 수 없다는 주장을 더 논리적으로 증명하면 다음과 같다.

(1) 성경이 도덕적으로 완전한 하나님의 영감으로 쓰였다는 믿음이 정당하지 않다면 성경이 신뢰할 만한 책이라고 생각하는 것 역시 정당하지 않다.
(2) 하나님이 도덕적으로 완전하다고 믿는 것이 정당하지 않다면 성경이 도덕적으로 완전한 하나님의 영감에 의해서 쓰였다는 것을 믿는 것도 정당하지 않다.
(3) 하나님이 선한 분으로 인식될 수 없다면 하나님이 선한 분이라고 믿는 것도 정당하지 않다.
(4) 하나님이 그들의 자유의지를 거슬리지 않고서도 구원할 수 있는 자들을 저주한다고 믿는 것이 합리적이라면 하나님은 선한 분으로 인식될 수 없다.
(5) 칼빈주의를 믿는 것이 합리적이라면 하나님이 그들의 자유의지를 거슬리지 않고서도 구원할 수 있는 자들을 저주한다고 믿는 것도 합리적이다. (분석적 진리)
(6) 칼빈주의를 믿는 것이 합리적이라면 하나님은 선한 분으로 인식될 수 없다.
(7) 칼빈주의를 믿는 것이 합리적이라면 하나님이 도덕적으로 선한 분이라고 믿는 것은 정당하지 않다.
(8) 칼빈주의를 믿는 것이 합리적이라면 성경이 도덕적으로 완전한 하나님의 영감으로 기술되었다고 믿는 것은 정당하지 않다.
(9) 칼빈주의를 믿는 것이 합리적이라면 성경이 신뢰할 수 있는 책이라고 생각하는 것은

정당하지 않다.
(10) 성경이 신뢰할 수 있는 책이라고 믿는 것은 정당하다.
(11) 그러므로 칼빈주의를 믿는 것은 합리적이 아니다.

(I: 성경이 도덕적으로 완전한 하나님의 영감으로 쓰여 졌다고 믿는 것은 정당하다.
R: 성경이 신뢰할 수 있는 책이라고 생각하는 것은 정당하다.
M: 하나님이 선한 분이라고 믿는 것은 정당하다.
D: 하나님이 그들의 자유의지를 거스리지 않고서도 구원할 수 있는 자들을 저주한다고 믿는 것도 합리적이다.
C: 칼빈주의를 믿는 것은 합리적이다.)

(1) ~I → ~R
(2) ~M → ~I
(3) ~G → ~M
(4) D → ~G
(5) C → D(분석적 진리)
(6) C → ~G 4 5, 가언적 삼단논법
(7) C → ~M, 3, 6, 가언적 삼단논법
(8) C→ ~I, 1, 7, 가언적 삼단논법
(9) C → ~R, 1, 8, 가언적 삼단논법
(10) R (공리)
(11) ~C 9, 10, 부정논법, 이중부정

God and Goodness

5장:
하나님과 선

그 어떤 것도…하나님의 선하심과 닮은 부분이 전혀 없다면 선이라고 불릴 수 없을 것이다.

_ 아퀴나스[1]

---

[1] Thomas Aquinas, *Summa Contra Gentiles*, Book I, chap. 40.

지금까지 우리는 선, 완전한 선, 인식할 수 있는 선 그리고 하나님의 필연적인 선에 관해서 이야기해왔다. 하지만 이제부터 우리는 하나님과 도덕성에 관한 한 궁극적인 질문이라고 볼 수 있는 문제, 즉 하나님과 선 자체의 관계를 다루게 될 것이다. 그리고 이 문제에 관해서 적절하게 대답하기 위해서는 유신론적 윤리에 회의적인 사람들이 공통적으로 묻는 질문에 대답해야 하고 그러기 위해서는 먼저 하나님의 필연적인 선에 관해 더 자세히 알아보아야 할 것이다.

우리는 앞에서 주의주의자들이 자신들의 입지를 약화시키면서까지 도덕적으로 선한 신만이 도덕적인 권위를 지닌다는 사실을 인정하고 있음을 살펴본 바 있다. 주의주의자들이 그렇게 이야기할 때 비평가들은 그들이 신적 독립설(Divine Independence Theory)의 좋은 근거를 제공함으로써 자신들의 이론을 번복하고 있는 것이 아닌가 하고 공격하고 있다. 다시 말해 그들이 신과 독립된 도덕적 기준, 즉 하나님의 선하심이나 악을 판단하는 외적인 기준을 인정하고 있으며 그것은 자신들의 이론과 거스른다는 것이다. 우리는 이에 동의하지 않으며 이 장에서 그 이유를 설명하게 될 것이다.

우리는 하나님의 선하심을 입증하려고 노력해왔으며 앞으로도 계속 노력하겠지만 우리 생각에는 하나님과 선 사이에 밀접하고 일종의 의존적인 관계가 있음을 주장하려고 한다. 어떤 의미에서 우리가 대응해야 하는 도전은 에우티프론 딜레마(Euthypro Dilemma)의 한 변형이라고 할 수 있다. 만일 선이 하나님에게 의존한다면 하나님은 선하다고 말한다면, 그것은 순환논리이며 공허하고 독단적이다. 우리는 이 장과 다음 장에서 그렇지 않다는 것을 보여주려고 한다. 비록 선이 하나님의 명령이 가지고 있는 기능의 하나는 아니지만 선이 하나님에게서 독립된 실재는 아니라고 주장하려고 한다. 선에 대한 오컴주의적 주의주의의 설명과 신적 독립설과는 다른 대안이 있음을 보여주려고 한다. 선이 하나님의 **명령**에는 의존하지 않지만 궁극적으로는 하나님에게 의존하고 있음을 입증하려고 하는 것이다.

1. 유신론과 실재 세계

앞에서도 살펴보았듯이 유신론적 윤리에 대한 회의는 소크라테스까지 거슬러 올라갈 수 있다. 역설적이기는 하지만 플라톤이 이데아나 형상, 변하지 않는 영원한 진리에 대해서 생각하게 된 것은 스승인 소크라테스의 회의론 덕분이라고 할 수 있다. 플라톤의 사상은 앞에서도 언급한 바 있지만 '플라톤적 실재론'(Platonic Realism)으로 알려져 있으며 필연적 진리와 필연적으로 존재하는 개체들의 존재를 인정하고 있다. 필연적 진리의 예로는 수학의 영역에서는 2+2=4, 그리고 도덕의 영역에서는 무죄한 어린아이를 재미로 고문하는 것은 악하다는 것을 들 수 있다. 필연적으로 존재하는 개체의 예로는 플라톤 신전의 구성원들인 수, 명제, 본질, 성질 등이다.

플라톤의 실재론은 이처럼 변하지 않는 진리와 개체들의 존재를 긍정한다. 변할 가능성, 즉 변화성이 있는 것들은 모두 이미지 또는 그림자의 세계에 속한다. '실재 세계'—대학 졸업반 학생들이 생각하는 집과 자동차 월부금을 매달 마련해야 하는 현실세계와는 다르게—는 변화할 가능성이나 유동성이 전혀 없다. 실재론의 두 번째 특성은 첫 번째 특성과 관련이 있는데 그것은 진리들이 정신적 독립성을 지니고 있다는 것이다. 플라톤이 객관성을 추구한 이유는 그리스 신들의 죽 끓는 듯한 변덕 때문이었다. 플라톤에게 있어서는 적어도 진리는 신들의 변덕에 뿌리를 내리고 있어서는 안 되었던 것이다. 그리고 진리는 완전히 안정되고 존재론적으로 독립적이어야 했다.[2]

현대 철학자들 중에서 니콜라스 월터스토프(Nicholas Wolterstorff)와 리처드 스윈번(Richard Swinburne)과 같은 실재론자들은 플라톤이 말하는 진리의 독립성을 인정하고 있다. 이 견해는 서양 철학에서 강력한 영향력을 미쳐왔으며 오늘날도 마찬가지이다. 물론 실재론적 전제들의 배후에는 중요한 이유와 직관력이 있다. 실재론자들이 말하는 플라톤적 개체들은 필연적으로 존재하며 플라톤적 진리들은 따라서 필연적으로 성립한다고 말하고 있다. 이러한 진리들은 어떤 가능 세계에서도 동일하며 본래의 상태와 다를 수 없다. 그리고 이 실재들의 필연성에

---

2 Richard Tarnas는 실재론의 진리들이 지니는 불변성과 존재론적 독립성의 관계에 대해서 이렇게 이야기하고 있다. "외부 세계와 내적 경험, 두 영역에서 현상들이 지속적으로 유입 유출되고 있기는 하지만 그럼에도 불구하고 그 가운데서 변하지 않는 특정한 구조나 본질을 구별해 낼 수 있으며 이것들은 특성이 분명하고 지속적이기 때문에 자신만의 독립적인 실재를 지니고 있는 것으로 믿어져왔다. 플라톤은 자신의 형이상학과 지식 이론을 이와 같이 분명한 불변성과 독립성에 기초하고 있다. *The Passion of the Western Mind: Understanding the Ideas That Have Shaped Our World View* (New York: Ballantine Books, 1991), p. 4를 참조.

서 그 진리들의 존재론적 독립성을 이끌어내는 것은 자연스러운 일이다. 우리 인간의 신체적 생명은 산소에 의존하고 있으며 산소가 없으면 죽게 되어 있다. 이와 같은 경우 그 의존성은 우리의 신체적 생명이 끝날 수 있다는 가능성을 시사하고 있다. 하지만 필연적인 진리들은 그 어떤 방법으로도 끝날 수 있는 가능성을 생각할 수 없으므로 이 진리들은 그 누구의 통제도 받는 일 없이 독립적으로 존재한다고 생각할 수 있다.

그렇지만 모든 유신론자들이 실재론의 이런 핵심적인 요소를 쉽게 받아들이는 것은 아니다. 실재론을 끝까지 밀고 나가면 전통적인 유신론의 중심 교리들과 부딪치게 되어있기 때문이다. 특히 필연적으로 존재하는 개체들의 존재론적 독립성-그들의 **자존성**-과 필연적인 진리의 불변성은 하나님의 절대적인 주권과 모든 실재를 다스리는 하나님의 통치권과 상충되기 때문이다. 만일 하나님이 그와 같은 진리의 내용을 바꿀 수 없다면 그리고 하나님으로부터 독립적인 어떤 것이 존재한다면 하나님의 능력과 권위는 제한될 수밖에 없다는 것이다.

유신론자든 무신론자든 모두 다 이와 같은 긴장을 인지하고 있다. 예를 들어 J. L. 맥키는 일단 누군가가 변하지 않는 도덕적 원리들의 존재를 입증한다면 하나님이 도덕성을 유지해야 할 필요가 없다고 주장하고 있다. 왜냐하면 그러한 진리들은 윤리의 독립적인 기초로서 존립할 수 있기 때문이다.

마찬가지로 랄프 커드워스(Ralph Cudworth)는 필연적인 진리를 인정하는 것이 유신론과 배치되는데 그 이유는 유신론은 하나님 외에 다

른 어떤 것이 필연적으로 진리일 수 있다는 것을 부인하고 있기 때문이다.[3]

커드워스가 우려하는 것은 서양 철학사에서 전례가 전혀 없는 것은 아니다. 신의 능력과 주권을 극단적으로 인정하다 보면 신의 특권에는 아무런 제한이나 한계도 없다는 데까지 갈 수 있다. 예를 들어 데카르트는 철학자이자 유신론자로서 수학적이고 논리적인 진리들이 필연적인 (또는 적어도 필연적으로 필연적) 것은 아니라고 믿었다. 왜냐하면 신은 그 내용을 언제나 바꿀 수 있는 능력이 있다고 믿었기 때문이었다. 데카르트가 왜 '보편적가능론자'(universal possibilist)로 분류되는지를 보여주는 이유이다. 그는 신이 원하기만 한다면 무엇이든지 가능하다고 믿는다. 데카르트는 신이 우리가 영원하다고 말하는 수학적 진리들의 기초를 만들었다고 믿었다. 마치 왕국의 법적인 기반이 오로지 왕이 법을 세우고 그 법들이 오로지 왕에게 달려 있다는 것과 같다고 할 수 있다. 데카르트는 이렇게 덧붙이고 있다.

> 신이 원한다고 해서 2 곱하기 4가 8이라는 진리를 어떻게 비진리로 바꿀 수 있는지에 관해서는 의문을 품을 필요가 없다. 왜냐하면 우리는 말해줘도 이해할 수 없기 때문이다. 그러나 다른 한편

---

3 Cudworth도 다음과 같이 말하고 있다. "그 어떤 것도 본성이 없을 수는 없다. 그리고 모든 사물의 본성이나 본질은 변할 수 없으므로 그 어떤 것도 실제로 의롭거나 불의하지 않고 그 어떤 것도 합법적이거나 불법적이지 않다는 사실을 전제로 하면 그 어떤 법이나 규범이나 관습도 바꿀 수 없고 본성적으로나 본질적으로나 필연적으로 존재하는 어떤 것이 있어야 한다." Janine Idziak, ed., *Divine Command Morality: Historical and Contemporary Readings* (New York: Mellen Press, 1979), p. 161을 참조.

으로는 인과관계의 범주 안에 있는 모든 것들이 신에게 달려 있다고 믿고 있으며 그것들이 지금과는 어떻게 다르게 바뀔 수 있는지에 관해서는 우리 인간들이 이해하지 못하도록 결정하는 것이 신에게는 어렵지 않을 것이다. 따라서 단지 이해하거나 인지할 수 없는 어떤 것은 이해할 필요가 본래부터 없는 것이므로 우리가 정확하게 이해하고 있는 것에 관하여 의심을 갖는 것은 비합리적이라고 할 수 있다.[4]

데카르트의 마지막 주장은 시사하는 바가 크다. 그는 완고한 안셀무스주의자이며 신의 전적인 주권과 자존성을 그 무엇보다도 중요하게 여겼다. 그는 보편적가능론이 지니는 약점을 이해하고 싶어 하지 않았다. 그리고 어떤 것들이 불가능할 수도 있다는 생각은 의심조차 해보지 않은 것이다. 데카르트는 이해할 수 없는 것들이 있다는 것은 신이 인간의 이성에 그어놓은 한계 때문이라고 보았다. 데카르트에게 있어서 영원한 진리는 오로지 신에게 진정으로 달려 있기 위해서는 그 진리가 신의 통제 아래에 있어야 한다고 생각했고, 그래서 신은 그 내용을 바꿀 수 있다고 믿은 것이다.

데카르트가 사용한 실례들은 주로 수학에서 가져왔는데 마치 오컴이 도덕성은 전적으로 신의 의지에 달려 있다고 주장함으로써 신이 주권을 높였던 것처럼 윤리에서도 똑같은 방법을 적용한 것이다. 데카르트는 어떤 주어진 행동과 그 도덕적 성격의 차이를 철저하게 구

---

4 Alvin Plantinga, *Does God Have a Nature?* (Milwaukee: Marquette University Press, 1980), pp. 96, 101에도 인용되어 있다.

분함으로써 자신의 주장을 제시했으며, 그는 행동으로부터 그 성격을 분리할 수 있다고 믿었다. 따라서 신을 미워하는 것과 같은 행동은 그러한 행동으로부터 사악한 성격을 분리시킬 수 있으며 신이 원하기만 한다면 선한 행동이 될 수 있다는 것이다.

> 신은 X에 속한 모든 것을 X 자체와 동일한 어떤 다른 것 없이도 그렇게 만들 수 있다. 하지만 신을 미워하는 행동은 그 행동 존재 자체에 관한한 그 행동의 사악성과 동일한 것이 아니다. 그러므로 신은 신을 미워하거나 거절한 어떤 행동 자체에 속한 어떤 것도 가능하게 할 수 있으며 그 행동을 사악하게 만들지 않고서도 그렇게 할 수 있는 것이다.[5]

이와 같은 접근 방법은 변할 수 없는 도덕적 공리들과 필연적인 도덕적 진리들을 배제시키고 있으며 아무리 온건하게 말해도 이 때문에 중대한 문제가 발생한다. 이 문제의 심각성을 이해하기 위해 아무리 미화해도 악한 행동일 수밖에 없는 어린아이 학살을 예로 들어 보자. 그런데 만일 오로지 하나님의 주권적 의지가 도덕성의 내용을 결정한다면 하나님은 그 같은 악한 도덕적 성격도 바꿀 수 있지 않을까? 왜냐하면 하나님의 명령은 노골적으로 개입해서 그 악한 도덕적 성격을 제거하고 가장 고상한 행동의 표본으로 만들 수 있지 않을까?

이런 추론을 배경으로 해서 살펴보면 우리는 에우티프론 딜레마로

---

5 Quoted in Idziak, 1979, pp. 55-56에서 인용.

인해 어떤 중요한 문제들이 걸려 있는지를 이해할 수 있다. 만일 도덕성이 하나님에게 달려 있다면 하나님은 그 어떤 행동을 명령할 수 있고, 그 행동이 도덕적이라고 생각하는 것은 상식일 것이다. 의존성이란 통제 당하는 것을 의미한다. 따라서 오컴주의처럼 한편으로는 극단적인 주의주의적 견해가 실재론이나, 또는 역사적으로 볼 때 자연법칙과 상충된다. 그리고 다른 한편으로는 도덕성이 하나님도 변화시킬 수 없는 객관적이고 필연적 진리에 의존하고 있다면, 주의주의는 거짓일 수밖에 없는데 그 이유는 도덕성이 하나님으로부터 완전히 독립적이기 때문이다. 철저한 유신론자라면 어떻게 해야 할 것인가? 실재론을 인정하고서 하나님의 주권이 필연성의 영역을 모두 포함한다는 견해를 부인하거나 아니면 주의주의를 인정하고서 필연적인 도덕적 진리가 있다는 견해를 부인해야 하는 것일까? 이 둘 중 어떠한 선택도 탐탁지 않으며, 만일 이 대안들밖에 없다면 유신론 윤리학자들은 자신의 견해를 바꾸는 것이 합리적일 것이다. 하지만 다행히도 세 번째 대안이 있으며 우리가 바로 그 접근 방법을 채택하려고 한다.

그런데 이 세 번째 대안은 철학적으로 볼 때 혁신적인 것은 절대로 아니다. 이 방법은 기독교 사상의 전통에서 다양한 형태로 나타났으며 많은 기독교인들의 사랑을 받아왔다. 그 예를 들자면, 어거스틴의 '신 개념의 전통'(divine ideas tradition), 라이프니츠의 신적 활동에서 수학적 진리의 근거를 찾으려는 노력, 아퀴나스의 모든 것이 하나님으로부터 유래한다는 주장, 버클리의 급진적인 관념론, 데카르트의 계속되는 창조, 그리고 심지어 조나단 에드워즈의 시간적 부분 이론(Temporal Part

Theory)에 대한 잘못된 시도 등인데, 이 모든 방법들은 하나님이 모든 것의 근원에 있다는 신학적 확신이 동기가 되면서 제안된 것들이다. 하나님의 창조적인 능력이 모든 실재를 붙잡고 있는 힘이며 하나님의 외부에 있는 모든 것들도 하나님에게 의존해 있다는 신념에서 나온 방법들이다. 그와 같은 접근 방법들의 바탕에 숨어있는 충동과 신학적 동기에 대해 그 구체적인 방법들까지 모두 다 그런 것은 아니지만, 우리는 전적으로 동의하고 보존하기 원한다.

톰 모리스(Tom Morris)의 견해를 따라서 우리는 이 문제에 대한 우리의 해결방안-이 제3의 대안이 실재론과 주의주의의 중간적 입장을 취한다-을 '유신론적 행동주의'(theistic activism)라고 부르기로 한다. 이 견해에 의하면 하나님의 지적인 활동은 실재의 구조를 책임지고 있다. 모리스는 이렇게 이야기하고 있다.

> 유신론적 행동주의자는 신이 필연적인 것과 불가능한 것뿐 아니라 가능한 모든 양태적 경륜을 창조적으로 책임지고 있다. 따라서 플라톤적인 모든 세계는 신으로부터 유래한다.[6]

실재론과 전통적인 유신론의 이와 같은 조화를 이루기 위한 비결은 플라톤적인 세계의 필연적인 존재성과 변함없는 본성을 인정하는 한편, 그 자존성과 절대적인 독립성을 부인하는 것이다. 이와 같은 속성

---

6 Thomas V. Morris, *Anselmian Explorations: Essays in Philosophical Theology* (Notre Dame: University of Notre Dame Press, 1987), p. 168.

은 하나님에게만 속한 것이기 때문이다. 이 접근 방법은 우리로 하여금 존재하는 모든 것의 하나님에 대한 의존성을 유지하게 하면서도 보편적가능론를 거부할 수 있도록 도와준다. 그리고 이 견해들이 지난 수십 년 동안 철학자들 사이에서 어떻게 형성되어 왔는지를 알아볼 만한 가치가 있으므로 이제부터 잠깐 살펴보기로 한다.

2. 필연성의 내러티브

아퀴나스로부터 시작해서 헤겔, 라이프니츠에 이르기까지 많은 철학자들이 필연성에 관해서 이야기했지만 최근 들어서 하나님과 관련해서 필연성을 논하게 된 것은 주로 앨빈 플랜팅가의 기념비적인 저서인 『필연성의 본성』(The Nature of Necessity) 때문이었다. 그렇지만 우리는 그의 또 다른 저서를 먼저 살펴보려고 하는데 그 이유는 그 책에서 플랜팅가가 특히 데카르트의 보편적가능론을 공격하고 있기 때문이다. 플랜팅가는 데카르트의 주장을 살펴보는 보편적가능론에 관한 논쟁은 결국 직관에 관한 갈등으로 집약된다고 말했다. 특히 (1) 어떤 명제들은 불가능하다는 직관과 (2) 만일 하나님의 주권이 절대적이라면 모든 것이 가능하다는 직관 사이의 갈등이 그 중심에 있다.

필연성에 관한 논쟁을 이렇게 간명하게 제시하면 사람들은 대부분 두 번째 대안을 거부하는 것을 볼 수 있다. 왜냐하면 만일 문자적으로 볼 때 모든 것이 가능하다면 종교적인 토론을 할 수 있는 여지가 없기 때문이다. 우리가 하나님의 속성을 적어도 어느 정도 이해할 수 있어야 하는데 만일 그렇지 못하다면 우리 인간의 언어는 하나님에 관해서 아무런 말도 할 수 없을 것이다. 예를 들어 극단적인 주의주의는 얼핏 보기에 하나님을 최고로 높이는 것처럼 보이지만 실제로는 명백한 모순으로 이끌어가고, 궁극적으로는 하나님에 관한 공허한 개념을 만들어낼 뿐인 것이다. 이에 반해서 보편적가능론을 버리게 되면 어떤 명제들은 필연적이지만 다른 명제들이 불가능하게 되며, 그리고 모든 유신론적 윤리주의가 바로 이러한 제약 아래 얽매이는 것처럼 보일 수 있다.

하지만 어떤 사상가들은 필연성을 인정하는 것이 우리가 앞에서 살펴보았던 것처럼 진정한 유신론과는 모순을 일으킨다고 주장한다. 그들은 이 불변하는 필연성이 하나님과 경쟁을 하고 하나님에게 제약을 가하며, 따라서 하나님의 주권에 위협을 가할 수 있다고 보는 것이다. 하지만 통제와 의존을 명확하게 구분하기만 한다면, 그리고 통제는 항상 의존을 수반한다는 데카르트의 주장을 합리적으로 부인할 수만 있다면 필연적인 진리들이 안셀무스적 유신론에 아무런 위협도 가하지 않는다고 말할 수 있을 것이다. 이것은 플랜팅가가 데카르트의 직관, 즉 하나님의 주권이 절대적이라면 모든 것이 가능하다는 명제를 부정할 때 취하는 방향인 것처럼 보인다.

『신은 본성이 있는가?』(*Does God Have a Nature?*)란 책의 마지막 부문에서 플랜팅가는 필연적인 진리들이 통제와는 다른 의미에서 하나님에게 의존할 수 있는 가능성을 조심스럽게 예측하고 있다. 그리고 이러한 가능성은 곧 추상적인 객체들(필연적으로 존재하는 개체들과 필연적인 진리들)의 세계를 탐험하는 것이 하나님의 본성 자체를 탐험하는 것과 동일할 수 있다는 것을 의미한다.

플랜팅가는 몇 개의 질문들을 제기하면서 결론을 맺고 있다.

> 한 쌍의 필연적인 명제 A와 B에 대해서 A가 B를 참으로 만들거나 A가 B의 진리를 설명한다고 말할 수 있을까? 7+5=12가 필연적인 진리인 것은 7+5=12라는 것을 믿는 하나님의 본성에 근거하고 있는 것은 아닐까? 만일 그렇다면, '설명하다', '참으로 만든다', 또는 '근거한다'라는 말은 어떤 의미로 쓰이고 있는가? 이 질문들은 앞으로 더 자세히 살펴보아야 할 좋은 주제가 될 수 있다. 비록 이 객체들의 필연적인 진리들이 하나님의 통제 아래에 있지 않을지라도, 만일 이 주제들을 긍정적으로 연구한다면 추상적인 객체들이 하나님에게 깊이 의존해 있음을 알아낼 수 있을지 모른다.[7]

플랜팅가는 2년 후에 미국철학협회의 회장으로서 "반실재론자가 되는 방법"(How to Be an Anti-Realist)이라는 제목으로 행한 강연에서 그와 같은 비통제적 의존관계를 인정하는 방법을 이야기하고 있다. 실재론과 반실재론의 논쟁을 중재하려는 노력의 일환으로서 플랜팅가는 먼저 실존적 반실재론과 창조적 반실재론을 구분할 것을 제안하고 있다. 다른 정신들에 대해서 실존적인 반실재론자가 되려면, 예를 들어, 그 정신들의 현실적인 존재를 부정해야 한다.

---

7 Plantinga, *Does God Have a Nature?* p. 146.

이에 반해 칸트로부터 영감을 얻은 창조적인 반실재론자는 세계의 모든 사물들이 근본적인 구조와 존재 자체를 정신들의 신적 활동에 의존하고 있다고 주장한다. 플랜팅가가 이 논쟁의 한쪽 대표로 보고 있는 창조적 반실재론자들 중 한 사람, 리처드 로티(Richard Rorty)는 진리 자체는 개연성이나 입증가능성 또는 보증된 단언성(warranted assertibility)이지 그 이상도 그 이하도 아니라고 주장한다. 다시 말해 진리란 우리가 언어를 사용함으로써 부여한 지위일 뿐 우리와 우리의 신념으로부터 독립적으로 존재하는 개체들의 기능은 아니라는 것이다.

플랜팅가는 퍼트남이 어떻게 진리가 입증가능성이라는 비슷한 주장을 하게 되었는지 보여주고 있다.[8] 그러므로 퍼트남의 견해에 의하면 공룡들이 지구 위를 거닐었는지 아닌지는 우리와 우리의 언어적 관습에 달려 있다는 것이다.[9]

플랜팅가는 로티와 퍼트남의 반실재론에 대한 반론을 펼치고 나서 반실재론의 핵심적인 동기를 자신의 말로 다음과 같이 설명하고 있다. 그 중심적인 욕구는 진리가 정신이나 인격으로부터 완전히 독립될 수 없다는 것이다. 플랜팅가는 다음과 같이 적고 있다.

---

[8] 왜냐하면 모든 관련된 증거들을 다 보유하고 있는 이상적이고 합리적인 어떤 과학 협회에서 증명했다고 해도 어떤 명제가 증명되는 조건들은 우리가 어떤 일련의 관습들과 행동양식을 채택하느냐에 달려있기 때문이다.

[9] Alvin Plantinga, "How to Be an Anti-Realist," *Proceedings and Addresses of the American Philosophical Association* 56, no. 1 (New York: State University of New York Press, 1982): 52.

진리란 사람들이 인식하는 어떤 것이다. 사람들이 아무리 노력해도 이해할 수 없는 진리가 있을 수 있다고 생각하는 것 자체가 불합리하며 이상한 일이다. 만일 그런 진리가 있다면 누가 어떻게 그 진리를 설명할 수 있을까? 아니 그 보다 먼저 누가 그와 같은 진리가 있다는 것을 알 수 있을까? 그런 진리는 어디로부터 올 수 있을까? 실제로 참이거나 거짓인 어떤 사물 또는 명제들이 그것들을 이해해야 할 사람들과 그들의 이해 수단으로부터 고요하게 그리고 당당하게 독립적으로 존재할 수 있는 가능성이 조금이라도 있는 것일까? 아무도 이해하거나 생각해보지도 못한 명제가 있을 수 있을까? 명제들이 정신이나 인격 또는 판단할 수 있는 능력을 가진 존재들로부터 독립적으로 존재할 수 있다고 생각하는 것은 미친 것처럼 보일 수 있다. 이 진리들이 인격이나 그들의 정신적 활동으로부터 독립적으로 존재한다고 보는 것은 어떤 관점에서는 매우 반직관적일 수 있다. 진리나 거짓이 그것들에 대해서 생각하거나 믿거나 판단하는 사람들이 아무도 없는데도 어떻게 존재할 수 있는 것일까?[10]

플라톤주의는 플랜팅가가 말하는 반실재론의 핵심적인 동기와 정면으로 부딪친다. 실제로 플랜팅가는 정신으로부터의 독립을 반대하는 것이지 실재론과 관련되어 있는 객관성을 거부하는 것은 아니라는 사실에 주목할 필요가 있다. 플랜팅가는 이에 대해서 다음과 같이 말하고 있다.

그러므로 우리가 실제로 여기서 보는 것은 일종의 역설이다. 한편으로는 반실재론을 향한 깊은 충동, 즉 진리는 지적 활동으로부터

---

10 Ibid., pp. 67-68.

독립적일 수 없다는 직관이 있다. 하지만 다른 한편으로는 반실재론이, 적어도 우리가 살펴본 유형들은, 비논리적으로 보이므로 반대하고 싶은 충동을 느낀다. 이것은 해결을 필요로 하는 모순이며 종합(synthesis)을 기다리는 정립(thesis)과 반정립(antithesis)이다. 그리고 내가 보기에 가장 올바른 종합은 헤겔보다 훨씬 이전에 이미 시사된 바 있다. 말하자면 이 종합은 어거스틴이 처음으로 제안했고, 대부분의 유신론 전통에 의해 인정받아왔으며 아퀴나스도 다음과 같이 명료하게 설명하고 있다.

이해하는 지적인 인간이 없더라도 진리가 있을 수 있는 것은 그 진리가 하나님의 지적 활동과 맺고 있는 관계 때문이다. 하지만 비록 불가능하기는 하지만 만일 신이든 인간이든 지적인 존재가 아무것도 존재하지 않는다면, 그리고 그럼에도 불구하고 사물들은 계속 존재하는 경우에는 진리와 같은 실재는 존재하지 않을 것이다. 그렇다면 여기서 정립은 진리란 지적인 인격들의 정신적 활동과 독립적으로는 존재할 수 없다는 것이다. 반정립은 진리란 지적인 인격들의 정신 활동으로부터 독립적이어야 한다는 것이다. 그리고 종합은 진리란 우리 인간들의 지적 활동으로부터는 독립적이지만 하나님의 지적 활동으로부터는 독립적이지 않다는 것이다.[11]

플랜팅가의 제안은 흥미롭다. 왜냐하면 그가 여기서 제안하려고 하는 것은 그와 같은 명제들의 진위가 하나님의 통제 아래 있지 않으면서도 그 명제들이 하나님에게 의존되어 있을 수 있는 가능성이 있기 때문이다. 그러므로 그가 제안하려는 시도는 결국 『하나님은 본성이 있는가?』에서 지향하는 관계, 즉 심지어는 필연적인 명제들의 하나님

---

11 Ibid., p. 68.

에 대한 중요한 의존 관계-통제 관계가 아닌-인 것이다. 플랜팅가는 어떤 필연적으로 참인 명제가 참인 것은 하나님이 그것을 믿기 때문은 아니라고 말한다. 그에 의하면 명제들은 하나님과 관련해서 생각할 때 가장 잘 생각될 수 있다.

플랜팅가는 명제들의 필연적인 존재성을 조금도 약화시키지 않으면서 잘 설명하고 있다. 왜냐하면 하나님은 필연적인 존재로서 본질적으로 자신이 생각하는 생각을 생각하는 속성을 가지고 있기 때문이다. 이 생각들은 어떤 가능 세계에서 하나님이 생각할 수 있는 것이기 때문에 필연적으로 존재한다. 따라서 하나님이 어떤 명제를 믿는 것은 그 명제가 참이기 때문이지만 그 명제가 존재하는 것은 하나님이 그 명제를 생각하기 때문이다. 이런 방법으로 플랜팅가는 반실재론[12]의 핵심적인 사상을 인정하기 위한 가장 좋은 방법이 유신론자가 되는 것이라고 주장하고 있다.[13]

이 분석을 윤리에 적용하기 위해서 인식능력이 있는 동물을 재미로 고문하는 것은 악하다는 명제를 살펴보자. 이러한 명제는 필연적 진리로 생각될 수 있다. 플랜팅가의 창조적 반실재론의 견해에 의하면 하나님이 어떤 명제를 믿는 것은 그 명제가 참이기 때문이지 하나님이

---

12 Plantinga는 실재론과 정신-독립론을 동일시하는 전통에 경의를 보내기는 하지만-또는 적어도 정신-독립론을 실재론의 필요조건으로 보는-우리는 실재론을 개조해서 불변성을 포함시키고 정신-독립론은 제외시키기로 한다. 왜냐하면 정신-독립론은 필연성을 거부하기를 피하는 데에 필요한 것으로 오해되어서 끼어들어온 것이기 때문이다.

13 Robert M. Adams도 Leibniz에게 공을 돌리면서 비슷한 주장을 펼치고 있다. Robert Adams, "Divine Necessity," *Journal of Philosophy* 80 (1983): 751. 관련이 있는 구절은 부록에 자세히 인용되어 있다.

그것을 믿기 때문에 참인 것은 아니다. 플랜팅가는 보편적가능론을 거부하고 있는 것과 같은 맥락에서 하나님은 어떤 명제의 진리 값을 바꿀 수는 없다고 보고 있다. 이 부분에서만 보면 플랜팅가는 에우티프론 딜레마의 뿔(논리) 중에서 유도 의지론을 붙잡을 것으로 보인다.

하지만 플랜팅가가 생각하는 유도 의지론은 안토니가 묘사하는 것처럼 극단적인 신적 독립설은 아니다. 왜냐하면 어떤 진리를 표현하는 명제가 존재하는 이유는 하나님이 그 명제를 생각하기 때문이며 하나님은 항상 그 명제를 생각하고 앞으로도 늘 생각할 것이기 때문이다. 그러므로 그와 같은 필연적인 진리를 표현하는 명제는 하나님이 그 내용은 바꿀 수 없더라도 그 존재성을 하나님에게 의존하고 있다. 물론 하나님은 그 내용을 바꾸고 싶은 생각이 전혀 없다. 왜냐하면 하나님의 본성과 의지는 서로 완전하게 공명하고 있기 때문이다.

플랜팅가는 이런 관점에서 하나님의 창조적인 활동에 대한 필연적인 진리의 본질적인 의존관계를 인정하면서 그 의존관계를 통제의 문제로부터 조심스럽게 분리해내고 있다. 플랜팅가가 이러한 방법을 아퀴나스 사상의 한 갈래로서 인식하는 한편, 어거스틴의 신적 개념의 전통의 정신에 있다고 보는 것은 주목할 만하다. 이리하여 플랜팅가의 견해는 기독교 전통의 강력한 역사적 요소들과 전반적으로 공조하게 되었으며 기독교 역사로부터 가져온 이 요소들은 에우티프론 반론들에 대한 대답을 할 때 필요한 풍성한 자원을 제공하고 있다.

플랜팅가는 보다 최근의 저서에서 기독교의 성경과 믿음으로 배울 수 있는 모든 것들이 이 세계를 이해하는 더욱 분명한 세계관을 제공해줄 수 있다고 제시한다.

> (예를 들어 이제 우리는) 하늘과 땅의 모든 미래에 관해 가장 중요한 것-즉 이 모든 것은 하나님에 의해 창조되었다는 사실을 안다. 우리는 우리가 깊은 성찰을 통해서 수, 명제들, 성질, 사건의 상태, 가능 세계들 등에 관해서 깨닫는 가장 중요한 사실은 그 모든 것들이 하나님의 생각이나 개념이라는 것을 알 수 있다.[14]

플랜팅가는 그러한 견해를 '유신론적 개념화'(theistic conceptualism)라고 부른다. 그는 이어서 그와 같은 견해가 논란의 여지가 많이 있기는 하지만 이에 관해서 지금까지 생각해온 유신론자들의 전통에서 대다수의 기독교인들이 지지하고 있는 의견임에는 틀림없다고 덧붙이고 있다. 이 견해에 의하면 명제들은 하나님의 생각이며, 속성은 하나님의 개념이며, 집합은 하나님의 수집품이다. 유신론적 행동주의자는 의존성과 통제의 문제를 조심스럽게 구분함으로써 에우티프론 딜레마에 대한 대답을 얻을 수 있으며 이 대답은 또한 도덕적 실재론을 강력하게 지지하는 모든 철저한 유신론적 형이상학의 중요한 요소가 될 수 있다.

톰 모리스(Tom Morris)는 가치 이론에 유신론적 행동주의 모델을 적용하면서 다음과 같이 이야기하고 있다.

---

14 Alvin Plantinga, *Warranted Christian Belief* (Oxford: Oxford University Press, 2000), p. 280.

의존성과 통제의 문제를 조심스럽게 구분하는 것은 그 자체로서도 철학적으로 매우 흥미로운 과제라고 할 수 있다. 예를 들어 도덕성에 관한 유명한 에우티프론 딜레마를 살펴보기로 하자. 어떤 것이 옳은 이유는 하나님이 그것이 옳다고 결정했기 때문인가? 아니면 그것이 본래부터 옳기 때문에 하나님이 그것을 옳다고 여기는 것인가? 많은 철학자들이 생각하기를 만일 도덕성이 전적으로 하나님에게 달려 있다면 하나님은 무죄한 사람들을 재미로 고문하는 것이 오로지 자신의 의지로 옳은 것으로 만들 수 있다고 이해한다. 이는 급진적 주의주의적 입장으로서 오컴의 윌리엄이 지지함으로써 오명을 남기고 있는 주장이다. 다른 한편으로는 도덕성이 무죄한 사람을 재미로 고문하는 것은 악하다고 보는 것과 같은 객관적인 필연적 진리에 전적으로 의존한다면—진리는 하나님의 통제 밖에 있게 되고—도덕성이 하나님으로부터 독립적으로 존재하는 결과를 수반하게 된다. 유신론적 행동주의에 따르면 도덕적 진리들은 객관적, 불변적, 필연적이면서도 여전히 하나님에게 의존되어 있다. 따라서 행동주의는 우리에게 도덕성에 관한 에우티프론 딜레마에 대한 새로운 관점을 부여한다. 이러한 사실이 전혀 놀라운 일이 아닌 이유는 유신론적 행동주의 자체가 도덕성에 대한 보편적인 에우티프론 딜레마와 평행해서 따르는 문제들을 극복하는 과정에서 얻어낸 것이기 때문이다. 필연적인 진리들 자체가 참이기 때문에 하나님이 인정하는 것인가 아니면 하나님이 인정하기 때문에 그 진리들이 참이 되는 것인가?[15]

---

15 Morris, *Anselmian Explorations*, pp. 171-172를 참조.

3. 하나님은 선이다

우리는 이제까지 도덕적인 선이 하나님에게 의존되어 있음을 이야기해왔다. 이 견해는 하나님으로부터 떨어져있는 모든 것들이 하나님에게 의존하고 있다고 보는 전통적인 유신론과 일치한다. 하지만 궁극적인 선에 관해서는 하나님에 대한 의존성만 이야기하는 것으로는 부족하다. 그보다는 우리는 하나님이 곧 선이라고 말하고 싶으며 이는 매우 중대한 의미를 지니기 때문이다. 이 견해 역시 기독교 내에 존경할 만한 역사를 가지고 있다. 아퀴나스주의자, 안셀무스주의자, 유신론적 플라톤주의자, 유신론적 행동주의자 그리고 앨빈 플랜팅가와 로버트 애덤스와 같은 현대 분석 철학자들은 실재에 대한 기독교의 이해에 있어서 하나님과 궁극적인 선이 존재론적으로 분리될 수 없다는 사실에 대해 모두 동의하고 있다.

우리는 지금까지 안셀무스주의와 유신론적 행동주의에 대해서 이야기해왔는데 이제부터는 하나님과 선을 연관시키는 또 다른 기독교의 사조들을 살펴보려고 한다. 물론 이러한 사조들은 그 내용이 방대하고 심오하기 때문에 한 장이나 책 한권으로 소개만 해도 버거울 것이다. 이 좁은 지면에서 할 수 있는 일은 일주일 과정으로 뉴욕 같은 대도시를 관광시켜주려고 하는 것과 비슷하다. 먼저 우리가 아퀴나스주의를 정당화하고 있음에 대해 어떤 변명도 하지 않으면서 아퀴나스주의를 잠깐 이야기하고자 한다(그렇게 함으로써 우리의 현재 목표에 비추어서 그 주요한 특징들만 열거하고 넘어가기로 한다).

노만 크레츠만(Norman Kretzmann)과 엘리노어 스텀프(Eleonore Stump)는 아퀴나스의 메타윤리학의 중심 주제가 '존재'라는 용어와 '선'이라는 용어는 그 의미가 서로 다르지만 지시하는 것은 같다고 주장한다. 어떤 사물의 완전성은 그 이상적인 개념을 얼마나 실현하고 발전시켰는가, 즉 그 잠재성을 얼마나 구체적으로 현실화했느냐에 달려 있다. 그리고 이와 같은 과정에서 사물이 추구하는 것은 존재가 되는 것이다.

> 한편으로는 사물이 자신의 구체적인 잠재성을 적어도 어느 정도 현실화한 상태가 그 실존이다. 그리고 이러한 의미에서 그 사물은 존재가 되는 것을 가지게 된다. 하지만 다른 한편으로는 어떤 사물이 자신의 구체적인 잠재성을 현실화하는 정도에 따라 그 사물은 그만큼 완전해지며 결점으로부터 자유로워진다. 그리고 모든 사물이 자연스럽게 추구하는 그 완전한 상태에 도달하게 되면 그 사물은 선을 소유했다고 말할 수 있다.[16]

그렇다면 존재와 선은 명칭도 다르고 묘사도 다르지만 똑같은 것을 지시하고 있으며 이는 앞에서 데이비스가 했던 말과 같은 맥락인 것이다.

아퀴나스가 하나님만이 본질적으로 그리고 유일하게 존재 자체라고 말하고 있듯이 하나님만이 본질적으로 선 자체인 것이다. 이 사실

---

16 Norman Kretzmann and Eleonore Stump, "Being and Goodness," *Divine and Human Action: Essays in the Metaphysics of Theism*, ed. Thomas V. Morris (Ithaca, NY: Cornell University Press, 1988), p. 284.

을 전제로 했을 때 모든 것을 판단하고 결정하는 하나님의 기준과 하나님 자신 사이의 관계를 이해할 수 있게 된다. 하나님이 인간의 도덕성에 관해서 뜻하는 모든 것의 목적과 그 기준이 선이며 이 선은 그래서 하나님의 본성과 동일한 것이다. 하지만 선이 하나님의 본성 자체이고 도덕성의 기준에는 아무런 독단적인 결정이 개입되어 있지 않으므로 하나님의 본성과 공조를 이루는 사물들만이 도덕적으로 선하다고 할 수 있다.

> 따라서 아퀴나스 윤리 이론의 중심 주제를 신학적으로 해석함으로써 이처럼 객관적인 종교적 도덕성의 근거를 얻게 되는 것이다.[17]

여기서 다시 주목해야 하는 것은 하나님과 선의 밀접한 연관이며 도덕성에 관한 오컴주의도 아니고 신적 독립설도 아닌 일종의 유도의지론이다.

우리는 하나님과 선의 궁극적인 존재론적 불가분성은 공리적인 안셀무스적 직관의 하나라고 보려는 경향이 있다. 이 불가분성은 산문적인 주장만이 아니라 눈앞에 보이는 듯이 잡히는 상(vision)인 것이다. 수세기에 걸쳐서 수많은 건실한 유신론자들이 이 견해에 자기도 모르게 끌렸던 것을 볼 때 그런 인상은 더욱 확실해진다. 만일 하나님이 궁극적인 선이라면, 그래서 필연적인 도덕적 진리들이 하나님의 어떤 면을 그대로 반영하고 있다면 그러한 진리들을 이해하는 것은 하나님 자

---

17 Ibid., p. 307.

신의 일부를 보는 것이라는 플랜팅가의 주장은 참으로 타당한 것이다. 더구나 만일 그와 같은 의존성이나 정체성이 성립되고 가능하다면 에우티프론 딜레마는 효과적으로 무력화될 것이며 신 존재 증명을 위한 도덕적 논증은 더욱 강화될 것이다.

하나님은 곧 선 자체이라는 견해를 또 다른 관점에서 설명한 예를 살펴보기 위해서 로버트 애덤스(Robert Adams)의 『유한한 선과 무한한 선』(Finite and Infinite Goods)에서 그와 같은 주장을 살펴보기로 하자. 애덤스는 플라톤으로부터 관련 있는 주제들을 가져다가 설명한 후에 유신론자라면 『향연』에서 미 그리고 『국가』에서 선이 하는 역할을 신이 하고 있다고 믿는 것은 당연한 일이라고 말한다. 애덤스는 궁극적인 선이나 궁극적인 미의 패러다임이 실재적이며 유신론자들이 가지고 있는 신의 아름다운 상과 유사하다는 점을 받아들인다. 그는 이와 같은 인식들이 비슷한 것을 볼 때 유신론자가 신의 아름다운 상을 보는 순간 순간에 이해하는 것이 곧 신 자신이라고 믿는 것은 당연하다고 본 것이다.

앞으로 다른 장에서 하나님의 선에 관한 이러한 이해에 따르는 인식론적 문제들을 다루게 될 것이다. 하지만 지금으로는 인식될 만한 선한 속성을 하나님이 가지고 있기 때문에 하나님을 궁극적인 선에 대한 우리들의 설명에 흡족할 정도로 부합하는 개체로 볼 수 있다는 점만 짚고 넘어가기로 한다.

애덤스의 견해에 의하면 하나님 자신으로 이해되는, 무한한 초월적인 선이 올바른 도덕 이론의 핵심적인 근거가 되어야 한다. 애덤스는 선에 관한 플라톤의 이론들이 이와 같은 사상들을 내포하고 있는데도 불구하고 무시되고 있음을 지적한다. 한편 그는 윤리에 관한 칸트와 아리스토텔레스와 공리주의의 접근 방법만 성행하고 있다는 점을 지적하고 있다. 애덤스는 자신의 이론이 유신론적 플라톤주의라고 여기고 있지만 플라톤주의라기보다는 유신론적이라는 사실을 강조한다. 그는 유신론적 관점에서 윤리를 전반적으로 살펴보고 있으며 플라톤과 중요한 부분에서는 공조하지만 모든 점에서 동의하고 있는 것은 아니라고 말한다.

또한 애덤스는 악이 정량적으로 선과 정반대 개념이 아니라고 본다. 왜냐하면 악이 존재하는 것은 틀림없지만 선처럼 실재에 깊이 뿌리 내리고 있는 것이 아니기 때문이다. 기독교의 관점에서 보면 사탄은 하나님이 선의 존재론적인 것과 같은 정도로 악의 존재론적 근거가 아니다. 사탄은 하나님의 지지해주는 활동에 실존을 의존하고 있는 피조된 개체에 불과하다. 그러므로 기독교의 관점에서 보면 악은 주로 선의 결핍이나 왜곡으로 이해되고 있을 뿐 선과 정면으로 대립할 수 있는 패러다임은 아니다.

하나님과 선을 동일시하는 견해가 우리의 마음을 끄는 부분이 있기는 하지만 대답하기 매우 어려운 반론을 야기하는 것도 사실이다. 이 반론은 직관적으로 부인할 수 없는 힘을 가지고 있는데 그 이유는 아무리 선이라고 해도 추상적인 속성이나 객체에 불과한데 선을 하나님과 동일시하는 것은 받아들이기 어렵기 때문이다.

애덤스는 이 도전에 대답하기 위해서 먼저 플라톤주의 학자들 가운데서 흔히 거론되고 있는 문제, 즉 형상들(Forms)을 원형(archetypes), 속성, 보편성으로 볼 것인가 아니면 기준, 패러다임 또는 원형으로 볼 것인가 하는 질문을 제기한다. 그리고 애덤스는 여러 가지 대안 중에서도 신이 선의 원형으로서 기능한다고 보는 것이 가장 타당하다고 보고 있다. 이렇게 이해할 수 있다면 신이 선을 형성하고 있으며 그 원형, 완전한 기준, 궁극적 패러다임 그리고 궁극적인 근원으로 기능한다고 보는 것이 가장 적절하다. 이런 접근방법에 의하면 개별성과 보편성, 본성과 속성 사이의 갈등은 피할 수 있을 것이다.[18] 더구나 어떤 철학자들은 플라톤의 형상을 보편적인 것보다는 개별적인 것으로 이해하는 것이 옳다고 주장한다.

우리도 이 부분에서는 그들의 주장에 동의한다. 또한 우리는 하나님과 같은 개체는 궁극적인 선으로서 원형적인 기능을 하고 있다는 주장이 추상적인 원리나 비인격적인 진리로 작용한다는 주장보다는

---

18 Brian Leftow는 그의 환상적인 논문, "Is God an Abstract Object?"에서 하나님은 인격체이지만 추상적 객체들이 전형적으로 하는 기능들을 완수하고 있다고 주장하고 있다. 인격체와 객체를 조화시키려는 그의 노력은 Thomas V. Morris가 *The Logic of God Incarnate* (Ithaca, NY: Cornell University Press, 1986)에서 언급하고 있다. "Is God an Abstract Object?" *Nous* 24 (1990): 581-598에서 Leftow는 예수의 인성과 신성을 조화시키려는 노력을 연상시켜주고 있다. 또한 Leftow는 이 논문에서 신의 단순성 교리를 옹호하면서 하나님은 자신의 본성을 만들었거나 만들지 않았거나 둘 중 하나인데 전자는 불가능하고 유신론자들은 하나님의 자존성을 지지하므로 단 하나의 해결 방법은 단순성의 교리에 따라 하나님이 바로 자신의 본성이라는 것이다. 하지만 단순성 교리에 따르는 아주 난감한 문제는 하나님의 속성들이 모두 다 동일할 수는 없으며 단순성은 불변성을 시사하고 있는데 불변성은 하나님이 이 세계에 관여해서 벌이는 활동들과 화해시킬 수 없다는 것이다.

더욱 타당하다고 생각한다.

애덤스는 하나님과 궁극적인 선을 동일시하면서도 하나님이 하는 역할이 '선'이라는 용어의 모든 뜻을 다 내포하고 있는 것은 아니라고 말한다. 왜냐하면 '선'(good)이란 단어는 도구적, 정서적, 일상적 등 다양한 의미로 사용하고 있는데 그 모두가 궁극적인 선 자체와 같은 의미가 아니기 때문이다. 애덤스가 궁극적인 선에 관해서 이야기할 때 가장 관심이 있는 것은 주로 탁월(excellence)이라는 의미로 사용되는 경우이다.[19]

애덤스의 견해에 의하면 우리들의 욕구가 하는 역할은 우리의 가

---

[19] Robert M. Adams는 직접 지시론자들(reference theorists)을 따라서 자연의 종류에 대한 그들의 통찰을 일반화시켜서 자연과 의미의 관계 그리고 그로 인해 형이상학과 언어학의 관계를 시사하고 있다. 그는 예를 들어 직접 지시론자들이 우리가 '물'이란 단어를 사용하는 방법에 대해서 펼치는 주장이 옳든 그르든 간에 우리는 그와 같은 방법으로 '물'이란 단어를 사용할 수 있다고 말하고 있다. 그는 우리가 윤리적인 대화를 나눌 때에도 유비적인 방법을 사용하기를 제안하면서 윤리적 대화의 의미에서 윤리 이론의 형이상학적인 부분을 구분해 내는 데에 매우 효과적이라고 말하고 있다. 그는 주장하기를 '선'이 Boyd가 시사하는 것과 같은 의미에서 자연의 종류인 것은 아니지만 '선'이라는 단어의 의미가 자연의 종류들을 위해 제안된 방법과 비슷한 방법으로 선의 본질과 연결되어 있다고 주장한다. Adams는 다음과 같이 말하고 있다. "선은 물이 자연의 종류인 것과 같은 방법으로 자연의 종류인 것은 아니므로 '선'이란 단어의 의미는 우리에게 어떠한 화학적 구조를 지시하지는 않는다. 그리고 우리는 구체적인 실례들과의 인과적인 상호작용이 '물'에 대한 지시가 고정되는 것과 같은 방법으로 '선'에 대한 지시를 고정시킬 것이라고 가정할 수는 없다. 그렇다면 '선'이라는 단어와 선한 사물들 또는 선이라는 속성과는 무엇이 연결시켜주는 것일까? 생각건대 본성이 그 의미에 의해서 주어지지 않는 경우 본성과 의미의 관계에 어떤 일반적인 패턴이 있을 것으로 본다. 의미, 또는 보다 넓은 관점에서, 단어의 사용에 의해서 주어지는 것이 바로 본성이 하는 역할이 아닌가 싶다. 그 역할에 가장 잘 맞는 특성이 오로지 하나만 있다면 그것이 바로 그 사물의 본성일 것이다. 자연종의 경우에는 언어에 의해서 그 본성에 주어진 역할이, 인식되는 실례들의 관찰 가능한 보편적인 속성들을 설명하는 것일 것이다. '선'이라는 의미가 선의 본성을 위해 선택한 역할은 이와 다를 것이다." Robert Adams, *Finite and Infinite Goods* (Oxford: Oxford University Press, 1999), p. 16을 참조.

치 용어들이 속성이나 우리의 욕구와는 독립적으로 존재하는 어떤 본성을 지닌 객체를 지시하도록 고정시키는 것이다. 그는 궁극적인 선 자체나 선의 속성이 하는 역할에 가장 잘 맞는 유일한 속성이 있다하더라도 그와 일치하지 않는 다른 속성들이 있을 수 있으며 그런 경우에는 우리 모두 다 그것들이 선하다고 생각할지라도 실제로는 선하지 않다고 말한다. 그런데 우리 모두 다 악하다고 생각해왔던 사물들에 속한 속성은 선에 관한 우리의 논의 중에 선택된 역할을 수행하리라고는 생각할 수 없다고 주장하고 있다.

애덤스에게는 궁극적인 선의 역할에 가장 잘 맞는 속성이 무엇이든 간에 선은 비록 정도의 차이는 있지만 우리 모두의 찬양과 희망과 인식의 대상이다. 그는 우리가 선에 대한 우리 자신의 인식을 신뢰하지 않는다면 선의 개념을 파악하는 데에 실패할 뿐 아니라 궁극적인 선 자체와의 인식적인 접촉을 상실하게 된다고 주장한다. 하지만 그가 제시하는 주장은 궁극적인 선이 항상 우리의 이기적인 사랑의 대상이라는 것보다는 훨씬 심오하다. 애덤스에게 가장 정확한 것으로 보이는 이 영역에서 그가 제시하는 주장은 어떤 개체가 '탁월'이라는 의미에서 얼마나 선한가 하는 그 정도에 따라 우리가 실제로 하든 않든 간에 그 개체를 사랑하고 찬양하고 열망하는 것은 선한 일이라는 것이다. 애덤스는 'x는 탁월하다'는 말은 x를 가치 있게 여기는 것이 선할 뿐 아니라 x를 가치 있게 여기는 선함이 그로 인해 그 가치가 증명되는 더 궁극적인 가치와는 독립적으로 x의 본질적인 탁월함에 근거를 두고 있다고 믿는다.

유신론자인 애덤스는 하나님이 바로 이러한 역할을 한다고 생각하는 것이 당연한 일이라고 주장한다. 그는 이와 같은 근거를 바탕으로 해서 플라톤과 비슷하게 다음과 같은 주장을 한다. 즉 선의 속성은 궁극적인 선과 얼마나 유사한가에 있으며, 따라서 유한한 선은 궁극적인 기준에 부합하는 정도만큼 선하다고 할 수 있다는 것이다. 우리는 애덤스의 이러한 제안은 헌신된 유신론자라면 모두 다 기꺼이 동의할 만하다고 생각하며 안셀무스주의자라면 더욱 그럴 것이다. 애덤스는 단순히 궁극적인 선이 하나님에게 의존하고 있다는 것이 아니라 하나님이 곧 궁극적인 선이라고 말하고 있다. 그는 이와 같은 일치관계를 지지하고 있으며 따라서 궁극적인 선은 단순히 하나님의 한 속성이 아니라 하나님 자신이라고 주장한다. 이 견해는 단순성에 대한 전통적인 반론들을 피할 수 있게 해준다.[20]

궁극적인 선에 관한 플라톤의 형상이 지니는 뚜렷한 특징들을 생각

---

20 우리는 독자들에게 Gordon Pettitt의 통찰력 엿보이는 "Moral Objectivity, Implicity, and the Identity View of God," *Philosophia Christi*, 11, no. 1 (2009): 126-144을 참조하기 바란다. 그는 신과 궁극적인 선의 동일성을 설명하는 데에 있어서 단순성의 한계를 강조하고 있다. 그의 탁월한 통찰력을 보여주는 또 다른 예는 Adams를 비판한 Timothy Chappell에 대한 대답이다. 궁극적인 선은 Chappell에게는 적어도 측정의 한 방법이라는 의미에서는 기준은 아니다. 그보다는 궁극적인 선은 다른 개체들을 비교할 수 있는 모델에 불과하며 기준을 인식하는 능력에 한계가 있어서 오류를 범할 가능성이 때문에 분명하거나 정확하다고 할 수가 없다. 하지만 모든 기준들이 공적으로 규명되어야 할 필요는 없으며 Chappell이 주장하는 것처럼 측정을 위한 실제적인 도구로 사용되어야 할 필요도 없다. 궁극적인 선은 기준으로 사용하여 측정할 때 실제적이고 인식론적 장애가 발생하기는 하지만 여전히 기준으로 사용될 수 있는 것이다. Adams의 *"Finite and Infinite Goods"*에 대한 비평은 *Faith and Philosophy* 19 (2002): 373-378을 참조하라.

해보면 신이 그러한 묘사를 가장 잘 만족시켜주고 있다고 믿는 모든 이유들을 알 수 있을 것이다. 플라톤에게 있어서 궁극적 선이란 일상적인 형상이 아니라 그 어떤 것보다 존재론적으로 더 우선하는 것이며, 선의 모든 평가들 가운데 가장 궁극적인 기준이다. 그것은 태양에 비유되며 존재하는 모든 것들의 근원이다. 선의 경우에는 플라톤의 다른 형상들과는 달리 자기 서술적 정의가 문제가 되지 않는다. 적어도 최상의 선은 전통적인 유신론자들이 생각하는 하나님처럼 선은 스스로 그것의 선한 속성에 대해서 생각할 수 있기 때문이다. 더구나 플라톤주의자들은 유신론자들이 하나님에 관해서 생각하는 것처럼 궁극적인 본질적 선이 가능한 가장 좋은 진정한 행복의 근원이라고 자연스럽게 생각한다. 플라톤주의에서 궁극적인 선과 하나님의 개념은 모든 차원에서 너무나 꼭 같기 때문에 아무리 강조해도 지나치지 않는다.

4. 하나님의 필연성을 진지하게 생각하기

더 이상 우리의 주장을 펼쳐나가기 전에 도덕적 변증론에서 하나님과 선의 관계가 암시하는 몇 가지 의미들을 골라서 도덕 변증론에서 적용하려고 한다. 우리는 먼저 안셀무스주의의 허위성을 그대로 물려받은 두 가지 주장들을 서로 대조할 것이다. 하지만 곧 보게 되겠지만 그중 한 주장만이 반대가 가능한 방법이고 또 그 허위성을 드러내고 있는 반면에 다른 하나는 적어도 형이상학적이 아닌 인식론적인 선상에 있다는 것을 미리 이야기하려고 한다. 그런 다음에 왜 무신론은 모두 다 도덕적 허무주의로 이끌어간다는 주장들이 설득력이 약한지를 보여주려고 한다. 그 이유는 오래 전부터 비판의 대상이 되었던 한 주장의 전제들 그리고 그 방법론과 관련이 있다.

이제 C. 스티븐 레이먼(C. Stephen Layman)이 반론을 제기했던 주장을 살펴보자.

1. 신이 존재하지 않으면 객관적인 도덕적 진리는 존재하지 않는다.
2. 적어도 어떤 도덕적 진리들은 객관적이다.
3. 따라서 신은 존재한다.[21]

첫 번째 전제에서 객관적인 도덕적 진리란 인간의 신념에 의지하지 않는 도덕적 진리를 의미한다. 레이먼은 이 첫 번째 전제에 대한 우려 때문에 이 논증을 거부하고 있다. 예를 들어 플라톤주의가 옳다면 (1)은 거짓이 되며 레이먼은 플라톤주의가 참일 가능성이 적지 않다고 본다. 플라톤주의가 참이라면 조건(신이 존재하지 않는다면)이 참이면서 그 결론(객관적인 도덕적 진리는 존재하지 않는다)이 거짓인 경우를 보여줌으로써 (1)이 거짓임을 증명할 수 있다. 왜냐하면 플라톤주의는 필연적인 도덕적 진리, 즉 모든 가능 세계-신이 존재하지 않는 세계를 포함해서-에서도 필연적으로 존재하는 도덕적 진리가 있음을 제시하고 있기 때문이다.

---

21 C. Stephen Layman, "A Moral Argument for the Existence of God," Is *Goodness without God Good Enough? A Debate on Faith, Secularism, and Ethics*, ed. Robert K. Garcia and Nathan L. King (New York: Rowman & Littlefield, 2009), p. 51.

얼핏 보기에 레이먼은 신의 우연성을 지지하고 안셀무스주의가 거짓임을 주장하는 것처럼 보인다. 무신론적 세계(신이 존재하지 않는 세계)가 있을 수 있는 단 하나의 방법은 신의 존재가 우연적이라야 한다. 신이 필연적이라면 플라톤주의를 반증할 수 있는 사례는 찾을 수 없다. 객관적인 도덕적 진리가 존재하면서도 신이 존재하지 않는 세계는 가능하지 않으므로 존재할 수 없다. 반증하는 데에 필요한 사례가 성립되기 위해서는 무신론적 세계가 형이상학적으로 가능해야 하며 단순한 인식론적 가능성으로는 충분하지 않다. 폴 코판(Paul Copan)의 무신론적인 객관적 도덕성에 대한 마이클 마틴(Michael Martin)의 비평은 이처럼 불가능한 것을 전제함으로써 범한 실수의 좋은 사례인 것처럼 보인다.[22]

그렇지만 신의 필연성을 전제해야 할 필요가 있을 때에 무신론자(자연주의자가 아닌)는 플라톤주의를 반증할 수 있는 사례가 참(적어도 참일 가능성이 있다는)이라는 주장을 할 수 있다. 왜냐하면 신의 '필연성'을 인정하는 것은 문자적으로 신의 필연성을 인정하는 것과 실제적으로 신의 필연성을 인정하는 것 사이의 모호한 영역에 있기 때문이다. 문자적으로 읽는다면 다음과 같다.

4. 필연적으로 볼 때, 신이 되기 위한 자격은 필연성이다.

이 명제는 신이 존재하지 않더라도 참이다. 신의 필연성은 신의 지

---

22 Michael Martin, "A Response to Paul Copan's Critique of Atheistic Objective Morality," *Philosophia Christi* 2 (2000): 84-85.

위를 만족시키기 위한 조건의 하나일 뿐 그 자리가 공석일 수도 있는 것이다. 하지만 무신론자들은 '산타 할아버지는 북극에서 산다'와 유비할 수 있음에도 불구하고 필연성이 신과 연관되어 있음을 중요하게 여긴다. 이에 반해서 신의 필연성을 실제적으로 인정한다면 다음과 같다.

5. 신은 필연적으로 존재한다.

이 명제에 의하면 필연성이 신적 실존의 본질적 본성이 되는 것이다. 그리고 실존을 신의 술부로 표현하는 것에 부담을 느낀다면 신은 이 세계와 모든 가능 세계에서 존재한다고 말함으로써 신의 술부를 실존의 속성으로 보이게 하는 것은 피할 수 있을 것이다. 이처럼 신의 실제적인 필연성은 플라톤주의를 반증할 수 있는 사례가 거짓임을 수반한다.

전통적인 플라톤주의자라면(또는 다른 비유신론적인 도덕적 실재론자라면) 첫 번째 전제를 거부하는 것이 당연하며, 신의 필연적 존재를 믿는 유신론자라면 첫 번째 전제를 받아들일 것이다. 하지만 흥미롭게도 레이먼 자신은 전통적인 유신론자이지 플라톤주의자(적어도 비유신론자)는 아니다. 그렇다면 그가 신의 우연성을 믿고 있지는 않을 것인데 왜 플라톤주의에 그토록 힘을 실어주면서 (1)을 거부하는 것일까?

아마도 다음과 같은 이유 때문일 것이다. 그가 (1)을 거부한 것은 그것이 거짓이라고 확신했기 때문이라기보다는 타당성 입증에 필요한 지지가 아직 충분치 못하거나 명확성이 부족하다고 생각했기 때문이다. (1)이 틀림없이 참일 수 있지만 회의적인 사람들을 설득하기에는 좋지 않은 전제라고 본 것이다. 어떤 사람이 도덕성의 신에 대한 의존성을 의심한다면 또는 도덕성이 신 존재 증명을 위한 증거라는 데에 동의하지 않는다면 신의 필연성에도 회의적일 것이다. 그래서 레이먼은 (1)이 거짓으로 인식될 수 있는 가능성과 이 전제에 대한 원칙적인 저항감 때문에 인식론적으로 더 겸손한 접근 방법이 필요함을 느꼈으며 그래서 신 존재 증명을 위한 더 나은 도덕적 논증을 다른 곳에서 찾으려고 노력했고 나름대로 성공했으며 앞으로 다른 장에서 그의 새로운 논증을 살펴보게 될 것이다.

우리는 이제 레이먼과 존 밀리켄(John Milliken)을 서로 비교하면서 대조해보려고 한다. 밀리켄은 최근에 『필로소피아 크리스티』(*Philosophia Christi*)에 기고한 글에서 마이클 마틴의 비평에 대한 대답으로 다음과 같이 주장하고 있다.

> 도덕성이 신에게 반드시 의존해야 한다는 것이 아니라 그럴 수도 있다는 것이다. 따라서 그러므로 마틴의 반대는 별로 의미가 없다. 왜냐하면 나는 신 없이도 도덕성은 존재할 수 있다는 것을 여전히 인정할 수 있기 때문이다.[23]

밀리켄이 생각하는 세계는 신이 없는데도 "인간들이 서로에게 도덕

---

23 John Milliken, "Euthyphro, the Good, and the Right," *Philosophia Christi* 11, no. 1 (2009): 145-155 참조.

적 행동을 요구할 수 있다."²⁴ 여기서 주목할 것은 밀리켄의 세계가 신만 없을 뿐 우리가 살고 있는 세계와 똑같은 세계라는 것이다. 우리는 그가 무슨 생각으로 그런 주장을 하는지 알고 있다. 하지만 만일 안셀무스주의 신학이 암시하는 것처럼 신이 필연적으로 존재한다면 신이 없으면서도 우리 같은 인간들이 존재하는 세계는 형이상학적으로 불가능한 것이다. 밀리켄 역시 이와 같은 사실을 인정하면서도 도덕성이 존재하고 동시에 신이 존재하지 않는 것이 가능한가 하는 단순한 메타윤리적인 문제로부터 형이상학적인 문제를 제외하는 것이 현명하다고 말하고 있다.

그런데 거짓인 명제를 조건으로 삼음으로써 그 명제가 거짓임을 입증하는 논증법들은 매우 효과적이기는 해도 메타윤리적인 질문을 물을 때에 형이상학적인 문제를 고려하는 것은 매우 적절하므로 아무런 해명 없이도 그와 같은 형이상학적 문제를 적용할 수 있다. 우리가 레이먼의 주장을 평가할 때처럼 밀리켄이 형이상학과 인식론을 구분했더라면 그는 자신의 주장을 보호할 수도 있었겠지만 그러지 않았기 때문에 비판을 면치 못한 것이다. 아무튼 메타윤리학적 토론에 형이상학적인 문제를 적용했더라면 밀리켄이 '반드시 그래야만 하는 것'과 '그럴 수도 있음'을 구분하는 것보다 마틴의 비판에 훨씬 효과적으로 응수할 수 있었을 것이다.

여기서는 밀리켄의 구분은 큰 도움이 되지 못한 것으로 보인다. 왜

---

24 Ibid.

냐하면 그가 어떤 의미의 가능성을 사용하고 있는지가 불분명하기 때문이다. 그가 형이상학적 가능성을 의미하고 있지 않는 것은 분명해 보인다. 그가 안셀무스주의에서 말하는 신이 존재한다고 믿고 있는 것으로 보이기 때문이다. 하지만 그가 말하는 가능성이 단지 인식론적이라면 그처럼 중대한 메타윤리적인 주장의 근거로서는 그 개념이 너무 약하고 내용이 빈약하다고 할 수 있다.

특히 이 장에서 살펴보고 있는 필연성에 관한 연대기적 고찰에서는 실재론이 유신론적 윤리에 도전할 수 있다는 마틴의 반론에 대한 더 나은 대답은 안셀무스주의가 마틴보다는 필연적인 진리를 훨씬 더 잘 설명할 수 있다는 것이다. 필연적인 진리들은 플랜팅가가 "반실재론자가 되는 방법"(How To Be an Anti-Realist)에서 주장한 것처럼 신이 이 세계와 가능한 모든 세계에서 생각할 수 있는 생각들이기 때문이다.[25] 따라서 우리는 무신론적 세계에도 도덕성이 존재할 수 있다는 밀리켄의 무성의한 주장에 동의할 수 없다. 그가 자신의 주장에 보다 큰 힘을 실으려면 적어도 안셀무스주의에 대한 보다 원칙적인 반론을 제기했어야 할 것이다. 따라서 이제 우리는 자연스럽게 우리의 주장을 진술하면서 이 장을 마무리할 수 있게 된다.

---

25 Alvin Plantinga, "How to Be an Anti-Realist," *Proceedings and Addresses of the American Philosophical Association* 56, no. 1 (New York: State University of New York Press, 1982). Robert M. Adams도 이와 비슷한 주장을 하고 있다. Adams는 자신의 한 논문 마지막 부분에서 필연적인 진리에 대한 인간의 인식을 다루면서 Plantinga와 비슷한 견해를 진술하고 있다. 그는 다른 학자들의 설명은 부족한 점이 많아서 Leibniz에게서 모든 아이디어를 빌려왔음을 밝히고 있다. Robert Adams, "Divine Necessity," *Journal of Philosophy* 80 (1983): 751 참조.

5. 완고한 주장을 부여하는 자격

우리는 여기서 우리의 주장이 지니는 가장 현저한 의미를 먼저 이야기하려고 한다. 레이먼이 거부했던 논증, 즉 "만일 신이 존재하지 않는다면 객관적인 도덕적 진리는 존재하지 않는다"는 것을 첫 번째 전제로 삼고 있는 논증을 다시 살펴보기로 하자. 우리는 안셀무스주의의 신이 존재하지 않는 세계에서는 그 어떤 것도 확신 있게 말할 수 없다고 믿는 경향이 있기 때문에 우리는 실제적인 의미에서 첫 번째 전제가 참이라고 주장할 수 있다. 만일 신이 존재하지 않는다면 개관적인 도덕적 사실은 존재할 수 없다. 그와 같은 세계는 존재할 수 없고 그럴 가능성이 전혀 없기 때문에 아무런 특징도 가질 수 없기 때문이다. 그럼에도 우리가 레이먼과 동의하는 것은 이 전제가 도덕적 변증론의 출발점으로는 좋지 않다는 것을 인정하기 때문이다. 그 이유는 무엇일까?

왜냐하면 어떤 사람이 "만일 신이 존재하지 않는다면 객관적인 도덕적 사실은 존재하지 않는다"라는 조건을 제시한다면 그가 그렇게 말하는 의미는 밀리켄과 같은 맥락에서 대강 다음과 같은 것이 될 것이다. 다른 모든 것은 동일하다. 세계는 현재 있는 그대로 똑같다. 하지만 거기서 신의 존재를 제거한다면 그와 같은 세계에 도덕성은 존재하지 않는다. 이러한 가정을 위해서는 안셀무스주의의 신보다 못한 신이 전제되어야 한다. 하지만 당분간 그대로 추론을 진행시켜보자.

먼저 우리가 유신론자라고 가정하자. 그런데 만일 신이 없다면 무신론자의 주장이 옳을 것이다. 우리는 여전히 관계를 맺으며 살아가게 될 것이고 사랑과 도덕적 상호작용도 계속해 나가게 될 것이다. 게다가 우리는 윤리적으로 살아야 할 실용적인 이유도 있을 것이고 도덕성의 객관적 본성에 대한 확신도 있을 것이며 우리가 옳은 일을 했을 때 '도덕적인 만족감'도 느낄 수 있을 것이다. 이 모든 것을 종합하면 매우 복합적인 그림이 그려질 것이다. 만일 신이 없으면, 신이 창조하지 않았으며, 붙들고 운영하지 않는데 그처럼 복합적인 세계가 가능하다면, 무신론자들은 세속적인 윤리의 문제에 있어서 자신의 주장을 고집할 만한 인식론적 근거를 가질 수 있을 것이다. 심지어는 도덕적 논증이 유신론의 긍정적인 증거를 제공하는 강력한 설득력이 있더라도 무신론자들의 주장은 타당성을 가질 것이다.

그럼에도 비유신론적인 윤리 이론을 수립하려고 하는 세속주의자들은 다음과 같은 도전에 부딪치게 될 것인데, 이 도전들은 극복하기가 불가능할 것이지만 그 도전에 직면한다고 해서 곧바로 자신들의 주장을 포기하지는 않을 것이다. 그 이유는 포기하지 않아도 비합리적으로 보이지는 않을 것이기 때문이다.

그 어떤 세계관이든 나름대로 대답해야 할 매우 어려운 질문들을 가지고 있다. 실제로 세속주의자들은 자신의 윤리 이론을 세우는 데에 필요한 자료들은 얼마든지 구할 수 있다. 우리는 그들의 노력이 궁극적으로는 실패할 것으로 믿고 있지만 우리가 여기서 진지하게 받아들이는 사실은 만일 신이 존재하지 않는다면 안셀무스주의는 전적으로 잘못이라는 것이다.[26] 도덕성을 이해하려는 우리의 노력도 실패할 것이고, 실재에 대한 우리의 근본적인 관념도 전적으로 거짓인 것으로 판명될 것이다. 그렇게 되면 우리는 이 문제에 있어서는 철학적인 패배를 인정해야 할 것이다.

하지만 우리는 신이 존재한다는 사실을 확신하며 또 우리가 취할 수 있는 가장 합리적인 입장은 신이 존재할 뿐 아니라 필연적으로 존재한다는 것이다. 그리고 신의 존재를 믿는 우리의 주장이 타당해야 하는 가장 중요한 이유는 신이 존재해야만 도덕성의 모든 뚜렷한 특성들이 이해가 가능하다는 것이다. 즉 객관적 선과 악, 옳음과 그름, 권리와 의무, 도덕적 자유와 책임, 필연적 진리와 깊은 후회, 죄의식과 성취 등 모든 도덕적 사실들이 신이 존재해야만 의미를 갖게 되는 것이다. 신이 존재하면 그러한 도덕적 사실들이 근본적인 근거를 갖게 된다. 그리고 그러한 도덕적 사실들은 신이 존재하는 강력한 증거가 된다. 우리가 주장하는 것같이 신과 도덕성의 관계가 이처럼 밀접하고 유기적이라면 그것이 바로 우리 모두가 기대할 수밖에 없는 것이기 때문이다.

아무튼 다시 말하지만 만일 우리가 잘못이고 신이 존재하지 않는다면 우리는 모든 면에서 철저하게 잘못될 것이다. 신의 존재는 실재에

---

26 몇 가지 분명한 이유들 때문에 자연주의는 도덕성뿐 아니라 인간의 다른 주요한 차원의 경험들도 설명하기에 적절하지 않다. J. P. Moreland's *The Recalcitrant Imago Dei: Human Persons and the Failure of Naturalism* (London: SCM Press, 2009); Stewart Goetz and Charles Taliaferro, *Naturalism* (Grand Rapids, MI: Eerdmans, 2008)을 참조하라.

대한 우리의 이해에 전적으로 영향을 미치고 있으며 이 사실은 아무리 강조해도 지나치지 않는다. 안셀무스주의자들이 옳고 무신론자들은 철저하게 잘못된 것이거나 아니면 무신론자들이 옳고 유신론자들은 근본적으로 잘못된 것이다. 이는 명백한 사실이지만 분명하게 이야기해둘 가치가 있다. 이 세계가 실제로 존재하는 방식이 매우 중대한 차이를 가져온다. 이 현실세계는 유신론적이나 아니면 무신론적이다. 실제로 존재하지 않는 세계의 특징들에 관해서 추측하기 위해서는 엄청난 인식론적 겸손을 필요로 한다. 즉 그것은 두 철학적 진영 중 어느 쪽이든 마찬가지일 것이다.

우리는 무신론적 세계가 참되지 않을 뿐 아니라 본질적으로 가능할 수 없는 세계라는 합리적인 뚜렷한 이유들을 갖고 있기 때문에 있지도 않는다고 생각하는 무신론적 세계의 특징들을 이야기하는 것은 내키지 않는 일이다. 따라서 유신론적 세계가 어떤 것이어야 한다고 미리 생각하고서 이에 맞춰서 신 존재 증명을 위한 도덕적 논증을 수립해가고 싶지는 않다. 이런 의미에서 우리는 첫 번째 전제가 논증의 출발점으로는 적절하지 않다는 레이먼의 견해에 동의한다.

하지만 우리는 방향을 약간 바꾸어서 가추법적 용어(abductive terms)를 시도하기로 한다. 즉 설명을 가장 잘 한 것을 추론하는 것이 참일 가능성이 높다는 논법, 다시 말해 유신론이 일반적으로 받아들여지고 있는 도덕성의 특징들을 무신론보다 더 잘 설명할 수 있으면 그만큼 유신론이 더 진리라는 것이다. 이 접근방법은 인식론적 겸손을 필요로 하기는 하지만 무신론적 세계의 특징들이 어떻다는 것을 분명하게 이야기할 필요가 없어진다.

어떤 의미에서는 이 방법은 무신론자들에게도 예의를 지키는 것이 된다. 왜냐하면 그들의 세계관이 옳다면 우리가 철저하게 잘못일 가능성이 있다는 것을 인정하고 있고 우리는 도덕성에 관해서 여러 가지로 잘못 생각하고 있을 가능성을 열어두고 있기 때문이다.

하지만 다른 한편으로는 우리의 접근 방법이 세속주의자들에게 매우 강경한 태도를 보이고 있다고 할 수 있는데 그 이유는 그들에게 도덕적 플라톤주의의 가능성을 전혀 허락하지 않고 있으며 무신론적 세계에 대한 인식론적 가능성은 어느 정도 인정하고 모호한 생각을 품을 수는 있지만 더 이상은 허용할 수 없다는 주장을 하고 있기 때문이다.[27]

우리는 밀리켄이 주장하듯이 다른 모든 것은 동일하고 다만 신만 존재하지 않을 수 있는 가능성을 인정하지 않는다. 이런 가능성은 유신론자들을 매우 불리한 입장에 빠뜨릴 수 있기 때문이다. 우리는 단지 논쟁에 이기기 위해서 무언가를 부정하지는 않는다. 하지만 우리는

---

27 John M. Rist는 다음과 같이 이야기하고 있다. "Platon은 형상들(궁극적인 선을 포함한)을 도덕적 원형으로 설명함으로써 형이상학적 망각의 세계로 그들을 밀어 넣고 있다. 이 형상들은 그들을 인식하는 정신이나 인간이나 신이 없어도 본질적으로 인식될 수 있는, 단순한 사상이나 개념이 아닌 생각의 대상인 개체들이다. 하지만 어거스틴이 깨달았듯이, 그리고 그리스의 신플라톤주의자들이 주장하고 있듯이, 끊임없이 생각하는 주체가 없는, 단지 생각의 영원한 대상(따라서 Platon에게는 생각의 원인)이라는 개념은 지적 능력을 가지지 못한다. 지적 능력이 있는 형상들은 단지 개념으로만 제시된 적이 없으며 Platon이 처음에 제안한 대로, 즉 자유롭게 정착되지 않은 개체로 제시될 수 없다." John M. Rist, *Real Ethics: Rethinking the Foundations of Morality* (Cambridge: Cambridge University Press, 2002), p. 40.

우리가 생각하는 가장 합리적이라는 하나님의 그림에 관해 정말로 가능한지 또는 불가능한지에 대해서는 매우 진지하게 생각하고 있다. 그리고 이와 같은 신의 견해는 하나님을 형이상학적 공식에서 쉽게 제거할 수 있는 잘못된 논증들을 철저하게 부정하고 있다.

유신론적 윤리주의자들이 행하는 훨씬 일반적인 모습은 대부분 윌리엄 레인 크레이그(William Lane Craig)가 논증하는 것처럼 무신론이 도덕적 허무주의나 그 주변으로 결국 이어진다고 주장하는 것이다. 우리는 그와 같은 주장이 왜 별로 설득력이 없는지를 이해할 수 있다고 논증하는 것이다. 특히 원리에 강하고 통찰력 있는 무신론자들은 허무주의를 피하기 위한 모든 자원들을 잘 알고 있다.[28] 만일 무신론자들이 합리적이고 상호주관적인 도덕적 동의와 도덕성에 만족하고 있으며, 평생 동안 지속되는 사랑의 관계와 사회적 네트워크를 유지한다면, 그들은 비합리적인 이유로 무언가를 부정하지는 않을 것이다.

또한 세속적 윤리가 도덕적 허무주의에 빠지지 않기 위한 자원들이 부족하다고 믿는 크레이그의 주장에 동조할 정도로 무신론자들이 비합리적이지는 않을 것이 분명하다. 크레이그의 주장이 궁극적으로는 타당성이 있더라도 많은 유신론자들이 믿고 있는 것처럼 설득력이 있는 것은 아니다. 우리는 크레이그의 주장이 궁극적으로 참이 아니라고 주장하는 것이 절대로 아니다. 크레이그는 유신론적 주장으로 나름대로 자신의 입장을 지니고 있다.

---

28 Craig, "The Kurtz/Craig Debate: Is Goodness without God Good Enough?" in *Is Goodness without God Good Enough?*, pp. 25-46.

하지만 우리가 제안하는 대안은 무신론자들에게 다음과 같은 사실을 상기시켜주는 것이다. 즉 우리가 마치 무신론자들이 우리들의 유신론적인 세계를 가상적인 세계로 보듯이, 우리는 그들이 생각하고 있는 무신론적인 세계를 가상적인 세계로 본다. 우리는 의도적으로 이 두 세계 중 하나만이 실재라는 주장을 진지하게 제시하는 것이다.

우리는 크레이그의 접근 방법이 어떤 면에서는 아이러니하다고 본다. 만일 우리가 하나님이 존재하지 않을 가능성도 있다는 것을 인정하게 된다면 무신론이 형이상학적으로 가능할 수도 있다는 점도 인정해야 한다고 레이먼이 말했을 때, 크레이그는 하나님이 존재하지 않을 수도 있다는 것과 관련해 인식론적 가능성만을 허용하자고 올바르게 제안한다. 그리고 비평가들이 크레이그에게 신이 악한 명령을 내리는 상황을 가정해보자고 제안했을 때 크레이그는 한마디로 거절했다. 그 이유는 자신의 견해에 의하면 하나님은 철저하게 선한 분이기 때문에 그런 불가능한 상황을 설정하는 실험을 할 필요가 없다는 데 있다.

하지만 이론가들이 현실세계의 특징들—크레이그나 우리의 견해에서는 하나님이 존재하지 않는다면 절대로 불가능해 보이는 특징들—을 기초로 해서 세속적인 윤리학을 구성하려고 시도했을 때에, 크레이그는 그 실험에 응했고 무신론자들이 그와 같은 특징들을 기초로 해서 무신론적인 윤리 체계를 수립하도록 암묵적으로 허용했다. 그가 그것을 허용한 것은 그렇게 수립된 윤리 체계는 결국 다양한 반론에 부딪치게 될 것으로 생각했기 때문이었다. 하지만 더 중요한 것은 신이 안셀무스주의의 신이라면 현재의 특징들을 가진 이 세계는 하나님 없이는 불가능 세계라는 사실이 더욱 명백하게 인식될 수 있다는 것이다.

그 실험에 참여하면서, 크레이그는 (크레이그가 옳다면) 하나님이 존재한다면 존재할 수밖에 없는 세계의 특징들 위에서 무신론자들이 자신들의 도덕 체계를 구성하도록 내버려 둔다. 그리고 이런 특징들 중 일부는 눈에 보일 정도로 충분히 그리고 무신론자들이 꽤 자신감을 보일 정도로 무신론자들에게 퍼져있다.

하나님이 존재하지 않을 수도 있다는 인식론적 가능성이 사실일 수도 있지만, 크레이그도 잘 알고 있듯이, 그것으로부터는 어떤 의미 있는 결론이 도출되지 않는다. 하지만 논의의 중요한 이 시점에서 크레이그가 이러한 점을 분명하게 지적하지 못함으로써, 세속적 윤리에 대한 크레이그의 비판은 유신론적 윤리에 대한 그의 변호만큼 무게감 있는 설득력을 발휘하지 못한다. 그리고 세속적인 윤리주의자들은 자신들의 방법론에는 어떤 의심할 만한 점이 없다고 확신하는데, 불행하게도 크레이그는 그들의 확신을 암묵적으로 지지한다. 우리는 그들의 방법론이 어쩌면 논점을 회피하고 있다고 주장할 것이다.

Divine Command Theory

6장:
신명론

신에 대한 우리 인간들의 태도는 공경, 사랑, 경외이어야 한다. 거룩한 법 제정자이신 신을 공경하고, 은혜로운 통치자이신 신을 사랑하고 정의로운 재판장이신 신을 경외하여야 한다.

_ 임마누엘 칸트[1]

---

1 Immanuel Kant and Louis Infield, *Lectures on Ethics* (Indianapolis, IN: Hackett, 1980), p. 97.

"심슨 가족"(*The Simpsons*)이라는 TV 만화 프로그램을 보면 호머 심슨의 동네 친구인 네드 플랜더스가 바로 신명론(divine command theory)의 입장을 대변하고 있다. 네드는 신앙심이 깊은데다가 거룩한 척하는데도 늘 명랑하고 선량해서 시청자들의 사랑을 받는다. 제랄드 J. 에리언(Gerald J. Erion)과 조셉 제카르디(Joseph Zeccardi)는 네드의 성격을 다음과 같이 분석하고 있다.

> 스프링필드에서 네드 플랜더스는 종교가 윤리에 어떤 영향을 미칠 수 있는지(물론 이외에도 영향을 미치는 방법에는 여러 가지가 있을 수 있지만)를 잘 보여주고 있다. 네드는 철학자들이 흔히 말하는 신명론자이다. 도덕성이 신의 명령이 갖는 기능의 하나라고 그는 믿고 있다. 네드에게 '도덕적으로 옳다'는 것은 곧 '하나님이 명령한 것'을 의미한다. 그리고 '도덕적으로 잘못된 것'은 곧 '하나님이 금지한 것'을 의미한다. 따라서 네드는 도덕적인 딜레마에 부딪치게 되면 러브조이 목사에게 찾아가거나 아니면 하나님에게 직접 기도한다. 예를 들어서 네드는 안식일 날 '킹 오브 힐'이라는 게임에서 '깃대 빼앗기' 놀이를 로드와 토드라는 친구와 해도 좋은지 러브조이 목사에게 물어본다. 그러자 목사는 "네드야, 하고 싶으면 그냥 하지 그러니"라고 귀찮은 듯이 대답한다. 네드는 또한 러브조이 목사한테 전화를 해서 그가 새로 양육해야 하는 아이들인 바트와 리사, 매기에게 침례를 받게 해야 할지 묻는다(마침 그 때 러브조이 목사는 지하실에 설치해놓은 모형 기차들로 놀고 있다가, 네드의 전화를 받자 "네드, 다른 좋은 종교들도 많은데 개종하고 싶은 생각은 없어? 모든 종교는 다 똑같아"라고 진지하게 묻는다). 그리고 한번은 '태풍 네디'가 스프링필드에 불어와 다른 집들은 아무런 피해가 없는데 자기 집만 날아가 버리자 그는 하나님

에게 해명을 구하면서 이렇게 기도한다. "하나님, 나는 성경이 말씀하는 것은 서로 반대되는 것까지 다 지켰는데요." 이처럼 네드는 도덕적 문제에 부딪치면 그 해답을 스스로 생각해서 구하기보다는 적절한 하나님의 명령에서 찾을 수 있다고 믿고 있다. 네드의 신앙은 철저하게 맹목적이지만 도덕적 속도 유지 장치(cruise-control)에 의지해서 모든 딜레마를 효과적으로 해결하고 있다.[2]

하지만 이 이야기는 단순히 재밌는 이야기만은 아니다. 우리가 이 장의 원고를 쓰고 있는 바로 이번 주에 이란의 최고 지도자인 이슬람교 성직자가 테헤란의 주민들과 다른 모든 국민들에게 경고하면서 아마디네자드 대통령 선거에서 저질러진 부정과 부패에 대해서 집단 항의시위를 벌이지 말 것을 명령했다. 그리고 그래도 항의시위를 멈추지 않으면 엄중한 처벌을 가하겠다고 발표했다. 그는 선거에 대한 '공식적' 정부의 발표에 종교적 권위를 실어줌으로써 종교가 사회악을 조장하는 데에 사용될 수 있다는 또 다른 증거를 남기고 있다. 신명론(Divine Command Theory)은 이처럼 종교가 실제로는 도덕성을 파괴하는 데에 사용되고 있다는 비난을 면치 못하게 하는 주범으로 작용하고 있다.

그래서 지금까지 이 책에서 우리는 오컴주의적 주의주의(voluntarism)가 유신론적 윤리를 설명하기에는 너무 투박하고 극복하기 힘든 많은 비평들을 야기하기 때문에 논의에서 제외시켜 왔다. 하지만 동시에 우리는 도덕성을 진지하게 살펴보면 살펴볼수록 하나님이 아니고서는

---

[2] *The Simpsons and Philosophy: The D'oh! of Homer* (Chicago: Open Court, 2001), pp. 54-55.

도덕성을 잘 설명할 수 없음을 주장해왔다. 그런데 우리는 여전히 오컴주의를 회피할 수 있는 유신론적 윤리를 정립해야 할 필요가 있었다. 그러기 위해서 한 가지 분명한 사실은 종교적 도덕성을 효과적으로 변호하기 위해서는 하나님의 선하심이 인식될 수 있어야 하고 한 점 어두운 것이나 부족한 부분이 없어야 했다. 우리는 아퀴나스와 안셀무스 그리고 유신론적 행동주의의 전통에 서서 하나님은 본질적으로 선하며 궁극적인 선 자체라는 주장에 동의해왔다. 우리는 하나님은 선하다와 하나님은 궁극적인 선이라는 명제가 도덕성을 설명하는 데에 반드시 필요하다고 보고 있으며 지난 수세기 동안 철학자들과 신학자들이 이에 대해서 어떻게 말해왔는지를 살펴보았다. 기독교 유신론자들이 이와 같은 견해를 효과적으로 변호하는 데에 사용했던 근거들을 찾아내는 데에 큰 도움을 얻을 수 있었다.

우리의 (도덕적 선에 관한) 가치론은 분명히 비주의주의적이지만 (도덕적 의무에 관한) 의무론은 그렇지 않다.[3] 도덕적 의무는 도덕적으로 옳은 것이 무엇인지를 보여주는 가장 분명한 사례이다. 어떤 행위들은 도덕적으로 옳기는 하지만 의무가 아닐 수 있다. 하지만 이에 반해서 도덕적 의무는 자의적이 아니라 필수적이다. 이 도덕적 의무들은 권위적이며 제약적이고 도덕적으로 우리가 반드시 해야 할 일들을 지시하고

---

3   William P. Alston, "Some Suggestions for Divine Command Theorists," *Christian Theism and the Problems of Philosophy*, ed. Michael D. Beaty (Notre Dame, IN: University of Notre Dame Press, 1990), pp. 303-326, Alston은 도덕적인 의무에 신명론(Divine Command Theory)을 제한적으로 적용하기를 권하고 있다.

있다. 도덕적 의무들은 우리가 수행하지 않으면 도덕적인 비난을 면할 수 없다. 우리는 이 장에서 신명론의 한 유형을 변호하려고 하며—도덕적 선(가치론적으로)이 아닌 도덕적 옳음(의무적인 문제)에 관한—이를 통해서 우리의 도덕적 논증을 강화하려고 한다.[4]

1. 윤리의 범위와 의미론적 관심

먼저 이 도덕적 논증이 윤리 이론의 보다 넓은 틀에서 어떤 의미를 지니는지 알아보기로 한다. 윤리는 일반적으로 응용윤리, 규범윤리 그리고 메타윤리 등 세 분야로 나뉜다.

'응용윤리'(applied ethics)는 말 그대로 실제 생활에서 일어나는 윤리의 문제들을 다룬다. 즉 의학윤리, 경영윤리, 환경윤리 등 실제적인 영역에서 발견되는 안락사, 낙태, 고문 등과 같은 문제들을 다루고 있다.

'규범윤리'(normative ethics)는 옳음과 그릇됨의 본성, 도덕적 의무나 허용 그리고 의무적인 요구 이상의 덕을 필요로 하는 초과의무(supererogation)의 문제를 다룬다. 초과의무적인 행동의 한 예로는 자신의 수입 절반 이상을 자선 사업에 기부하는 것을 들 수 있다. 그런 행동을 하면 칭찬을 받겠지만 그런 행동을 하지 않는다고 해서 비난을 당하지는 않는다. 로버트 애덤스(Robert Adams)는 최근에 쓴 도덕적 덕에 관

---

4 도덕적 옳음에 관한 보다 자세한 토론을 원하면 Stephen Darwall, *The Second Person Standpoint* (Cambridge, MA: Harvard University Press, 2006)을 참조.

한 책에서 규범윤리보다는 '본질윤리'(substantive ethics)를 다루면서 플라톤적이든 칸트적이든 또는 결과론적이든 도덕적 의무뿐만 아니라 아리스토텔레스에게서 발견되는 덕 등, 우리가 이상적으로 지향해야 하는 덕들을 이야기하고 있다.[5] 우리는 이 장에서 도덕적 옳음에 관한 신명론을 소개하고 변호하려고 하므로 규범윤리의 문제들을 주로 다루겠지만 가치론과 인식론 분야의 문제들도 언급하게 될 것이다. 신명론을 변호할 수 있도록 개선하려고 하면 여러 가지 문제가 따를 수밖에 없는데 그중 예상되는 몇몇 질문들에는 이미 대답했고 다른 문제들은 앞으로 다른 장에서 자세히 다루게 될 것이다.

'메타윤리'(meta-ethics)는 윤리의 모든 분야에서 가장 이론적이라고 할 수 있다. 메타윤리는 윤리에 대한 다음과 같은 근본적인 질문들을 묻고 있다. 객관적인 도덕적 사실들은 존재하는가? 도덕성과 합리성 사이에는 어떤 관계가 있는가? '좋음'과 '나쁨'의 용어는 어떤 의미가 있는가? 도덕적 진리가 존재한다면 그 내용은 어떻게 알 수 있는가? 필 퀸(Phil Quinn)과 같은 철학자는 메타윤리와 도덕적 의미론의 문제를 실제적으로 동일시하고 있다. 하지만 우리는 메타윤리의 영역을 더 확장시켜 형이상학적, 의미론적, 인식론적 문제들 그리고 도덕성과 합리성의 관계까지 포함시키려고 하며 이 문제들을 앞으로 각각 다른 장에서 계속 다루게 될 것이다.

하지만 20세기의 분석철학에서 메타윤리를 도덕적 용어들의 의미

---

5   Robert Merrihew Adams, *A Theory of Virtue: Excellence in Being for the Good* (Oxford: Oxford University Press, 2006), 서론.

에만 국한시키고 있는 것은 퀸뿐만이 아니다. 더구나 많은 철학자들이 이 메타윤리의 관심을 윤리학과 관련된 철학적 문제들 중에서 가장 중요하게 여겨온 것은 사실이다. 그로 인해서 철학 전반에 걸쳐서 그리고 특히 윤리학에서 '의미론적 전환'(semantic turn)이 크게 일어났는데 주로 비트겐슈타인과 논리 실증주의자들의 저술에서 영향을 받았다고 할 수 있다. 이와 같은 철학자들의 저서들에 의해서 관심을 갖게 된 것은 도덕 용어들을 정의하느라 윤리의 본질적 질문들이 오히려 소홀하게 되었다는 사실이다- 이 주장은 도덕성을 정서주의(emotivism)로 환원시킨 몇몇 철학자들에게만 영향을 미친 것은 아니다[6]

사실 도덕적 언어의 논리를 조사해보면 이 언어가 어떤 방법으로 사용되어 왔는지를 알게 된다. 예를 들어 의무에 관한 언어를 살펴보기로 하자. 사람들은 소외당한 사람들을 위해서 어떤 행동을 반드시 해야 한다는 문장을 생각해보자. 그와 같은 언어는 단순한 기술이 아니라 어떤 행동에 대한 특별한 태도를 취하는 규범적이고도 평가적 언어라고 할 수 있다. 어떤 행동을 의무라고 부르는 것은 우리에게 어떤 행동을 규정하는 것이고 필요한 상황이 발생하면 그런 행동을 하도록 요구하며, 그리고 그런 의무는 우리뿐만 아니라 모든 사람에게

---

6 Robert M. Adams는 분석 철학자들의 저술을 이렇게 특징짓고 있다. "그들의 철학 스타일이 '분석적'이라고 부르는 이유는 철학이 이해의 실제적인 과정을 돕는 가장 좋은 방법이 단어와 문장의 의미를 분석하는 것이라는 그들의 접근 방법 때문이다. 그래서 철학자들은 '물리적 양태'에서 '형식적인 양태'로 바꾸도록 강요받은 것이다. 다시 말해 사물의 본성보다는 사물들을 지시하는 언어들의 의미에 관해서, 예를 들자면 선의 본성보다는 선의 의미에 대해서 이야기하기 시작한 것이다. 그래서 도덕 철학의 가장 주요한 과제는 도덕적 언어의 의미를 분석하는 것이다." Adams, *Finite and Infinite Goods*, p. 5.

해당하며 아무도 이를 부정하지 않는다.

그럼에도 이 책에서 더욱 중요하게 여기는 원리는 의미론적인 질문만으로는 이 주제를 심오하게 다룰 수 없으며 이 주제에 대한 결론을 이끌어낼 수는 없다는 것이다. '옳음'(right)의 의미도 중요하지만 '옳음'의 본질이나 본성은 또 다른 문제이며 이는 다른 도덕 용어들도 마찬가지이다. 용어 정의와 본질은 관련이 있지만 그 관계가 앞에서도 지적한 바 있고 이 장에서도 보다 분명히 밝혀지겠지만 단순히 동일한 것은 절대로 아니다.

보다 최근에 철학자들이 쓴 책들을 보면 이 문제들을 더 깊이 이해할 수 있으며 의미론적인 면에만 초점을 맞추는 좁은 시야를 벗어나고 있다. 그런데 애덤스도 이와 같은 새로운 저서들이 나오기 전에는 도덕적 옳음의 의미론적 분석에만 집중했으며 최근에서야 비로소 새로운 관점을 자신의 견해에 적용시킬 수 있었다. 그래서 우리는 이 초기 애덤스 견해를 '초기 애덤스 견해'라고 부르고, 새로운 통찰들을 접목시킨 최근 견해를 '후기 애덤스 견해'라고 부르기로 한다. 하지만 애덤스가 신명론에 관한 세미나를 통해서 수립한 견해를 살펴보기 전에 먼저 의무에 관한 언어들이 기독교 역사에서 어떻게 사용되어 왔는지를 알아보기로 한다. 왜냐하면 그랬을 때 이 책에서 다루고 있는 주제와 관련 있는 문제들이 자연스럽게 제기되기 때문이다.

2. 알레스데어 맥킨타이어
   역사적 분석의 한계와 그의 아퀴나스적 전환

도덕적 의무가 도덕성의 전체적인 구조를 이루고 있는 것은 절대로 아니다. 실제로 우리는 도덕적 의무를 도덕성과 비교하자면 마치 큰 성의 현관에 있는 작은 벽장에 비견할 수 있다. 도덕성은 그만큼 더 아름답고 많은 방들과 비밀스러운 공간들을 가지고 있다. 그래서 어떤 철학자들은 실제로 도덕적 의무에 대한 특별한 관심을 가질 필요가 없다고까지 말하고 있다. 우리가 어떤 의무를 행해야 하는 것으로부터 초점을 돌려서 우리가 어떤 인간이 되어야 하는지를 묻는다면 의무보다는 갖추어야 할 덕에 관심을 기울일 수 있을 것이다. 예를 들어 아리스토텔레스는 도덕적 의무에는 별다른 관심을 기울이지 않았으며 갖추어야 할 덕에만 초점을 맞추었다.

우리는 앞으로 한 장에서 덕들에 관해서 이야기하게 될 것이며 덕들이 의무보다 여러 가지 매우 중요한 의미에서 훨씬 가치 있다고 보는 견해에 동조하게 될 것이다. 하지만 동시에 우리들은 적어도 이 시점에서 도덕적 의무가 매우 중요하고 윤리의 본질적인 면을 이루고 있으므로 도덕적 의무들을 진지하게 다루지 않고서는 의미 있는 윤리이론을 수립하기 어려울 것이라고 본다. 그리고 어떤 접근 방법이 도덕적 의무를 고려하는 데에 소홀하면 할수록 그만큼 그것이 결점이 되어 비판의 증거로 사용되게 될 것이다.

20세기의 가장 경탄할 만한 윤리학자들 중 하나가 알레스데어 맥킨타이어(Alasdair MacIntyre)인데 그가 도덕적 의무에 대해서 한 말은 매우 시사적이다.[7] 우리는 그의 사상에서 매우 흥미로운 변화를 보게 되는데 초기 저술인 『윤리의 간결한 역사』(*A Short History of Ethics*)로부터 그의 후기 사상으로 이동해가는 과정은 비록 초기 분석으로부터 멀어지기는 했지만 초기 저술들을 살펴볼 때 어느 정도 예견된 일이었다. 초기에는 탁월한 철학사학자였던 맥킨타이어는 『윤리의 간결한 역사』를 이야기처럼 풀어 간다. 우리는 이 이야기를 읽으면서 의무에 관한 도덕적 언어들이 힘도 약하고 일관성도 결여되어 있는 이유를 짐작할 수 있다. 그와 같은 언어가 근본적인 토대로부터 잘려나가서 지금은 그 잔해들만 남아 아무런 사회적 바탕 없이 근근이 연명하고 있기 때문이다.

의무 개념이 형성된 토대는 견고한 계급사회로 구성되어 있던 고대 그리스 사회였다. 고대 그리스의 시민들은 모두 다 지역사회 안에서 분명하게 주어진 역할과 사회적 기대에 부응하며 살아가고 있었다. 그러한 사회적 역할을 바탕으로 자연스럽게 발생한 개념이 바로 도덕적 의무이다. 그와 같은 계급제도가 붕괴되고서 도덕적 의무와 사회적 관계의 연결이 느슨해졌고 의무들은 단순한 개념으로 변하게 되었다. 이 시점에서 의무들은 자신의 운명이 걸린 구체적인 사회적 의무가 아니라 추상적인 개념으로 변질되었다. 수세기 후에 의무들은 '의무 자체를 위한 의무 수행'이라는 공허한 표어로 전락하고 말았다. 사람들은

---

7   Alasdair MacIntyre, *A Short History of Ethics* (Notre Dame, IN: University of Notre Dame Press, 2007).

이 추상적인 개념들이 도덕적 권위를 갖고 있다고 생각하는 것이 옳은 것인지에 대해서 의문을 제기하기 시작했다.

오늘날 도덕적 의무에 대한 회의를 더욱 부추기는 것은 1장에서도 언급한 적이 있지만 때때로 자신의 의무를 수행하다 보면 자신의 개인적인 이익을 포기해야 하는 경우가 발생해서이다. 그럴 경우에는 도덕적 의무들이 실재인지 아니면 허구인지, 확실한 사실인지 또는 필요에 의해 만들어진 것인지 아니면 사회적 산물인지를 다시 한 번 생각하는 것이 합리적일 것이다. 도덕성은 내재적으로 강한 권위를 지니고 있고 이 권위는 다른 모든 이유들을 능가한다. 하지만 만일 우리가 이에 관해 잘못 생각하고 있다면 그런 경우에는 틀렸다는 것을 알아야 하고 불필요한 자기희생은 피해야 할 것이다.

도덕성이 지니고 있는 권위가 실재가 아니라면 왜 그걸 계속 지켜야 하는지, 특히 의무에 큰 고통이나 손실이 따른다면 왜 의무를 반드시 수행해야 하는 걸까? 맥킨타이어는 사람들이 도덕성을 때때로 진지하게 받아들이지 않는 이유가 도덕성이 그 의미를 부여하는 사회제도와는 독립적으로 자신의 고유한 힘을 가졌다고 믿는 것이 적절한 근거가 없기 때문이 아닌가 하고 생각한다.

맥킨타이어 자신도 그의 초기 분석이 지니는 한계를 보게 되었으며, 특히 도덕적 사실의 존재로 인해 야기되는 형이상학적 문제들을 제대로 다루지 못했음을 알게 되었다. 우리는 발생학적인 결함을 발견하게 되었는데, 예를 들어 도덕성의 언어가 근본적으로 어떻게 생겨나게 되었는지는 도덕적 의무 자체의 형이상학적인 지위나 본질적인 속성 또는 진정한 권위에 대한 질문에 아무런 해답을 제공할 수 없다는 것이다. 우리는 또한 이렇게 물을 수 있다. 의무 개념이 사회적 역할과 밀접하게 연결되어 있던 고대 그리스 문화에서는 나름대로 큰 의미를 지녔다고 해도 진정한 의무가 그 상황에서 성립될 수 있었다는 것이 사실일까? 도덕적 의무의 언어가 계급적 사회구조 안에서 일관성 있는 의미를 지녔다고 해서 의무가 그 사회 안에서 실제적으로 성립되었다고 보는 필요 충분한 증거가 되는 것일까? 도덕적 의무들이 성립되었다고 해서 사회가 기능하는 방법 때문에 그 도덕적 의무들이 성립되었다고 생각하는 것은 믿음이 가지 않는다.

맥킨타이어는 도덕적 의무의 중요한 사회적 차원을 찾아낸 것은 옳았지만, 이 장의 후반에서 로버트 애덤스의 사상 체계를 살펴볼 때에 다시 이 사회적 차원을 보게 되기도 하지만, 그러한 사회적 차원을 인식했다고 해서, 단지 고대 그리스 사회를 자세히 살펴보았다고 해서 도덕적 의무의 본질이 모두 다 찾아내지는 것은 아니라고 인식하고 있다. 맥킨타이어의 분석은 왜 도덕적 의무의 개념이 계급사회 안에서 권위를 가지게 되었는지, 그리고 도덕적 의무가 오늘날 사람들의 마음에서 그 힘을 상실한 것으로 보이는지를 잘 알려주고 있다. 하지만 우리가 이것에 관해서 어떻게 해야 하는지-그리고 우리가 그와 같은 통찰을 어떻게 받아들여야 하는지-는 또 다른 문제이다. 역사적인 사실들은 그러한 과제에 아무런 실마리도 제공하지 않는다.

맥킨타이어의 역사적 분석은 예리한 통찰로 넘쳐난다. 하지만 모호한 부분이 있다면 그것은 자신의 통찰을 신과 윤리의 관계에 적용시키는 방법이다. 그가 도덕적인 의무에 근본적인 사회적 차원이 있다는 역사적 사실을 근거로 해서, 그리고 그 계급 사회가 붕괴함으로써 도덕적 의무들이 지니는 권위도 힘을 잃었다는 점을 지적하고 난 후에 그는 윤리의 역사에서 유신론을 긍정적으로 사용하여 도덕 이론을 만들어내려는 어떤 노력도 인정하지 않고 있다.

맥킨타이어는 『윤리의 간결한 역사』에서 유신론적 윤리주의자들을 오로지 극단적인 주의주의자로 보거나 또는 신의 존재를 논리적 비약의 틈을 매우는 임시방편으로 사용하는 철학자들로 본다. 특히 그는 도덕적 의무의 언어가 생겨나기 시작한 본래의 계급적인 사회 상황이 사라지면서 붕괴된 도덕성을 수리하기 위해서 유신론을 사용하는 것은 잘못이라고 말하고 있다. 우리는 맥킨타이어의 이런 판단이 불공평하며 유신론을 기초로 해서 도덕성, 특히 도덕적 의무의 규범적인 권위를 이해하려는 지적인 노력을 무자비하게 조롱하고 있다고 본다.

우리는 맥킨타이어가 역사적 분석을 통해서 밝혀낸 도덕적 의무의 사회적 차원에 동의하며 설사 부인해도 사라질 수 없는 것은 분명하지만 이 때문에 유신론적 윤리가 윤리 이론가들을 공격하는 도전을 극복하는 데에 피상적인 해결만 제공한다는 그의 진정성 없는 초기 추론을 강력하게 거부한다. 다시 말하지만 고대 그리스 사회에서 도덕적 의무의 언어와 사회적 기대가 일관성 있는 의미를 지녔다고 해서 그것이 곧 그 때 실제적인 의무가 성립된 이유라고 말할 수는 없는 것이다. 도덕적 의무의 권위를 설명하는 데에 필요한 규범적인 힘은 고대 그리스 사회에서도 그 근거가 무엇이었는지에 대한 설명이 필요하다.

도덕성의 권위가 어디에 그 근거를 두고 있는지에 대한 규범적이 질문에 대한 대답으로 그때 도덕적 의무는 그렇게 이루어졌다는 말로는 충분하지 않다. 그러한 대답은 질문에 대해서 오히려 한걸음 뒤로 물러난 것이나 다름없다. 다시 말해 보다 근본적인 도덕 이론이 필요하다는 것이다. 맥킨타이의 초기 저술들이 보여주는 역사적 분석으로는 아무리 통찰력을 보여준다고 해도 한계가 있을 수밖에 없는 이유가 바로 거기에 있는 것이다. 도덕적 의무에 관한 언어가 어떻게 발생하게 되었는지에 관한 역사적 분석도 중요하지 않은 것은 아니지만 근본적으로 어디에서 의무들이 유래했고 그 궁극적인 본질이 무엇인지에 관한 존재론적 질문은 또 다른 것이다.

역사적 분석에 있어서 맥킨타이어의 이야기를 보완할 수 있는 중요한 부분들은 비트겐슈타인의 유명한 학생들 중 한 사람인 엘리자베스 앤스컴(Elizabeth Anscombe)이 제공하고 있다. 수십 년 전에 쓴 중요한 논문에서 앤스컴은 강력한 의미론적 고찰을 제시하고 있는데 이 견해는 우리가 역사와 의미론을 넘어서서 도덕성의 궁극적인 근거에 대한 질문을 물어야 하는 좋은 증거가 되고 있다.

앤스컴은 "현대 도덕 철학"(Modern Moral Philosophy)이라는 논문에서 도덕적 언어들이 어떻게 발생하고 사용되고 있는지를 이해하기 위해서 그 언어가 서구 세계의 유신론적 맥락에서 어떻게 발전해왔는지를 알아야 한다고 말하고 있다.[8] 이런 유신론적 맥락에서 의무와 옳음을

---

8 Elizabeth Anscombe, "Modern Moral Philosophy," *Philosophy* 33 (1958): 124.

비롯한 모든 도덕적 개념들은 신의 명령과 관련될 수밖에 없다. 이와 같은 근본적인 기초를 알지 못하고서는 도덕적 용어들이 그 역사적인 근거뿐 아니라 설득력 있는 합리적 증거를 갖지 못할 것이고, 역사와 거스르는 힘을 비합법적으로 빌려 오는 수밖에 없는 것이다. 따라서 세속주의자들은 '의무'(ought)의 언어가 여전히 권위를 갖고 있는 것으로 생각하고 있다. 다만 그 이유가 그들이 우리 조상들의 유신론적 신념들이 여전히 영향을 미치고 있기 때문이라는 것을 인식하고 있지 못하고 있을 뿐이다.

맥킨타이어는 일관적이고도 구조적인 역사적 설명을 시도하려고 했기 때문에 그의 분석 곳곳에서 유신론을 너무 가볍게 다루고 있다. 그는 신을 실재의 여러 개체들 중 하나로 그리고 실재를 설명하는 데에 실패한 개념으로 취급하면서 만일 존재하다면 모든 사물에 심오한 영향을 미치게 될 궁극적 실재로 보지 않고 있다.

우리의 목표는 도덕적 의무의 언어가 어디에 그 기원을 두고 있는지에 관한 역사적 논쟁에 참여하려는 것은 아니다. 특히 그 이유는 그러한 역사적 분석에는 도덕적 의무의 언어가 제기하는 궁극적인 철학적 질문들에 대답하는 권위를 부여하고 싶지 않기 때문이다. 대신에 우리는 이와 같은 질문들 그 자체에 관심을 기울이기 원하는데 그보다 먼저 역사적 분석만으로도 도덕성이 제기하는 철학적 질문들을 해결할 수 있다는 주장과 동의할 수 없는 몇 가지 이유들을 말하려고 한다. 앞으로 다른 장에서 의미론적인 문제들과 합리성의 문제들을 더 자세히 다루게 될 것이다.

이 장에서 우리가 대답하려고 하는 주요한 질문은 도덕적인 의무가 근본적으로 어디로부터 왔으며 그 규범적인 힘과 구속적인 권위가 어떤 근거가 있는가 하는 것이다. 우리가 취할 수 있는 대안의 하나는 도덕성 자체가 아무런 권위도 가지고 있지 않다는 것이며 그렇다면 아무런 설명을 필요로 하지 않는다는 것이다. 하지만 첫 장에서 우리는 이미 그와 같은 대안이 합리적이 아니라는 것을 분명히 밝힌 바 있다. 그리고 지적으로 더욱 정직한 접근 방법은 도덕적 진리와 구속력 있는 도덕적 옳음이 존재함을 인정하고서 그것들을 가장 잘 설명하는 방법이 무엇인지를 묻는 것이다.

따라서 우리가 물어야 할 규범적인 질문은 다음과 같을 것이다. 무엇이 도덕적 의무에 권위를 부여하는가? 우리는 이제까지 그 대답을 어디서 찾아서는 안 되는지를 분명히 했다. 즉 플라톤주의, 계급적인 사회 제도, 자연주의 등에서는 찾을 수 없다고 분명히 이야기했다. 그러므로 이제부터는 그 권위를 어디서 찾을 수 있는지를 이야기하려고 한다.

그런데 그러기 전에 우리는 먼저 맥킨타이어가 자신의 초기 저술들 이후에 사고의 방향을 크게 전환했음을 이야기하지 않으면 안 될 것이고, 그와 같은 전환에 전적으로 동의한다. 그리고 그 전환이 그렇게 놀랄 만한 일은 아닌 것은 맥킨타이어도 인정하고 있지만 그의 『윤리의 간결한 역사』에서 이미 암시하고 있듯이 아리스토텔레스주의적인 요소들을 불편한 마음으로나마 어느 정도 수용하고 있기 때문이다. 그는 아리스토텔레스가 윤리를 상황과 너무 결부시키고 있고 여성과 노예들을 덕에서 제외시킨 것 등을 너무 성급하게 비판하다보니 아리스토텔레스가 후기에 사소하지만 혐오스러운 잘못들을 모두 시정했음을 미처 깨닫지 못했다는 사실을 인정하고 있다.

아리스토텔레스의 윤리학은 덕에 대한 핵심적인 설명에서 선을 인간적인 관습의 최종 목표로, 인간의 선을 모든 다른 선들이 지향하는 최종 목표로, 그리고 정의로운 법을 질서 있는 관습의 공동체에 반드시 필요한 것으로 봄으로써 그리스 도시 국가뿐 아니라 모든 사회의 인간적 관습의 본질적인 특성들을 가장 적절하게 설명하고 있다.[9]

후기에 맥킨타이어가 아리스토텔레스주의 중에서 궁극적으로 가장 끌렸던 것은 아퀴나스주의이다. 아퀴나스주의는 아이러니한 면이 없지 않는데 이는 맥킨타이어가 초기에 유신론의 관점에서 도덕성을 설명하려는 모든 시도들을 하나같이 부정적으로 비판해왔기 때문이다. 하지만 그의 강력한 목적론적 관점에서 보거나 전기에 보여준 유신론적 도덕주의자들에 대한 공격이 주로 주의주의에 대한 것이었음을 감안한다면 그의 전환은 그렇게 뜻밖의 것은 아니다. 그가 아직도 유신론적인 윤리에 완전히 열려있는 것은 아니며, 궁극적인 도덕적 진리를 이해하는 것은 일시적이고 실험적이라고 주장하고는 있다. 그리고 우리가 할 수 있는 최선의 방법은 전통 중에서 우리에게 가장 알맞은 것을 택하거나 우리를 택하는 것으로 보이는 전통을 따르는 것이라고 말하고 있다.

---

9 MacIntyre, *Short History*, xviii.

우리가 여기서 그의 인식론적인 겸손을 존중하기는 하지만 그가 인간의 도덕적 확신에 모든 우선권을 부여하는 것은 다소 과장된 면이 없지 않다. 다만 『누구의 정의인가? 누구의 합리성인가?』(*Whose Justice Which Rationality*)에서 아퀴나스에 관한 장과 마지막 장인 '해결할 수 없는 논쟁'에서 맥킨타이어는 신이 윤리를 위해 무엇을 하는지에 관한 자신의 견해들을 설득력 있게 이야기하고 있다.[10] 한마디로 요약하자면 그의 첫 번째 책은 우리에게 아퀴나스의 은혜 교리가 필요하다고 말하고 있으며, 두 번째 책은 유신론적인 창조론이 없이는 인간의 권리란 불합리한 개념일 뿐이라고 주장하고 있다.

맥킨타이어는 가장 최근에 유신론적 도덕성에 마음을 열기 시작하면서부터 주의주의(또는 적어도 그러한 개방성을 고려할 때 필요한 것들)를 약간은 인정하고 있음을 보여주고 있다. 그는 『윤리의 간결한 역사』를 처음으로 발표한지 20년 후에 쓴 "어떤 신에게 왜 순종해야 하는가?"[11]라는 한 환상적인 논문에서 그 원리상 성립할 수 있는 주의주의 변형들을 설명하면서 그 공통적인 요소가 신을 근본적으로 의로운 분으로 여기는 것이라고 말하고 있다.

이 점을 분명하게 하지 않는다면 유신론적 주의주의는 신은 독단

---

10 Alasdair MacIntyre, *Whose Justice? Which Rationality?* (Notre Dame, IN: University of Notre Dame Press, 1998), and Lawrence S. Cunningham's *Intractable Disputes about the Natural Law: Alasdair MacIntyre and Critics* (Notre Dame, IN: University of Notre Dame, 2009).

11 "Which God Ought We to Obey and Why?" *Faith and Philosophy* 3, no. 4 (1986): 359-371.

적이라는 극복하기 어려운 반대에 부딪치게 될 것이고 그와 같은 견해를 지지하는 사람들에게 감정과 의지의 깊은 단절을 가져올 것이며 신의 명령에 복종하다 보면 때로는 악에 빠질 수도 있는 가능성 때문에 정신이 분열될 수 있다. 베르길리우스가 『아이네이스』(Aeneid)라는 서사시에서 묘사한 유피테르(메르쿠리우스를 시켜서 아이네이스에게 디도를 떠나 이탈리아로 가라는 메시지를 전하게 한)가 바로 그런 결핍된 신의 좋은 예라고 할 수 있다.

맥킨타이어가 초기 애덤스를 비판한 부분은 바로 신의 명령 윤리에 정의라는 속성을 충분히 결합시키지 못했다는 것이다. 그래서 초기 애덤스는 오컴주의에서처럼 독단성에 대한 비난을 면치 못한다. 애덤스도 이 부분에서 맥킨타이어가 옳았다고 인정하고 이후에는 자신의 이론을 수정한다. 이제 애덤스의 중요한 저술들을 살펴보기로 한다.

3. 초기 애덤스

지난 수십 년 동안 신명론의 복귀에 가장 큰 공헌을 한 학자는 로버트 애덤스이다. 1973년에 발표한 논문 "윤리적 범죄에 관한 수정된 신명론"(A Modified Divine Command Theory of Ethical Wrongness)이 큰 반향을 불러일으키기 시작하면서부터 큰 주목을 끌었다. 퀸(Quinn), 이드지악(Idziak), 위렌가(Wierenga) 그리고 여러 철학자들에 의해 후속적 저술이 신명론의 기초를 더 확고하게 다짐으로써 이 이론에 대한 여러 가지 반론들에 대한 참신한 대답들을 제시하고 있으며 신명론에 대한 역사적 변증을 회복시키고 있다. 신명론은 이론의 재정립, 변호, 역사적 회복을 통해서 현대 철학계에 당당히 귀환한 것이다.

하지만 그 중에서도 가장 중요한 역할은 애덤스가 했으며 그는 이를 통해서 우리가 앞에서 언급한 의미론의 한계뿐 아니라 그 중요한 역할을 보여주고 있다. 또한 이 이론은 그가 첫 번째 논문을 내놓은 후 점점 진화하는 모습을 보이면서 이어서 발표한 "신명론의 메타윤리 재수정"(Divine Command Metaethics Modified Again)과 그 후에 내놓은 유신론적 윤리에 관한 저서를 통해서 신의 명령에 관한 철학적 체계를 완전하게 다져놓았다. 이제부터 소개할 그 개요는 애덤스의 사고가 어떻게 변화해왔는지를 잘 보여주고 있다.

애덤스는 처음에는 신의 명령을 윤리적 과오의 문제에만 국한하면서 윤리 전반에까지는 적용하지 않았으나 곧 윤리적 의무와 허용에까지 그 범위를 확대시켜 갔다. 퀸이 1978년에 쓴 신의 명령에 관한 책은 의무 개념의 범위까지 이 이론을 논리적으로 확대시키고 있다. 애덤스가 자신의 이론을 '수정된' 신명론이라고 부르는 이유는 신의 명령에 따르던 몇몇 주장들을 버렸기 때문이다. 그는 수정되기 전의 전통적인 신의 명령이 윤리적 과오를 신의 명령에 대한 거역으로 정의하고 있으며 윤리적 상황에서는 '잘못'(wrong)이 곧 거역과 동의어로 보고 있다고 말한다. 즉 전통적인 신의 명령은 다음과 같은 두 명제가 일치하는 것으로 여긴다.

1. A가 X를 행하는 것은 윤리적 잘못이다.
2. A가 X를 행하는 것은 신의 명령에 대한 모순이다.

이 명제들이 논리적으로 동일한 표현이라 할지라도 이 이론은 (2)가 개념적으로 (1)보다 선행하며 따라서 (2)가 (1)에 의미를 부여하는 것이지 그 역은 성립하지 않는다고 주장한다. 즉 애덤스는 전통적인 신명론이 의미의 정의나 분석에서 이와 같은 비대칭성을 지니고 있다고 보았으며 그 자체가 '(윤리적) '잘못에 대한 직설적인 분석이며 신명론에 대한 의미 분석'이라고 주장했다.

애덤스는 전통적인 신명론의 이 접근 방법을 버리고 있다. 극복할 수 없는 반론을 야기하는 원인이라고 보았기 때문이다. 그와 같은 의미 분석은 옳을 수 없다. 왜냐하면 '잘못'이라는 용어의 의미를 모두 다 신의 명령처럼 사용하고 있는 것은 아니기 때문이다. 사람들이 이 언어를 사용하는 방법을 경험적으로 조사하면 모든 사람들이 도덕적 언어를 신의 명령과 연결시키지는 않는다는 것이다. 예를 들어 애덤스는 어떤 무신론자도 '잘못'이라는 용어를 그런 의미에서 사용하지는 않으며 설사 무신론자가 자신의 주장에 반하면서까지 신의 명령에 대한 의미를 그런 방식으로 분석한다고 해도 결국 신은 존재하지 않으므로 도덕적 분석은 잘못이라고 말한다는 것이다. 무신론자는 '오류 이론가'(error theorist)라고 볼 수 있는데, 다시 말하면, '카라마조프의 가설'(Karamazov hypothesis)을 받아들여서 신이 존재하지 않는다면 모든 것이 허용된다(아무런 잘못이 없다)고 주장하는 것이다.

하지만 애덤스가 모두가 다 심지어는 유신론자들도 '잘못'을 신의 명령을 거스른다는 의미로 사용하는 것이 아니라고 주장한 것은 매우 잘한 일이다. 이 때문에 애덤스는 그와 같은 용어의 사용 범위에 한정할 필요가 있다고 생각하게 된다. 즉 애덤스는 유대-기독교의 종교적 윤리 안으로 '잘못'이라는 용어의 사용을 한정하면서 자신의 수정된 신명론을 발전시키기 시작한다. 다음 단계는 전통적인 신의 명령이 야기하는 독단성 반론에 대한 자신의 대답으로부터 시작한다. 애덤스의 견해에 의하면 'X를 행하는 것은 신의 명령을 거역하는 것이다'라는 문장은 'X를 행하는 것은 윤리적으로 잘못이다'라는 문장을 의미하기 위해서는 신이 인간이라는 피조물을 사랑한다는 사실이 반드시 전제되어야만 한다. 만일 신이 노골적으로 단순히 잔인함을 목적으로 잔인한 명령을 내린다면 사랑이신 신의 명령에 근거하고서 판단한 윤리적 잘못의 개념은 잘못될 수밖에 없을 것이다.

이 견해의 합리성은 애덤스가 왜 도덕적 용어의 사용을 그처럼 중요하게 여겼는지에 대한 더욱 명확한 통찰을 우리에게 제공할 것이다. 신명론의 의미론적 또는 한정적 분석에서 도덕적 용어가 어떻게 사용되고 발전해왔는지, 그 용법 발전에 어떤 요소들이 기여하고 있는지를 알아내는 것이 가장 긴급한 과제일 것이다. 많은 사람들이 자신의 경험을 통해서 잘 알고 있듯이 어떤 신앙생활을 해왔는가에 따라 윤리적 개념과 사용하는 용어들이 달라진다. 만일 그렇다면 왜 신의 의지나 명령의 개념이 그들의 삶에서, 즉 비트겐슈타인이 말하는 신념과 관습 그리고 실천의 광대한 체계 안에서 누리는 종교적 '삶의 양식'(form of life)에서 중심적인 역할을 하는지는 쉽게 이해할 수 있을 것이다.

사람들의 언어에서 '옳음', '잘못', '의무'와 같은 용어들이 신의 의지와 연관되는 것은 매우 자연스러운 일이다. 신이 도덕적 기대와 완전히 어그러지는, 생각하기 불가능한 상황이 온다면 신앙을 가진 사람들의 도덕적 언어의 체계는 무너질 것이다. 그러므로 애덤스는 신명론을 특히 유대-기독교 전통에 따른 언어 분석에 한정하면서 신은 사랑이라는 전제를 필수 조건으로 한 것이다. 만일 신이 사랑이라는 전제가 성립하지 않는다면 어떤 행동이 옳다거나 그르다고 판단하는 것은 불가능하다. 추측컨대 그와 같은 경우에는 신자들이 자신의 도덕적 언어를 재고해야 할 필요가 있을 것이다.

논리적 가능성을 감안하더라도 그의 이론은 한정주의(definist)이기는 하지만 그렇게 극단적이지는 않다. 만일 그가 극단적인 한정주의자라면 신자들의 도덕적 언어 체계가 무너질 수 있는 논리적 공간이 없을 것이다. 애덤스의 견해에 의하면 정서적 의지적인 차원에서 또 의미의 차원에서 '그것은 잘못이다'와 '그것은 신의 명령을 거역한다'라는 두 표현은 거의 비슷하기는 하지만 정확히 일치하는 것은 아니다. 이 미미한 차이가 정상적인 경우에서 실제로 그렇게 중요하지는 않다. 하지만 도덕적 술어와 신학적 술어 사이의 관련 있는 태도와 대화적인 의미의 사소한 차이가 독단성(arbitrariness)을 인정하는 실례와 그로 인한 도덕적 언어 체계의 붕괴를 허용하는 논리적 공간을 제공하는 것이다. 그렇지만 애덤스의 견해에 의하면 이러한 차이를 인식하는 것은 신자들이 일상적으로 'X는 잘못이다'라고 말할 때 부분적으로는 'X는 신의 의지나 명령을 거역한다'는 것을 의미한다는 주장과는 불일치하는 것이 아니다.

애덤스의 초기 견해는 여기서 몇 가지 질문을 제기하며 신앙인과 비신앙인 사이의 윤리적 대화를 불가능하게 하거나 신명론에 대한 공허한 반론을 야기할 수 있다. 애덤스는 첫 번째 논문을 발표한지 6년 만에 다른 논문을 내놓았는데 그 논문은 그의 사상이 크게 변화해가고 있음을 보여주고 있다. 애덤스는 이 변화의 전조로서 처음 논문의 마지막 부분에서 의미론과 존재론의 관계성에 대한 매우 난해한 질문들과 씨름하고 있다. 그는 한편으로는 사물의 본성에 관한 철학적 분석과 철학적 이론 사이의 관계가 무엇인지를 물으면서 다른 한편으로는 일반적인 대화에서 도덕적인 언어들이 어떤 의미로 사용되는지를 묻고 있다. 그는 자신이 이 부분에서 혼란을 일으키고 있음을 인정하면서 그 이유가 의미의 본성에 철학적인 발달을 적용시키지 못했기 때문이라고 말하고 있다.

그런 다음에 그는 도넬란(Donnellan), 크립케(Kripke), 그리고 퍼트남(Putnam)과 같은 철학자들의 글을 읽고 나서 그가 모색하고 있던 문제들에 대한 해답을 얻을 수 있었다. 이와 같은 발전을 통해서 그는 자신의 이론을 다시 수정할 수 있었으며 단지 의미론에만 초점을 맞추다가 의미론과 존재론에 똑같은 비중을 두는 변화를 일으킬 수 있었다. 이들의 저서들은 분석적이거나 선험적으로 인식할 수 없는 필연적 진리들이 존재한다고 주장하고 있다. 애덤스는 그들의 저술들을 읽고 확신을 얻었으며 윤리적 잘못에 관한 진리가 그와 같은 것이라는 영감을 얻었다.

그는 개인적인 정체성을 예로 들면서 만일 그러한 정체성이 유지될 수 있다면 그 정체성은 경험적인 조사 이외의 방법으로는 수립이 불가능하더라도 필연적으로 주어진 정체성의 변화가 가능하다고 보고 있다. 만일 정체성이 유지된다면 개인의 정체성들이 분명하게 구분되는 세계가 인식론적으로 여전히 가능하지만(그와 같은 세계를 상상할 수 있다는 의미에서) 더 보편적인 논리적 또는 형이상학적 가능성은. 존재하지 않는 것이다. 어떤 개체가 자기 자신이 아닌 세계는 진정으로 가능 세계가 아니다.

이 경우는 앞 장에서 살펴보았던 퍼트남이 실례를 들었던 물(water)과 비슷하다. 물은 근본적으로 수소 원자 두 개와 산소 원자 하나로 이루어져 있으며 이것이 바로 그 본성이라고 할 수 있다. 그리고 우리가 물의 경우에 싫증이 난다면, 우리는 다른 원소, 예를 들어 금을 골라서 그 원소번호가 75라는 등 본질적인 속성을 가지고 있다고 생각하는 것처럼 똑같은 실험할 수 있을 것이다. 만일 물의 분자에 관한 분석이 사실이라면 그와 같은 사실은 필연적 진리이기는 하지만 선험적으로 인식될 수 있는 것은 아니다. 물의 성분은 안락의자에 앉아서 생각해낼 수 있는 것이 아니며 경험적인 조사가 필요하다.

여러 가지 면에서 물과 같은 액체-투명하고, 마실 수 있고, 무미한-에 대해서 우리는 물이냐고 물어볼 수 있는 것이 당연하고 실험실에서 분석을 통해 물임을 확인할 수 있다. 그 액체의 성분이 H_2O가 아니라 XYZ라면 그것이 물이 아니라고 부정할 수 있다. 우리가 부정할 수 있는 근거 자체는 분석적인 진리가 아니다. 왜냐하면 그 근거는 우리가 지금까지 이야기해왔던 액체가 실제로 H_2O인가에 달려 있기 때문이다. 그것은 경험적인 질문이다. 이 경우에 있어서 분석적인 진리는 우리가 지금까지 물이라고 지칭해왔던 것이 단일한 본성을 가지고 있다면 물은 그것과 똑같은 본성을 가진 액체라는 것이다. 퍼트남은 물이 H_2O라는 사실이 분석적인 진리라고 하더라도 그것이 형이상학적으로도 필연적이어야 한다고 주장한다.[12]

애덤스는 그러한 통찰들을 통해서 윤리적인 의미에서 '잘못'(wrong)이라는 용어를 잘 사용하려면 반드시 잘못함(wrongness)의 본성이 무엇인지를 알아야 한다는 것으로 생각을 바꾸게 되었다. 이와 같은 방법으로 그는 자신의 최근 이론에서 옛날 이론의 그와 같은 면을 버렸는데 그 포기한 부분에 의하면 언어는 언어 공동체가 달라지면 그 공동체에 따라 상대화되어야 한다는 것이었다. 다시 말해 어떤 속성의 본성을 모르는 사람들은 그 속성을 지칭하는 말로 용어들을 사용할 수 있다는 것이다. 애덤스는 그런 주장을 강화하기 위해서 플라톤의 다음과 같은 주장, 즉 모든 영혼이 어떤 것이라는 것은 막연히는 알지만 정확히는 무엇인지는 잘 모르면서도 그것을 추구하기 위해서 어떤 일

---

[12] 후에 그는 이러한 견해를 철회하고서 문제의 필연성은 물리적 필연성 개념에 의해 소실된다고 말하고 있다. 아무튼 Adams도 합리적이라고 생각했던, 물의 본성과 물의 의미의 관계에 대한 Putnam의 초기 견해에 의하면 '물'이라는 용어를 사용했던 사람이 묘사한 물의 특징들(예를 들어서 무미함)을 포함한 속성은 반드시 물에 속한 속성라고는 할 수 없는 것이다.

이든 다 하는 어떤 것이 존재할 수 있다는 주장을 인용하고 있다.

'잘못'이라는 용어를 능숙하게 사용하려면 다음과 같은 사실들을 잘 알아야 한다. 즉 잘못은 어떤 행동들과 태도들 등의 속성을 지시하고 있으며 사람들은 잘못이라고 생각되는 행동들과 태도들을 반대하며, 그들은 그와 같은 행동들과 태도들을 반대하는 근거로 그런 잘못들을 든다는 것이다. 애덤스는 언어를 능숙하게 사용하기 위해서는 또한 어떤 행동들과 태도들이 그러한 속성을 가지고 있는지에 대한 표준, 그리고 어떤 행동이 잘못으로 여겨져야 하는지 또는 그렇지 않은지에 대한 고정된 관념을 가지고 있을 필요가 있다. 하지만 그와 같은 표준과 관념이 반드시 필요하고 어떤 용어를 능숙하게 사용하는 데에는 충분하지만 어떤 잘못이 본질적으로 잘못인지를 결정하기에는 충분하지 못하다. 애덤스가 말하고 있듯이 "잘못이 잘못함(wrongness)의 본성에 대해서 말할 수 있는 것은 잘못이 잘못함이라는 개념에 알맞은 역할을 가장 잘 수행하는 행동들(그러한 행동이 존재한다면)의 속성이 될 것이다."[13]

애덤스의 이 주장은 그가 의미론으로부터 존재론으로 전환했음을 보여준다. 우리의 언어는 잘못함과 같은 것을 지칭하는 타당한 개념을 선택한다. 내 생각으로는 우리가 '잘못'이라는 용어를 사용해서, 앞에서 언급한 바 있는, 이 용어를 능숙하게 사용하는 사람들이 잘 알고 있는 특성들을 지니고 있는 행동들과 태도들을 가리킨다고 본다. 하

---

13 Paul Helm, ed., *Divine Command and Morality* (Oxford: Oxford University Press, 1981), p. 113.

지만 사람들이 그 이름을 붙이기 전에도 물이라는 물질이 존재했듯이 잘못됨도 본래부터 존재했을 것이다. 우리는 '물'의 눈에 보이는 특성에 따라 어떤 특정한 액체를 '물'이라는 용어로 지칭하지만 물은 본래 H_2O일 뿐이다. 이와 같은 사실들의 정황은 현실세계에서 성립하기 때문에 형이상학적으로 필연적이다.

마찬가지로 우리는 '잘못'이라는 용어를 사용해서, 용납할 수 없는 행동들과 태도들을 지칭하는 데에 사용하기는 하지만 이 용어를 능숙하게 사용하는 사람들도 '잘못함'의 본질을 파악하고 있지 못하고 있을 수 있다. 물론 애덤스는 어떤 행동이나 태도가 잘못인 것은 그것이 '사랑의 본성을 가진 신의 명령에 반대되는 것이기' 때문이라고 보고 있다. 이것이 어떤 행동을 '잘못'으로 만드는 속성이다. '잘못함'이라는 개념의 역할을 가장 잘 수행하는 속성인 것이다. 애덤스가 옳은 경우에 만일 현실세계에서 이것이 참이라면 이 사실은 성립되기 때문에 형이상학적으로 필연적이다.

우리는 애덤스가 자신의 초기 이론에서 단순히 의미론적인 것을 넘어서 어떤 것을 추구하려고 했던 것을 상기할 필요가 있다. 이미 그때에도 애덤스는 언어 철학이, 특히 의미에 관한 한 더 진보해야 할 필요를 느꼈다. 그러한 발전이 일어나자 애덤스는 자신의 이론을 재빨리 수정하되, 첫째로 윤리적 개념들을 언어 공동체에 고정시키지 않는 방향으로, 둘째로 의미론에서 존재론으로 전환함으로써 신명론에서 우리가 필요로 하는 것들을 제공하는 방향으로 개정한 것이다. 다시 말해 그는 언어에 관한 단순한 주장으로부터 우리의 도덕적 언어가 지시하는 것들의 근본적인 본성에 관한 주장으로 전환했다.

4. 유한한 선과 무한한 선

애덤스는 그리고 나서 20년이 더 지난 후에 신명론에 관한 지난 30년간의 통찰을 모아서 『유한한 선과 무한한 선』(Finite and Infinite Gods)이라는 제목으로 매우 설득력 있는 책을 내놓음으로써 유신론적 윤리 분야에 지대한 공헌을 하고 있다. 애덤스는 옳음보다는 선함이 더 우선하다는 주장으로 이 책을 시작하고 있다. 우리는 앞 장에서 애덤스가 신과 선함(goodness)에 관해서 무슨 말을 했는지 잠깐 살펴보았으므로 이제 신과 옳음(right)에 관해서는 어떤 이야기를 했는지 알아보기로 한다.

애덤스의 옳음에 관한 이론이 선에 관한 이론을 전제로 하기 때문에 도덕적 선에 관한 그의 견해를 잠깐 다시 살펴보기로 한다. 애덤스의 견해에 의하면 궁극적인 선은 도덕적 탁월함뿐 아니라 지적 또는 미적 탁월함을 포함하고 있다. 애덤스에 의하면 궁극적인 선을 보여주는 우아함과 아름다움의 극치는 오직 신만이 가장 잘 할 수행할 수 있는 역할이다. 이 주장은 중세 사상에 깊이 물들어있으며, 신 안에서 진, 선, 미가 궁극적인 하나로 통합되는 경지를 보여주고 있다. 이 견해는 진과 선과 미의 극심한 긴장을 이야기하면서 결국 그 분열을 예견하는 포스트모더니즘의 경향과는 극히 대조적이다. 이러한 분열 때문에 우리가 바랄 수 있는 최선의 것은 아름다운 거짓, 유용한 가상, 고통스러운 진실이라고 주장하는 것이 포스트모더니즘인 것이다. 매우 진솔해 보이는 현실 인식이기는 하지만 애덤스가 묘사하는 실재와는 크게 다르다.

애덤스는 선이나 미의 본성이 무엇인지에 관해서는 정확하게 말하지 않는다. 다만 선이나 미의 실례들이 그 궁극적인 근원이자 원형인 신을 매우 실제적인 의미에서 닮았다고 말하고 있을 뿐이다. 이에서 지나쳐 더 이상의 것을 말하려면 우리 인간이 선하다고 또는 아름답다고 생각하는 것들에게 호소하는 수밖에 없을 것이다. 그렇게 되면 본질적으로 선이 무엇인지를 말하는 것은 더욱 어렵게 될 것이다. 하지만 물론 그렇다 하더라도 선의 속성이 어떤 것인지를 설명할 수 있는 가능성은 열어두고 있다.[14]

애덤스는 비록 순간적이기는 하지만 우리가 살아가면서 때때로 경험하는 초월적인 선의 이러한 암시들이 실제적이라고 말하고 있다. 궁극적인 선은 다른 모든 선한 것들과 선에 관한 개념들을 크게 능가한다는 의미에서 초월적이다. 궁극적인 미도 역시 마찬가지인데 우리가 아름다운 것들을 볼 때 때때로 우리가 인식하는 물리적 또는 개념적 객체 혹은 우리 자신의 경험으로는 담을 수 없는 초월적인 미를 어렴풋이나마 느낄 때가 있다. 그리고 그 아름다운 것들 안에 어떤 것이 있어서 우리를 끌어당기면서 단순한 만족뿐만 아니라 우리가 그 근원

---

14 Adams, *Finite and Infinite Goods*, pp. 40-41.

에 도달하기만 하면 어떤 위대한 성취를 이룰 수 있을 것이라는 약속을 하는 것처럼 느낄 때가 있다. 애덤스에 의하면 이런 경험들은 궁극적인 선이 플라톤주의에서처럼, 그러나 그보다는 어떤 종교적 개념들과 공명을 일으킨다는 것을 시사하고 있다. 그는 유한한 선들이 신 자신인 궁극적인 선의 속성을 적절하게 반영함으로써 자신의 가치를 얻는다고 본다.

선에 관한 이처럼 강렬한 견해를 배경으로 하면서 애덤스는 옳음의 본성을 살펴보기 시작한다. 옳음에 관한 그의 이론은 무엇을 해도 잘못이 아닌 행동들과 하지 않으면 잘못인 행동들, 즉 윤리적 허용과 윤리적 의무를 다루고 있다. 의무의 의미론적 특성을 기초로 해서 애덤스는 도덕적 의무에는 중요한 사회적 차원이 있으며 이 차원을 신명론이 가장 잘 설명할 수 있다고 보고 있다. 어떻게 해서 그러는지를 설명하기 전에 강조하고 싶은 것은 도덕적 의무의 특정한 사회관계 사이의 중요한 연관성을 인정하는 데에 있어서 애덤스와 맥킨타이어는 맥을 같이 하고 있다는 것이다. 이런 사실은 매우 중요한 의미를 지니고 있다. 맥킨타이어의 역사적 분석이 그의 초기 이론과는 대조적으로 완전한 유신론적 윤리와 전적으로 상충되지는 않는다는 것을 보여주고 있다.

애덤스는 의무의 도덕적 사실들이 광범위한 사회적 요구들로 이루어져 있다고 본다. 애덤스는 존 스튜어트 밀과 동의하면서 이와 같은 사실은 곧 도덕적 개념들이 사회적 상황과 결부되어 있다는 것을 의미한다고 보고 있다. 애덤스는 의무의 경우에서도 선의 본성을 분석할 때와 마찬가지로 의미론과 형이상학에 관해서 똑같은 전제들을 기반으로 하고 있다. 일단 의무의 개념을 이해하고 나면 무엇이 그 역할을 가장 잘 수행할 수 있는지 물어야 한다는 것이다. 그렇다면 도덕적 의무의 의미론으로부터 무엇을 배울 수 있을까? 도덕적 요구나 도덕적 의무로 여겨질 수 있는 것들의 의미론적 근거에서 무엇이 옳아야 하는 것일까?

애덤스는 우리가 무엇보다도 먼저 그 의무를 따르려고 해야 한다고 본다. 더구나 공적으로 계속해서 훈육할 수 있는 선한 근거를 바탕으로 해서 기꺼이 수행하도록 동기를 부여할 수 있는 것이어야 한다. 이와 같은 공적인 차원을 전제로 하자면 도덕적 의무를 진지하게 받아들이는 것은 부분적으로는 어떤 사람이 잘못을 범했을 때 죄책감을 느끼는 것이 당연하고, 잘못에 대한 충분한 사유가 없을 때에는 다른 사람들의 비난을 받는 것이 마땅하다는 것을 인정하는 것이다.

죄의식의 사회적 차원은 잘못된 행동이 손해와 다른 사람들과의 소외를 초래한다는 점에서 더욱 분명해진다. 우리가 처음으로 죄의식을 배우는 것은 아마도 너무 어려서 아직 규칙들을 잘 이해하지 못했을 때 범한 잘못으로 인해 소원해진 관계들을 통해서일지 모른다. 애덤스는 자신의 사회적 관계를 가치 있게 여기게 되면 사회가 요구하는 것들을 해야 할 이유가 발생한다고 말함으로써 단순한 '의무를 위한 의무'가 아닌 보다 심오한 의무론의 의미를 제시하고 있다. 공동체가 부여하는 의무들이 모두 다 도덕적인 것은 아니다. 하지만 애덤스는 의무의 인격적인 개념을 보여주면서 그 안에서 그런 도덕적 사실

들에 대한 평가들과 독립해서 존재하는 의무들의 사회적 요소들을 볼 수 있게 해주고 있다.[15]

인간적인 사회적 요구들은 어떤 도덕적 의무들에 더 순응해야 하는지에 대한 더 좋은 이유들을 더욱 분명하게 이해할 수 있게 해주고 있다. 도덕적으로 선한 이유들은 진정으로 선한 사회적 관계로부터 나타난다. 이때 공동체에 대한 개인의 태도가 매우 중요하다. 왜냐하면 사람들은 공동체에 속하기 위한 욕구를 만족시키는 수단으로서가 아니라 이미 그 공동체에 속해 있는 느낌을 표현하기 위해서 사회적 의미에 기꺼이 순응하기 때문이다. 의무에 대한 순응은 또한 공동체에 속해 있는 구성원들의 인격적인 특성에 대한 자신의 평가와 그 의무가 공동체에 어떤 기여를 할지에 대한 예상으로 인해서 영향을 받는다.

그렇지만 인간의 사회적 요구가 도덕적 의무의 전체 영역을 다 아우르지 못할 수 있는 데다가 의무들이 서로 타협할 수 없을 정도로 갈등을 일으킬 수 있는 가능성은 여전히 남아있다. 애덤스는 이런 상황을 고려하면서 사회적 의무론을 유신론과 접목시켰다. 그 과정에서 그는 초기에 주장하던, 세상의 모든 유한하고도 순수하지 않은 선들이 기초로 하고 있는 신과 궁극적인 본질적 선 사이의 존재론적 불가분성에 관한 유신론적 개념을 전제로 하고 있다. 애덤스에 의하면 하나님을 탁월성의 기준으로 하는 선에 관한 이론이 도덕적 의무를 전제로 할 필요는 없으나 도덕적 의무에 관한 이론은 선에 관한 이론을 전

---

15 Ibid., pp. 234-243.

제로 하고 있다. 그리고 오로지 최고로 탁월한 존재인 하나님만이 명령을 하거나 또는 우리 인간들과의 보다 일반적인 관계에 있어서 도덕적 의무를 부여할 수 있다.

애덤스는 신명론이 강한 근거를 제시하는 힘을 지니고 있는 것 외에도 신의 영원한 탁월성에 도덕성의 근거를 둠으로써 그 객관성을 만족시키고 있다고 주장한다. 더구나 신명론은 옳음과 그름에 관한 건전한 이론이 우리의 이미 존재하는 도덕적 신념들로 하여금 신의 명령에 관한 신념들을 제어하는 기능을 하게 함으로써 이 문제에 관한 이론 이전의 신념들과 대부분 일치할 것이라는 우리의 기대를 충족시켜 준다. 게다가 의무의 본성을 설득력 있게 설명하는 신명론은 도덕적 의무의 진정한 사실들이라면 어떤 행동의 옳음과 그름을 분별하는 데에 있어서 본질적인 역할을 해야 한다는 원칙을 쉽게 만족시킨다. 끝으로 신명론은 죄의식이 어떤 한 개인에 대한 범죄와 어떤 관련이 있는지 뿐만 아니라 용서가 어떻게 가능한지를 설명할 수 있는 풍부한 자원을 제공하고 있다. 왜냐하면 기독교 유신론의 하나님은 이를테면 우리의 도덕적 실패에 대해 분노하기는 하지만 우리의 죄의식을 제거하고 어그러진 관계를 회복하는 길도 열어주기 때문이다.

우리는 애덤스의 주장이 매우 강력하다고 보며 이제부터 자세히 살펴보겠지만 도덕적 의무에 대한 그의 분석은 설득력이 있을 뿐 아니라 윤리의 중요한 면을 제외시키는 다른 분석들을 보완해주고 있다고 여긴다.[16] 애덤스와 같은 견해에 의하면 객관적인 도덕적 사실이 존재하는가에 관한 메타윤리적 질문에 대한 대답은 단연코 존재한다고 말할 수 있다. 애덤스도 그렇게 생각하고 있고 우리도 동의하는 것은 필연적인 도덕적 진리가 존재한다는 것이다. 형이상학적인 용어로 표현하자면 신은 궁극적인 선이며, 신의 명령들은 진정한 도덕적 의무를 이루고 있으며, 이 의무들은 단지 신중하거나 합리적인 것을 넘어서서 규범적인 힘을 가지고 있다.

5. 자연주의자의 출구

윌리엄 레인 크레이그는 신명론을 지지하는 현대의 지성인들 중 한

---

16 Mark C. Murphy는 "From Adamisian Axiology to Theistic Natural Law Theory"라는 한 논문에서 Adams가 자신의 도덕성 설명에서 의존하는 탁월성은 Adams를 신학적 주의주의보다는 자연법으로 이끌어가야만 했었다는 매우 흥미롭고 통찰력 있는 주장을 펼치고 있다. 우리는 자연법의 요소들에 대해 개방적이며 이 자연법 요소들이 Adams의 분석을 매우 주요한 면에서 보완하고 있는 것이 사실이지만, 특히 규범성의 근거로서 필요한 인간적인 조건들을 통합시키고 있는 점에서 더욱 그렇지만, 우리는 도덕적 의무의 신명론(神命論)으로부터 완전히 떠나야 할 필요는 없는 것이다. 무엇보다도 우리는 하나님의 형상을 따라 창조되었으므로 도덕성에 관한 한 인간의 본성이 승리하는 것은 당연하다. 하나님의 본성이 자신의 명령에 제약을 가한다면 신명론은 도덕성과 관련이 있는 인간의 독특한 특성들을 수용할 수 있다. 선으로부터 '무흠하게' 도출된 도덕적 의무에 대한 Thomists의 설명은 어떤 면에서는 주의주의 설명보다 덜 효과적으로 보이기는 하지만, 전반적으로 볼 때 우리가 여기서 토론하고 있는 주제에 비추어보자면 전통적인 견해와 다른 부분보다는 동일한 부분을 강조하게 된다. Murphy의 논문은 Mark C. Murphy, *God and Moral Law: On the Theistic Explanation of Morality* (Oxford University Press, forthcoming)에 실리게 될 것이다.

사람이다. 그는 윤리를 주제로 하는 폴 쿠르츠(Paul Kurtz)와의 한 토론에서 도덕적 의무의 신명론을 주장했는데 우리는 그가 이 토론에서 말한 것에 대부분 동의하며 앞에서도 이야기했듯이 무신론적 윤리에 대한 그의 공격적인 비판 중에서 약간 의견을 달리하는 부분만이 있을 뿐이다. 우리는 한편으로 무신론의 존재론적인 면과 다른 한편으로 이 현실세계만큼 복합적인 세계가 무신론적 세계라면 자연주의자에게 합리적인 근거를 줄만한 인식론적인 면의 차이를 구분하자고 제의했다. 크레이그의 주장이 성립하더라도 극단적인 무신론자들에게는 설득력이 별로 없거나 적극적인 유신론적 윤리만큼 강력하지 못하다고 믿을 만한 이유가 충분히 있기 때문이다.

이제 크레이그의 이론에서 우리가 조금은 편치 않게 느끼는 부분을 지적하려고 한다. 크레이그는 애덤스와 같은 맥락에서 "유신론적 견해에 의하면 신의 도덕적 본성은 우리의 도덕적 의무를 이루고 있는 신의 명령으로 표현된다. 그리고 이 명령들은 필연적으로 신의 도덕적 본성으로부터 나오기 때문에 독단적인 것과는 거리가 멀다고 할 수 있다."[17]

이때 우리에게 약간 분명하지 않는 것은 크레이그가 여기서 어떤 의미로 필연적이라는 용어를 사용하고 있는가 하는 점이다. 만일 그가 신이 자신의 본질적인 선과 어긋나는 명령은 내리지 않을 것이라는 의미에서 필연적이라는 용어를 안전하게 사용했다면 우리는 전적으로

---

17 Craig, *Is Goodness without God Good Enough?* p. 30.

그에게 동의한다. 하지만 그가 사용하고 있는 언어를 보면 그는 욕심을 조금 더 내서 신의 모든 명령이 자신의 본성의 필연적인 결과라는 의미에서 필연적이라는 용어를 사용하고 있다는 인상을 주고 있다.

그리고 이 토론을 글로 출판한 논문 후반부에서 크레이그는 월터 시노트-암스트롱(Walter Sinnott-Armstrong)의 비판에 대한 대답으로 자신의 신명론의 해석이 에우티프론 딜레마(Euthyphro Dilemma)에 의해 야기된 문제들을 회피하기 위해 고안되었다고 말하고 있다. 크레이그는 다음과 같이 이야기하고 있다.

> 신노트-암스트롱은 자신이 관심을 가지고 있는 에우티프론 딜레마의 뿔 중에서 독단성을 극복하기 위해서 주의주의를 버리고 신의 명령은 자신의 본성의 필연적인 표현이라는 주장을 받아들이고 있다.[18]

하나님의 명령과 같은 언어는 다음과 같은 후자의 해석에 힘을 실어준다. 즉 하나님의 도덕적 완전성은 하나님이 실제로 내린 모든 명령들을 필연적으로 수반하며 오직 그 명령들만을 수반한다는 것이다. 크레이그는 이런 주장을 통해서 주의주의자라는 호칭을 피하고 싶어 한 것이다. 크레이그가 그러한 호칭을 피하고 싶어 하는 것은 이해할 수 있지만 그가 실제로 오로지 그 목적만을 염두에 두고서 그렇게 이야기했다면 다음과 같은 세 가지 이유 때문에 그 목적을 달성하지 못했다고 할 수 있다.

---

18 Ibid., p. 73.

첫째, 하나님의 명령이 어떤 행동을 의무로 만들었다고 말한다면 그것은 주의주의를 받아들이는 것이다. 그렇지 않다고 주장하는 것은 이중적인 의미를 암시할 뿐이다.

둘째, 애덤스와 크레이그 그리고 이 책에서 우리가 받아들인 주의주의와 오컴의 주의주의 사이에는 도덕적으로 커다란 차이가 있다는 것이다. 우리가 수용하는 주의주의와 독단성에 대한 비판을 피할 수 없는 급진적인 주의주의 사이의 차이점을 강조할 필요가 있다. 크레이그는 주의주의라는 용어를 사용할 때 이러한 차이를 모두 무시하고 있다.

셋째, 우리의 윤리 이론에서 신명론에 관한 하나님의 특권을 허용하는 분명한 신학적 이유가 있는 것이다. 만일 안셀무스주의의 신이 자유주의적인 의미에서 자유로울 뿐 아니라 알미니안주의적인 의미에서 주권적이라면 하나님의 명령 중 어떤 것은 선택적일 수 있고 현재의 명령과 달랐을 수도 있는 것이다. 하나님은 유연성을 지니며 경우에 따라서는 다양한 대안들로부터 선택할 수 있다.

물론 이 모든 대안들은 어느 하나도 하나님의 본성과 어긋나지는 않는다. 하지만 하나님이 자신의 본성 안에 갇혀 있고 그러한 명령들만 내릴 수 있다면 신의 자유는 제약받고 있는 것이 틀림없다. 예를 들어 하나님이 수입의 10퍼센트를 내라고 하는 대신에-수학적으로 계산이 복잡하기는 하겠지만-11퍼센트를 내라고 명령할 가능성이 전혀 없었다고 주장한다면 믿기가 힘들어질 것이다.

우리는 수많은 의무들이 필연적이라는 주장의 진정성에 매우 개방적이기는 하지만 모든 명령들에 이와 같은 원형의 지위를 부여하는 데에는 회의적이다. 크레이그의 주장은 가능성이 없지는 않지만 타당성은 없어 보이며, 그리고 주의주의에 따라다니는 오명을 피하기 위해서 너무 과민하게 반응하고 있는 것이 틀림없다. 그 누구라도 크레이그의 글을 주의 깊게 읽었다면 그가 오컴으로부터 크게 멀어져 있다는 것은 곧 알 수 있을 것이다.

머피는 크레이그의 분석에 대해서 또 다른 비판을 제시하고 있다. 그는 이렇게 주장하고 있다.

> 만일 도덕적 의무가 단지 보편적, 개관적, 타자–지시적이고, 그리고 우리가 반드시 순응해야 한다고 믿는 행동 규범일 뿐이라면 유신론적 근거를 반드시 필요로 한다고 보지는 않는다. 하지만 도덕적 의무가 이러한 특징들로부터 적절하게 분리되어 있지 않다면 크레이그가 자신의 주장을 고수할 만한 근거는 충분히 있는 것이다.[19]

머피가 그렇게 주장하는 근거는 도덕적 가치가 사람들이 보편적으로 선하다고 여기는 가치들에 근거할 수 있으며 도덕적 의무의 네 가지 요구 사항을 만족시킬 수 있다고 보기 때문이다. 하지만 크레이그의 경우에 있어서는 머피의 주장에서처럼 효과적이지는 않다고 본다. 특히 'X는 보편적인 가치를 지닌다'는 말에서부터 'X는 도덕적으로 반드시 엄수해야 하는 행동이다'라는 말을 추론하는 것은 설득력이 없어 보인다. 크레이그는 다음과 같이 매우 자신 있게 말하고 있다.

---

19 Murphy's "Theism, Atheism, and the Explanation of Moral Value," p. 128참조.

머피의 주장은 이 부분에서 논리적으로 받아들이기 힘든 비약을 하고 있는 것으로 보인다. 어떻게 인간의 사변적이고 객관적인 지성을 바탕으로 해서 우리 인간의 번성에 이로운 행동이라면 모두 다 도덕적으로 선하다는 주장을 이끌어낼 수 있는 것일까?"[20]

더구나 우리는 어떻게 그것이 도덕적 의무로 승화될 수 있다는 것인가? 라고 물을 수 있다.

우리는 도덕적 의무에 대한 토론을 마침에 있어서 우리가 문제를 제기하는 머피의 또 다른 주장을 결론으로 삼으려고 한다. 머피는 애덤스가 도덕적 의무들은 앞에서 언급한 네 가지 특성(보편성, 객관성 등) 외에 다른 특성들을 지니고 있다고 생각하는 분명한 이유를 제시하고 있다는 사실을 지적하고 있다. 머피는 이렇게 이야기하고 있다.

> 의무의 부정할 수 없는 사회적 특성에 대한 애덤스의 가장 분명한 주장은 도덕적 의무와 죄의식, 그리고 죄의식과 사회적 관계에 대한 요구 사이의 개념적인 연관성에 의존하고 있다.[21]

우리는 앞에서도 이미 살펴본 바 있는 이와 같은 주장이 도덕적 의

---

20 Ibid., p. 177. 만일 Craig가 모든 도덕적 의무가 필연적인 진리라고 제시하는 것이 잘못이라면, 그리고 Craig의 주장과는 반대로 그중 어떤 의무들은 우연적이라면 다음과 같은 흥미로운 결론에 도달할 것이다. 즉 모든 도덕적 의무들이 경험적인 속성들에 수반해서 나타는 것이 아니라는 것이다. 왜냐하면 두 종류의 비슷한 속성들이 어떤 의무를 수반하는가의 문제에 있어서 서로 다를 수 있기 때문이다. 모든 도덕적 의무의 필연성에 대한 우리의 저항감은 Kant의 도덕적 보편성에 대한 저항감과 다를 바 없다.

21 Ibid., p. 128.

무의 사회적 본성에 대한 합리적인 적절한 근거라는 견해에 동의하고 있다. 머피는 도덕적 의무의 이러한 사회적 면이 자연주의자들이 가장 잘 이해하기 힘든 부분일 것이라고 말하고 있다. 그런 다음에 그는 계속해서 다음과 같이 이야기하고 있다.

> 나는 비유신론적인 윤리적 견해를 지지하는 사람들에게 이 주장이 크게 문제가 될 것이라고 생각하지는 않는다. 그렇다면 그들은 도덕적 의무의 개념을 완전히 버린다고 해도 그게 무슨 문제인가? 라고 되물을 것이기 때문이다.[22]

비유신론 윤리주의자들은 여전히 사건들의 도덕적으로 선하거나 악한 상태에 대해서, 또는 어떤 행동이 합리적이고 어떤 행동이 합리적이지 않은지에 대해서, 그리고 법적, 문화적 사회적 의무에 대해서 이야기할 것이다.

> 비유신론 도덕 철학자에게서 도덕적 의무의 개념을 빼앗는다면 그는 도덕적 의무가 없는 윤리가 개념적으로 더 탁월하다고 주장할 것이다.[23]

이와 같은 대답에 대해 우리는 다음과 같이 우회하지 않고 응답할 수 있다. 즉 그처럼 막대한 대가를 지불하는 것은 도덕성을 진지하게

---

22 Ibid., p. 129.
23 Ibid.

여기는 사람에게 너무나 감당하기 힘든 손실인 것이다. 솔직하게 말하면, 자연주의를 믿어야 할 이유보다는 도덕적 의무를 믿어야 하는 이유들이 훨씬 설득력이 있다. 자연주의와 도덕적 의무 중에서 하나를 버려야 한다면 합리적인 관점에서 볼 때 자연주의를 포기하는 것이 훨씬 당연한 것이다.[24] 만일 우리의 목표가 논쟁에서 이기는 것이 아니라 진리를 추구하는 것이라면, 부인할 수 없는 것, 즉 권위 있는 도덕적 의무가 있는가의 문제는 부인할 수 없는 것처럼 보인다. 자신의 세계관이 그와 같은 권위의 본성을 잘 설명할 수 없다면 그 세계관을 수정하는 것이 옳다. 만일 다른 대안적인 세계관이 이를 잘 설명할 수 있다면 그것은 그러한 세계관이 옳다는 긍정적인 증거로 받아들이는 것이 합리적이다.

분명히 문제는 도덕성에서 의무를 제거하게 되면 그 결과가 견디기에 너무나 두려운 것인지 아니면 아무렇지도 않은 것인지의 문제가 아니다. 그 문제는 도덕적 의무가 존재하는가 하는 것이 사실인지 아닌지의 문제이다. 만일 존재하지 않는다면 그 결과가 아무리 두렵더라도 별 문제가 되지 않는다. C. S. 루이스는 『인간 폐지』(Abolition of Man)에서 만일 진리가 두려운 것으로 판명되더라도 '도교'(Tao)의 신자들은 개종하지 않을 것이라고 말하고 있다.[25] 루이스는 또한 『말콤에게 보

---

24 William Wainwright는 종교와 도덕성에 관한 책의 첫 장에서 19세기의 도덕적 상황을 묘사하고 있는데 이에 의하면 유신론과 영원성에 대한 신념이 퇴조하고 있는 가운데도 도덕적 의무는 최고의 권위를 지니고 있다. *Religion and Morality* (Aldershot and Burlington: Ashgate, 2005)를 참조.

25 C. S. Lewis, *The Abolition of Man, or, Reflections on Education with Special Reference*

내는 편지』(Letters to Malcolm)에서 불가능하기는 하지만 하나님이 실패한 원인이라고 할지라도 사람들은 변절하지 않을 것이라고 말하고 있다.[26] 진리는 의로운 편이 이끌어가는 그 곳 어디든 바로 거기에 있다. 어떤 세계관이 자명해 보이는 어떤 것, 예를 들어 도덕적 의무를 부인한다면 그 세계관이 진정한 진리를 제시하리라고 믿기 힘든 것이다. 하지만 도덕적 의무가 실제로 존재한다면 이를 인정하고서 우리의 세계관을 근본적으로 변화시키는 것이 필요하다면 우리는 당연히 그렇게 해야 할 것이다.

끝으로 하나님의 명령에 순종해야 하는 의무에는 역설적인 요소가 있다. 이 역설적 요소는 신명론과 이성적 개체들에 대한 신의 권위에 대한 신념의 중심에 있으며 머피가 하나님의 권위에 관한 책에서 자세하게 다루고 있는 문제이다.[27] 많은 사람들이 만일 전통적 유신론의 하나님이 존재한다면 하나님의 명령에 순종하는 것이 당연하다고 생각하지만 어떤 사람들은 그와 같은 견해를 거부하고 있다.[28] 신명론에 관한 이 유보적인 견해들 외에도 비평가들은 신이 존재한다고 해도 보편적인 면을 제외하고는 도덕성과 무관하다고 주장하고 있다. 실

---

to the Teaching of English in the Upper Forms of Schools (San Francisco, CA: HarperSanFrancisco, 2001).

26 C. S. Lewis, *Letters to Malcolm: Chiefly on Prayer: Reflections on the Intimate Dialogue between Man and God* (San Diego, CA: Harcourt, 1992), p. 120.

27 Mark C. Murphy, *An Essay on Divine Authority* (Ithaca, NY: Cornell University Press, 2002).

28 William Rowe도 *Can God Be Free?* (Oxford: Oxford University Press, 2004)에서 만일 전통적인 신이 존재한다면 신을 예배하고 순종하는 것은 당연하다는 점을 인정하고 있다.

제로 많은 사람들이 이런 주장을 에우티프론 딜레마의 일부로 여기고 있다. 이와 반대로 우리는 하나님이 자신의 본성으로 인해 우리 인간들의 신뢰와 충성과 순종을 받기에 합당한 분이며 하나님의 명령에 순종해야 할 이유들 중에는 관습적이고도 실용적인 것뿐만 아니라 규범적인 근거도 있다는 주장을 앞으로 계속해서 펼쳐나가려고 한다.

이 장을 마무리하기 전에 왜 우리들이 일반적으로 어떤 권위를 어떤 존재에게 돌리려고 하는지 그 이유들을 생각해보기로 한다. 물론 때로는 권위가 단순히 어떤 힘의 문제인 경우도 있다. 이를테면 자신의 의지를 법적으로 실행할 수 있는 힘을 가진 사람은 권위를 지닌다. 권위의 또 다른 근원은 지식과 정보이다. 우리는 자신의 분야나 영역을 잘 알고 있고 그 분야에 대한 지식이나 이해로 인해서 존경을 받고 있는 사람들을 권위자라고 부른다. 권위의 세 번째 근원은 도덕적 완전성이나 인격이다. 주로 우리의 양심이 지지하는 이 권위야말로 단순한 권력이나 지식에서 오는 권위보다 훨씬 더 깊고 넓은 의미에서 존경을 받는다. 실제로 권력이나 지식은 있는데도 인격적인 원만함이 없는 사람은 우리에게 자신의 의지를 강요할 권위가 있더라도 진정한 존경은 받기 어렵다.

그렇다면 이제 하나님의 권위에 대해서 생각해보자. 하나님은 힘과 지식과 선함을 골고루 가지고 계시며 이 모든 것들이 하나님의 도덕적 권위를 밑받침하고 있다. 하나님은 우리 인간들과 이 세계를 만드셨으며 우리를 자신의 형상으로 창조하셨고 우리 자신의 행동에 대한 책임을 우리가 스스로 지게 하는 힘을 가지시고 있다. 하나님은 우리에 대해 완전히 아시므로 우리에게 무엇이 가장 좋은지 그리고 우리 인간의 번영에 무엇이 가장 적절한지를 잘 아신다. 더구나 하나님은 완전하게 선한 분이므로 우리의 행복을 가장 원하시며 우리를 위해 모든 것을 하시지만 우리의 자유를 빼앗으면서까지 행하시지는 않는다.

완전한 존재를 가진 하나님의 본성에 비춰볼 때 하나님의 권위를 의심할 만한 근거는 전혀 없다. 하나님에게는 어떤 맹목성이나 편견도 불완전한 이해도 권력의 남용도 없으며 만일 조금이라도 있다면 하나님의 권위는 잘못 성립된 것이다. 하나님의 권위를 의심할 만한 합리적인 근거가 전혀 없다면 우리는 하나님의 권위를 받아들이는 것이 당연하다. 그리고 하나님의 권위를 받아들인다면 또 하나님의 명령을 거역할 다른 이유가 없다면 순종하고 받아들이는 것도 자연스럽다. 물론 완전한 존재이신 하나님의 명령을 거역해야 할 이유가 있을 수 없을 것이다. 간단히 말하면, 권위는 권력과 지식과 완전한 인격의 문제이며 이 모든 것은 도덕적 권위로 통합되는 것이다.[29]

---

29 이 문제에 대하여 깊이 생각할 수 있도록 도움을 준 Thomas V. Morris에게 감사한다.

Abhorrent Commands

7장:
혐오스러운 명령

세상을 심판하시는 이가 정의를 행하실 것이 아니니이까?

_창세기 18장 25절

존 스튜어트 밀(John Stuart Mill)은 자서전에서 자신의 아버지를 이렇게 묘사하고 있다.

> 나의 아버지는 루크레티우스만큼이나 종교를 싫어했습니다. 아버지가 증오한 것은 보편적으로 사용되는 의미에서의 종교였습니다. 아버지는 종교를 단지 정신적 망상으로 본 것이 아니라 거대한 도덕적 악의 느낌으로 여겼습니다. 종교를 도덕성의 가장 무서운 적으로 본 것입니다. 종교는 먼저 신조에 대한 신념, 경건한 감정, 예식 등 인간의 선과는 아무런 관계도 없는 가상적인 탁월성의 기준을 세워놓고 나서 이를 진정한 덕의 대용품으로 받아들이기를 강요하고 있다고 생각한 것입니다. 그러나 무엇보다도 종교는 어떤 한 존재에게 모든 찬사를 다 퍼붓기는 하는데 실제로는 그 존재가 온갖 혐오스러운 일을 다 저지르는 것으로 묘사하고 있으며 더구나 그와 같은 존재의 뜻에 따라 행동하는 것을 도덕성으로 삼음으로써 도덕성의 기준을 형편없이 악하게 만드는 것은 도저히 참을 수 없는 일이라고 본 것입니다.[1]

우리는 종교의 그와 같은 비판에 대항해서 유신론적 윤리를 변호함으로써 도덕 변증론을 강화하는 노력의 일환으로 이제까지 선에 대한 비주의주의적인 설명들과 도덕적 의무의 신명론을 살펴보았다. 우리가 수용하는 주의주의는 오컴주의를 어떻게 피하고 있는지를 설명하고서 규범적인 질문들에 대답을 모색했다. 하지만 이 시점에서 우리가 살펴보아야 할 몇 가지 문제점들이 떠오르고 있다. 그것들은 주의주

---

[1] John Stuart Mill, *The Autobiography of John Stuart Mill* (New York: Henry Holt, 1887), p. 40.

에 대한 '근거 없음', '혐오스러운 명령', '공허한 언어'에 대한 반론들이다. 주석학자들이 처음 두 반론을 '독단성'의 문제라고 부르고 있는데 이 독단성은 실제로 '공허한 언어'에 대한 반론의 이면일 뿐이다. 따라서 이 장에서는 이 세 가지 반론들에 대한 대답을 제시하려고 할 것이며 그 과정에서 우리의 견해가 그와 같은 비판들이 야기하는 문제점들을 어떻게 보고 있는지를 알아보게 될 것이다.[2]

1. 독단성의 아킬레스건

어떤 의미에서 보면 이 세 가지 반론들-근거 없음, 공허한 언어 그리고 혐오스러운 명령-은 개념적으로는 구분이 되지만 실제로는 독단성 문제라는 큰 범주 안에 속해 있으며 각 반론들이 이 문제의 여러 면들을 가리키고 있을 뿐이다.

'근거 없음 반론'(no reasons objection)은 하나님의 명령이 오로지 하나

---

[2] 이 문제는 매우 적절한 시기에 거론되고 있다. Daniel Dennett는 구약의 하나님이 질투와 분노로 가득 차 있다고 말한다. Dawkins는 하나님이 이방인 혐오증을 보이면서 피의 살육을 허용함으로써 타민족들을 말살시키고 싶어 한다고 적고 있다. Christopher Hitchens는 하나님이 인간 거래와 노예제도를 허용한다고 주장한다. 사무엘 해리스는 성경을 그대로 믿는 신자라면 힌두교의 요가학교에서 돌아오는 딸을 이교도인 크리쉬나 추종자로 여기고서 돌로 쳐 죽여야 할 것이라고 말하고 있다. Daniel Dennett, *Breaking the Spell: Religion as a Natural Phenomenon* (New York: Viking, 2006), p. 265; Richard Dawkins, *The God Delusion* (Boston: Houghton Mifflin, 2006); Christopher Hitchens, *God Is Not Great: How Religion Poisons Everything* (New York: Twelve, 2007), pp. 101-102; Sam Harris, *Letter to a Christian Nation* (New York: Knopf, 2006)을 참조.

님의 변덕성에서 나온 것이므로 그의 명령에 복종하는 것은 힘 있는 권위에 대한 맹종에 불과하다는 것이다.

'공허한 언어 반론'(vacuity objection)은 만일 하나님이 도덕성을 결정한다면 하나님이 선하다거나 하나님의 행동이 의롭다고 말하는 것은 아무런 특정한 내용도 없는 무의미하거나 공허한 말이라는 것이다.

'혐오스러운 명령'(abhorrent commands) 반론은 하나님이 되돌릴 수 없는 무서운 행동을 명령함으로써 그 행동을 도덕적으로 만드는 어처구니없는 상황을 지적하고 있다.

이와 같은 반론들에 대해서 우리는 어떤 대답을 할 수 있을까?

근거 없음 반론: 이 반론은 다르면서도 서로 관련이 있는 두 가지 형태를 지니고 있다. 그중 한 형태는 하나님은 자신이 내리는 명령들에 대한 타당한 이유를 전혀 가지고 있지 않다고 주장한다. 즉 하나님이 변덕스럽다는 것이다. 이 반론의 또 다른 형태는 그로 인해서 우리는 하나님의 명령이라는 사실을 제외하고는 우리의 도덕적 결정에 아무런 근거를 가질 수 없다고 주장한다. 우리는 이 반론의 이러한 면을 '맹목적인 복종'이라고 부르기로 한다.

하나님은 우리에게 굶주린 사람들을 먹이라는 명령을 내릴 수도 있으며 그들을 모른 체하라고 명령할 수도 있다. 이와 같은 하나님의 결정은 어떤 합리적인 이유가 아니라 하나님의 변덕성에 의존하고 있다. 만일 하나님의 결정들이 합리적인 이유들을 가지고 있다면 하나님의 명령이라는 사실보다는 그 합리적인 이유들이 도덕성의 근거가 될 것이다. 하지만 하나님은 합리적인 이유를 바탕으로 명령을 내리는 것이 아니므로 우리에게 남는 것은 독단적인 도덕성뿐이다. 이런 주장에 의하면 도덕성은 지금 우리가 가지고 있는 것과 매우 다를 수도 있었으며 우리의 도덕적 의무는 도덕적인 명령들에 대한 복종, 그 이상도 그 이하도 아니다.

이 반론에 대해서 우리는 어떻게 대답할 수 있을까? 먼저 우리는 하나님이 내리는 명령들이 분명한 이유가 있다고 본다. 하지만 그렇다고 해서 하나님과 윤리적 기준이 서로 분리되어 있다는 것은 절대로 아니다. 신의 정체성을 규정하는 명제인 '하나님은 선하다'가 참이라면 하나님이 어떤 명령을 내리는 전형적인 이유는 명령 내려진 행동들이 선하다는 것이다. 앞에서도 살펴본 바 있지만 애덤스의 설명에 의하면 어떤 행동의 선함은 하나님의 본성과 적절하게 닮아 있기 때문이다. 자신의 이웃을 사랑하는 것과 같은 행동은 하나님의 사랑과 관계적인 속성을 닮았기 때문에 선한 것이다. 우리가 크레이그나 애덤스에 동의하는 것은 하나님의 모든 명령들이 하나님의 본성과 깊이 공명하고 있으며 신명론은 하나님의 사랑이라는 본성에 기초를 해야만 한다는 것이다.

어떤 행동이 도덕적으로 선하다는 것을 알게 되면 그 분별 자체가 그런 행동을 해도 되는 이유가 된다. 그런데 그 이유가 어느 정도 이상으로 강하지 않는 이상 그 행동이 도덕적 의무가 되는 것은 아니다. 반드시 해야 할 만한 적절한 이유가 있지 않으면 그런 행동을 하지 않기로 결정할 수 있을 것이다. 그러한 행동을 하는 것이 선한 일이기는 하지만 안한다고 해서 도덕적으로 거리끼는 것은 아니다. 선한 일을 할 기회가 온다고 해서 그 모두가 도덕적 의무가 되지는 않는다. 하지만 하나님이 우리 인간들을 창조하시되 자신과 친교를 나누고 서로 교통하려고 자신의 형상대로 만든 완전하게 선한 분이라면 그러한 하나님이 내린 명령은 도덕적 의무가 될 수밖에 없다. 그렇지만 어떤 행동이 선하기는 하지만 하나님이 내린 명령이 아니라면 그러한 행동은 해야 하거나 하면 칭찬을 받을 수 있겠지만 도덕적 의무는 아니다.

도덕적 의무의 사회적인 차원에서 보면 하나님의 명령이 없이는 어떤 행동도 도덕적 의무가 될 수 없는 것이다. 우리는 '이 행동은 도덕적 의무인 것이 분명하다'라고 말할 수는 있다. 그것은 인식론적이긴 하지만 존재론적인 설명은 아니다. 그리고 그것이 사실일지라도 신명론을 포함하는 다양한 도덕 이론들과 상충되는 것은 아니다. 왜냐하면 우리가 주장하는 것은 도덕적 의무가 어디로부터 유래하는지에 대해서 자연주의자들이 제시하는 설명보다는 신명론이 내놓는 이유가 더 강력하다는 것이다. 물론 자연주의자들 역시 도덕적 의무의 근거를 설명하려고 하는 그 어떤 사람들보다도 그 실재와 힘을 더 분명하게 인식하고 있는 것은 사실이지만 신명론보다는 확실한 이유를 보여주지 못하고 있다.

그래서 하나님의 명령이 자신의 선함에 근거를 두고 있고 하나님의 주권적인 선택이 자신의 사랑과 지혜를 기초로 하고 있는 것이 분명하다면 하나님의 명령은 타당한 근거를 가지고 있으며 우리의 순종도 분명한 이유가 있는 것이다. 맹목적인 복종을 유도한다는 비판과는 달리 신명론은 하나님을 변덕스럽게 만들거나 우리를 맹종하는 노예로 만드는 것이 아니다. 그리고 우리의 견해에 의하면 하나님 자신이 궁극적인 선이므로 하나님의 명령은 선에 근거를 두고 있다고 말한다고 해서 하나님과 도덕성을 분리시키는 것은 아니다.

모든 선한 행동들이 다 도덕적 의무인 것은 아니므로 도덕 이론은 선하면서도 도덕적 의무가 아닌 행동과 도덕적 의무인 행동을 구분하는 기준을 제시할 수 있어야 한다. 그런데 공리주의는 이 기준을 마련하는 데에 악명 높게 큰 어려움을 겪고 있으나 신명론은 그렇지 않다. 하지만 선과 옳음은 완전히 구분되는 개념이므로 하나님이 어떤 명령을 내려서 그 명령을 도덕적 의무로 만드는 이유는 단지 그 행동이 선하기 때문만은 아닌 것이다. 그리고 우리는 바로 이 부분에서 하나님의 사랑과 지혜가 개입해 들어온다고 본다. 이에 관해서는 이미 언급한 바 있지만 이제부터 더욱 자세히 다루려고 한다.

하나님의 사랑과 지혜가 지니는 구속력을 이해하기 위해서는 이 땅의 부모를 생각해보면 될 것이다. 부모는 때때로 자녀들이 잘못을 저지를 때 처벌이 필요하다고 생각할 것이다. 하지만 구체적으로 내릴 수 있는 처벌의 종류는 다양할 것이다. 아마도 그중 몇 가지는 그 효과가 비슷할 것이며 어떤 것은 잘못에 대한 처벌로 적당치 않을 뿐 아니라 오히려 역효과를 낼 수도 있을 것이다. 부모의 감수성과 분별력이 필요한 것이 바로 이 부분이다. 물론 하나님은 우리 능력으로 하나님의 행동의 경로를 알아낼 수 있는 분이 아니지만 적어도 어떤 경우에는 자신의 완전성과 어울리는 몇 가지 대안들을 가지고 있을 것이다. 이와 같은 사실을 부인하는 사람은 그 증거와 그렇지 않다는 합당한 이유를 제시해야 하는 부담을 안게 될 것이다.

하나님의 모든 명령은 필연적이라는 크레이그의 주장에 대해 우리가 선뜻 동의하지 않았던 사실을 상기하기 바란다. 물론 하나님의 어떤 명령들은 필연적일 수 있지만 하나님이 내린 모든 명령들이 반드시 내려져야 했으며 명령이 전혀 다르게 내려질 수가 없었다는 주장은 수긍하기 어렵다. 가장 강력한 형태의 독단성 반론을 피해가기 위해서 크레이그가 모든 하나님의 명령은 필연적이라고 주장한 것은 이해가 간다. 하지만 다시 말하지만 그는 윤리에서 타협할 수 있는 부분과 비타협적인 부분을 구분하지 않음으로써 자신의 주장을 불필요하게 과장하고 있는 것으로 보인다. 필연적인 도덕적 진리에 대한 크레이그의 주장은 전적으로 옳다. 그렇지만 하나님의 모든 명령들이 절대로 다르게 내려질 수 없다는 의미에서 필연적인 진리라는 것은 받아들이기 힘들다. 물론 그럴 가능성이 전혀 없는 것은 아니지만 그 증거를 찾기가 쉽지 않다. 하나님이 자기를 예배하라는 명령을 변경하지 않을 것이라는 것은 분명한 사실이지만, 예를 들어, 구약에 나오는 음식에 관한 율법들이 꼭 그대로만 명령되어야 했다고 믿기가 어렵다. 이런 경우에 여러 대안 중에서 하나를 고르는 것은 하나님의 고유한 자유이자 권위일 것이다. 애덤스는 예를 들어서 어떤 특정한 경우의 안락사는 하나님의 선택 범위 안에 들어갈 수 있는 가능성이 있다고 시사하고 있다.

우리는 소위 '불완전한 의무'(imperfect duties) 중에서 또 다른 실례를 들려고 한다. 여기서 '불완전한 의무'란 굶주린 사람들에게 먹을 것을 주는 것과 같은 일반적으로 사람들이 수행해야 한다고 믿고 있는 것들을 말한다. 이러한 의무들은 예외들이 있고 다양한 방법으로 완수될 수 있다. 이를테면 우리는 가난한 사람들을 만날 때마다 음식을 나눠 주어야 하는 것은 아니다.

칸트는 이와 같은 의무들을 '완전한 의무'(perfect duties)로부터 구분해 냈다. '완전한 의무'란 예외가 전혀 없고 특정한 방법을 통해서 수행되어야 한다. 우리가 제시하고 있는 윤리 이론처럼 강력한 유신론적 윤리는 어떤 특정한 시간에 어떤 특정한 명령을 내려서 단순한 불완전한 의무에 불과한 행동을 어떤 사람에게 특별한 의미를 지니는 구체적인 의무로 만들 수 있는 특권이 하나님에게 있음을 인정한다. 다시 말해서 도덕성의 근거는 비인격적인 율법에 있는 것이 아니라 인격적인 하나님에게 있는 것이다.

하나님은 우리에게 어떤 행동을 말씀으로 지시하시는데 이 행동은 각 개인에게 특별한 직업적 소명에 비견할 수 있는 유사성과 기능을 지니고 있다. 무슨 이야기냐 하면 두 사람이 길을 가다가 노숙자를 만났을 때 두 사람이 그에게 수행해야 할 의무가 각각 다를 수 있다는 것이다. 하나님이 각 개인에게 다르게 말씀하고 다르게 이끌어가는 특권을 가지고 있다는 것은 곧 칸트의 주장과는 달리 똑같은 상황에서도 각 개인이 수행해야 할 의무는 서로 다를 수 있다는 것이다. 또한 그것은 하나님이 내리신 어떤 특정한 명령에 따라서 때로는 단순한 의무 수행으로 보였던 것이 초과의무(supererogatory)일 수 있고 때로는 초과의무인줄 알았는데 의무 수행에 불과한 것일 수 있음을 의미한다.

사도 바울은 자신이 순종했던 '하늘의 소명'에 관해서 이야기했는데 물론 사람들마다 이러한 소명을 하나님에게서 받는 것은 아니라고 보지만 말이다. 그렇지만 하나님이 바울을 부르셨던 방법에는 반발하고 싶은 독단성은 찾아볼 수 없다. 왜냐하면 이 소명은 궁극적으로는 모든 인류를 위한 축복으로서 하나님이 계획한 대로 구원의 메시지를 유대교의 울타리 너머에 있는 전 세계에 전파하기 위한 것이었기 때문이다.[3]

하나님이 사람에 따라 구체적인 특정한 소명을 주신다는 사상은 도덕적 의미를 이해하게 해준다.

> 그러므로 사람이 선을 행할 줄 알고도 행하지 아니하면 죄니라 (약 4:17).[4]

만일 이 구절이 우리가 할 수 있는 모든 도덕적 행위를 다 수행해야 한다는 의미라면 도덕적 의무는 감당할 수 없을 정도로 막대한 초과의무(supererogation)라는 범주는 사라지고 우리의 도덕적인 생활에 자유는 조금도 허용되지 않을지 모른다. 이 구절을 주석적으로, 철학적으로 보다 적절하게 해석한다면 어떤 특정한 선한 행동을 하라는 소명을 받았음에도 불구하고 하지 않았을 경우에 그것이 죄를 범하는

3　N. T. Wright's *Justification: God's Plan and Paul's Vision* (Downers Grove, IL: InterVarsity Press, 2009).

4　약 4: 17.

것이라는 의미이다. 이와 같은 해석은 우리가 제시하는 주의주의적 분석의 풍부한 인격적이고도 관계적 요소를 상기시켜준다. 이 사회적인 면은 조악한 형태의 주의주의를 회피하려는 성급한 마음에서 흔히 간과하게 되는 요소이다.

도덕성과 소명 사이의 유비는 폴 모서(Paul Moser)가 자신의 설득력 있는 저서 『포착하기 어려운 신』(Elusive God)에서 다루었던 신의 신비적인 차원과 유사성이 있다. 우리는 앞으로 다른 장에서 이 문제를 더 자세히 다루게 될 것이다.[5]

이처럼 우리는 우리의 신명론에서 하나님의 특권적인 요소를 인정하기 원하지만 그렇다고 해서 도덕성을 완전히 폐기하는 것도 하나님의 본성에 속하는 특권이라고 말하려는 것은 아니다. 이제부터 살펴보게 되겠지만 그럴 가능성은 조금도 없다. 그럼에도 불구하고 하나님은 반드시 내려할 필요가 없었던 명령을 내림으로써 우리에게 의무를 부여할 수 있는 특권을 가지고 있는 것은 틀림없으며 하나님이 선택하실 가능성이 있었던 모든 대안들은 다 하나님의 사랑과 완전성이라는 본성과 일치한다는 것이다.

공허한 언어 반론: 이 반론 역시 서로 관련이 있으면서도 분명하게 구별되는 몇 가지 형태를 취하고 있다. 하나님이 도덕성의 근원이라면 '하나님은 도덕적이다'라고 말하는 것은 중복어구로서 별다른 메시지나 정보를 전달하지 못하고 있다. 마찬가지로 우리가 '하나님은 선

---

5 Paul Moser, *The Elusive God: Reorienting Religious Epistemology* (Cambridge: Cambridge University Press, 2008).

하다'라고 말한다면 이 말은 어떤 한정적인 내용을 의미해야 하는데, 만일 선이 하나님의 명령하는 기능의 하나라면, 또는 하나님의 속성이 무엇이든 그 속성의 기능이라면 이러한 묘사는 아무런 한정적 내용도 지니지 못한다.

먼저 이 문제를 살펴보기로 하자. 하나님이 궁극적인 선이라면 하나님은 선하다고 말하는 것은 아무런 새로운 정보도 전달하지 못한다. 다시 말하면, 앞에서도 이 문제를 언급했었지만, 신성과 선은 지시하는 대상이 같을지라도 서로 분명히 구분되는 개념들이다. 우리는 선의 개념을 아래서부터 위로 배운다. 그로 인해서 존재론이 위에서 아래로 기능하고 하나님이 궁극적인 선일 수 있다는 가능성이 열리게 된다. 우리가 선의 개념을 배우고 선을 점점 분명하게 이해하면서 선이라고 지칭하는 모든 것들이 궁극적으로는 하나님 자신일 수 있다는 것을 알게 된다. 그리고 우리는 그것이 가능성에 그치지 않고 사실이라고 주장해왔다. 우리는 앞으로 인식론을 다루는 다른 장에서 이에 관해서 더 자세히 논할 것이다.

이제부터 우리는 이 반론의 두 번째 형태를 살펴보면서 공허한 언어 반론(the vacuity objection)의 핵심이 무엇인지 알아보기로 한다. 왜 어떤 사람들은 신명론이 도덕적 언어의 내용을 공허하게 한다고 주장하는 것일까? 이 반론을 주장하는 사람들은 신명론에 의하면 하나님은 자기가 하고 싶은 것은 무엇이든지 할 수 있다는 궁극적인 권위를 가지고 있으므로 그가 원하는 명령은 무슨 명령이든 내릴 수 있고, 따라서 우리가 알고 있는 도덕성과 상반되는 명령도 내릴 수 있다고 주장한다.

하나님은 도덕성의 내용을 완전히 바꿀 수 있고 그래서 지금까지 옳은 것을 그르게 하고 그른 것을 옳다고 할 수 있다는 것이다. 이러한 분석에 의하면 '하나님은 선하다'라는 명제의 진리치는 하나님이 모든 면에서 돌이킬 수 없을 정도로 악하다는 것과 일치한다는 것이다.

그렇지만 오컴주의적 주의주의는 이러한 비판을 받는 것이 당연하지만 우리가 표명하는 주의주의는 그렇지 않은 것이 분명하다. 우리가 인정하는 하나님의 특권은 도덕성을 완전히 뒤집어엎어서 옳은 것을 그르다고 하고 그른 것을 옳다고 하는 것은 아니다. 우리가 실제로 주장해 왔던 것은 오히려 그와는 정반대이다. 즉 선과 악에 관한 우리들의 근본적인 신념과 이러한 용어들이 사용되는 용법이 매우 진지하게 받아들여져야 하고 그렇게 되는 것이 유신론적 윤리의 증거가 된다는 것이다. 하나님의 선하심을 합리적으로 믿기 위해서는 반드시 그래야만 된다.

우리는 오컴주의나 신앙주의적 확신(fideistic affirmation)처럼 하나님은 무엇을 하든지 선하다고 주장하는 것이 아니라 하나님의 선이 완전하고 흠이 없으며 그리고 인식할 수 있는 존재라는 것이다. 하나님은 단지 선할 뿐 아니라 궁극적인 선이다. 그리고 이 때문에 우리는 완전한 하나님이라면 내리지 않을 것 같은 명령이나 허락하지 않을 것 같은 사건의 상태를 만날 때 비록 두렵고 떨리기는 하지만 하나님의 선하심에 대한 확신을 끝까지 유지하는 것이다. 이 장에서 앞으로 문제성이 있는 하나님의 명령들을 다루게 될 것인데 이러한 논의는 8장에서 다루게 될 전통적인 악의 문제, 즉 문제성이 있는 사건의 상태와 깊은 관련을 가지고 있다.

이와 같은 공허한 언어 반론들은 예를 들어서 하나님이 어린아이들을 재미로 고문하라는 명령을 내리는 매우 기괴한 시나리오를 가정하기를 좋아한다. 그리고 나서 그런 명령에서 신명론이 지니는 의미를 찾아내라고 요구한다. 하나님이 그런 명령을 내린다면 그 명령도 도덕적 의무가 되는 것이 아니냐는 것이다. 이 시점에서는 '어린아이를 재미로 고문하는 것이 도덕적 의무이다'라는 명제가 참이 되고 지금까지 사용해오던 도덕적 언어의 구체적인 내용이 사라지게 된다는 것이다. 그들이 주장하는 기본적인 요점은 의무론적인 것이다. 즉 그처럼 도덕적 언어를 무의미하고 공허하게 만드는 윤리 이론은 실패한 이론이라는 것이다. 따라서 신명론은 파선했다고 선언한다. 하지만 이와 같은 반론의 논리를 주목하기 바란다. 그들은 그 명제가 참이 되는 시나리오를 가상하고서 그 시나리오는 불합리한 어처구니없는 결과, 즉 도덕적 언어를 독단적으로 만들고 그 내용을 무의미하게 한다고 주장하는 것이다.

혐오스러운 명령 반론: 그리고 바로 이 때문에 공허한 말에 대한 반론은 적어도 이러한 형태에서는 '혐오스러운 명령 반론'의 또 다른 면이다. 왜냐하면 이 반론도 우리에게 신명론이 어떤 의미를 함축하고 있냐고 묻고 있기 때문이다. 즉 만일 하나님이 혐오스러운 명령을 내린다면 그 명령은 도덕적 의무가 되는 것이 아니냐고 묻는다. 그러므로 이 반론은 하나님이 혐오스러운 명령을 내릴 수도 있다는 것을 전제로 하고 있다. 그리고 이 반론은 전제들을 근거로 해서 재미로 어린아이를 고문하는 잔악한 행동도 도덕적 의무가 될 수 있다는 가능성을 주장한다. 하지만 그들은 단지 자신의 주장을 내세우기 위하여 그와 같은 가능성을 전제하고서 의미론적인 억지를 부리기보다는 여기서 중단하고서 도덕적으로 볼 때 자신들의 주장이 무언가 잘못되어가고 있다는 것을 인정하는 것이 옳은 일일 것이다.

우리가 주장하는 것은 재미로 어린아이를 고문하라는 명령을 전제로 하는 이론은 실패한 이론이라는 것이다. '혐오스러운 명령' 반론은 의미론적이라기보다는 존재론적인 주장이다. 도덕적 언어를 폐기시키는 데에 주력하기보다는 도덕성 자체가 그런 난센스를 허용할 리 없다고 주장한다. 하지만 공허한 말에 대한 반론과 혐오스러운 명령에 대한 반론의 차이를 찾아내는 것보다 더 중요한 것은 그들의 공통점이다. 그리고 그 공통점이란 신이 어린아이를 재미로 고문하라는 명령을 내릴 수 있다는 것이다.

재미로 하는 아동학대는 그 잔인성과 악함이 너무도 뚜렷하기 때문에 우리가 생각할 수 있는 필연적인 도덕적 진리의 가장 사악한 사례가 되기에 충분하다. 아마도 그래서 이 기괴한 사례가 그들에게 매우 인기가 있을 수 있다. 신명론이 그러한 명령을 도덕적 의무로 만들 가능성이 있다면 신명론을 거부할 충분한 이유가 되기 때문이다. 물론 어떤 형태의 신명론들은 이러한 비판에 취약한 면을 지니고 있는 것이 사실이다. 그런데 우리가 표명하는 신명론은 그렇지 않다. 왜냐하면 재미로 하는 아동학대는 아무리 좋게 해석하려고 해도 돌이킬 수 없는 악이 분명하기 때문에 우리의 신명론에 의하면 하나님은 그러한 명령을 내리지도 않을 것이고 그러한 명령을 내릴 수도 없기 때문이다. 도덕적 진리는 모두 다 하나님의 본성을 반영해야 하고 어떤 상황에서도 그 본성에 충실해야 한다. 무릇 도덕적 진리는 하나님의 거룩함과 사랑의 속성을 들여다 볼 수 있는 진정한 창이 되어야 한다. 이와 같은 본성과 어긋나는 명령을 내리는 것은 하나님이 자기 자신을 부인하는 것인데 하나님은 자신을 절대로 부인할 수 없는 것이다.

이런 주장은 아무리 강조해도 지나치지 않는 것이다. 우리가 하나님은 재미로 하는 아동학대를 절대로 명령하지 않을 것이라고 말하면 어떤 사람들은 할 수는 있지만 하지 않는 것뿐이라고 수정하고 싶어 할 것이다. 우리는 하나님이 그와 같은 명령을 내리지 않을 것이라는 그들의 말에는 동의하나 하나님이 그와 같은 명령을 내릴 수는 있다는 부분에 대해서는 동의하지 않는다. 만일 하나님이 그와 같은 명령을 내릴 수도 있다는 점을 인정하게 되면 신명론은 실패하고 말기 때문이다. 다음과 같은 논증을 살펴보기로 하자.

1. 신명론은 참이다.
2. 하나님은 (실제로는 절대로 하지 않겠지만) 재미로 하는 아동학대를 명령할 수 있다.
3. 따라서 재미로 하는 아동학대는 도덕적 의무가 될 가능성이 있다.

이 주장은 성립한다. 하지만 그 결론 부분은 받아들일 수 없다. 만일 독자들 중에서 우리의 이와 같은 확신에 대한 이유를 더 제시해 달라고 요구한다면 우리는 그들이 아직도 이 문제를 정확하게 이해하지 못하고 있다고 본다. 왜냐하면 이 결론의 허구성이 누가 보더라도 분명하므로 더 이상 다른 증거가 필요 없기 때문이다. 어떤 주장이 성립하기 위해서는 어떤 명백한 공리로부터 출발해야 한다. 그리고 이 결론의 허구성은 분명하다는 점에서 그러한 공리로서 충분한 자격을 갖추고 있다. 따라서 우리가 이 결론의 허구성을 출발점으로 삼는 것은 매우 타당한 것이다.

사실 지금까지는 아무런 문제가 없다. 이 시점부터 방법론이 서로 달라지는 것이 중요하다. 신명론의 비평가들은 오컴주의를 신명론의 전형으로 보고서 오컴주의의 모든 잘못이 신명론으로 유래한다고 보고 있다. 신명론은 도덕적으로 모든 것이 가능하다고 주장하므로 필연적인 도덕적 진리를 부인한다고 보는 것이다. 다시 말해 도덕성은 하나님의 변덕성에 불과하다는 것이다. 그러므로 비평가들은 오컴주의를 거부하지만, 그런데 그들이 잘못 생각하고 있기 때문에 그들은 신명론을 일반적으로 이해할 수 있는 일이라고 거부한다. 하지만 그것 때문에 그들이 신명론을 전반적으로 거부하는 것은 잘못이다.

우리가 표명하는 신명론은 오컴주의적 신명론과는 달리 그와 같은 비판에 아무런 취약점도 드러내지 않는다. 실제로 우리의 신명론은 두 번째 전제를 거부하는 충분한 이유를 보여준다. 즉 우리는 하나님이 진정으로 비도덕적인 혐오스러운 명령을 내릴 수 있는 가능성 자체를 부인하는 것이다. 하나님의 본질적인 선은 그와 같은 명령을 전적으로 배제하고 있다. 이 해결책은 이 시점에서 그리 놀라운 것은 아니다. 왜냐하면 이제까지 반복해서 계속 등장했던 주제이기 때문이다. 우리의 자신감은 앞에서 설명하고 변호한 바 있는 하나님의 무흠함과 본질적인 선에 관한 전통적인 기독교 신앙에 뿌리를 두고 있다.

어떤 사람들은 우리의 이러한 해결책에 대해서 하나님에게는 무엇이든 가능하며 그렇지 않다고 말하는 것은 잘못이라고 말하고 싶어 할 수 있다. 하나님은 절대적인 주권을 가지고 있고 전능하므로 아무런 제약도 받지 않기 때문에 모든 것이 가능하다는 것이다. 이에 대한 우리의 대답은 이렇다. 만일 하나님이 모든 것을 할 수 있다면 죄도 범할 수 있을 것이다. 하지만 하나님은 죄를 범할 수 없다. 그렇지 않다면 하나님은 자살을 할 수도, 거짓말을 할 수도, 자신이 한 말을 부인할 수도, 2곱하기 2를 5로 만들 수도 있으며, 동시에 동일한 장소에 존재하기도 하고 존재하지 않기도 할 것이다.

그런데 성경은 하나님이 모든 것을 다 하실 수 있는 것은 아니라고 말하고 있다. 예를 들어 하나님은 죄의 유혹에 넘어갈 수 없고 자신이 한 말을 부인하실 수 없다고 증언하고 있다. 하지만 그렇다고 하나님이 전능하지 않다고 말하고 있는가? 물론 그것은 절대로 아니다. 단지 우리는 하나님의 전능성을 보다 적절하게 해석함으로써 모순이나 불일치를 야기하는 어리석음에 빠지지 말자는 것이다.

하나님은 자신의 본성과 어울리는 일은 무엇이든지 할 수 있다. 그렇지만 죄를 범하는 것은 이것에 속하지 않는다. 그렇다고 해서 하나님이 어떤 제한을 받고 있다고 말하는 것은 아니다. 하나님의 완전성에는 제한이 없다. 어떤 일들을 하는 것은, 예를 들어서 거짓말을 하는 것은 강함이 아니라 약함이다. 하나님은 죄에 대해서 자유롭기보다는 죄에 대한 취약성에 대해서 완전히 자유롭다. 하나님은 죄에 대해서 끌리는 부분이 전혀 없으므로 죄는 하나님에게 죄가 되지 못한다. 하나님은 본질적으로 선하고 도덕적으로 완전하고 결점이나 어두움이 전혀 없다.

다시 말해 하나님은 깨뜨릴 수 없는 필연적인 도덕적 진리와 거스르는 명령을 내리지 않을 뿐 아니라 그런 명령을 내릴 수가 없다. 하나님에게는 그와 같은 명령을 내릴 수 있는 세계 자체가 전혀 가능하지 않다. 이런 불변하는 도덕적 진리는 하나님의 완전성과 변치 않는 본성에 뿌리를 두고 있다. 따라서 '혐오스러운 명령' 반론은 우리의 주의주의에서 아무런 취약점도 찾아낼 수 없는 것이다.

이 시점에서 우리가 한 가지 짚고 넘어가야 할 사실이 있다. 그것은 윌리엄 레인 크레이그의 신명론에 대한 월터 시노트-암스트롱의 다음과 같은 비판이다.

> 하나님이 우리에게 성폭행을 범하라고 명령했다고 해서 성폭행이 도덕적 의무가 되지는 않는다. 물론 크레이그는 하나님이 우리에게 성폭행을 범하라고 명령하지도 않고 할 수도 없다고 주장하고 있기는 하다. 하지만 크레이그는 그와 같은 사실을 어떻게 알 수 있으며 전능하신 하나님이 그런 식으로 제한을 받고 있다고 어떻게 분명히 말할 수 있는지 확실하지 않다고 말한다. 아무튼 하나님은 아브라함에게 자기 아들을 살해하라고 명령한 것으로 알려져 있고 적어도 살해하는 시도는 하게 한 것은 틀림없다. 더구나 하나님이 성폭행을 우리에게 명령하지도 않을 것이고 할 수도 없다는 것이 사실이라고 하더라도 신명론은 만일 하나님이 성폭행을 하라는 명령을 내린다면 성폭행은 도덕적 의무가 된다는 것을 암시하고 있다.

그 때문에 신명론은 터무니없는 이론이라는 것이다.[6]

시노트 암스트롱은 여기서 몇 가지 문제점들을 제기하고 있다. 그것은 인식적인 질문으로부터 이삭의 결박이 논리학의 반사실적 서술(counterfactuals)에 대한 주장들이라는 것이다. 처음 두 질문들은 앞으로 곧 다루게 될 것이나 여기서 주목해야 할 부분은 하나님이 성폭행을 명령할 수 없다고 하더라도 신명론에 의하면 여전히 하나님이 성폭행을 명령한다고 가정할 때 그 명령은 도덕적 의무가 된다는 반사실적 서술이다.

우리는 이러한 주장이 우리의 주제에 대한 암스트롱의 극심한 혼란을 보여주고 있다고 본다. 반사실적 서술을 해석함에서 있어서 일반적으로 조건절-이 경우에는 하나님이 성폭행을 명령한다-이 거짓인 경우에는 이 조건절은 아무런 결정력이 없는 것으로 본다. 다시 말해서 이 반사실적 서술은 '만일 2+2는 5가 된다면 성폭행은 도덕적 의가 된다'는 명제만큼이나 무의미한 것이다. 우리는 앞에서 불가능 세계의 특성들을 강조하는 사상가들의 보증할 수 없는 확실성에 대해서 이야기한 적이 있다. 시노트-암스트롱은 그와 같은 사상가들의 전례를 따라서 거의 난센스 같은 주장을 여기서 당당하게 하고 있는 것처럼 보인다.

크레이그는 시노트-암스트롱의 비판(그리고 안토니의 비판)에 대해서 다음과 같이 반박하고 있다.

---

6 Walter Sinnott-Armstrong, "Why Traditional Theism Cannot Provide an Adequate Foundation for Morality," *Is Goodness without God Good Enough?*, p. 106.

만일 우리가 일반적인 의미론을 거부하고서 불가능한 조건절을 가진 반사실적 서술들 중 어떤 것들은 참이거나 거짓일 수 있다고 하더라도 이 명제의 진리치를 어떻게 알 수 있다는 말일까? 그건 마치 둥근 정사각형이 있다면 그 면적은 한 면의 제곱일 것이라고 말하는 것이나 다름이 없다. 그리고 뭐라고 대답한들 달라지는 것은 없다. 왜냐하면 전제 자체가 거짓이기 때문이다. 어떤 신명론자도 그의 조건법적 서술이 가지는 진리치에 얽매이지 않을 것이고 그러한 추리가 참일지 거짓일지를 아무리 곰곰이 생각한다고 해도 바뀔 것은 아무것도 없을 것이다.[7]

우리는 하나님의 선하심을 믿기 때문에 어떤 명령들은 완전히 제외시킬 수 있고 가능한 것으로 잘못 생각되었던 어떤 시나리오들도 완전히 불가능한 것으로 여길 수 있다. 그런데 그 기준은 무엇일까? 이제 이 질문에 대한 대답을 찾아보기로 한다.

2. 기준선 긋기

하나님은 하나님이시지 우리가 아니다. 그러므로 하나님의 일하시는 방법과 우리의 방법은 하늘과 땅이 다른 것처럼 다르다. 따라서 때때로 하나님의 일하는 지혜로운 방법들을 우리가 이해하기 어려울 때

---

7 William Lane Craig, "This Most Gruesome of Guests," ibid., 172. 우리는 부록에서 Sinnott-Armstrong의 주장에 대한 반박을 더 체계적으로 다루게 될 것이다.

가 있는 것은 당연하다. 그래서 우리는 대부분 우리가 하나님을 선하시다고 말할 때 부여하는 속성을 하나님의 선한 행동에서 인식할 수 있는 것이 사실이지만 어떤 경우에는 하나님이 명령하는 행동에서 선함을 찾아보기가 어려울 수 있다. 실제로 하나님의 명령들은 도덕적으로 악한 요소들을 분명하게 보여줄 때가 있다. 우리는 때때로 가장 도덕적인 대안이 어떤 악한 요소를 포함하는 상황에 부딪칠 수 있다. 예를 들어서 길을 가다가 양아치를 만났는데 그를 저지하는 방법은 신체적인 제재를 가하는 수밖에 없는 경우가 있을 것이다. 죄 없는 사람이 무고하게 희생을 당하도록 놓아두거나 아니면 폭력으로 폭력을 대처할 수밖에 없는 경우가 있다. 그리고 공격하기를 좋아하는 이웃 나라가 자기 나라를 침범하는 것을 보고만 있거나 아니면 무력으로 항쟁해야 하는 경우도 있을 수 있다.

우리가 추구하는 것이 선이거나 정의였다고 할지라도 우리 행동으로 인해 살인이나 전쟁과 같은 악한 상태를 초래할 수 있다. 하지만 이런 경우에 우리의 도덕적 의무는 분명하다. 다시 말하면, 어떤 경우에는 악해 보이는 행동이 도덕적 의무가 될 수 있다는 것이다. 따라서 우리는 일반적으로 볼 때 하나님이 명령하시는 것은 대부분 그것이 선하기 때문이라고 말할 수는 있겠지만 모든 명령이 다 선하다고 단정적으로 말하는 것은 옳지 않다.

그렇지만 우리는 이제 원칙적으로 하나님은 어떤 명령을 내리실 수 있고 어떤 명령을 내리실 수 없는지를 구분해야 한다. 물론 우리는 어떤 행동이 악하다면 하나님은 그 행동을 명령하실 수 없다고 단정적으로 말할 수 없다. 어떤 행동이 선하다고 해서 반드시 도덕적 의무가 되는 것은 아닌 것처럼 어떤 행동이 악하다고 해서 절대로 하나님이 명령하실 수 없는 것은 아니다. 도덕 이론에서 가치론과 의무론은 매우 밀접하게 관련되어 있기는 하지만 명백하게 구분이 되는 분야들이다.

그렇다면 어떤 행동이 얼마나 악하면 하나님이 명령하실 수 없는 것일까? 우리가 4장에서 처음으로 이야기했던 경계선, 즉 이해하기 어려운 것과 우리의 타협할 수 없는 도덕적 통찰로 이해하기가 불가능한 것을 구분하는 기준선을 긋는 것은 우리의 도덕 이론에서 매우 중요하다. 그와 같은 기준선이 존재한다는 사실을 우리는 직관적으로 알고 있다. 예를 들어 고아와 과부들이 어려운 처지에 있을 때 돌보아야 한다는 하나님의 명령은 이해하기 매우 쉽고 이 기준선의 어느 편에 속하는지는 분명하다. 아프리카 오지에 사는 무력하고 힘없는 주민들을 성폭행하거나 약탈하라는 행동 역시 이 기준선의 어느 편에 속할지가 분명하다. 하나님이 그런 잔학한 행동을 명령하시지 않았다고 믿는 것이 합리적으로 타당하다.

하지만 성경에 나오는 동성애 금지 또는 어떤 경우의 안락사나 낙태와 같은 것은 어떤가? 우리가 하나님의 선하심은 선으로 인식될 수 있어야 한다고 말하자마자 비평가들은 사람에 따라 도덕적 직관이 다를 수 있는 중간 지대의 행동들에 대한 설명을 요구하고 나올 것이 분명하다.

그리고 우리는 그들의 요구를 묵살할 생각이 전혀 없으며 분명한 대답을 제시할 수 있다. 그러면 우리는 이 기준선을 어디에 그어야 하나님이 넘으실 수 없으면서 또한 선하다고 말할 수 있는 것일까? 물론 하나님은 우리가 이해하기 어려운 명령을 내리실 수 있다. 하지만 어떤 행동들은 우리의 타협할 수 없는 도덕적 확신과 너무 어긋나서 도덕성을 찾아내기가 불가능할 수 있다. 여기서 도덕적 확신이라 함은 단순히 강한 도덕적 신념에 이르는 것이 아니라 도덕성 자체를 왜곡시키지 않고는 심리학적 뿐만 아니라 합리적으로도 절대적으로 파기하거나 타협할 수 없는 깊은 도덕적 확신이라는 것을 말한다.

일반적으로 볼 때 하나님이 하실 수 없는 것들은 우리의 타협할 수 없는 도덕적 확신과 정면으로 배치되고 되돌릴 수 없는 갈등을 일으킨다. 예를 들어 하나님은 재미로 하는 아동학대를 우리에게 명령하실 수 없다. 그런데 이 타락한 세계에 죽음을 허락한 것은 하나님의 완전한 속성과 잘 어울린다고 말할 수 있다. 하지만 이 기준선의 이쪽저쪽에 속하는 실례들을 몇 개 찾아냈다고 해서 기준선이 그어지는 것은 아니다. 그리고 비순환 논리로 이 대답을 찾아내는 것은 그렇게 쉬운 일이 아니다. 아마도 실제로 이 기준선을 정확하게 긋는 것은 불가능할지도 모른다. 아리스토텔레스로부터 칸트에 이르기까지 철학자들은 윤리에는 회색지대가 있다(반실재론을 수반하는 모호성은 제외하고)는 사실을 인정하고 있다.

우리는 이 기준선으로 경계를 지음으로써 악이나 불의의 본성을 정확하게 분석해 내려는 것이 아니고 그 일반적인 구분을 하려고 한다. 다시 말해서 원칙적으로 도덕성과 화해시킬 수 없는 악, 우연성이 전혀 개입되지 않은 불의, 절대로 정당화될 수 없는 악, 이 경계선 저편에 있는 것이 분명한 악들의 범주를 찾아내려고 한다. 하나님의 명령이나 사건의 상태가 그처럼 악하다면 하나님의 무흠함과 정면으로 배치될 것이다. 다시 말하지만 그와 같은 기준선이 존재한다는 것이 직관적인 것처럼 그 선이 어디에 그어져야 하고 어떤 필요충분조건 하에서만 그 선을 넘을 수 있는가 하는 문제 역시 대답하기가 매우 어려운 것이 사실이다.

이해를 돕기 위해서 하나님이 재미로 하는 아동학대를 명령하셨다고 가정하자. 그렇다면 그와 같은 명령으로 인해 야기되는 고통이 정당화되기 위해서는 그보다 더 큰 이야기의 어떤 틀이 필요할까? 하나님의 선하심에 지니는 어떤 특성이 이 명령을 가능하게 할 수 있을까? 그 명령을 가능하게 하는 어떤 명제가 하나님의 무흠함과 일치하면서 그 진리치가 참일 수 있을까? 말할 필요도 없이 우리는 그와 같은 질문에 대한 대답을 찾아내라는 압박을 받고 있다. 하지만 우리는 아무런 대답도 제시할 수 없는데, 그 이유는 대답이 처음부터 존재하지 않기 때문이다. 그런 명령을 하나님의 무흠함과 일치시키는 것은 더 넓은 의미에서 논리적으로 불가능한 것이다.

이에 반해서 성경의 동성애 금지는 어떻게 이해할 수 있는지 살펴보기로 하자. 하나님의 무흠함과 일치하면서도 그러한 금지를 가능하게 하는 명제로는 어떤 것이 있을까? 아마도 다음과 같은 것이다. 즉 하나님은 인간을 남자와 여자로 만들었으므로 동성애가 아닌 이성애를 원하신다는 것이다. 실제로 이 주장이 참일 수는 없으나 교회에서는 이제까지 그렇게 가르쳐온 것이 틀림없다. 하지만 우리가 여기서 주장하려는 것은 그와 같은 명제가 참인가 거짓인가가 아니라 아동학대 명령의 경우와는 달리 이 금지 명령과 하나님의 완전성을 일치시킬 수 있는 더 큰 이야기의 틀을 생각할 수 있다는 것이다.

그러므로 우리가 여기서 제안하는 것은 이것이다. 즉 하나님이 명령했다고 여겨지는 행동들이나 하나님이 허락했다고 생각되는 사건의 상태를 평가해야 하는 상황에 처했을 때 우리가 해야 하는 것은 하나님의 도덕적 완전성과 합리적으로 일치하면서도 그러한 명령이나 사건의 상태를 수반하는 명제를 찾아내는 것이다. 만일 그러한 명제를 찾아낼 수 있다면 문제의 명령이나 사건의 상태를 우리의 비타협적인 도덕적 확신과 화해시킬 수 있다. 그리고 만일 찾아낼 수 없다면 화해는 불가능하다. 우리가 앞에서 칼빈주의를 거부한 것은 바로 이 이유 때문이다. 하지만 성경의 동성애 금지 명령을 던져 버릴 만한 근거는 되지 못하는 것이다.

물론 여기에는 순환 논리적인 요소가 없지는 않지만 그렇게 사악한 순환 논리는 아니라고 본다. 왜냐하면 하나님의 어떤 명령에서 도덕성을 찾기가 어려운 것과 불가능한 것 사이에 경계선을 긋기 위해서는 우리들의 기본적인 도덕적 직관에 호소할 수밖에 없기 때문이다.

현대 종교철학에 익숙한 독자라면 우리가 제안하는 알고리즘이 앨빈 플랜팅가가 악의 문제에 대한 합리적인 접근방법에 대항해서 제시한 자유의지 변호(free will defence)와 많이 닮아있음을 눈치챘을 것이다. 우리가 하려는 것은 타협할 수 없는 도덕적 직관과 화해시키기 어려운 것과 불가능한 것을 구분하는 경계선을 긋는 것이 매우 중요하다는 것을 보여주는 것이다. 하나님의 어떤 명령들은 이해하기가 매우 어렵지만 그래도 합리적으로 받아들이고 순종할 수 있다. 하지만 하나님이 명령하셨다고 여겨지는 어떤 행동들은 너무 지나쳐서 받아들이기가 불가능한 것이다. 우리가 칼빈주의를 비판하면서 거부했던 것도 바로 이 때문이다. 따라서 단순히 기존의 도덕적 선호와 배치된다고 해서 어떤 성경해석을 거부했다는 비난은 우리에게 해당되지 않는 것이다.

3. 정복 이야기와 이삭의 결박

이 시점에서 우리는 피할 수 없는 한 질문을 다루어야 할 필요가 있다. 기독교 유신론자들로서 우리는 성경의 가르침을 매우 진지하게 받아들이고 있다. 하지만 구약은 하나님이 이스라엘 사람들에게 가나안 사람들을 멸절시키되 죄 없는 어린아이들까지 모두 죽이라는 명령을 내린 것으로 기록하고 있다. 하나님은 유대인들에게 그들을 하나도 남기지 말고 모두 죽이라고 이르고 있다. 생각 있는 기독교 정통 유신론자들에게 이 문제에 관해서 물어보면 그들은 대부분 얼굴을 찌푸리면서 대답을 얼버무리는 경향이 있다. 이 구절들은 매우 난해하며 뭐라고 대답하더라도 그 비밀을 다 설명할 수는 없다. 이 가나안 정복 이야기는 해석이 매우 곤란한 전형적인 실례이다.

> 네 하나님 여호와께서 너를 인도하사 네가 가서 차지할 땅으로 들이시고 네 앞에서 여러 민족 헷 족속과 기르가스 족속과 아모리 족속과 가나안 족속과 브리스 족속과 히위 족속과 여부스 족속 곧 너보다 많고 힘이 센 일곱 족속을 쫓아내실 때에 네 하나님 여호와께서 그들을 네게 넘겨 네게 치게 하시리니 그 때에 너는 그들을 진멸할 것이라 그들과 어떤 언약도 하지 말 것이요 그들을 불쌍히 여기지도 말 것이니라(신 7:1-2).

우리는 하나님이 돌이킬 수 없는 악한 명령을 내리시지도 않고 내리실 수도 없다고 주장해왔는데 이 구절은 야훼가 어떤 민족들을 멸절시키되 남자와 여자와 어린아이까지 모두 죽이라는 명령을 내렸다고 말하고 있다. 그러므로 (1) 야훼는 하나님이 아니거나 (2) 하나님은 돌이킬 수 없는 악한 명령을 내릴 없다는 우리의 생각이 틀렸거나 또는 (3) 이와 같은 성경 이야기들이 문자적으로 사실이 아니거나 아니면 (4) 그러한 명령들이 돌이킬 수 없을 정도로 악하지 않거나와 같은 것들 중의 하나일 것이다. 하지만 우리는 야훼가 하나님이라는 사실을 전제로 하고 있으므로 (1)은 택할 수 있는 대안이 아니며 (2)도 마찬가지이다.

물론 우리는 (3)을 선택하고서 문제의 구절들이 하나님의 의도나 일어난 사건을 사실 그대로 전하고 있지 않다고 주장할 수는 있다. 실제로 로버트 애덤스는 문제성 있는 또 다른 구약 이야기인 이삭의 제사를 설명할 때 이와 같은 접근 방법을 사용하고 있다. 이 구절에서 하나님은 아브라함에게 자신의 독자 이삭을 제물로 바치라고 명령하고 있다. 애덤스는 이 사건이 실제로 일어난 것이 아니라고 말하고 있다. 애덤스는 이 명령을 타협할 수 없는 도덕적 직관과 절대로 화해시킬 수 없으며 단지 이해하기 어려운 것이 아니라 불가능하다고 주장하고 있다. 애덤스는 자신의 견해를 신학적으로 강화시키기 위해서 다음과 같이 말하고 있다.

> 나는 이 문제에 있어서 예레미야 선지자에 동의한다. 예레미야가 주장하듯이 진정한 하나님은 그와 같은 악한 명령을 내리시지 않았을 뿐 아니라 생각도 하시지 않았다고 믿는다.

애덤스는 여기서 예레미야서 7:31을 인용하고 있다.

> 힌놈의 아들 골짜기에 도벳 사당을 건축하고 그들의 자녀들을 불에 살랐나니 내가 명령하지 아니하였고 내 마음에 생각하지도 아니한 일이니라(렘 7:31).

애덤스는 사랑이신 하나님의 명령을 근거로 해서 자신의 주의주의를 수립하고 있으므로 이 구절들을 창조적으로 또 감수성 있게 해석해야 한다고 주장한다. 애덤스는 성경구절들을 비교하는 과정에서 예레미야서의 구절에 우선권을 주고 있으며 이 구절로부터 어린이 제사를 금지하는 하나님의 뜻을 이끌어내었다. 그리고 그와 반대되는 증거를 허용하지 않기 위해서 이삭 제사를 문자적으로 해석하면 안 된다고 주장한 것이다.

최근 들어 몇몇 철학자들도 그와 같은 주장을 내놓고 있다. 즉 기독교의 하나님이 도덕적이라는 주장을 포기하거나 아니면 하나님이 그러한 명령을 내린 것으로 기록되어 있는 성경의 이야기들을 문자적으로 해석해서는 안 된다는 것이다. 그리고 그들의 논리가 칼빈주의를 거부하는 우리들의 논리와 비슷하다는 사실은 가리키는 바가 크다.

우리는 어떤 특정한 성경해석이 타협할 수 없는 도덕적 직관과 상충된다면 그런 해석을 포기하거나 또는 성경의 권위에 대한 전통적인 입장을 버리거나 아니면 하나님의 선하심을 부정하거나 해야 한다고 본다. 물론 성경을 문자적으로 해석하는 것만이 성경의 권위를 진정으로 높이는 것은 아니다. 성경을 진지하게 받아들이기 위해서는 사려 깊고 감수성 있는 해석을 해야 하며 문제가 있는 구절들은 성경을 문자적으로만 해석해서는 안 된다는 점을 제시하고 있음이 틀림없다. 그리고 만일 그렇다면 성경을 문자적으로 해석해야만 성경의 권위를 인정하는 것은 아니라는 것도 분명하다.

아무튼 성경해석이 우리의 도덕적 판단과 상충할 때 야기되는 딜레마의 힘을 무시해서는 안 된다. 그리고 앞에서 이야기했듯이 만일 문제의 사례가 타협할 수 없는 도덕적 직관이나 확신과 어긋난다면 우리는 그 논리에 따라 성경을 문자적으로 해석하기를 포기해야 할 것이다. 하지만 우리는 비록 어렵기는 하지만 대안 (4)의 가능성을 살펴보려고 한다. 다시 말해 그와 같은 경우들이 우리의 타협할 수 없는 도덕적 직관과 화해시키기가 불가능한 것은 아니라고 이해하고 싶은 것이다. 물론 그와 같은 설명이 매우 어렵기는 하지만 아마도 정복 이야기는 비록 살벌해보이기는 해도 도덕성을 돌이킬 수 없을 정도로 파괴하는 것은 아니다.

우리가 생각하기로는 이 네 번째 대안을 완전히 거부하는 사람들이 조금 성급하거나 그 상황을 너무 과장하고 있는 것이 틀림없다. 예를 들어 랜달 라우서(Randal Rauser)는 "현대의 모든 폭력을 가나안 정복 이야기의 탓으로 돌리면서 누가 봐도 사실이 아닌 이야기를 참인 것처럼 사람들을 설득하는 것은 유감스러운 일이다"라고 주장하고 있다. 웨슬리 모리스는 정복 이야기의 역사성을 변호하는 사람들에게 그 도덕적인 충분한 근거(물론 이는 매우 어려운 일일 것이다)를 대라고 요구하는 데에 반해서 라우서는 정복 이야기는 완전한 사랑의 하나님과 논리적으로 양립할 수 없다고 말하고 있다. 하지만 우리는 이와 같은 주장이 참이 아님을 증명할 수 있다.[8]

---

8 여기서 언급한 Morriston, Rauser, Copan의 견해들은 주로 Symposium in a 2009 issue of *Philosophia Christi* (11, no. 1)로부터 가져왔다. 이 논의는 Paul Copan의 초기 논문인 "Is Yahweh a Moral Monster? The New Atheists and Old Testament Ethics," *Philosophia Christi* 10 (2008): 7-37에 의해서 시작되었다. 심포지엄에서는 Wesley Morriston, "Did God Command Genocide? A Challenge to the Biblical Inerrantist," *Philosophia Christi* 11 (2009): 7-26; Randal Rauser, "'Let Nothing That Breathes Remain Alive': On the Problem of Divinely Commanded Genocide": 27-41; and Paul Copan, "Yahweh Wars and the Canaanites: Divinely-Mandated Genocide or Corporate Capital Punishment?: Responses to Critics," 73-90을 참조. Joseph A. Buijs와 Clay Jones도 이 심포지엄에 지 대한 공헌을 하고 있다. 하지만 우리는 이 학자들의 주장들을 여기서 소개하기보다는 우리 자신의 견해들과 그에 대한 비판들을 다루고 있다. 하지만 더 자세히 알고 싶은 독자들은 이 심포지엄을 참조하기 바란다. 또한 Paul Copan은 자신의 논문 "Are Old Testament Laws Evil?" *God is Good, God is Great* (Downers Grove, IL: InterVarsity, 2009), pp. 134-154에서 심포지엄의 하이라이트를 소개하고 있다.

우리는 이를 입증하기 위한 첫 번째 작업으로서 정복 이야기와 이삭의 제사가 앞에서 그었던 기준선의 어느 편에 속해 있는지를 결정하기 위해서 이미 소개한 바 있는 알고리즘을 적용하려고 한다. 만일 우리가 정복 이야기와 하나님의 무흠함과 화해시킬 수 있는 가능성을 찾아낸다면 라우서가 주장하는 논리적 불가능성에 대한 충분한 대답이 될 수 있다. 따라서 하나님의 본질적인 선과 일치하면서도 그러한 명령들을 허용할 수 있는 명제들을 찾아내는 것이 바로 관건이다. 물론 그 작업은 쉽지는 않지만 무조건적인 형벌을 변호하는 것처럼 불가능한 것은 아니다.

왜냐하면 이스라엘 사람들이 이를테면 가나안 사람들을 멸절시키지 않으면 이스라엘 사람들이 모두 살육당할 수밖에 없었다는 가정을 해보자. 그리고 한걸음 더 나아가 성경이 증거하고 있는 것처럼 하나님이 이스라엘 사람들을 도구로 선택해서 세상 모든 사람들을-이 전쟁을 통해서 모두 멸절된 가나안 사람들까지 포함해서-구원하려고 하신 것이 사실이라고 가정하자. 그리고 끝으로 가나안 사람들이 악해서 멸절될 수밖에 없었지만 그것이 그들의 최종적인 운명은 아니라고 가정해 보자.

그런데 성경은 가나안 사람들을 모두 죽인 유대인들을 포함해서 우리 모든 인간들이 죄인이고 그래서 영원히 죽을 수밖에 없다고 가르치고 있다.[9] 이스라엘 사람들이 하나님의 진노를 피할 수 있었던 이유

---

9 물론 그렇다고 해서 가나안 사람들이 철저하게 부패했다는 사실을 부정하는 것은 아니다. 하나님이 이스라엘인들에게 멸절시키라고 명령한 가나안 사람들은 평범한 이웃 나라는 아닌 것이다. G. K. Chesterton는 *The Everlasting Man*의 "War of Gods and Demons"에서

는 그들의 선이 아니라 하나님의 은혜였다. 비록 그 과정에서 전쟁이 불가피하기는 했지만 모든 사람들에게 궁극적인 최선의 이익을 주기 원하기 때문에 내린 명령이라면 하나님의 완전한 선과 일치하는 것이 아닐까?[10] 하나님이 그러한 명령을 내리지 않았더라면 모든 사람들을 구원하기 위해서 선택한 백성이 멸절되리라는 것을 알았다고 해보자. 그렇다면 그 명령은 하나님의 완전한 선과 어긋나지 않는 것이 아닐까? 하나님에게 선택할 수 있는 다른 방법이 있었을까? 우리는 알 수 없다. 하지만 하나님이 자신의 목적을 완수하기 위해서 어떤 방법을 사용할 것인지는 하나님의 특권임이 분명하다. 따라서 우리는 무조건적 형벌의 경우는 절대로 아니지만 정복 이야기는 하나님의 완전한 선과 논리적으로 일치를 이루고 있다고 말할 수 있는 것이다.[11]

이와 같은 사실을 웅변적으로 주장하고 있다. 우리가 죄의 보편성을 강조한다고 해서 특정한 집단의 구체적인 악들을 부정하는 것은 아니다. 다만 그들의 멸절을 유발시킨 죄악이 여기서 다루는 주요한 주제가 아니라는 것이다.

10 이 상황에 대한 전반적인 평가에서 우리가 찾아내는 도덕적 적절성의 가능성들을 따로 분리시켜서 읽거나 상황 윤리적으로 해석하지 않기를 바란다. 구원사를 통해서 하나님의 의도를 추구하다 보면, 인간에 대한 사랑이 무엇을 수반해야 하는지, 어떤 내재적 선들이 보존되어야 하는지 등, 일련의 의무론적 제약을 만나게 된다.

11 우리는 Aquinas가 조상들이 지었던 것으로 보이는 죄들(실제로 죄는 아니지만), 예를 들어 이삭의 제사, 바로에게 한 히브리 산파들의 거짓말, 애굽 사람들로부터 이스라엘인들이 금을 탈취한 사건 등을 설명하면서 우리의 논의에 도움이 되는 하나의 주장을 펼치고 있는 것을 볼 수 있다. 그는 그러한 참상들이 일어날 수밖에 없었다고 말함으로써 그 당위성을 주장하지는 않는다. Aquinas는 하나님이 '살인하지 말라'는 계명 아래 있는 것은 아니라고 본다. 하나님은 우리 모두를 소유하고 있는 주인이므로 원하시는 대로 처리한다고 해서 불의를 범하는 것은 아니라는 것이다. The Summa Theologica, Prima Secundae, Q. 100, article 8. http://www.newadvent.org/summa/2100.htm#article8에서 참조했음. 이 주제는 너무 방대해서 여기서는 다룰 수 없으므로 그 일부분만 소개하고 넘어가기로 한다.

그런데 '방어'(Defense)와 '신정론'(theodicy)의 상투적인 구분 때문에 한 마디 더하고 넘어가야 할 필요가 있다. '방어'란 왜 하나님이 악을 허용하는지 그 가능성 있는 이유를 하나 찾아냄으로써 하나님의 존재와 악의 존재가 서로 모순이 되지 않도록 하는 비교적 실제적인 목적을 가지고 있다. 이에 반해서 '신정론'은 하나님이 악을 허용하는 실제적인 이유가 아니더라도 타당해 보이는 이유들을 모두 찾아내려는 다소 야심적인 목적을 가지고 있다.

이와 같은 구분에서 보면 우리는 지금까지 정복 이야기에 대한 방어를 해왔다고 할 수 있다. 왜냐하면 정복 이야기가 하나님의 완전한 선과 도덕적으로 조화를 이룰 수 없음에도 불구하고 화해를 가능하게 하는 상황들을 보여줌으로써 변호를 시도했기 때문이다. 이 명령은 실제로 악한 행동을 포함하고 있다. 우리는 죄가 없는 무고한 아이들은 물론이고 죄를 범한 성인들도 살해한다는 것은 악하다는 사실을 부정하지 않는다. 그렇지만 다시 말하지만 도덕적으로 악한 행동이라고 해서 모두 다 금지되는 것은 아니다. 어린아이를 살해하는 것은 물어볼 필요도 없이 나쁜 일인 것은 사실이지만 어떤 급박한 상황에서는 도덕적으로 허용될 수 있다. 예를 들자면 임산부를 살리기 위한 낙태수술이나 의로운 전쟁이 불가피하게 수반되는 어린이를 살상하는 경우이다. 하나님은 생명을 만든 창조자이시기 때문에 필요하다면 다시 취할 수 있는 특권을 가지고 계시므로 도덕적인 이유가 충분히 있는 한 사람들을 도구로 사용해서 다른 사람들의 생명을 취하는 것은 그러한 특권의 일부임에 틀림없다.

우리는 비록 정복 이야기의 배후에 있는 모든 도덕적 이유들을 다 알 수 있다고 자신하는 것은 절대로 아니지만 신정론을 시도해볼 수는 있을 것이다. 이 문제에서 완전한 신정론이 가능하다면 모든 이유들을 다 열거해야 하는 것이 맞지만 아마도 그건 불가능할 것이다. 따라서 인식적인 질문보다 현실적인 질문은 다음과 같을 것이다. 즉 구원사의 시점에서 하나님이 그와 같은 명령들을 내리시지 않아야 할 어떤 특별한 도덕적 이유라도 있는 것인가 하는 것이다.

다시 말하지만 당시 가나안 사람들의 문화가 부패한 것은 사실이지만 그들이 멸절 당했다고 해서 그것이 그들의 최종적인 운명은 될 수 없는 것이다. 왜냐하면 부패한 운명 속에서 어떤 사람들은 하나님의 은혜를 거부하기로 결정하는 데에 동의하지 않을 수 있기 때문이다. 따라서 정복 이야기는 가나안 사람들을 구원하고 장기적인 차원에서 그들에게 최선의 길을 마련해주시기 위한 하나님의 노력과 일치할 수 있다는 것이다. 우리는 그들의 내세에 아무런 희망도 없다고 단정적으로 말할 수 없다. 아마도 가나안 문화에 속한 어떤 사람들은 하나님을 거부하기로 결정한 것은 사실이겠지만 이 구절들은 그들 모두가 하나님을 부인했다고는 말하지 않고 있다. 비록 죄에 대한 공동체의 책임을 인정하더라도 우리는 가나안 사람들이 아이들까지 포함해서 아무도 희망이 없었다고 주장할 수는 없다.

만일 이 성경구절을 해석할 때 아이들까지 포함해서 가나안 사람들 모두 다 곧바로 지옥으로 갔다고 보아야 한다면 그와 같은 명령을 내린 하나님의 속성은 우리의 도덕적 직관과 화해시키기가 거의 불가능하다. 하나님이 사랑의 하나님이라면 사후에라도 은혜와 구원의 손길을 가나안 사람들에게 베풀 것이 틀림없을 것이다. 이 본문은 냉혹한 해석을 우리에게 강요하지 않으며 오히려 보다 온건한 이해를 허용하는 실마리를 제공하고 있다. 이스라엘 사람들의 범죄를 상기시키거나 가나안 사람들 중에서도 구원받은 사람들이 있음을 보여주는 것이 바로 그것이다. 그가 사랑의 하나님이라면 가나안 사람들의 자유의지를 거스르지 않는 범위 안에서 그들의 영원한 구원을 위해 최선을 다 할 것이 틀림없다.

더구나 기독교 사상에 의하면 가나안 사람들의 죽음은 이스라엘의 남은 자들을 통해서 예수 그리스도가 이 땅에 오는 데에 부분적으로 사용되었던 것이다. 우리는 하나님이 그 멸절된 가나안 사람들에게도 죄를 회개하고 구원받을 수 있는 자유로운 기회를 주실 것이라고 주장한다. 하나님의 완전한 선이 가나안 사람들에게 이런 결과를 가져다준다면 하나님의 완전한 선과 가나안 정복 이야기를 화해시키지 못할 이유는 없는 것이다. 물론 이와 같은 화해가 쉽지만은 않겠지만 적어도 안셀무스주의 유신론자들에게는 불가능한 일은 아니다.

하나님이 사람들의 자유의지를 거스르지 않으면서도 최선을 다해서 자신에게로 인도하고 자유롭고 완전하고 공정한 구원의 기회를 주시는 것이 사실이라면 정복 이야기는 우리의 도덕적 직관과 화해될 수 있을 뿐만 아니라 그래야만 당연한 것이다. 그리고 그가 안셀무스의 하나님이라면 모든 사람들에게 공평한 구원의 기회를 주실 것이 틀림없다. 생명을 만드신 주인이자 궁극적인 선의 원형인 하나님이 자신의 섭리와 지혜를 따라 이스라엘 사람들에게 그와 같은 명령을 내렸는데 멸절될 가나안 사람들에게도 영원한 구원의 기회를 허락하려고 하신다면 그들의 죽음이 돌이킬 수 없는 악이라는 것이 만무하다. 하지만 이 문제에 관해서는 인식적인 겸허함이 필요한 것은 틀림없으므로 단언적으로 말하고 싶지는 않다.[12] 안셀무스주의가 도덕적으로 제외시킨 행동들의 범주는 무조건적인 형벌보다는 훨씬 넓다. 하지만 정복 이야기는 안셀무스주의 안에 포함되는지에 관해서 분명하지 않다.

다시 말하면, 우리는 정복 이야기를 문자적으로 해석해야 된다고 주장하는 것은 아니다. 실제로 그렇게 해석해서는 안 되는 실마리들을 본문 안에서 찾을 수 있다.[13] 여기서 우리가 주장하는 것은 아무리 난해한 본문이라고 해도 그리고 그 구절들을 문자적으로 해석한다고 해도 비록 쉽지는 않지만 우리의 도덕적 직관과 화해시킬 수 있는 가능성은 얼마든지 있다는 것이다.

---

[12] N. T. Wright는 율법의 긍휼한 요소들과 이스라엘의 입법에 개입하고 있는 하나님의 속성과 구원의 행동들을 다음과 같이 열거하고 있다. 가족과 토지의 보호를 받지 못하는 과부, 고아, 레위인, 이주자, 거류민 등 약자들을 보호하는 법, 가난한 자들에 대한 공평한 처우, 법정에서의 치우치지 않는 판결, 추수기와 일반 경제 활동에서의 관대함, 적이라 할지라도 그 생명과 재산을 존중하는 태도, 채무자들의 인격에 대한 감수성, 힘든 노동으로 번 임금을 해지기 전에 지불하라는 명령, 저당 잡힌 물건에 대한 감수성, 신혼부부나 사별을 당한 사람들에 대한 배려, 야생동물이나 가축 그리고 과일에 대한 배려. *Climax of the Covenant* (Minneapolis: Fortress, 1993), p. 181을 참조.

[13] Nicholas Wolterstorff은 2009년 9월 10-11일에 노트르담대학에서 열린 컨퍼런스에서 "My Ways Are Not Your Ways: The Character of the God of the Hebrew Bible"이라는 주제에서 그가 발표한 "여호수아 읽기"(Reading Joshua)라는 논문에서 이와 같이 주장하고 있다. 그리고 Lawson Stone, "Ethical and Apologetic Tendencies in the Redaction of the Book of Joshua," *Catholic Biblical Quarterly* (1991): 53을 참조.

4. 궁극적인 도덕적 자원

이 장을 마무리하면서 우리가 제시하는 것은 적어도 우리 기독교인들에게는 구약이나 신약에 증거로 나타나 있는 하나님의 분노와 민족 말살 전쟁 명령을 우리의 도덕적 직관과 화해시키는 데에 도움이 되는 궁극적인 신학적 자원과 계시는 예수 그리스도의 구속적인 삶과 죽음과 부활이라는 것이다. 우리는 구약을 신약의 그림자로 보고 있으며 하나님이 모든 사람들에게 구원의 기회를 허락하기 위해서 한 민족을 선택하고 그 민족을 성별하신 역사를 기록한 책으로 보고 있다. 우리는 예수 그리스도가 완전한 순종에 대한 하나님의 요구를 전적으로 만족시킨 것으로 본다. 예수 그리스도는 자신을 희생 제물로 드려서 죄와 악의 권세를 물리침으로써 우리에게 죄의 값을 치루고 영원한 생명을 얻을 수 있는 기회를 주신 것이다.

이런 관점에서 보면 아브라함이 독자 이삭을 결박해서 제물로 드리려고 했던 사건도 새로운 의미를 갖게 된다. 창세기 22: 1-9에서 하나님은 독자 이삭을 제물로 바치라고 명령하심으로써 아브라함을 시험하시고 있다. 그런데 문제는 하나님이 아브라함에게 이삭을 통해서 많은 자손을 주시겠다고 약속하신 것이다. 하나님은 아브라함에게 사랑하는 독자를 번제로 바칠 것을 명령하셨다. 그리고 아브라함은 곧바로 이 명령에 순종했다. 이 이야기의 정점에서 아브라함은 이삭을 결박해서 제단에 올려놓고 칼을 들어서 그를 찌르려고 하는 순간에 한 천사가 나타나 아브라함의 순종이 충분하다면서 중단시킨다. 그리고 말씀한 대로 숫염소 새끼를 찾아 이삭 대신 제물로 드린다.

키에르케고르는 이 구절들을 '윤리의 목적론적 보류'(teleological suspension of the ethical)의 전형이라고 말하고 있다. 다시 말해서 이 순간에는 하나님에 대한 순종이 도덕성을 우선하고 있다는 것이다.[14] 키에르케고르는 독자들에게 이삭을 제물로 바치는 이야기를 자기 자신들에게 적용할 것을 요구하고 있는 것이 틀림없다. 즉 하나님이 그들에게 그와 같은 명령을 내렸다면 어떻게 반응할 것인지를 묻고 있는 것이다. 하지만 이 이야기를 그렇게만 이해한다면 그 독특한 신학적이고 역사적 의미를 모두 놓치게 될 것이다. 이 이야기에서 보편적인 원리를 찾아내려고 하는 것은 특히 구약의 특정하고 점진적이며 이야기 중심의 인물 묘사와는 어울리지 않는 시도인 것이다. 이러한 이야기들의 지혜와 계시적인 성격을 마음껏 받아들이기 위해서는 해석학적 간격을 그런 식으로 무모하게 그리고 생각 없이 메우려고 해서는 안 될 것이다.

창세기는 하나님이 아브라함을 시험하고 있다고 분명히 밝히고 있다. 따라서 독자들은 하나님이 정말로 독자 이삭을 제물로 받으려고 하시는 것은 아니라는 것을 미리 알고 있다.[15] 물론 아브라함은 이 사실을 미리 알고 있지 않았다. 따라서 이 시험의 요점은 아브라함이 어

---

14 Robert Bretall, *A Kierkegaard Anthology* (Princeton: Princeton University press, 1973), p. 134.
15 창 22: 1. 우리는 하나님이 이삭을 제물로 받으려는 것이 아님을 잘 알고 있으므로 이 이야기는 Adams가 인용한 예레미야서 구절과 완전히 일치하고 있음을 알 수 있다. 예레미야서는 아이들을 제물로 바치는 관습을 정죄하고 있으며 이삭의 경우에는 실제로 제물로 바쳐지지 않았으므로 하나님의 마음에 그와 같은 희생제물을 받으시려는 생각은 처음부터 없었다고 말할 수 있다.

디까지 순종하는가를 알아내는 것이었다. 하지만 독자들에게는 극적인 긴장은 명령의 내용이 아니라 아브라함이 어디까지 순종할 것인가, 그리고 하나님이 이 명령을 중단하기 위해서 어떻게 하실 것인가 하는 것이다. 계시의 역사에 아브라함의 이야기를 포함시킴으로써 성경은 하나님이 어린이 제물을 실제로는 혐오하신다는 것을 보여주고 있다.

그러나 기독교 독자들은 이 이야기에서 하나님 아버지가 독생자 예수를 실제로 희생 제물로 넘겨준 사건의 심오한 전조를 보고 있다. 수풀에 걸려있는 숫염소 새끼가 대신 제물로 바쳐지는 일 없이 독생자 아들이 하나님의 어린 양으로서 세상 죄를 지고 제물로 바쳐진 것이다(요 1: 29). 그리고 예수는 힘없는 어린아이로서가 아니라 완전한 성인으로서 자기를 죽이려고 하는 타락한 세상 안에서 아버지 하나님에게 완전한 순종을 기꺼이 바치면서 죽음의 길을 묵묵히 걸어갔다. 예수의 이야기가 이삭 이야기보다 훨씬 놀라운 것은 사실이지만 어떤 의미에서는 그렇지 않다고 할 수 있다. 인간의 몸을 입고 이 세상에 나오실 때 예수의 얼굴에 조금도 놀라는 기색이 없으신 것은 바로 그 때문이다.

그리스도가 희생 제물로 바쳐진 사실을 히브리서는 자세히 증거하고 있다.

> 그는 그 앞에 있는 기쁨을 위하여 십자가를 참으사 부끄러움을 개의치 아니하시더니 하나님 보좌 우편에 앉으셨느니라(히 12:2).

그리스도의 희생은 짐승의 제사와 같은 경우처럼 영원한 망각으로 사라지는 희생이 아니었다. 그 최종 단계에서 부활과 영광으로 열매를 맺게 될 희생이었다. 이러한 관점에서 보면 히브리서 기자가 아브라함이 이삭을 제물로 바치라는 하나님의 명령에 순종한 것은 하나님이 그를 다시 살려내실 것을 믿었고 이삭을 통한 약속을 실현하시려면 이삭을 다시 살려내실 수밖에 없었단 것을 믿었기 때문이라고 해석한 것은 놀라운 일이 아니다(히 11: 17-19). 하나님이 부활을 통해서 모든 것을 보정하신다는 관점에서 보면 아무리 난해한 명령들도 하나님의 완전한 사랑이나 선과 화해시킬 수 있으며 만일 죽음으로 모든 것이 끝난다면 이와 같은 화해는 불가능할지 모른다.

The Problem of Evil

8장:
악의 문제

신은 악을 막고 싶어 하지만, 그렇게 할 능력이 없는가?
그렇다면 그는 전능하지 않다.
신은 악을 막을 수 있지만, 악을 막고 싶어 하지 않는가?
그렇다면 신은 선하지 않다.
신은 악을 막을 능력이 있으면서 악을 막고 싶어 하는가?
그렇다면 악은 어디로부터 왔을까?
신은 악을 막을 수도 없고 악을 막고 싶어 하지도 않는가?
그렇다면 왜 그를 신이라고 부르는가?

_ 데이비드 흄[1]

---

1 David Hume and J. M. Bell, *Dialogues Concerning Natural Religion* (London: Penguin Books, 1990), pp. 108-109.

"한나와 그녀의 자매들"(Hannah and Her Sisters)이라는 영화에 보면 우디 알렌이 맡았던 미키가 유대인 부모에게 자기는 더 이상 하나님을 믿지 않는다고 선언하는 장면이 나온다. 부모들이 너무 놀라서 어쩔 줄 모르자 그는 악의 문제를 들고 나왔다. 즉 하나님은 왜 나치와 같은 걸 그냥 내버려 두었느냐고 따진 것이다. 대답하기에 너무 곤란해서 화장실로 숨은 어머니가 아버지에게 설명 좀 잘 해주라고 소리치니까 아버지는 이렇게 말했다. "나는 깡통따개가 어떤 원리로 작동하는지도 잘 모르는데 빌어먹을 나치가 왜 있었는지 어떻게 알겠어?" 이와 같은 태도는 악의 문제를 다루고 있는 최근의 책들에서도 찾아볼 수 있으며 반대하는 사람도 많지만 찬성하는 사람들도 적지 않은 것을 볼 수 있다.

악의 문제는 하나님에 대한 믿음을 거부하는 사람들이 주로 꺼내드는 무기 중의 하나다. 이 문제는 하나님의 존재, 특히 완전히 선한 하나님의 존재를 믿는 전통적인 신관을 반대하기 위해 사용되어온 주요한 증거의 하나이다. 데이비드 흄(David Hume)은 『자연 종교에 관한 대화』(Dialogues Concerning Natural Religion)에서 신 존재 증명에 필요한 최소한의 근거를 제시하고 있다. 그는 위대한 설계로부터의 주장이 신 존재 증명에 어느 정도 힘을 실어주고 있음을 인정하면서 우주의 창조된 질서의 배후에는 적어도 위대한 정신이 있다는 것을 믿을 만한 충분한 이유를 제공한다고 말하고 있다. 하지만 이보다 더 강력한 유신론을 주장하기 위해서는 악의 문제가 반드시 다루어져야 한다. 특히 우리는 창조주가 선하다고 믿을 만한 이유를 필요로 한다. 그런데 이 창조된 세상을 보고 있으면 창조주가 도덕적으로 중립이라는 결론을 이끌어내는 데에 도움이 되는 증거들로 가득 차 있는 것이 문제인 것이다.²

악의 문제는 유신론을 지지하는 다른 논증들에 대해서도 반박의 요소로 이용되고 있지만 특히 도덕적 논증과는 정면으로 충돌하고 있다는 것을 볼 수 있다. 악의 존재에 대한 반론과 신 존재 증명을 위한 도덕적 논증은 한 바탕 큰 대결이 불가피한데 이 싸움에서 어느 한 쪽이 파기되어야 할 정도로 서로 강하게 대립하고 있다. 흄이 주장하고 있듯이 악의 문제가 완전히 선하신 하나님에 대한 믿음을 무너뜨리거나 아니면 도덕적 논증이 악의 존재에 대한 반론을 완전히 물리치거나 둘 중 하나인 것이다.

물론 최근에 나온 저서들이 주장하는 악의 존재에 대한 논리적 설명은 크게 주목을 받고 있다. 이 문제의 논리적인 반론은 플랜팅가와 몇몇 유신론자들이 효과적으로 대응한 것으로 알려져 있다. 그러나 보다 최근에 들어 이 악의 존재에 대한 반론을 지지하는 사람들이 이 반론을 신 존재를 부정하는 증거로 또는 인식론적인 주장으로 재포장하고 있다. 특히 그들은 우리가 앞에서 변호한 바 있는 안셀무스주의의 신관을 공격 목표로 삼으면서 악의 존재는 신이 있다고 해도 적어도

---

2 Jerry L. Walls, "Hume on Divine Amorality," *Religious Studies* 26 (1990): 257-266을 참조. Walls는 Hume이 창조된 질서 중의 가장 중요한 부분의 하나인 우리의 도덕적 직관을 간과하고 있음을 지적하고 있다. 우리의 도덕적 직관을 고려하게 되면 하나님이 부도덕하다는 주장은 힘을 잃게 되며 하나님은 참으로 선하거나 아니면 악의로 가득한 존재이거나 둘 중 하나를 받아들여야 하게 된다.

합리적인 신은 아니라는 것을 보여주고 있다는 주장을 펼치고 있다.

예를 들어 브루스 러셀(Bruce Russell)은 악의 문제를 근거로 해서 무신론을 주장하는 현대의 대표적인 철학자인데 그는 초기에 만일 하나님이 존재한다면 악의 문제를 크게 감소시킬 수 있었을 것이라고 주장한 바 있다. 특히 그는 하나님이 존재한다면 고통을 감소시키기 위해서 임의대로(ad hoc) 개입할 수 있었으며 만일 그렇게 했다면 물리법칙을 깨뜨리면서까지 대규모적으로 개입해야 할 필요성이 사라졌을 것이라고 주장한다. 따라서 만일 하나님이 존재한다면 그리고 하나님이 안셀무스가 주장하는 완전한 존재라고 한다면, 하나님은 지금보다 더 개입해야 하는 것이 당연하지만 그는 절대로 그렇게 하지 않는다.

우리는 이 장에서 러셀의 주장을 더 자세히 분석하면서 그의 인식적인 주장이 우리의 도덕적 논증을 조금도 해칠 수 없다는 것을 보여주려고 한다. 물론 우리는 여기서 신정론(theodicy)을 다루는 모든 저술들을 살펴볼 수는 없겠지만 악의 존재가 야기하는 어려운 문제점을 무시하고서 그냥 넘어갈 수는 없다. 따라서 우리는 여기서 현대의 신정론의 논의에 가장 큰 도전을 던져주고 있는 문제점을 살펴보면서 신정론이 도덕적 논증과 어떤 관련이 있는지를 알아보게 될 것이다. 악의 문제는 두 번째 부록에서 더 상세하게 다루어져 있다.

우리는 러셀이 보다 최근에 내놓은 주장들을 분석하기 전에 먼저 그 배경을 잠깐 살펴보려고 한다. 피터 반 인와겐(Peter van Inwagen)은 러셀에 대한 대답으로 '아틀란티스호'라는 예를 들면서 이 세계의 법칙과 같은 규칙성을 유지하기 위해서는 새끼 사슴을 불에서 건져내는 일을 하지 말아야 할 경우도 있으며, 그러한 자비로운 행동이 세계의 규칙성을 크게 해치지 않는 때에도 마찬가지라고 주장한다. 인와겐이 제시하는 시나리오는 다음과 같다.

아틀란티스호가 침몰하고 있는데 러셀이 구조선으로 승객들을 승선시키는 책임을 맡고 있다고 가정하자. 러셀은 0명에서 1000명까지 어떤 숫자의 승객도 승선시킬 수 있는 재량권을 가지고 있다. 하지만 사람 하나를 더 태우면 태울 때마다 항구에 무사히 도착할 가능성은 0.1퍼센트씩 줄어든다. 물론 러셀이 자기 혼자서만 타거나 하나 둘 또는 몇 명만 승선시킨다면 도덕적으로 문제가 되겠지만 1000명 모두 다 태울 수는 없는 일이므로 어느 선에서 자르고 문을 닫아야 할 필요가 있을 것이다. "이때 한 사람을 더 태운다고 해서 안전성이 크게 줄어들지는 않겠지만 그래도 어떤 사람의 면전에서 잔인하게 문을 닫아야 한다는 것은 분명하다."[3] 인와겐은 이처럼 하나님도 이 세상의 악을 제거하는 데에 있어서 어떤 한계가 있을 것이라고 주장한다.

1. 러셀의 최근 논증

러셀은 최근의 한 논문에서 인와겐이 아틀란티스호의 예를 통해서

---

3 "Reflections on the Chapters by Draper, Russell, and Gale," in *The Evidential Argument from Evil*, ed. Daniel Howard-Snyder (Bloomington: Indiana University Press, 1996), pp. 234-235을 참조.

제시한 주장 즉 "선한 신은 더 큰 선을 가져오거나 더 큰 악을 막기 위해서 필요 이상으로 많은 악을 허용하지는 않는다"는 주장을 반박하면서 자신의 견해를 펼치고 있다.[4] 마찬가지로 선한 선장이라면 안전하게 도착하는 데 있어서 크게 위험하지 않는 범위 안에서 더 많은 사람들을 구출하고자 하는 것은 당연하다. 러셀은 개연적 삼단논법의 논증(abductive argument)을 사용하여 필요 이상으로 많은 악들이 존재한다는 것을 보여주면서, 따라서 신자들은 그와 같은 필요 이상의 악을 대할 때 안셀무스의 신학에서 말하는 완전한 존재(perfect being)에 대한 신앙을 포기하는 것이 합리적이라고 주장하고 있다. 러셀은 윌리엄 로우(William Rowe)와는 다르게 만일 그러한 신앙을 포기하지 않는 유신론자가 있다면 그는 비합리적인 사람이라고 강경하게 주장하고 있다.[5]

이 세계가 유신론자들이 받아들일 수 없을 만큼 많은 악으로 가득차 있다는 주장은 비판의 여지가 있다. 이와 같은 주장의 참 여부에 따라 걸려있는 것이 너무 많고 매우 중요하므로 그 근거와 정당성을 자세히 살펴보지 않을 수 없다. 악의 존재를 근거로 하는 러셀의 논증에서

---

[4] Russell의 관점에서 보면 허용할 수 있는 고통은 균형을 맞추기 위한 악의 범주에 속한 것이며 그렇지 않은 것은 필요 이상의 악이라고 할 수 있다.

[5] Russell의 이와 같은 주장은 여러 곳에서 발견된다. "The Persistent Problem of Evil," *Faith and Philosophy* 6 (1989): 121-139; with Stephen Wykstra, "The 'Inductive' Argument from Evil: A Dialogue," *Philosophical Topics* 16 (1988): 133-160; "Defenseless," *The Evidential Argument from Evil*, pp. 193-205; and his latest, "The Problem of Evil: Why Is There So Much Suffering?," *Introduction to Philosophy: Classical and Contemporary Issues* (3rd ed.), ed. Louis Pojman (New York: Oxford University Press, 2004), pp. 207-213.

사실적 전제로 사용되고 있는 개연적 삼단논법의 주장은 다음과 같다.

1. 깊이 성찰해볼 때 이 세상에는 선과 균형을 이루기 위한 악이나 또는 보다 큰 악을 막기 위한 악보다 훨씬 더 많은 악이 죄 없는 사람들에게 고통을 주고 있는 것이 틀림없다.
2. 왜 그러는가에 대한 가장 좋은 설명은 본래부터 그렇다는 것일 것이다.[6]
3. 만일 그것이 가장 좋은 설명이라면 이 세상에는 선과 균형을 이루기 위한 악이나 또는 보다 큰 악을 막기 위한 악보다 훨씬 더 많은 악이 죄 없는 사람들에게 고통을 주고 있는 것이 **틀림없다**.
4. 따라서 이 세상에는 선과 균형을 이루기 위한 악이나 더 큰 악을 막기 위한 악보다 훨씬 더 많은 악이 죄 없는 사람들에게 고통을 주고 있는 것이 틀림없다고 믿는 것이 타당하다.

이제 러셀은 이 사실적인 판단과 자신이 분석적이라고 주장하는 윤리적인 전제를 함께 사용해서 다음과 같이 자신의 논증을 전개하고 있다.

5. 신이 존재한다면 이 세상에는 선과 균형을 이루기 위한 악이나 또는 더 큰 악을 막기 위한 악보다 훨씬 더 많은 악이 죄 없는 사람들에게 고통을 주고 있지 않을 것이다(윤리적 전제).[7]

---

[6] 가장 좋은 설명은 이 세상에 필요 이상의 악이 존재하지 않는다는 것은 아니다. 그보다는 신이 존재하면서 동시에 악도 존재하지만 우리는 그 이유를 알 수 없다는 것이다. Russell 이 그렇게 말하고 있다.
[7] 이 전제는 앞으로 크게 수정될 것이다.

6. 그러나 이 세상에는 선과 균형을 이루기 위한 악이나 더 큰 악
   을 막기 위한 악보다 훨씬 더 많은 악이 죄 없는 사람들에게 고
   통을 주고 있는 것이 사실이다(사실적 전제).
   7. 그러므로 신은 존재하지 않는다.

이 세상에 존재하는 온갖 흉악한 악들은 생각만 해도 몸서리가 쳐지고 가슴이 떨린다. 그와 같은 악들이 왜 일어나야 하는지 도덕적으로 합당한 이유를 아무리 찾아보려고 해도 찾을 수 없다. 러셀은 만약에 그와 같은 이유가 있다면 찾을 수 있어야 한다는 것이 사실이라고 했을 때 그 이유를 발견할 수 없다면 처음부터 없었던 것이 확실할 것이라고 말하고 있다. 하지만 러셀도 단지 볼 수 없다고 해서 반드시 존재하지 않는다는 것은 아니라는 점은 인정하고 있다. 예를 들어 우리가 매트릭스 세계에 있으면 우리가 매트릭스 세계를 볼 수 있다고, 다시 말해서 매트릭스 세계 안에 있다는 것을 깨달을 수 있다고 믿을 만한 이유가 없을지라도 우리가 매트릭스 세계 안에 있지 않다는 것을 믿는 것이 타당할 수 있다. 왜냐하면 이 반사실적 명제를 증명할 수는 없지만 현실세계가 우리의 경험을 매트릭스 세계의 가설보다 더 잘 설명해주고 있기 때문이다. 또한 다른 모든 점에서 같다면 보다 간단하고 존재론적으로 단순한 설명이 복잡한 설명보다 우월하기 때문이다.

러셀은 우리가 타당한 이유가 있다면 알 수 있다고 믿을 만한 이유가 없더라도 수많은 무서운 고통에 대한 타당할 이유는 처음부터 없었다고 믿는 것이 타당할 수 있다고 생각한다. 그 무서운 고난들에 대

한 타당한 이유를 찾을 수 없다는 사실을 더 간단하게 설명할 수 있는 방법은 그와 같은 이유가 분명히 있는데 알아내는 것은 우리의 능력으로 안 된다는 것보다는 처음부터 그런 이유는 없었다고 생각하는 것이 더 단순한 가설이라는 것이다. 다시 말해서 무신론이 더 간단하고 분명한 설명이므로 안셀무스주의의 신 개념과 분석적으로 어긋나는 이유 없는 고통이 존재한다고 믿는 것이 타당하다는 것이다. 그렇다면 러셀은 이 세상에 존재하는 불필요해 보이는 수많은 고통을 적절하게 설명하는 방법은 다음과 같은 두 가지 중 하나라고 생각한다. 즉 (a) 하나님이 존재하지만 우리가 이해할 수 없는 이유들 때문에 그 악들을 막지 않고 있거나(이것은 위크스트라〈Wykstra〉와 같은 유신론 변론들의 '인식적 한계'의 견해이지, "한나와 그녀의 자매들"의 장면에서 미키의 아버지가 언급한 것은 아니다), 아니면 (b) 하나님이 존재하지 않거나이다. 그리고 러셀은 (b)가 합리적인 대답이라고 주장하고 있다.

2. 러셀의 유비

러셀은 자신의 주장에 동의하지 않는 사람들을 위해서 다음과 같은 유비를 하나 더 제시하고 있다. 이 유비는 세상에 불필요한 고통이 존재한다고 믿을 만한 인식적 자원이 결여되어 있다는 우리의 주장에 대한 러셀의 대답이기도 하다. 실제로 그는 이 유비가 인식적 근거가 부족하다는 우리 주장을 효과적으로 반박하고 있다고 확신한다. 러셀이 이 유비를 처음으로 제시한 것은 수년 전이지만 그는 최근의 논문에서 이 유비를 사용하고 있다. 우리는 이제부터 이 유비를 러셀의 유비라고 부를 것인데 이는 매우 적절한 명칭이 아닐 수 없다.

보다 간략하게 설명하기 위해서 부르스 러셀이 초기에 내놓은 더욱 간결한 주장을 먼저 인용하기로 한다.

> 우리가 알아내기 불가능한 어떤 이유로 하나님이 아무런 의미가 없어 보이는 고통을 허용한다고 보는 견해는 하나님이 100년 전에 이 우주를 만들었는데도 우리가 알아내기 불가능한 어떤 이유로 매우 오래 전에 만들었다고 믿도록 속이고 있다는 견해와 서로 인식적으로 다른 것일까? 다르지 않는 것처럼 보인다…하나님이 우주를 창조할 때 우리가 알아내기 불가능한 어떤 이유로 우리를 속였다고 믿는 것이 합리적이라면 우리가 알아내기 불가능한 어떤 이유로 하나님이 우리가 보는 모든 고통을 허용했다고 믿는 것도 똑같이 합리적이라고 할 수 있을 것이다.[8]

러셀은 후기 논문에서 이 유비를 더 정교하게 가다듬으면서 지구의 나이가 매우 어리다고 믿는 사람들은 하나님이 지구를 만든지가 매우 오래된 것처럼 속일 만한 이유가 있을 것이라고 믿고 있다고 주장한다.[9] 아마도 하나님이 지구 나이가 오래된 것처럼 속이는 이유는 자연

---

8 Russell, "Defenseless," p. 197.
9 지구의 나이가 어리다고 믿는 사람들은 지구의 나이가 젊다고 믿는 사람들과 지구가 조금 전에 만들어졌다고 믿는 사람들 사이에 위치한다. 지구 나이가 젊다고 믿는 사람들은 성경을 문자적으로 해석해서 6,000년 내지 10,000년 정도 될 것이라고 믿고 있으며, 지구가 조금 전에 만들어졌다고 믿는 사람들은 Russell의 가설을 진지하게 받아들여서 지구가 5분

재해나 전쟁이나 참혹한 비극들이 수백 년 전에 일어난 것으로 믿기를 바라기 때문일 것이다. 하나님은 또한 우리가 그와 같은 참변들이 왜 일어났는지 그리고 실제로 이겨낸 경우에는 어떻게 극복되었는지를 배우기를 원해서 그러한 일들이 일어나게 할 수도 있다. 예를 들어서 우리는 남북 전쟁에 관한 성찰로부터 많은 것을 배울 수 있다. 하지만 실제로 그 고통스러운 전쟁이 안 일어난 상태에서 그 교훈을 배울 수 있었다면 훨씬 좋았을 것이다. 물론 러셀은 이 가정이 매우 불합리한 결론으로 이끌어간다고 보고 있으며 그것이 바로 그가 주장하는 요점이다. 우리가 그 가정들에 흔들려서 지구의 나이가 100년 이상 되었을까 하고 의심하는 것은 불필요한 악이 존재한다는 것을 의심하는 것처럼 불합리하다.

러셀은 이러한 근거를 바탕으로 해서 윌리엄 로우가 '불친절한 무신론'이라고 부르는 견해를 선택하고 있다. 즉 유신론자들이 신 존재를 증명하는 결정적인 증거를 가지고 있지 않는 이상 악의 문제가 해결되지 않은 상태에서 하나님을 믿는 것은 불합리하다는 것이다. 그리고 러셀의 주장에 의하면 신 존재 증명 논증은 모두 다 실패하고 있으므로 신 존재 증명을 위한 충분한 증거는 없으며, 따라서 악의 문제가 부정적인 증거로 작용하고 있는 이상 하나님의 존재를 믿는 것은 불합리하다는 것이다. 아무런 의미도 없어 보이는 고통을 설명하는 가장 좋은 해석은 의미 없는 고통이 존재한다는 것이기 때문에, 러셀이 논

전에 만들어졌을 수도 있다고 믿고 있다.

증하듯이, 우리는 하나님의 존재를 믿지 않는 것이 합리적이라고 요청된다는 것이다.

러셀은 자신의 주장을 반대하는 사람들에게 유비적 논증의 논리를 검토해볼 것을 권했으므로 우리는 그의 유비를 분석하기로 한다. 그는 자신의 유비가 매우 적절하다고 믿고 있는 것이 틀림없다. '지구의 나이가 어리다'(infant-earther)고 믿는 사람의 논리와 유신론자들의 논리가 러셀에게는 똑같아 보인다. 그래서 두 논리를 평행시키면서 같은 점들을 강조하고 있다. 하지만 물론 어떤 유비도 완전하게 맞아떨어지는 것은 아니다. 그런데 러셀은 맞아떨어지는 부분들을 몇 가지 열거하면서 나머지 부분도 모두 같을 것이라고 예측하고 있다. 혹시 다른 부분이 있더라도 자신의 유비는 성립된다고 본 것이다.

이 유비가 지니는 장점이 있다면 그것은 많은 무신론자들이 완고한 유신론자들을 어떻게 보고 있는지의 교훈적인 성찰을 제공한다는 것이다. 즉 인식적으로 볼 때 우리가 이해하기 불가능한 어떤 선이 존재하고 따라서 악이 실제로 존재하는지도 판단할 수 없다고 믿는 완고한 유신론자들은 하나님이 지구의 나이를 우리에게 속일 수 있는 가능성을 인정하면서 지구의 나이가 실제로는 100살이 넘지 않을 수도 있다고 믿는 사람들과 똑같다고 볼 수 있다. 러셀의 논리에 의하면 완고한 유신론자들은 이해할 수 없는 인과관계, 불필요한 존재론, 반계몽주의적 신학 그리고 인간의 인식적 능력에 대한 불신 등에 의존해서 극히 비논리적인 추론을 하고 있다. 불필요한 악이 존재한다는 것을 인식적으로 인정하지 못하는 것은 지구의 나이가 100살이 넘지 않았다고 믿는 사람들과 똑같다는 것이다.

　만일 사실이라면 러셀의 주장이 타당성을 지닌다면 유신론에 결정적인 타격이 될 수 있다. 특히 (워크스트라처럼) 사실적 전제를 거부하면서 인간의 '인식적 한계'를 근거로 해서 유신론을 수립하던 유신론자들에게는 막아내기 힘든 공격이 될 것이다. 그리고 러셀이 도덕적 전제를 분석적인 것으로 여기고 있음을 감안한다면 유신론자들은 대부분 곤란한 입장에 처하게 될 것이다. 하지만 실제로 러셀의 주장은 타당성이 전혀 없다. '지구의 나이가 어리다'고 믿는 사람들과 유신론자들 그리고 '지구의 나이가 오래 되었다'고 믿는 사람들과 불필요한 악이 존재한다고 믿는 사람들 사이에서 평행하지 않는 부분들을 찾아낼 수만 있다면 러셀의 주장은 타당성을 잃게 될 것이다.

　먼저 러셀의 유비적 논증이 두 쌍의 비교를 포함하고 있음을 주목하기 바란다. 첫째로 그는 '지구의 나이가 어리다'고 믿는 사람들과 유신론자들이 비슷하다고 말하고 있다. 둘째로 상식적인 판단으로 지구 나이가 적어도 100살은 넘었을 것이라고 믿는 상식적 증거주의자(commonsensical evidentialist)와 악의 존재를 근거로 해서 하나님의 존재를 부정하는 무신론자들이 비슷하다고 보고 있다. 이 무신론자들은 유신론자들이 불필요한 악의 존재를 설명하려고 제시하는 이유들을 받아들이지 않는다. 물론 이 유비는 두 쌍의 대조를 포함하고 있다. 다시 말해 이 유비는 지구의 나이가 어리다고 믿는 사람들과 상식을 근거로 해서 지구 나이가 오래 되었다고 믿는 상식적 증거주의자들 그리고 완고한 유신론자들과 합리적인 무신론자들을 대조시키고 있다.

문제는 완고한 유신론자들과 지구의 나이가 어리다고 믿는 사람들이 인식적으로 같은 입장에 있느냐 하는 것이다. 먼저 우리는 가설 자체에 차이가 있음을 지적하려고 한다. 유신론자들은 악의 존재에도 불구하고 하나님의 존재에 대한 믿음을 지키기로 결단하고 있다는 데에 반해서 '지구의 나이가 어리다'고 믿는 사람들은 지구 나이가 100살도 넘었다는 사실에 대해서 회의적이다. 따라서 완강한 유신론자들은 자신들의 형이상학적인 견해를 고집하는 것인 반면에, '지구의 나이가 어리다'고 믿는 사람들은 지구에 관한 물리학적 상식이나 과학적 사실들을 거부하고 있는 것이다. 물론 이러한 구별에서 차이를 볼 수 없다고 주장하는 사람들도 있을 수 있으나 악의 문제는 형이상학적이라는 사실은 확인할 수 있을 것이다. 악의 존재는 물리학적인 문제가 아니라 형이상학적인 문제이다. 하나님의 존재를 결정하는 것이 지구의 나이를 결정하는 것과 같은 일이라고 말한다면 누가 수긍할 수 있겠는가?

지구의 나이는 경험적인 문제이다. 만일 우리가 데카르트의 확실성을 문자 그대로 받아들이지만 않는다면 과학적인 발견들을 자연스럽게 받아들일 수 있을 것이고 그래야만 할 것이다. 러셀은 합리적인 확신과 인식적인 타당성을 개연적 삼단논법의 특성으로 보고 있으며 이를 통해서 귀납법과 불확실성의 문제를 우회할 수 있다고 보고 있다. 하지만 개연적 삼단논법은 항상 여러 가지 설명 방법 중 하나를 선택해야 하는데 그 설명 방법들이 모두 다 비판의 여지가 있다는 것이 문제이다. 아무튼 지구의 나이에 관한 가장 좋은 증거는 지구 자체를 관찰해서 얻은 자료들을 근거로 해서 얻은 과학적인 추론일 것이다.

우리는 그런 발견과 추론에 대해서 회의를 느낄 이유가 없으며 그 자료들의 성격이나 우리의 인식적 제한 때문에 지구의 나이에 대한 측정을 우리의 인식적 능력으로 할 수 없는 일로 여길 필요는 없다. 따라서 우리는 과학적인 설명과 상충되는 어떤 논리적 가능성을 상정해야 할 필요성을 못 느낀다. 지구의 나이가 100살도 되지 않았을지도 모른다는 주장을 뒷받침할 만한 증거는 아무 것도 없다.

완강한 유신론에 관해서 그리고 악의 문제에 관한 도전에도 이와 똑같다고 이야기를 할 수 있을까? 그럴 수는 없을 것이다. 유신론자들이 고통의 존재를 설명하기 위해서 찾아낸 가능성들과 하나님이 지구의 나이를 속일 수 있는 논리적인 가능성이 똑같지 않는 이상 그럴 수는 없다. 유신론자들이 합리적으로 하나님의 존재를 믿어야 한다는 것은 절대로 아니다. 다만 유신론자들은 유신론이 지구의 나이가 어리다고 믿는 것만큼이나 논리적으로 허술하지 않는 이상 하나님의 존재를 믿는 것이 합리적으로 가능하다고 본다.[10] 우리에게 자유의지가 있다

---

10 지적인 유신론자들은 절대로 그럴 수 없다고 주장한다. 유신론자들은 하나님의 존재를 믿을 만한 충분한 이유들이 있으며 악의 존재가 이와 같은 믿음을 무너뜨릴 만큼 강력하지는 않다고 보고 있다. 하나님은 가능성이 별로 없는 가설이 아니라 우리의 모든 것을 걸고 신뢰할 만한 존재인 것이다. 유신론자들은 하나님이 실재라는 사실을 믿을 만한 충분한 이유들을 가지고 있으며, 우리가 완전히 이해할 수 없는 경우도 있지만 하나님이 이 우주를 이끌어가는 방법에는 도덕적으로 충분한 이유가 있을 것이라고 믿고 있다. 다른 조건들은 모두 같다고 가정하고서 악의 문제만 따로 떼어놓고 본다면 그래도 하나님의 존재를 믿느냐는 질문에 쉽게 대답하기가 어려울지도 모른다. 하지만 악의 문제는 신 존재를 증명하거나 반증하는 단 하나의 증거가 아니다. 그리고 가치 이론에서도 악의 문제가 유일한 논쟁거리인 것도 아니다. 이는 앞에서 도덕 변증론을 강조하면서 몇 번이고 강조했던 사실이다. 더구나 적절한 근거가 거의 없기 때문에 Russell의 주장은 설득력을 상실하고 있으

면 이 자유를 잘못 사용하거나 남용할 때마다 많은 비극적 고통도 함께 발생할 가능성이 높을 것이다. 도덕적이고 영적으로 성장할 수 있는 환경을 조성하기 위해서 안정된 자연질서가 필요한 것이 사실이라면 그러한 환경은 고통과 고난이 필연적으로 수반될 것이 틀림없다.[11] 이와 같은 가능성은 논리적으로 매우 희박할 뿐 아니라 지구의 나이가 어리다고 믿는 것과 악의 문제는 아무런 관계나 유사성이 없는 것이다.

또 다른 비유사성은 지구의 나이가 어리다고 믿도록 만들기 위해서는 전반적이면서도 조직적인 속임수가 필요하다는 것이다. 러셀이 말한 것처럼 속임이 항상 잘못인 것은 아니다. 하지만 러셀이 상정하는 시나리오는 의도적으로 그렇게 한 것은 아니겠지만 크게 잘못되어 있다. 만일 하나님이 그처럼 사실을 왜곡시킬 수 있고 아무 거리낌 없이 우리를 속일 수 있다면 그와 같은 하나님의 선에 관해서 심각한 의문

며 이 책에서 우리가 전개하는 주장이 맞는다면 유신론은 자연주의보다 도덕적 확신에 대한 더 튼튼한 근거를 마련해줄 것이다. 물론 유신론은 내적 일치성에 있어서 문제를 가지고 있지 않는 것은 아니다. 그러나 Russell이 악의 문제에 있어서 논의를 얼마나 자기 좋은 대로 제한하고 있는지를 주목하기 바란다. 더 풍부한 유신론적 설명이 나타날 때마다 악의 문제를 더 잘 설명하는 방법도 함께 등장할 것이다.

11 인간이 만들지 않은 질서는 사물들의 내적인 본성을 반영하는 법칙들에 의해서 운영될 것이다. 그리고 이 때문에 우주는 인간에 관한한 이중적인 우연성을 지닐 것이다. 자유의지는 고통의 원인일 뿐 아니라 자유의지가 고통을 일으키도록 허용하는 물리적 환경 안에서 고통을 일으킬 것이다. 또한 물리적 세계는 인간의 자유의지와는 상관없이 자신의 법칙에 따라 운영될 것이다. 물질적인 실재의 규칙적인 행동들이 이미 결정되어 있기는 하지만 신학적인 관점에서 보면 하나님은 물리적인 세계가 하나님의 끊임없는 간섭을 받지 않으면서도 스스로 발전할 수 있는 가능성을 부여한 것이다.

을 제기할 수밖에 없을 것이기 때문이다.[12]

러셀이 제시하는 것은 '지구의 나이가 어리다'고 믿는 사람들은 모든 고통들이 실제로 발생하지 않고서도 역사로부터 배울 수 있기 위해서 지구의 나이를 하나님이 일부러 속일 수 있다고 설명할 가능성이 있다는 것이다. 그렇지만 과거에 대한 전반적이고 체계적인 기만이 전쟁과 노예제도의 공포로부터 배울 수 있는 단 하나의 방법만은 아닌 것이다. 우리는 가상적인 상황이나 소설로부터도 비극적인 고통들의 교훈을 얼마든지 배울 수 있다. 어떤 사람들은 가상적인 이야기들로부터는 배우지 못하기도 하지만 실제로 일어났다고 믿는 역사적인 사건들로부터도 배우지 못하는 사람들은 얼마든지 있다.

완고한 유신론자들이라 할지라도 하나님이 어떤 흉악한 악이 그들에게 일어나도록 허용하면서도 그 진정한 이유를 알려주지 않을 경우에 그렇게 쉽게 속아 넘어간다고 생각하면 잘못이다. 유신론자들이 인간의 인지적이고 인식적인 제한을 근거로 해서 악의 문제의 이해 불가능성을 받아들인다고 해도 전반적이고 체계적인 기만을 용납하는 것은 아니다. 그들은 최대한도로 받아들일 수 있는 것이 부분적인 계시이지 그 이상은 인정하지 않을 것이다. 물론 때로는 죽도록 놓아두는 것이 살인과 마찬가지로 악할 수 있듯이 정보를 감추는 것이 거짓말이나 다름없이 악할 수 있다. 하지만 체계적인 거짓말과 정보를 감

---

12 실제로 하나님은 전적으로 신실한 분이라는 믿음(Anselm의 신 개념에 의하면)과 지구의 나이를 피조물들에게 고의적으로 속일 수 있다는 생각은 논리적으로 일관성이 전혀 없다.

추는 것 사이에 개념적이고 도덕적인 차이가 크다는 것을 보여주기 위해서는 더 많은 설명이 필요할 것이다. 아무튼 그러한 차이는 러셀의 유비를 무력화시킬 가능성이 매우 큰 것이다. 왜냐하면 만일 지구의 나이가 수많은 반증들에도 불구하고 정말로 100살이라면 우리는 철저하게 체계적으로 속고 있는 것이 분명하기 때문이다.

이런 비판에 대한 러셀의 대답은 그것이 체계적인 기만이든 감추는 것이든 간에 하나님은 그렇게 할 만한 도덕적 이유를 충분하게 가지고 있어야 한다. 우리도 러셀의 생각에 동의한다. 하지만 감추고 있어야 할 이유를 찾는 것은 체계적인 기만의 합당한 이유를 찾는 것보다는 훨씬 용이할 것이다. 따라서 우리는 러셀이 비공개와 철저한 기만을 동일시하는 유비가 성립할 수 없음을 효과적으로 증명하고 있는 것이다.

3. 러셀의 사실적 전제는?

러셀의 유비가 성립되지 않는 것이 분명한 데도 불구하고 그의 사실적 전제(factual premise)는 여전히 유효한 것처럼 여겨지고 있다. 하지만 만일 이 전제에 대한 거리낌이 그대로 남아있는데도 불구하고 여전히 타당성을 인정받는다면 문제가 있다. 러셀의 논증은 세 부분, 즉 사실적 전제와 러셀이 분석적이라고 보고 있는 윤리적 전제, 그리고 그 연역적인 결론-하나님은 존재하지 않는다-으로 이루어져있다. 하나님은 존재한다는 유신론의 흔들리지 않는 주장은 정말로 비합리적인 것일까? 러셀의 사실적 전제는 유신론에 대한 결정타인가? 러셀이 주장하는 것처럼 악의 문제 앞에서 취할 수 있는 합리적인 입장은 무신론밖에는 없는 것일까?

반드시 그렇지만은 않다. 왜냐하면 무신론에 대한 또 다른 대안이 존재하며 인식적 제한을 기초로 해서 유신론을 변호하는 방법도 있는 것이다. 우리는 사실적 전제에 대해 의문을 제기하기 전에 먼저 러셀이 분석적 진리라고 주장하는 도덕적 전제를 살펴보기로 하자. 이미 소개한 바 있지만 이 도덕적 전제는 만일 하나님이 존재한다면 이 세상에는 선과 균형을 맞추거나 또는 더 큰 악을 방지하는 데에 필요한 악보다 더 많은 악은 있을 수 없다고 주장한다. 러셀은 어느 적정선 이상의 악이 존재하는 것은 하나님의 존재와 양립할 수 없다고 말한다. 아동 학살과 같은 참혹한 소식이 들려올 때마다 우리는 그와 같은 비극이 일어나지 않는다면 이 세상을 더 행복할 것이라는 사실적 전제에 동의하고 싶어지는 것이 사실이다.

하지만 그 도덕적 전제, 즉 하나님이 존재한다면 악을 막을 수 있고 또 막을 것이며 적어도 지금보다는 더 악이 억제되어야 한다는 주장에 대해서는 의문을 제기하지 않을 수 없다. 만일 고통이 불필요한 것이 사실이라면, 그리고 하나님이 완전하게 선한 분이라면 악을 막거나 적어도 지금보다는 많은 악을 억제하는 것이 당연하다고 생각할 것이다.[13]

---

13 C. S. Lewis도 비슷한 주장을 하고 있다. "다음과 같은 경우 어떤 것이 옳은지 선택을 해보기 바란다. 고문이 행해지고 있다고 하자. 만일 그와 같은 고문이 불필요한 것이라면

만일 어떤 고통이 발생할 때마다 선한 결과가 나타난다면(또는 더 악한 결과가 회피된다면) 하나님의 정당성을 위해 그보다 더 이로운 증거는 없을 것이다. 하지만 마이클 패터슨(Michael Peterson)은 하나님이 악을 허용하는 이유를 그보다는 덜 결과주의적인 분석에서 찾고 있다.[14] 그는 잔인한 악이 일어날 때마다 반드시 그와 상응하는 선한 결과가 수반되어야 하는 것은 아니라고 보고 있다. 그보다는 이 세계가 어느 정도 자유로운 세계라면 고통이 발생할 가능성은 충분히 있다고 말하고 있다. 자유의지가 주어진 이상 잘못 남용하면 불필요한 무서운 고통이 발생할 것이 틀림없기 때문이다.[15]

이미 작고한 케임브리지 철학자 A. C. 에윙(A. C. Ewing) 역시 인간의

선한 하나님은 존재하지 않거나 하나님이 존재한다고 해도 악한 신일 것이다. 만일 선하신 하나님이 존재한다면 그와 같은 고문은 어떤 이유에서든 필요해서 허용되는 것일 것이다. 어느 정도 선한 하나님이라면 적절한 이유 없이 그와 같은 고문이 일어나도록 방치하지는 않을 것이기 때문이다." *A Grief Observed* (London: Bantam Books, 1976), p. 50. Mike Peterson은 이와 같은 Lewis의 주장을 *C. S. Lewis as Philosopher* (Downers Grove, IL: InterVarsity Press, 2008), ed. David Baggett, Gary Habermas, and Jerry L. Walls에서 매우 흥미롭게 다루고 있다.

14 Peterson의 견해는 *Evil and the Christian God* (Grand Rapids, MI: Baker, 1982) and "Evil as Evidence for the Existence of God," Kerygma and Praxis, eds. W. Vanderhoof and D. Basinger (Rochester, NY: Roberts Wesleyan College Press, 1984): 115-131에 언급되어 있고 그리고 William Hasker's "The Necessity of Gratuitous Evil," *Faith and Philosophy* 9, no. 1 (1992): 23-44; and "Must God Do His Best?" *International Journal for the Philosophy of Religion* 16 (1984): 213-223 등 다양한 문헌에서 찾아볼 수 있다.

15 Daniel과 Frances Howard-Snyder는 철학자들이 유신론과 악의 존재는 양립할 수 없다고 주장하는 것은 잘못이라고 말하면서도 "Is Theism Compatible with Gratuitous Evil?" (http://faculty.wwu.edu/howardd/istheismcompatible.pdf. 참조)에서 William Rowe의 개념과는 좀 다른 불필요한 악의 존재에 대한 Peterson의 특이한 설명을 비판하고 있다.

자유의지가 악의 존재를 설명할 수 있다고 이해했다. 즉 도덕적 악의 직접적인 원인은 하나님이 아니며 책임을 져야 한다면 자유의지를 남용한 인간 때문이라고 말한 것이다.

> 우리가 비결정론적인 입장을 받아들이게 되면 악의 존재가 어떤 선을 이루기 위한 필요조건으로 만드는 해결책은 타당하지 않을 것이다. 왜냐하면 자유의지가 존재한다면 이 자유를 남용하는 것은 필연적이 아닐 것이기 때문이다. 하지만 자유의지가 악의 존재를 어떤 선의 필수적인 조건으로 만드는 것은 사실인 것으로 보인다…[16]

자유의지를 인정하지 않는다면 도덕적인 악도 존재하지 않을 것이고 그렇다면 자유와 관련이 있는 모든 선한 것들, 심지어는 인간성 자체까지도 부정해야 할 것이다.

러셀은 아리에나라는 어떤 딸아이에게 일어난 한 비극적인 사건을 인용하고 있다. 딸이 음식을 잘 먹지 않으려고 한다는 이유 때문에 부모가 그 아이를 마룻바닥에 내동댕이치고서 의식을 잃은 아이의 입에 물을 계속 부어넣음으로써 질식사시킨 사건이었다.[17] 아리에나는 영양실조에 탈수증상도 보였으며 죽을 때 피를 절반 이상이나 흘렸던 것으로 나타났다. 우리는 이 참혹한 사건을 대할 때 가슴이 찢어지는 듯한 아픔을 느끼는 것이 당연하며 올바로 생각할 줄 아는 유신론자라

---

16 A. C. Ewing, *Value and Reality: The Philosophical Case for Theism* (London: George Allen & Unwin, 1973), pp. 212-213.
17 이 사건은 2000년 1월 31일에 실제로 일어났다.

면 그러한 고통이 필연적이었다고 주장하지는 않을 것이다. 이 사건은 비극적이고 아무런 의미도 없으며 일어나지 않았으면 훨씬 좋았을 것이다.

하지만 하나님이 이 부모에게 자유의지를 허락한 것이 사실이라면 그들이 그 자유를 남용할 가능성은 충분히 있고 그들은 실제로 그렇게 한 것이다. 그리고 그들이 저지른 참혹한 사건을 생각해보면 러셀과 같은 자연주의자들이 말하듯이 인간은 우주의 자연질서와 딱 맞아떨어지는 복합적인 유기체가 아닌 것만큼은 틀림없는 사실이다. 유신론자는 그와 같은 사건을 철저하게 비극적인 사건으로 규정하면서 그 부모가 사랑하라는 하나님의 명령을 의도적으로 거부함으로써 일어났고 정의로운 심판을 받아야 마땅한 잘못된 결정을 내린 것이라고 말할 것이다.

러셀이 인용한 사건은 매우 강력하기는 하지만 오히려 그의 세계관과는 전혀 다른 도덕 실재론을 뒷받침해주고 있으며 유신론에 의해 더욱 잘 설명될 수 있는 것이다. 삭막한 존재론을 배경으로 해서 상정한 악의 존재를 근거로 하는 러셀의 무신론은 그가 주장하는 것처럼 강한 설득력을 지니고 있지 않음이 분명하다.

이 세상에 존재하는 대부분의 고통은 절대로 필연적이 아닌 것은 틀림없지만 자유의지가 허용된 세계에서는 그 가능성은 필연적이라고 할 수 있다. 우리는 또한 자연법칙이 지배하는 안정적인 세계에도 그러한 고통이 존재할 가능성은 필연적이라고 말할 수 있다. 그리고 그와 같은 세계는 선과 균형을 맞추거나 또는 보다 더 큰 악을 피하기 위해서 필요한 악보다는 더 크고 참혹한 악을 필요로 한다. 하지만 안셀무스주의의 신이 그러한 세계를 만들지 않을 것이라는 것을 필연적으로 또는 분석적으로 주장할 수 있고 믿을 수 있고 그 타당성을 입증할 수 있는가? 우리는 절대로 안셀무스주의의 신이 그와 같은 세계를 만들지는 않을 것이라고 주장할 수는 없다. 안셀무스주의는 그러한 가능성을 부인하지 않으며 그러한 세계를 배제하는 어떤 도덕적 진리가 없다.

이 분석에 비추어보면 러셀의 윤리적 전제는 분석적으로 볼 때 참이 아니라 거짓임이 틀림없다. 어떤 선이 발생하기 위해서나 또는 어떤 악을 피하기 위해서 반드시 고통 자체가 필요한 것은 아니다. 물론 그와 같은 고통의 가능성은 필요하지만 가능성과 필연성은 전적으로 다르다. 러셀에 대한 우리의 비판이 타당하다면 무신론자들은 이 논의에서 훨씬 뒤로 물러나야 할 것이다. 악의 존재를 근거로 하는 무신론적 주장을 포기해야 함을 물론이고 러셀의 "한 번 더"라는 주장은 반인와겐의 아틀란티스 시나리오와 똑같은 운명을 맞이하게 될 것이다.

유신론자들은 안셀무스주의의 신이 단순히 선의 균형을 맞추거나 더 큰 악을 피하기 위해 필요한 악보다 큰 악을 허용할 수 있다는 사실을 받아들일 수 있는 것이 분명하다. 악의 존재를 근거로 하는 무신론적 주장은 아틀란티스호의 유비와 똑같은 사멸의 길에 들어선 것이 틀림없다.

러셀은 어떤 고통들은 단순히 선과 균형을 이루거나 또는 보다 큰 선을 위해 필요한 것보다 훨씬 클 수 있으며 우리가 자유로운 존재라면 마땅히 그래야 할 것이라는 사실을 인정하고 있다. 하지만 도덕적으로 타당한 것보다 훨씬 더 많은 고통이 존재한다는 것을 보여주기 위해서 러셀은 선한 하나님이라면 그런 세계는 만들지 않았을 것이라고 주장하고 있다.[18] 러셀은 하나님이 이 세상을 만들었기보다는 만들지 않은 것이 더 낫다는 주장을 계속 지지할 수 있을까? 그럴 가능성은 없다. 그리고 누군가가 그럴 수 있지 않는 이상 유신론자들은 유신론을 끝까지 견지할 수 있을 것이다.

러셀의 주장이 타당성을 얻으려면 필요 이상의 고통이 존재한다는 것을 보여줄 뿐 아니라-아마도 그건 사실일 것이다-상응하는 선보다 더 큰 악 또는 더 큰 악을 저지하기 위해 필요한 것보다 더 큰 악이 존재한다는 것을 증명해야 한다. 그리고 그와 같은 악이 존재한다는 것을 증명하는 것은 안셀무스주의 신학을 위한 증거에 달려 있다고 할 수 있다. 따라서 안셀무스주의 신학을 위한 독립적인 이유들이 존재하는 이상 우리가 유신론적 신념들을 포기하라는 러셀의 주장을

---

18 자유의지와 안정적인 자연 질서가 요구하는 것은 악 자체가 아니라 악의 가능성이라는 Peterson의 지적은 이 논의에서 의무론적인 도덕적 확신에 완전히 개방하는 것이 무엇인지를 보여주고 있다. Russell은 William Rowe, Eric Reitan과 함께 결과주의적인 관점에서 증거주의적인 주장을 계속해서 펼치고 있다. ("Does the Argument from Evil Assume a Consequentialist Morality?" *Faith and Philosophy*, July 2000: 306-319). 그들은 하나님이, 또는 우리들이 하나님을 위해서, 각 악에 대응하는 선을 또는 그 악으로 인해 회피하게 된 더 큰 악을 제시할 수 있어야 한다고 주장한다. 하지만 합리적으로 필요한 것은 악의 허용을 정당화시킬 수 있는 상응하는 선과 의무론적 관심뿐일 것이다. 우리 생각에는 Peterson이 선하신 하나님이라면 이 세계를 만들지 않았을 것이라는 Peter Hare와 Edward Madden의 주장에 대한 대답은 충분하게 했다고 본다. *Evil and the Concept of God* (Springfield, IL: Charles C. Thomas, 1968)를 참조.

의심할 근거가 점점 더 늘어나는 것이다. 만일 러셀이 이와 같은 문제를 다루기 위해서는 악의 문제 외에도 고려해야 할 것이 많다고 말한다면 그것은 옳다. 우리도 이와 같은 논쟁이 공허한 탁상공론으로 끝나지 않기 위해서는 다루어야 할 상황이 더 많이 있다는 사실에 동의하고 있다.

하나님이 자유의지가 허용되는 세상을 만들려고 한 이상 인간들이 잘못된 선택을 하더라도 강제적으로 개입하고 싶어 하지 않는 상황들이 많이 있을 것이라는 것은 틀림없다. 똑같은 논리적 이유 때문에 이 경우는 견고한 자연법칙의 세계와 비슷하다. 하나님이 그런 세계를 만들 때 처음부터 매우 중요하게 여겼다는 것은 틀림없기 때문이다. 하나님이 자유의지와 견고한 자연법칙을 중요하게 여긴 것이 사실이라면 강제적으로 개입해서 인간의 자유의지를 표현하지 못하도록 막거나 자연법칙을 깨뜨리는 일은 악과 선의 균형이 깨져서 악으로 치닫기 전에는 자제할 것이 분명하다.

4. 러셀학파들의 변호

러셀은 매우 집요한 철학자이므로 이 반론에 대해서 자기를 변호하려고 할 것이 틀림없다. 러셀은 악의 문제를 전제로 하는 무신론적 주장이 결과주의에 대해서 중립적이며 의무론자들에게도 매우 개방적이라고 주장하고 있다. 그래서 그는 우리들에게 의무론적 고려들도 포함할 수 있도록 악과 선의 균형을 폭넓게 적용할 것을 요구할 것이다. 더구나 그는 실제로 일어나고 있는 필요 이상의 악들을 예로 들어가며 자신의 주장을 펼칠 뿐 아니라 도덕적 전제를 다음과 같이 강화시킴으로써 고통의 가능성을 확대시키려고 할 것이다.

> 5*. 만일 신이 존재한다면 선과 균형을 맞추거나 더 큰 악을 막기 위해 필요한 것보다 더 큰 고통을 무고한자들에게 허용하지는 않을 것이다.[19]

러셀은 또한 자신에 대한 우리의 비평이 사실적 전제를 전적으로 교묘하게 거부하고 있다고 말할 수도 있다. 자유의지와 견고한 자연법칙의 그러한 가치 때문에 이 장에서 우리는 필요 이상의 악이 존재하지 않는다고 주장하는 것이나 다름이 없다고 말할지도 모른다. 이는 아무리 큰 악이라도 자유의지와 견고한 자연법칙에 비교하면 사소한 것일 수 있기 때문이 아닐까? 하지만 그러한 비판은 다음과 같은 구분 때문에 사실이 아니다.

러셀은 자신의 균형 조정 기준(counterbalancing criterion)에 맞지 않는 필요 이상의 고통을 바탕으로 해서 그와 같은 잉여적인 고통은 궁극적으로 정당화될 수 없으며 하나님은 그와 같은 고통의 가능성마저도 허

---

19 다른 말로 표현하자면 하나님은 더 큰 악을 막기 위해서나 더 큰 선 또는 적어도 조금이라도 큰 선을 진작시키기 위해서 필요한 악보다 큰 악을 허용하지 않을 것이라는 것이다. 최근에 Russell은 이 전제를 다음과 같이 간략하게 수정하고 있다. 하나님이 존재한다면 필요 이상의 불필요한 악을 허용하지 않을 것이다.

락해서는 안 된다고 추론하고 있다. 러셀은 이와 같은 견해들을 하나로 통합시켜서 선한 하나님이라면 그와 같은 고통을 허용하지 않을 것이라는 도덕적 전제로 제시하고 있는 것이다. 그렇지만 우리는 필요 이상의 고통으로부터 정당화될 수 없는 악으로의 추론을 거부한다. 결과적으로 우리는 하나님이 도덕적으로 충분한 이유가 없는 고통은 허락하지 않을 것이라는 주장을 받아들인다. 하지만 필요 이상의 악을 궁극적으로 정당화될 수 없는 악과 동일시하는 러셀의 주장에는 동의할 수 없다.

불필요한 악과 궁극적으로 정당화될 수 없는 악의 차이는 어떤 본래적 선(intrinsic goods)에 얼마나 큰 가치를 부여하느냐에 달려 있다. 러셀은 자유의지의 잠재적인 본래적 가치는 인정하지만 현실세계로 하여금 재량껏 발전하도록 허용하는 하나님의 선에 대해서는 유보적인 것을 볼 수 있다. 만일 러셀이 이 현실세계의 자유를 받아들일 수 없다면 자유의지의 가치를 인정하는 것은 큰 의미가 없을 것이다. 러셀은 하나님이 자유의지와 견고한 자연법칙이 허용된 세계를 만드는 수고를 했다고 해도 우리가 살고 있는 이 세계는 만들지 않았을 것이라고 주장한다. 왜냐하면 자유의지와 물리법칙을 허용하면 세계가 온갖 고통으로 가득 찰 것이 틀림없기 때문이라는 것이다. 물론 러셀의 이러한 주장은 무모한 면이 있으며, 그래서 설득력은 거의 없어 보인다.

우리의 이성으로 추론할 때 선한 하나님이라면 절대로 허용하지 않을 것이라고 여겨지는 것들이 있다. 이를테면 무조건적인 형벌, 재미를 위한 아동학대 그리고 양적, 질적으로 어떤 선을 넘어선 악들이다.

하지만 이 세계 자체가 그와 같은 범주에 들어간다고 보는 것은 아무리 양보를 한다고 해도 수긍할 수 없는 주장이다.[20]

아무튼 우리가 러셀의 사실적 전제(이 전제를 뒷받침하기 위해 아마도 중요한 유비는 거부하지만)에 대해서는 어느 정도 양보한다고 해도 러셀의 도덕적 전제만큼은 받아들일 수 없다. 왜냐하면 이 세계에 존재하는 어떤 고통들은 허용되지 않았더라면 훨씬 좋았을 것이라는 점은 인정하지만 이 세계가 안셀무스주의 신이 절대로 만들지 않았을 것이라고 단정하게 하는 부분은 없다고 말할 수 있다.

5. 선량한 부모의 유비

이제부터 우리는 지금까지 다루어왔던 러셀의 유비와는 또 다른 유비를 살펴보게 될 것이다. 러셀의 '선량한 부모' 유비(good parent analogy)는 그의 도덕적 전제, 즉 하나님이 존재한다면 선과 균형을 맞추거나 더 큰 악을 방지하기 위해 악보다 더 큰 악은 허용하지 않을 것이라는 주장을 강화하기 위한 것이다. 이 유비는 간략하게 요약하자면 선량한

---

20 이와 비슷한 맥락에서 Roderick Chisholm도 결과주의적인 악과 선의 균형(counterbalancing) 개념과 선과 악이 합동해서 유기체적인 전체성과 통일성을 이루어내는 의무론적인 극복 개념의 차이를 이야기하고 있다. 그와 같은 통일체의 통전적인 가치는 각 부분의 합과 반드시 일치한다고 할 수는 없을 것이다. 그리고 그 통전적인 선은 정의와 거룩이라는 의무론적 개념과 일치한다고 볼 수 있다. Chisholm의 "The Defeat of Good and Evil," *Proceedings and Addresses of the American Philosophical Association* 42 (1968-1969): 21-38을 참조.

부모는 아들이 어린 동생을 망치로 때리려고 하면 막는 것이 옳다는 것이다. 실제로 이런 경우 부모가 개입하지 않는 것은 잘못이다. 이는 개입하지 않는 것을 정당화시킬 만하면서 균형을 이룰 만한 선을 찾을 수 없기 때문이다. 이와 평행하는 질문은 이것이다. 만일 하나님이 존재한다면, 하나님은 왜 개입하지 않는가?

러셀은 최근의 한 논문에서 이 유비를 다음과 같이 설명하고 있다.

> 선량한 부모라면 십대 아들이 어린 동생을 망치로 치려고 할 때 하지 못하도록 막는 것이 당연하다. 그것은 부모가 아들의 행동의 자유를 방해하고 있어도 마찬가지이다(이 경우 부모가 아들의 자유의지를 방해하고 있는 것은 아니다. 부모의 개입이 아들의 자유의지를 변경시키고 있지는 않기 때문이다). 행동의 자유는 본래적으로 선한 가치를 지니고 있지만 내재적 선을 가지고 있는 유일한 가치는 아니다. 그리고 고통은 본래적으로 악하다. 따라서 하나님은 만일 존재한다면 필요한 정보와 능력을 가지고 있는 선량한 부모처럼 사람들의 자유의지를 행사하지 못하게 막더라도 개입해야 하는 것은 당연하다.[21]

---

21 미간행 논문 "Unfriendly Atheism," pp. 5-6에서 인용함. Russell은 2008년 미네소타의 미니애폴리스에서 개최된 『미국 중부지역 철학회』(The Central States Philosophical Association)와 몇 군데에 이 논문을 공개했다. 그는 2000년 『철학책』(Philosophical Books) (pp. 222-224)에 스윈번의 『섭리와 악의 문제』(Swinburne's Providence and the Problem of Evil)에 대해 서평을 썼는데 다음과 같이 이야기하고 있다. "선량한 부모라면 십대 아들이 어린 동생을 망치로 치도록 놓아두거나 이웃의 자동차에 불을 내도록 방치하지는 않을 것이다." Review of Swinburne's Providence and the Problem of Evil, p. 223 in vol. 41 (no. 3), July 2000. Louise Antony는 "하나님은 우리를 사랑하시는가?"(Does God Love Us?)라는 제목의 논문에서 2009년 가을 노트르담대학의 한 컨퍼런스에서 발표한 구약의 하나님 성격을 이야기하면서 하나님을 악하고 가학적인 부모에 비견하고 있다.

러셀이 자신의 유비를 매우 강력한 것으로 여기고 있기는 하지만 실제로 부족한 부분이 많아 보이며 이제부터 그중 몇 가지를 이야기하려고 한다.

첫째, 하나님과 부모 사이의 비유비적인 면들을 살펴보기로 한다. 이 땅의 부모는 상한 무릎에 밴드를 붙여주고 코피를 닦아준다. 하지만 하나님은 그렇지 않다. 만일 하나님이 그렇게 한다면 다른 인간들의 손, 예를 들어서 이 땅에서 그 아이들을 키우는 축복과 특권을 가진 부모의 손을 통해서 간접적으로 한다. 물론 이 땅의 부모는 아이들을 상해로부터 지키기 위해서 보호하지만 하나님은 부모처럼 매번 개입하지는 않는다.

하나님의 목적은 부모의 목적과 유비되기는 해도 정확하게 동일하지는 않다. 하나님은 부모보다는 보는 관점이 더 넓고 높다. 하나님의 관점이 더 넓다는 것은 부모는 할 수 없지만 하나님은 더 장기적인 관점에서 악을 보정할 수 있다. 하나님은 곧바로 개입하지 않는 경우에도 부모는 곧바로 개입하는 이유가 여기에 있다. 더구나 부모는 후에 선으로 바꿀 수 있지만 현재에는 악한 어떤 일이 자녀에게 일어나려고 하면 막는다는 것이다. 그런데 하나님은 부모보다 아는 것이 훨씬 많으므로 그러한 잘못된 판단은 하지 않을 것이다. 물론 모든 손해가 이 땅에서 이득으로 바뀌는 것은 아니다. 이 사실은 지금까지 몇 번이고 강조한 바 있다.

하지만 하나님이 그와 같은 악을 모두 막아야 한다고 주장하는 것은 너무 지나치다고 할 수 있다. 하나님이 그렇게 하게 되면 이 땅에서 인간이 선택할 수 있는 폭이 매우 좁아지게 될 것이다. 그리고 이 땅의 부모들도 때로는 자녀들에게 실수를 범할 수 있는 기회를 주기도 한다. 비록 자녀들이 실수를 하게 되면 손해를 보는 것은 사실이기는 해도 이를 통해서 책임을 지는 방법을 배울 수 있다. 왜 러셀은 하나님과 이 땅의 부모 사이의 이와 같은 유비 부분을 강조하지 않고서 단순히 개입의 경우만 이야기하고 있을까?[22]

둘째, 이 유비와 관련해서 살펴보아야 할 두 번째 문제는 다음과 같다. 즉 만일 러셀이 원하는 만큼 하나님이 개입해야 한다면 하나님은 모든 곳에서 항상 개입해야 할 것이라는 것이다. 러셀은 이 세상에 필요한 것보다 훨씬 많은 악이 존재한다고 주장하고 있음을 상기하기 바란다. 그리고 그 의미는 이 세상에는 제거되어야 할 악이 그만큼 많다는 것이다. 실제로 그의 선량한 부모 유비가 의미하는 것은 다음과 같다. 즉 하나님은 어떤 사람이 다른 사람을 해하려고 할 때마다 나서서 개입해야 한다는 것이다. 이 세상의 부모라면, 그리고 특히 선량한 부모라면 그러한 행동은 당연할 것이다. 그렇다면 하나님도 그렇게 해야만 할까? 만일 하나님이 그렇게 한다면 이 세상에 그 누구도 다른 사람에게 상해를 입히는 일은 없을 것이다. 실제로 부모는 더 이상 자녀들을 보호해야 할 필요가 없을 것이다. 부모가 지키지 않아도 하나님이 할 것이기 때문이다. 만일 부모가 자녀에게 음식을 주지 않으면 하나님이 줄 것이기 때문이다. 만일 부모가 아이를 높은 창문에서 떨

---

[22] 9장에서 Russell은 이와 같은 통찰을 전적으로 무시하고 있는데 그때 이 부분을 상기하기 바란다.

어뜨려도 하나님이 밑에서 받아줄 것이다.

조금만 생각해보아도 러셀의 요구를 들어주려면 하나님은 항상 그 어디서에나 나타나서 개입해야 할 것이다. 그리고 만일 그렇게 되면 선량한 부모라는 개념도 사라질 것이고 이 유비도 존재하지 않을 것이다. 하지만 하나님은 자신을 은폐해야 할 충분한 이유들이 있을 것이므로 그처럼 도처에 한시라도 나타나서 개입하는 것은 불가능할 것이다. 더구나 무신론자들은 악의 문제를 근거로 해서 자신의 무신론적인 주장을 펼치기 전에 도덕적 전제를 충분히 지켜낼 수 있는 도덕 이론을 제시할 수 있어야 한다. 물론 상대주의, 주관주의 또는 허무주의를 표방하는 자연주의자들은 그와 같은 도덕적 전제를 부인할 것이다.[23] 그러나 자신의 주장을 효과적으로 입증하기 위해서는 도덕적 객관성과 실재론에 대한 굳건한 확신이 있어야 한다.

러셀도 윤리가 자신의 무신론적 세계관과 일치함을 보여줄 수 있다고 주장하고 있다. 하지만 이 책에서 마음을 사로잡는 주제를 강조하는 것은 자연주의나 플라톤주의보다는 유신론이 그와 같은 도덕적 사실들을 더 잘 설명할 수 있다는 것이다. 그리고 사려 깊은 유신론자라면 러셀의 주장에서 아무런 설득력을 느낄 수 없을 것이다. 더 정확하게 이야기하면 유신론자들이 러셀의 주장에서 어떤 힘을 느끼기는 하지만 자신의 확신을 포기하도록 합리적으로 설득을 당하지는 않는다는 것이다. 우리에게도 러셀의 주장은 논리적으로 명쾌하지 않다. 이

---

23 Mark T. Nelson은 "Naturalistic Ethics and the Argument from Evil," *Faith and Philosophy* (July 1991): 368-379에서 이와 같은 주장을 효과적으로 펼치고 있다.

세상에 존재하는 악을 감소시켜야 하는 도덕적 의무는 언급하지 않더라도 불공평과 비극적인 고통들을 더 심각하게 받아들이기 위해서는 하나님이 반드시 필요하다는 사실이 더욱 분명해지는 것이다.

끝으로 러셀은 선한 하나님이라면 때때로 인간이 자유의지를 잘못 사용할 때 개입해야 할 것이라고 주장하고 있다. 그렇지만 여기서 '때때로'(sometimes)는 얼마나 자주를 의미하는가? 하나님이 이런 식으로 개입해야 한다면 레이더로 보면서 24시간 쉬지 않고 간섭해야 하는 것이 아닐까? 하나님이 기적적으로 개입해서 구원하는 사례들이 때때로 들려옴에도 불구하고 무신론자들이 완전히 무시하는 것을 보면 러셀이 원하는 만큼 하나님이 개입해도 그들은 모두 무시할 가능성이 높다. 게다가 하나님은 더 비밀스럽게 개입할 것이 틀림없다. 따라서 러셀은 하나님이 때때로 개입하지 않는다고 고집할 만한 충분한 이유는 없다. 하나님은 개입하면서도 이 세상이 인과법칙을 따라서 운영되고 있고 인간이 대리인으로 사용되고 있다는 우리의 확신을 무너뜨리지 않는 방법으로 할 것이기 때문이다. 하나님이 이 세상에 때때로 개입하신다고 믿는 사람들은 꼭 필요할 때에만 지혜롭게 개입해서 악한 사람들의 계획을 저지시킨다고 믿고 있다. 하지만 하나님이 수시로 어디서나 개입하실 것이라고 믿지는 않는다. 러셀은 하나님이 이 세상에 너무 많은 악을 허용한다고 주장할 수는 있다. 그렇지만 그와 같은 전제가 무신론적인 주장의 타당성을 강화시켜주지는 않는다.

따라서 러셀의 이 선량한 부모 유비는 설득력이 거의 없으며 러셀의 주장에 확신을 더해줄 만한 아무런 근거를 제공하지 못한다는 것이다. 러셀이 생각하는 것처럼 결정적인 지지를 그의 도덕적 전제에 보내주지도 않는다. 하나님이 이 세상을 허용하지 않을 것이라는 무모한 주장을 뒷받침하기 위해서는 명백해 보이는 것으로는 부족하다. 그리고 러셀의 주장이 개연적 삼단논법이므로 그가 호소하는 것은 '명백성'이나 직관인 것이 틀림없다.

예수의 부활에 관한 논쟁에서도 회의론자들은 조작된 현상이나 바울의 변화 등과 같은 여러 가지 현상들을 자연주의의 입장에서 해석하려고 하는 것을 볼 수 있다. 하지만 그와 같은 시도는 불가능성만 가중시킬 뿐 결국 실패하고 마는 것을 볼 수 있다. 수많은 우연적인 사건들이 동시에 한 장소에서 일어나야 하므로 그 가능성은 더욱 줄어들 것이다.

그런데 신정론을 위해서 증거들을 수집하는 유신론자들은 그러한 곤경에 빠지지는 않는다. 왜냐하면 선하신 하나님이 존재한다는 주장은 하나님의 은둔성, 인간의 인식적 제한성, 인과법칙의 효율성, 자유의지의 본래적 가치 등이 동시에 작용해도 논리적으로 아무런 무리함도 발생하지 않기 때문이다. 따라서 무신론이 이 세상의 고통을 더 잘 설명할 수 있다는 주장은 강력한 비판을 피할 수 없다. 그리고 명백해 보이기는 했으나 사실과 거리가 먼 주장의 약점을 가리려는 부질없는 시도에 불과한 것이다.

우리가 살고 있는 세계는 필요 이상의 악이 존재할 수 있는 가능성이 분명히 있다. 하지만 실제로 존재하는 악의 정도가 그 존재로부터 무신론을 이끌어내도 좋을 만큼 강력한 증거는 아니다. 만일 러셀이 이 세상에 병행할 만한 선과 기쁨과 즐거움과 기회와 의미보다 필요 이상으로 고통이 훨씬 더 많다는 것을 보여줄 수 있다면 유신론자가 아닌 사람들에게는 매우 흥미로울 수 있을 것이다. 그런데 아직 그렇지는 못하고 있는 것이 틀림없다.

이 결론이 우리가 이 책에서 전개하고 있는 도덕적 논증에 큰 힘을 실어주고 있다는 사실은 아무리 강조해도 지나치지 않을 것이다. 우리는 앞 장에서 이해하기 어려운 하나님의 명령들로 인해 일어나는 문제들을 살펴보았으며 그러한 명령들의 도전을 극복하기 위한 몇 가지 전략들을 모색한 바 있다. 또한 이 장에서 우리는 하나님의 선하심에 대한 전통적인 도전으로 사용되어온 악의 문제에 관한 현대적인 입장들을 살펴보았는데 역시 이해하기 어려운 문제들을 제기하고 있는 것을 볼 수 있었다. 이번 장의 시작 부분에서도 살펴보았듯이 악의 문제와 도덕적 논증은 서로 정면으로 충돌하고 있다. 우리가 주장하는 것은 도덕적 논증이 악의 문제로 인해 발생하는 모든 도전을 견디어낼 수 있으며 결국에는 그 가장 강력한 도전도 약화시키고 끝내는 물리칠 수밖에 없다는 것이다.

Knowing God's Will

9장: 하나님의 의지 알기

짐은 이처럼 자기가 자유세계 바로 가까이에 있다고 생각하니 온몸이 떨리고 뜨거워진다고 했다. 짐의 이 말을 듣고 보니 이심전심으로 나도 온몸이 떨리고 열이 나기 시작했다. 이것은 짐이 이젠 거의 자유의 몸이나 마찬가지인데, 그건 바로 나 때문이라고 생각하기 시작했기 때문이다. 나는 암만해도 이 생각을 양심에서 몰아내 버릴 수가 없었다. 나는 이 때문에 번민하고 마음의 안정을 얻을 수가 없었다. 한 곳에 가만히 있을 수가 없었다. 아직까지는 내가 무슨 일을 하고 있는지 전혀 염두에 없었다. 하지만 이제는 그렇지가 않다. 이번 생각만큼은 머리에서 떨어지지 않고 한층 더 나를 괴롭힐 뿐이었다. 이것은 내 탓은 아니다. 내가 짐을 그의 소유주에게서 빼낸 것은 아니라고 자신에게 타일러 보려고 했지만 헛수고였다. 그럴 때마다 양심이 머리를 쳐들고는 말했다. "그러나 너는 짐이 자유를 찾아서 도망을 친 것을 알고 있지 않았나? 그러니까 너는 둑에 배를 갖다 대고 누구에게든 그 일을 일러바칠 수가 있었을 게 아니냐 말이다." 옳은 말이었다. 피하려고 해도 피할 길이 없었다. 내 마음이 괴로운 것이 바로 이 부분이었다. 양심은 나에게 이렇게 말했다. "불쌍한 왓슨 아주머니가 너에게 뭘 했기에 그 사람의 검둥이가 바로 네 눈앞에서 도망치는 것을 보고도 넌 말 한 마디도 하지 않았단 말이냐. 그 불쌍한 아주머니가 너에게 무엇을 했기에 너는 이렇게까지 지독한 짓을 그 아주머니에게 하느냐 말이다…." 내 꼴이 너무나도 비열하고도 비참하다고 생각되어 나는 죽고만 싶었다.

_ 허클베리 핀[1]

---

[1] Mark Twain, *The Adventures of Huckleberry Finn* (New York, NY: Penguin Books, 2003), p. 100.

마크 트웨인(Mark Twain)의 고전 작품인 『허클베리 핀의 모험』(Huckleberry Finn)에서 허클베리는 양심이 너무 괴로운데도 친구인 흑인 노예 짐이 도망가서 자유를 얻을 수 있게 도와주고 있다. 이 장면은 특히 인상적이다. 왜냐하면 양심이 허클베리에게 하는 말과 그와 같은 상황에서 사람들이 도덕적으로 하는 행동 사이에 일어나는 갈등을 생생하게 묘사하고 있기 때문이다. 어쨌든 간에 양심이 하는 일은 처해있는 상황에서 선택할 수 있는 각 대안이 도덕성의 원리들을 분명하게 드러내고 있는지, 모호하게 흐리고 있지는 않는지, 또는 방해하고 있는지를 확인하는 것이다. 허클베리는 양심의 조언을 무시하고서 친구를 돕거나 아니면 양심이 시키는 대로 친구를 배반해야 하는 상황이므로 이래저래 괴로울 수밖에 없는 처지인 것이다.

이런 경우 어떤 선택이 옳은 것일까? 하나님이 궁극적인 선이고 그의 명령들이 도덕적 의무라면 하나님의 뜻은 어떻게 알게 되는지를 묻게 되는 시점에 반드시 도달하게 되어 있다. 하나님의 뜻은 하나님의 명령에 선행하는 것이 틀림없다. 실제로 필 퀸(Phil Quinn)이나 마크 머피(Mark Murphy)와 같은 도덕 이론가들이 신명론(divine command theory)보다는 신의지론(divine will theory)이 장점이 더 많다고 주장하는 이유가 바로 이 때문이다. 하나님의 명령과 하나님의 의지가 어떻게 다른지는 더 이상 설명할 필요가 없을 것이다.

하지만 하나님의 뜻이나 명령을 어떻게 알 수 있게 되는가 하는 질문은 우리가 이제부터 자세히 다뤄야 할 인식론적 문제이며 2장에서 언급했던 신명론(神命論)에 대한 여섯 가지 반론 중에서 마지막 반론과 관계가 있다. 이 인식론적 문제를 다루다 보면 몇 가지 관련이 있는 다른 문제들, 즉 신명론과 자연법의 비교와 대조, 도덕성과 합리성의 관계, 그리고 도덕적 논증을 진지하게 받아들여야 하는 인식론적 이유들을 다룰 수 있게 될 것이다. 하지만 우리는 에우티프론 딜레마에 대한 대답으로 제시한 일곱 가지 중요한 구분 중에서 마지막 구분인 존재의 영역과 인식의 영역 사이의 구분을 출발점으로 이 인식론적 문제를 살펴보게 될 것이다.

1. 존재의 영역과 인식의 영역

아이들은 구구단을 부모나 선생님 또는 형에게서 배우지만 궁극적인 관점에서 보면 그들이 가르쳐주었기 때문에 구구단을 참으로 여기는 것은 아니다. 다시 말해서 어떤 지식을 어디서 얻었는가 하는 것과 무엇이 그 지식을 참으로 만들고 인식하게 하는지는 전혀 다른 문제이다. 첫 번째 질문은 인식론의 영역인 반면에, 두 번째 질문은 형이상학 또는 존재론의 영역에 속하는 문제이다. 이와 같은 차이를 알고서 구분하기 시작한 것은 중세 철학자들이다. 이 구분은 특히 윤리 분야에서는 더 없이 중요한 의미를 지니므로 늘 염두에 두어야 할 것이다.

우리는 훔치는 것이 나쁘다는 사실을 어떤 윤리학자의 글을 읽고서 아는 경우도 있을 것이다. 하지만 훔치는 것이 나쁜 일이라는 사실을 근본적으로 인정하는 것은 전혀 다른 이유들 때문이다. 따라서 무신론자들이 어떤 도덕적 진리들을 기독교의 가르침으로부터 배울 수는 있기는 하지만 종교가 반드시 그와 같은 진리의 원인이나 근거가 아니라고 주장하는 것은 일리가 있다. 물론 우리는 그들의 주장을 전적으로 부정하는 것은 아니지만 그래도 어떤 도덕적 진리들은 오로지 하나님에 의해 우리에게 나타난 계시를 통해서만 깨닫게 되고 다른 인간적인 방법으로는 알 수 없는 경우가 있다.

우리는 이제까지 도덕성의 존재론적 근원이 오로지 하나님뿐이라고 주장해왔으며 그 궁극적인 근거가 하나님의 본성과 그 본성에서 나오는 하나님의 명령과 의지라는 것이다. 우리가 이 인식론적 문제를 지금까지 다루지 않고 뒤로 미루어온 것은 다분히 전략적인 이유 때문인데 엄밀히 말해 이 문제가 우리의 도덕 이론의 핵심적인 주제가 아니었기 때문이다. 우리가 잘 알고 있듯이 유신론적 윤리학자는 하나님이 자신의 뜻을 계시하시는 다양한 방법들 중 하나를 선택할 수 있다. 하지만 우리가 발전시키고 있는 기본적인 논증은 인식적인 대안들을 한두 가지 가능성으로 제한하지는 않는다. 이처럼 인식론은 우리의 접근 방법에서 핵심적이라기보다는 주변적인 기능을 하고 있다. 그럼에도 불구하고 어떤 시점에 도달하게 되면 이 문제를 반드시 다뤄야 하는데 이제 마지막 장을 앞두고 있으므로 이 장에서 다루기로 한다.

존재와 인식의 구분은 무신론자나 세속주의자들이 하나님에 대한 명백한 언급이 없이도 옳고 그름을 알 수 있다는 주장으로 유신론을 반박하는 도전에 대해 대답을 할 때 자주 사용된다. 예를 들어 폴 코판(Paul Copan)은 그러한 주장을 하는 무신론자들에게 존재와 인식의 차이를 상기시키면서 하나님 없이 선악을 구분할 수 있다는 데 어떻게 그럴 수 있는지를 설명해야 할 것이라고 말하고 있다. 로버트 애덤스는 신명론에 관한 고전이 된 자신의 저서에서 존재와 인식의 구분을 자세히 다루고 나서 윌리엄 얼스턴(William Alston)의 인식론적 체계를 사용해서 설득력 있는 도덕적 인식론을 제시하고 있다. 알레스데어 맥킨타이어 역시 "어떤 신에게 순종해야 하고 그 이유는 무엇인가?"(Which God Ought We to Obey and Why?)[2]라는 논문에서 존재와 인식의 차이를 얼스턴과 비슷하게 구분하고 있다. 존 밀리켄(John Milliken) 역시 하나님과 독립적으로 존재하는 선의 기준을 필요로 하는 카이 닐슨(Kai Nielsen)의 '공허한 말에 대한 반론'과 같은 반론들에 대한 대답을 하면서 존재론과 인식론의 구분을 적절하게 사용하고 있다. 밀리켄은 존재와 인식의 구분을 다음과 같이 사용하고 있다.

> 하나님을 선한 분으로 묘사하기 위해서는 독립적인 선의 개념이 필요한 것은 사실이지만 이 독립성은 두 종류가 있을 수 있다. 예를 듦으로써 이 두 종류의 독립성을 알아보기로 하자. 어떤 사람이 트윙이라는 언어를 만들어서 이 언어를 사용하여 공문서를 기록했다

---

2 MacIntyre도 말하고 있듯이 "정의(justice)의 분석적, 역사적 개념이 발전해감에 따라서 우리는 하나님을 판단하는 기준 자체가 하나님이 제정하신 것이고, 우리가 내렸던 판단들이 하나님의 명령에 대한 순종으로 내렸다는 사실을 알게 된다. 물론 그와 같은 판단을 내리는 순간에는 그와 같은 사실을 인식하지는 못한다. 하나님은 자신의 말씀 밖의 어떤 외부적인 기준으로도 판단될 수 없다. 그 이유는 자연주의적인 이유에 의해 인식된 자연주의적 정의 자체가 실제로 하나님이 말씀으로 선포한 것이고 권위를 부여한 것이기 때문이다." "Which God Ought We to Obey and Why?" *Faith and Philosophy* 3, no. 4 (1986): 371.

고 가정하자. 그리고 '팀'이라는 사람이 이 언어를 할 줄 아는 친구들에게서 간접적으로 트윙어를 배웠다고 하자. 어느 날 팀이 트윙어로 쓰여진 공문서를 우연히 발견하고서 읽기 시작하면서 "이 문서는 완벽한 트윙어로 쓰여졌는데!"라고 감탄했다고 하자. 팀은 여기서 나름대로 자신에게 충실한 발언을 하고 있다. 팀은 이 경우에 완벽한 트윙어란 무엇인지에 대한 나름대로 개념을 가지고 있을 것이다. 하지만 이 경우와 또 다른 경우 즉 팀이 또 다른 문서(예를 들어서 호머의 작품을 번역한 책)를 보고서 똑같은 감탄을 한 경우와 대조해 보기로 하자. 첫 번째 경우에는 팀이 공문서를 읽으면서 감탄한 것은 완벽한 트윙어에 대한 인식론적으로 독립적인 개념에만 의존하고 있다. 실제로 그의 개념은 존재론적으로 의존적인데 그 이유는 완벽한 트윙어에 대한 그의 개념이 그가 지금 평가하는 그 근원까지 거슬러 올라가기 때문이다. 그런데 두 번째 경우에는 완벽한 트윙어에 관한 팀의 개념은 그가 평가하는 문서에 대해 인식론적으로 그리고 존재론적으로도 독립적이다. 이제 이와 같은 차이를 염두에 두고서 신의 선에 관해서 생각해보면 하나님이 선하시다고 말하기 위해서는 선에 관한 우리의 개념이 인식론적으로만 독립적이면 되고 존재론적으로는 독립적일 필요가 없다. 다시 말해 하나님 이외의 다른 경우에서 선을 인식하기만 하면 충분하다는 것이다. 다른 경우들에서 선으로 인식된 것의 모범을 하나님에게서 찾아낼 수만 있다면 그걸로 충분할 것이다. 이 경우에 하나님이 선의 궁극적인 근원이라고 하더라도 아무런 문제가 없을 것이다. 따라서 이 반론은 윤리의 자율성을 뒷받침하는 주장으로서는 성립하지 않는다.[3]

---

3 John Milliken, "Euthyphro, the Good, and the Right," *Philosophia Christi* 11, no. 1 (2009): 153-54.

실제로 우리 인간들이 경험으로부터 도덕성을 배우도록, 즉 '아래서 위로' 배울 수 있도록 하는 데에는 하나님의 전략적인 이유들이 있을 수 있다. 어려 시절에는 우리의 관심이 전적으로는 아니지만 대부분 자기중심적이다. 그러다가 우리가 나이를 먹어가면서 점점 그 범위가 넓어져서 가족과 친구들을 포함하게 된다. 궁극적으로 우리의 도덕적 관심은 그 범위가 한 없이 넓어져서 우리가 만나지 못한 인류 전체, 앞으로 태어날 세대, 동물 그리고 심지어 환경까지도 포함하게 될 것이다. 처음에는 우리 자신에게만 선한 것으로부터 시작해서 다른 사람들에게도 선한 것까지 확장되다가 결국에는 도구적으로뿐 아니라 외적, 내적으로 선한 것까지도 모두 포함하게 된다. 우리의 도덕적 인식론에는 하나님이 도덕성의 궁극적인 근원일 수 있는 가능성을 배제하고 기능하는 것은 아무것도 없으며 우리는 어려서부터 하나님을 선하신 분으로 인식하고 있는 것이다. 도덕성의 근원에 대한 설명은 어느 시점에 도달하면 끝나야 하며 하나님을 그 궁극적인 종착점으로 본다고 해서 별다른 문제는 발생하지 않는다.

이 책에서 우리가 전개하는 논증이 성립한다면 하나님이 그 어떤 수단을 통해서든 우리 인간의 마음속에 성찰력이 있는 사람이라면 절대로 타협할 수 없는 근본적인 도덕적 진리를 인식할 수 있는 능력을 불어넣으셨다고 해도 놀라운 일은 아닐 것이다. 다시 말하지만 신 존재 증명을 위한 도덕적 논증이 성립하려면 하나님의 존재에 관한 결론만큼이나 그 도덕적 전제들도 인식론적으로 안전해야 한다. 그 도덕적 전제들은 윤리의 자율성이나 유신론적 윤리의 피상성을 보여주기보다는 타당성 있는 도덕적 변증론의 기본적인 필수 조건이다.

어떤 사람이 도덕적 직관의 명확성을 근거로 해서 도덕적 진리에 대한 다른 설명은, 자연적인 설명이든 초자연적인 설명이든 간에, 더 이상 필요 없다는 추론을 내릴 수 있다는 것이 곧 적어도 도덕성의 원리에 있어서는 그 내용을 분명하게 파악하는 것이 가능하다는 그들의 확신을 보여주고 있다. 따라서 유엔은 정의나 인간의 존엄성 문제에 있어서 원칙적으로는 동의할 수 있으며 C. S. 루이스는 『인간의 폐지』(The Abolition of Man)에서 '도'(The Tao)의 도덕적 원리가 인류의 역사를 통해서 다양한 종교나 철학 체계에서 발견될 수 있음을 역사적인 증거들을 제시하면서 설명하고 있다. 하지만 우리가 강조하고 있듯이 사건의 상태는 유신론적 윤리를 비롯한 다양한 도덕 이론들과 일치하고 있다. 실제로 우리는 이 장을 마치기 전에 도덕적 논증을 약간 다른 시각에서 조명함으로써 유신론, 특히 안셀무스주의의 유신론이 이 인식론적 실재를 가장 잘 설명하고 있음을 보여주게 될 것이다.

2. 자연법 이론

신명론을 주제로 지금까지 많은 이야기를 해왔지만 또 다른 중요한 유신론적 이론이 바로 자연법 이론(Natural Law Theory)이다. 따라서 우리는 이 장에서 유신론적 윤리가 제기하는 인식론적 질문들과 관련해서 자연법을 다루게 될 것이다. 자연법 이론은 유신론적 윤리의 풍부한 전통 중의 하나이기 때문에 유신론적인 입장에서 우리가 공감할 수 있는 부분이 많을 것이다. 물론 자연법 이론과 신명론 사이에 존재하는 긴장과 갈등은 역사가 오래되었고 그 골이 옅은 것은 아니지만 우리는 두 전통이 서로 조화를 이루고 보완해주는 부분을 주로 강조하려고 한다. 우리는 "신명론의 도덕성과 자연법 윤리는 최선의 상태에서는…구조적인 통일을 이룬다"[4]는 마르(Mar)와 하닌크(Hanink)의 주장에 동의한다. 전통적인 자연법주의자인 토마스 아퀴나스(Thomas Aquinas)는 자연법에 대한 순종을 최상의 덕으로 보았으며 신명론과 자연법 윤리가 화해하는 것이 합리적으로 가능하다고 여겼다.

자연법은 스토아학파로부터 아리스토텔레스, 홉스, 아퀴나스, 현대의 무신론 등 다양한 분석 방법에 따라 다른 의미를 지닐 수 있으므로 먼저 우리가 어떤 의미로 자연법이라는 용어를 사용할 것인지 분명하게 해둘 필요가 있을 것이다. 자연법 이론에서 우리가 제시하는 분석 방법과 공조를 이루는 부분들은 다음과 같다. 즉 자연법은 하나님에게 그 도덕성의 뿌리를 두고 있다. 하나님은 자연법을 주셨고 자연법은 창조를 통해서 그리고 인간의 본성 안에서 표현된다. 자연법은 궁극적으로 하나님의 섭리와 목적 그리고 하나님의 본성을 반영하고 있다. 아퀴나스와 같은 자연법 이론자들은 선이 의에 선행한다고 보지만 우리는 아무리 완벽하게라도 선으로부터 의를 추론하는 것보다는 하나님의 명령을 통해서 선이 의로 옮겨가는 것을 더 선호한다.

---

4 James G. Hanink and Gary R. Mar, "What Euthyphro Couldn't Have Said," *Faith and Philosophy* (1987) 4: 254.

더구나 자연법 이론은 인식론적으로 의미가 매우 크다. 왜냐하면 자연법은 실제적인 합리성의 원리들을 제공하며 이 원리들이 우리 행동의 합리성을 결정하는 기준이 되기 때문이다. 우리 인간과 같은 합리적인 존재들은 영원한 법 중에서 우리에게 해당하는 부분을 이해하고 자유의지를 따라 그 법에 순종하며 살아간다. 자연법은 누구나 자연스럽게 아는 것이 가능할 뿐 아니라 우리 모두 다 지켜야 할 의무가 되는 법이다. 아퀴나스는 우리 인간들이 마음으로 이 법의 핵심을 잘 알고 있다고 본다. 물론 모든 지식은 완전히 자기 것으로 만들기 위해서는 어느 정도 노력이 필요하고 감정이 격동하거나 기분이 나쁠 때에는 이 법을 왜곡시키기도 하지만 이 법의 본질적인 부분은 아무도 가르쳐주지 않아도 잘 알고 있다. 다시 말해서 자연법은 우리를 선으로 인도하며 선은 행동의 근거를 제공해준다는 것이다. 왜냐하면 선은 우리에게 주어진 본성이 완전하게 성숙하도록 도와주는 힘을 지니고 있기 때문이다.

자연법은 중요한 기독교 사상의 하나로서 매우 풍부한 오랜 역사를 가지고 있다. 자연법은 우리가 이 책을 통해서 계속 주장하고 있듯이 '일반계시'의 근거가 되고 있다. 적어도 철저하게 유신론적인 자연법 이론자들은 하나님이 자연법을 우리 인간의 본성과 피조 세계의 질서 안에 새겨 넣음으로써 우리에게 알려주고 있다고 본다. 우리는 철저히 타락한 상태에 있기는 하지만 하나님이 자신의 목적을 따라 자신의 형상대로 인간을 만드셨다는 안셀무스의 하나님은 심오한 진리인 것이다. 모세의 율법이 주어지기 전에도 죄(범죄는 아니지만)는 가능했을 것이다.

그것은 이스라엘 민족이든 모세의 율법이 주어진 후에도 율법을 알지 못하고 살았던 다른 모든 민족들이든 간에 마찬가지였을 것이다. 아더 홈즈(Arthur Holmes)가 말하고 있듯이 "성경은 창조가 도덕률을 증거하고 있고, 하나님이 우리를 지금 있는 그대로 만드신 의도에 선한 목적이 있고, 하나님의 법칙은 창조의 법이라는 사실을 보여주고 있다."[5]

이와 같은 계시의 예를 들자면 십계명의 후반부에 나오는 보편적인 인간 행동규범들을 하나님이 인정하고 있는 부분이나 부부관계, 경제 관계, 정치 질서 등 사회 제도들이 보편적인 유형들을 제정하신 부분을 들 수 있다. 이와 같은 사회 제도들의 배후에 있는 하나님의 목적을 자세히 살펴보면 그 핵심을 이루고 있는 사랑과 정의가 바로 하나님의 의지를 그대로 보여주고 있음을 알 수 있다. 실제로 알레스데어 맥킨타이어는 정의에 관한 자연 도덕법들이 우리가 어떤 신에게 순종해야 하는지를 말해준다고 말하고 있다.[6]

이런 맥락에서 로버트 애덤스는 도덕적 의무에 관한 사회적 분석에서 신명론의 관계적 측면을 다루고 있다.[7] 역시 이와 비슷한 관점에서

---

5 Arthur F. Holmes, *Ethics: Approaching Moral Decisions*, 2nd ed. (Downers Grove, IL: InterVarsity Press, 2007), p. 66.

6 Alasdair MacIntyre, "Which God Ought We to Obey and Why?" *Faith and Philosophy* 3, no. 4 (1986): 359-371.

7 약간 다른 관점에서 W. David Beck는 자신의 도덕적 논증에서 도덕성의 사회적 성격을 강조하고 있다. 그는 자신의 도덕적 논증을 위한 전제, 즉 도덕성의 객관성에 관한 자연주의적 설명은 적절하지 않다는 주장에 대한 증거로서 "인간만이 가치의 근원이지만 제한된, 사회적으로 조건 형성된 인간은 다른 인간들이 가치를 단정적으로 결정할 수는 없다. 그러므로 어떤 객관적인 가치가 있다면 도덕적 권위로 옳고 그름을 구분하는 기준을 지시하는 궁극적인 존재가 존재해야 한다"라고 적고 있다(어떤 사람들은 비판의 시각에서 한 사람

존 헤어(John Hare)도 하나님의 명령보다는 하나님의 소명을 강조하면서 하나님이 우리를 감정과 정서를 지닌 존재로 만듦으로써 지고선으로 이끄시는 부르심을 느낄 수 있게 해주고 있다고 말하고 있다. 하나님의 도덕률은 우리의 본성과 잘 어울리며 사랑이 우리에게 요구하는 것을 분명하게 이야기해주고 우리로 하여금 사랑의 동역자로서 하나님과 함께 일하도록 이끌어준다.[8] 이 접근 방법은 하나님이 우리에게 매순간 도덕적인 행동을 단정적으로 지시하지 않는다는 사실과도 어울리며 하나님의 명령이 인간의 자율성을 해친다는 칸트의 반론을 약화시킨다. 왜냐하면 하나님과 우리의 관계는 서로 사랑하고 존중하는 관계이지 독재적인 권력 관계가 아니기 때문이다.[9] 홈즈는 이 주장을 인식

이 그와 같은 가치 체계를 결정할 수 없지만 그렇다고 해도 원칙적으로는 한 집단의 사람들은 한 사람으로서는 할 수 없는 일을 할 수 있다고 주장하기는 하지만 그 어떤 인간들의 집단도 그와 같은 일을 하는 것은 불가능하다). *In Defense of Miracles: A Comprehensive Case for God's Action in History*, edited by R. Douglas Geivett and Gary R. Habermas (Downers Grove, IL: InterVarsity Press, 1997), p. 160.

8 신인동형론이라는 비난은 성립하지 않는다. 하나님의 법과 인간의 본성이 서로 공조를 이루는 것은 인간이 하나님의 형상으로 만들어졌기 때문이지 하나님이 인간의 마음에서 만들어진 것이 아니기 때문이다.

9 Holmes, *Ethics*, p. 80. John Hare와 Robert M. Adams는 Kant의 자율성에 관한 J. B. Schneewind의 분석을 효과적으로 반박하고 있다. 『윤리학 강의』(*Lectures on Ethics*)에서 하나님을 경외의 대상, 그리고 율법을 제정하는 분으로 보는 부분과 『두 번째 비판』(*Second Critique*)과 "이성의 한계 안의 종교"(Religion within the Limits of Reason Alone)에서 하나님의 명령을 우리의 의무로 보는 부분을 지적하면서 Hare는 자율성에 관한 Kant의 견해가 신명론과 부딪치지 않는다고 주장하고 있다. 오히려 Kant는 하나님의 명령들이 우리의 도덕적 의무의 근원이며 하나님의 뜻을 우리의 뜻으로 받아들이는 것이 우리의 과제라고 보고 있다. Hare는 Adams의 "신율적인 의지"(theonomous will) 개념에 동조하면서 우리가 도덕적으로 행동하는 이유는 우리가 하나님을 사랑하고 하나님이 사랑하는 것을 사랑하기 때문이라고 말하고 있다. John E. Hare, *God's Call* (Grand Rapids, MI:

론적인 방향으로 전개하면서 다음과 같이 덧붙이고 있다.

> 하나님의 법이 우리 인간 본성의 본질적인 구조에 의해서 검증되고 우리 인간의 공통적인 필요와 행동 영역에 의해서 확인되는 것이 사실이라면 이 요소들이 신앙인들은 물론이고 창조주를 인식하지 못하는 사람들의 윤리적인 사고와 도덕적 결정에도 결정적인 영향을 미치는 것이 분명하다. 하나님의 법이 우리에게 유익한 것이라면 율법을 제정하신 존재를 인식하지 못한다고 해도 율법 자체는 누구나 인식할 수 있을 것이다.[10]

우리 인간들은 누구나 자연법을 자연스럽게 인식하는 능력이 있다는 주장은 양심과 도덕적 직관을 이해하기 용이하도록 해준다. 그리고 이와 같은 주장은 우리가 도덕 지식을 습득하는 방법이 양심과 도덕적 직관뿐이라고 주장하는 것보다는 훨씬 설득력이 있다. 양심과 도덕적 직관이 지니는 힘은 강력하며 때때로 그 힘은 그 어느 것과도 타협을 허락하지 않는 권위를 지닌다. 하지만 그 경계선이 분명치 않은 문제에서는 우리를 방황하게 할 수 있다. 예를 들어서 경우에 따라 양심은 어두워지거나 약해질 수 있으며 소설 『허클베리 핀의 모험』(Adventure of Huckleberry Finn)에서처럼 어떤 특정한 문화나 종속 문화에서는 양심

Eerdmans, 2001), pp. 87-119, Hare's chapter on Kant in *God and Morality: A Philosophical History* (Oxford: Wiley Blackwell, 2009), and Robert Adams, "Autonomy and Theological Ethics," *The Virtue of Faith* (Oxford: Oxford University Press, 1987), pp. 123-127.

10 Holmes, p. 81.

에만 의존하기에는 불안한 때가 있다.

양심과 도덕적 직관에 너무 큰 권위를 부여하게 되면 우리 인간의 도덕적 판단 능력을 맹신하는 우를 범하게 되며 현대 사상가들이 가지는 턱없는 자신감도 이 때문이라고 할 수 있다. 물론 어떤 도덕적 직관들은 타협을 허락하지 않는 것이 사실이며 우리도 그와 같은 직관들을 아무런 유보 없이 인정하지만 그렇다 하더라도 도덕적 인식론은 전반적인 관점에서 보면 이 도덕적 직관들이 하는 기능은 비록 매우 중요하기는 하지만 많은 기능들 중에서 하나에만 국한되는 것이다.

여기서 분명하게 해 두어야 할 사실은 유신론적 윤리학자들이 적절한 도덕적 인식론을 수립하는 데에 필요한 자원들을, 도덕법, 양심, 도덕적 직관, 일반계시 등 다양하게 보유하고 있다는 것이다.[11] 실제로 우리는 자연주의자들과 플라톤적 실재론자들의 자료들을 대부분 적절

---

11 비록 우리가 Stanley Hauerwas의 노고(특히 도덕적 덕의 양육에서 하는 공동체의 핵심적인 역할에 관한 고찰)를 인정하지 않는 것은 아니지만-MacIntyre도 지대한 영향을 바고 있다-그가 기독교 신학과 도덕적 관습의 형성(그는 언어 습득과 도덕적 관습의 형성을 유비시키고 있다)에 미치는 공동체의 역할을 강조하다보니 일반계시의 중요성을 경시하는 경향이 있는 것으로 보인다. 예를 들어 그가 모든 사람들에게 합리적이고 보편적으로 타당한 윤리가 존재한다고 주장하는 것은 사악하며 그 이유는 많은 사람들이 서로를 비합리적(따라서 비인간적)이라고 비판할 정도로 행동 규범에 동의하지 못하고 있는 사실을 설명하지 못하기 때문이라고 주장하는데 우리가 보기에는 그는 일반계시의 분명한 기능을 무시하고 있을 뿐 아니라 합리적인 윤리 체계를 수립하려는 노력에 대한 비판을 지나치게 강조하고 있는 것이 틀림없다. Stanley Hauerwas and William H. Willimon, *Resident Aliens* (Nashville, TN: Abingdon Press, 1989), p. 101을 참조. 합리성을 근거로 하는 도덕적 객관성 수립과 공동체의 역할 분석에 대한 비판들을 더 자세히 알기 원하면 John Hare의 *Why Bother Being Good?* (Downers Grove, IL: InterVarsity Press, 2002)의 8장과 9장을 참조하라.

하게 사용하고 있다. 그 예를 들자면 우리 인간의 정신 구조, 의식의 뚜렷한 특징들, 언어를 배우고 습득하는 방법, 우리 인간의 사회화적 성향, 제도들을 형성하는 규범들 등이다. 우리의 접근 방법은 도덕성의 내용을 인식할 수 있는 다양한 가능성들을 수용하면서 특별계시처럼 자연주의자들이 쉽게 인정하지 못하는 요소들까지 모두 포함하고 있다. 무신론자들도 황금률, 정의의 우선성, 굶주린 자들을 먹여야 하는 의무 등 성경적 가르침들의 가치를 인정할 수는 있지만 우리는 안셀무스주의적 유신론자들로서 그러한 가르침에 궁극적인 도덕적 권위를 부여하는 뚜렷한 이유를 가지고 있다.

우리가 주의주의의 한 요소를 받아들이면 그와 같은 특별계시와 하나님의 명령이나 소명으로 우리에게 개인적으로 직접 주어지는 의무들이 실제로 가능성을 지니게 된다. 하나님의 무한한 지혜와 우리의 타락한 상태 그리고 우리의 제한적인 인식력을 인정한다면 우리가 타협할 수 없는 단호한 도덕적 확신을 필요로 함에도 불구하고 도덕적 진리를 분별하려는 시도는 시행착오를 거칠 수밖에 없다는 인식론적 겸손을 늘 견지해야만 할 것이다. C. S. 루이스는 이처럼 이야기한 적이 있다.

> 오감, 포기할 수 없는 추상적인 지적 능력, 위험스러운 선택적 기억력, 너무 많아서 모두 다 성찰하거나 기억할 수 없는 억측과 전제들, 이 수많은 실재 중에서 우리가 인식할 수 있는 것은 얼마나 될까?[12]

---

12 C. S. Lewis, *A Grief Observed* (New York: Bantam, 1988), p. 74.

우리가 하나님의 선을 합리적으로 신뢰하게 되면 하나님이 우리가 사회를 이루며 살아가는 데에 필요한 도덕적 지식과 지혜를 제공해주실 것이라고 확신할 수 있게 될 것이다. 하지만 우리 인식 능력이 제한적이라는 사실은 우리에게 막대한 인식론적 겸손을 요구하는데 우리는 이 겸손을 결여하고 있을 때가 너무나 많다.

이와 같은 사실은 우리가 표방하는 자연신학이 궁극적으로 강조하는 것이 인간의 본성이나 창조된 전체적인 질서가 아니라 하나님 자신이라는 것을 다시 한 번 상기시켜 주고 있다. 존 웨슬리의 견해에 의하면 도덕률은 하나님의 사랑과 선에서 유래한 것이기 때문에 따르기만 한다면 우리에게 안녕과 행복을 가져다 줄 수밖에 없다. 웨슬리는 도덕률이 하나님이 만드신 모든 피조물의 본성에 각인되어 있다고 보고 있다. 그렇지만 도덕성의 기준이 피조물들의 본성이나 관계에 의존한다면 그것은 곧 그 기준이 궁극적으로는 하나님에게 달려 있다고 말할 수 있다. 왜냐하면 모든 피조물들의 본성과 관계는 본래 하나님 자신이 만드신 것들이기 때문이다.[13]

더구나 하나님과의 교통이 이루어지지 않는 한 인간의 성취는 불가능하기 때문에 인간의 완성을 위해서는 하나님과의 화해와 친교가 반드시 먼저 필요한 것이다. 웨슬리는 다른 전통적인 신학자들과 마찬가지로 하나님과의 연합을 인간의 최종적인 목표로 보고 있다. 그리고 인간은 이 연합 안에서 하나님과 사랑의 동역자가 되며 성 삼위가 서

13　Wesley's sermon "The Original, Nature, Properties, and Use of the Law," *The Works of John Wesley*, ed. Albert C. Outler (Nashville, TN: Abingdon, 1985), 2: 4-19를 참조.

로 나누는 사랑에 동참하게 되는 것이다.[14]

자연법은 도덕성에 합리적인 타당성과 권위를 부여하지만 도덕성이 그와 같은 합리성을 지니고 있다는 데에는 모두 다 동의하고 있지 않기 때문에 이제부터 이 문제를 살펴보기로 한다.

3. 도덕성과 합리성

도덕성과 합리성의 관계에 관한 논의가 매우 활발하게 벌어지고 있지만 우리는 이 중요한 문제에 관한 우리의 분석에 따르는 다음과 같은 몇 가지 질문들을 다루는 것으로 만족하기로 한다. 도덕성은 과연 항상 합리적인가? 경우에 따라 도덕성과 합리성은 서로 다른 것을 요구할 수 있는가? 안셀무스주의자는 이 질문들에 대해 어떤 대답을 할까? 이러한 질문들은 매우 중요하다. 왜냐하면 만일 도덕성과 합리성 사이에 간격이 있다면 때때로 합리적인 이유들이 우리에게 비도덕적인 행동을 요구할 수 있고 그렇다면 도덕성의 합리성이 크게 약화될 수 있으며 신 존재 증명을 위한 도덕적 논증도 따라서 약화될 수 있기 때문이다. 하지만 만일 유신론이 도덕성의 합리성을 강화시킬 수 있다면 도덕성의 뚜렷한 인식론적 차원을 부각시킨다면 우리의 도덕적 논증도 강화될 수 있을 것이다.

---

14 *The Works of John Wesley*, 2: 510을 참조.

자연법에 대한 우리의 확신만 보더라도 도덕성에 따라 행동하는 것은 매우 합리적이어야만 한다. 물론 합리성은 수단-목적 분석으로부터 자기중심적 분석 그리고 유신론적 설명에 이르기까지 보는 관점에 따라 그 의미가 다를 수 있다. 아마도 놀라운 일은 아니지만 당연히 우리는 합리성을 유신론적 관점에서 이해하고 있다.[15]

실제로 우리가 생각하기에는 도덕성과 합리성은 매우 중요한 부분에서 서로 평행하고 있다. C. S. 루이스는 『기적』(Miracles)에서 3장과 5장을 서로 평행시킴으로써 이 사실을 보여주고 있다. 3장은 합리성을 설명하면서 자연주의의 한계를 보여주고 있고, 5장은 도덕성을 설명하면서 자연주의가 지니는 한계를 보여주는데 이때 사용하는 논리가 서로 일치하고 있다. 여기서 우리는 자연주의가 도덕성과 합리성을 설명할 때 부딪히게 되는 문제점들이 비슷하다는 점을 주목하게 된다.

빅터 레퍼트(Victor Reppert)와 앨빈 플랜팅가(Alvin Plantinga)는 합리성을 설명할 때 만나게 되는 문제점들을 열거하고 있다. 우리는 여기서 그들의 주장을 잠깐 살펴보기로 한다.[16]

1장에서 우리는 자연주의자들이 도덕적 자유를 설명할 때 부딪치는 문제점들을 제시한 바 있다. 실제로 자연주의란 도덕적인 자유가 없이

---

[15] Alvin Plantinga는 그의 인식론에서 기독교적 세계관처럼 의도적으로 하나님을 그 중심에 두고서 우리가 어떻게 진리를 인식할 수 있는지를 설명하고 있다. 다시 말해 그는 인식론적 기준을 하나님의 정신적인 기능의 하나로 보고 있는 것이다. 마찬가지로 Christopher Menzel은 수학적 기준을, 그리고 도덕적 진리를 하나님의 정신적 기능의 하나로 보고 있다.

[16] Victor Reppert, *C. S. Lewis's Dangerous Idea: In Defense of the Argument from Reason* (Downers Grove, IL: InterVarsity Press, 2003). Alvin Plantinga, *Warrant and Proper Function* (New York: Oxford University Press, 1993), pp. 216-237.

는 성립할 수 없다. 그런데 그들이 합리성을 설명할 때 직면하는 문제점은 도덕성의 경우와 유사하다. 합리성은 적어도 증거와 근거들과 논증에 대한 감수성을 필요로 한다. 하지만 우리가 만일 인과관계에 따라 우리 행동을 결정한다면 그리고 우리의 추론과 유추된 결론이 그 결정 과정 안에 포함된다면 그 결론들은 궁극적으로 근거들과 증거의 기능이 아니라 이 세계의 인과법칙을 따르는 우리 두뇌의 생리학적 기능이라고 할 수 있다.

증거와 근거들을 보다 진지하게 받아들이기 위해서는 증거나 논증이 단지 우리 의식의 표면에서 일어나는 거품 현상만은 아님을 보여주는 실재에 대한 이해가 필요하다. 실재에 대한 유신론적 이해는 이러한 장점을 지니는 유일한 세계관은 아니지만(아마도 관념론도 이와 비슷한 장점을 지니고 있다) 최선의 접근 방법이라고 할 수 있다. 우리는 이 책에서 추구하는 목적과는 벗어나기 때문에 이성의 관점에서 그러한 주장을 더 이상 살펴보지는 않을 것이다. 하지만 근거와 증거에 초점을 맞추는 것은 무신론자들이 궁극적인 실재로 여기는 기계적인 자연주의 우주보다는 유신론이 표방하는 다분히 관계적이고 인격적인 우주와 더 어울린다는 사실을 강조할 필요가 있다.

우리는 왜 도덕적이어야 하는가의 핵심적인 질문, 다시 말해 우리는 왜 도덕성이 우리 행동의 근거를 제공해야 하는가 하는 이 질문은 도덕성의 존재론적 상태와 의무론적 구속력과 밀접하게 관련되어 있다고 할 수 있다. 만일 도덕성이 망상에 불과하거나 단순히 주관적인 선호의 문제라면 소위 도덕적인 행동들이 비합리적인 경우가 무수히

많을 가능성이 높을 것이다. 유신론자든 무신론자든 간에 많은 사람들이 도덕성, 특히 모든 상황이 고려된 도덕적 의무들이 우리 행동을 결정하는 가장 강력한 근거를 제공한다고 믿고 있으므로 그들은 도덕성이 단지 주관적인 개인적 선의 문제는 아니라고 보는 이유가 충분하다고 할 수 있다.

이와는 너무나 대조적으로 윤리학자 브루스 러셀(Bruce Russell)은 도덕적 회의론을 주장하면서 도덕적 의무가 항상 우리 행동의 가장 강력한 근거로 작용하는 것은 아니라고 말하고 있다. 그는 우리에게 다음과 같은 시나리오를 가상해보기를 권하고 있다.

> 어떤 젊은 여학생이 의과대학에 진학할 것을 결심했다고 하자. 그녀가 열심히 공부해서 의과대학에 들어간다면 노력 끝에 훌륭한 내과 의사가 될 것은 틀림없다. 그러나 피나는 노력을 했는데도 의과대학 입학시험에 통과할 만한 점수를 얻지 못했다고 가정하자. 그런데 그녀는 의과대학 입학시험에 통과해서 자신의 평생소원을 이룰 수 있는 방법을 찾아냈는데 그것은 부정행위로 필요한 점수를 얻는 것이었다. 그렇게 부정입학을 했다고 해서 그녀가 무능한 의사가 되어서 환자들에게 손해를 끼치는 일은 없을 것이다. 왜냐하면 일단 의과대학에 들어가서 훈련만 받으면 유능한 의사가 될 것이 틀림없기 때문이다. 기껏해야 그녀가 의과대학에 들어감으로써 들어가지 못하게 될 학생이 하나 생기는 것뿐이다. 그리고 그 학생이 받게 될 손해도 매우 경미하고 그와 같은 사실을 이 여학생이 다 알고 있다고 가정하자. 물론 이 경우에 이 여학생이 부정행위로 의과대학에 들어가는 것은 도덕적으로 잘못일 것이다. 하지만 그녀가 부정행위를 별

로 개의치 않는데다가 만일 적발당할 가능성이 없다면 그녀에게 부정행위를 행할 충분한 근거가 있는 것이 아닐까?[17]

그리고 브루스 러셀은 다음과 같은 또 다른 실례를 들고 있다.

당신의 아들이 어떤 부자의 보석들을 훔쳤다고 가정하자. 그런데 그 아들이 경찰에게 쫓기게 되자 당신에게 브라질로 도피할 수 있도록 도와달라고 부탁을 한다. 그리고 당신은 아무에게도 발각당하는 일이 없이 그와 같은 도피를 도와줌으로써 해결할 수 있다. 아니면 아들이 도피하지 못하고 붙잡혀 교도소에 가면 그의 인생은 완전히 망하게 되겠지만 브라질로 갈 수만 있다면 여생을 착하게 잘 살 것이라는 것을 알고 있다. 물론 이와 같은 상황에도 그의 도피를 돕는 것은 도덕적으로 옳은 일은 아닐 것이다. 하지만 당신의 아들이 도피하도록 도울만한 이유는 충분한 것이 아닐까?

러셀은 이 시나리오들이 도덕적 의무가 항상 우리의 행동을 결정하는 가장 강력한 근거는 아니라는 사실을 충분히 보여주었다고 생각하고 있다. 여기서 그가 도덕적 의무라고 말하는 것은 도덕적인 이유들은 있으나 도덕적인 의무로 명시되어 있지 않아서 상황에 따라 또는 초과의무를 쌓기 위한 이유로 개정할 수 있는 피상적인 도덕적 의무보다는 더 강력한 의무라고 보아야 할 것이다. 러셀이 여기서 주장하는 것은 모든 상황이 고려된 궁극적인 도덕적 의무들도 우리 행동을 결

---

17 Bruce Russell, "Two Forms of Ethical Skepticism," in Louis Pojman, *Ethical Theory: Classical and Contemporary Readings* (New York: Wadsworth, 1998), p. 595.

정하는 최종적인 근거는 아니라는 것이다. 이와 같은 주장이 만일 성립한다면 도덕성의 합리성에 결정적인 해를 끼치게 될 것이다. 자연법 이론에서는 도덕성과 합리성이 완벽한 조화를 이루고 있는데 러셀의 시나리오들은 도덕성의 의무적인 구속력에 대한 우리의 자신감을 위태롭게 흔듦으로써 신 존재 증명을 위한 우리의 도덕적 논증도 위태로울 수 있기 때문이다. 그러나 과연 그의 주장은 성립되는 것일까? 우리는 다음과 같은 몇 가지 이유 때문에 그렇지 않다고 단언할 수 있다.

먼저 의과대학 입학 자격시험에서 부정행위를 저지르기로 결심한 여학생의 예를 살펴보자. 이 사고 실험에는 몇 가지 문제점들이 내포되어 있다. 우리는 아직 비판을 하는 것이 아니고 객관적인 관찰을 하고 있다. 예를 들어 이 부정행위 때문에 그가 의과대학에 들어감으로써 기회를 잃게 될 다른 학생에게 미치는 해가 대수롭지 않을 것이라고 가정하고 있다. 또한 부정행위로 입학한 여학생이 후에 좋은 의사가 될 것이라고 전제하고 있다. 그리고 부정행위를 범하는 여학생은 그 결과나 계획 성취를 미리 잘 알고 있는 것으로 되어 있다. 물론 현실에서는 이 가정들이 하나도 가능한 것은 없다. 그렇지만 사고 실험을 계획대로 수행하고서 어떤 문제에 대한 유용한 직관을 얻어내는 데에 성공했다고 하자. 하지만 이와 같은 경우, 즉 가능성이 전혀 없는 가정들을 근거로 해서 도덕성의 합리성을 무너뜨리려고 하는 경우에는 가설적인 전제와 현실 사이의 거리가 문제가 되지 않을 수 없다. 왜냐하면 가능성이 전혀 없는 시나리오들을 사실로 가정하고 내리는 결론이 성립하는 것은 불가능하기 때문이다. 그의 시나리오들이 불가능한 그만큼 우리가 이 사고 실험에서 얻을 수 있는 통찰은 사라질 것이 분명하다.

하지만 이 관찰은 비록 매우 중요한 의미를 지니기는 하지만 옆으로 잠시 제쳐두기로 하자. 이보다 더 큰 문제가 되는 것은 러셀의 결과주의적인 분석이다. 이 여학생은 다음과 같이 자신을 합리화하고 있다. "자. 나는 이제 엄청난 이득을 얻게 될 것이다. 그러나 나 때문에 의과대학에 들어오지 못하는 학생은 받는 피해가 아주 경미하다. 그러므로 내가 부정행위를 해도 되는 합리적인 근거가 충분한 것이다." 이러한 합리화는 합리성에 대한 진정한 이해와는 거리가 멀다. 거의 모든 상황에서 부정행위를 저지르면 안 되는 것이 도덕적 의무라는 사실을 포함해서 여기서 고려해야 할 도덕적 사실들이 이성이나 합리성의 구속력 아래 순응해야 하는 것이 아닐까? 적절한 도덕성을 결여한 합리성은 매우 나약한 근시안적인 개념이 아닐까?

이제 우리는 러셀에게 전적으로 동의할 수 있는 부분을 찾아보기로 한다. 만일 러셀이 합리성의 개념을 이 세속화된 여학생의 상황에 맞도록 희석시키는 것이 그의 목적이라면 "부정행위를 별로 개의치 않는" 이 학생, 즉 도덕적으로 결함이 있는 이 학생에게는 부정행위를 저지르기 위한 합리적인 이유가 전혀 없는 것은 아니라는 것이다. 러셀의 시나리오에서 이 여학생이 부정행위를 행하는 합리적인 이유란 결국 주관적이고 개인적인 자기중심적 욕구를 충족시키자는 것이다. 따라서 이런 상황에서 이 여학생은 부정행위를 저지르기 위한 합리적인 이유를 충분히 갖고 있다. 그렇지만 부정행위를 아무렇지도 않게 생각하는 여학생에게서 부정행위에 대한 도덕적 양심을 기대하는 것은 어떻게 가능하다는 것일까? 이와 같은 독특한 경우로 도덕성이 합리성을 결여할 수도 있다는 근거를 삼기에는 턱없이 부족한 것이다. 이 여학생의 이기주의적인 입장에서 개인적인 욕구를 충족시키기 위한 주관적인 근거를 찾는 것이 러셀의 목적이라면 러셀 때문에 우리가 모든 행동의 객관적인 근거가 되는 진정한 도덕적 의무에 대한 확신을 잃을까봐 걱정하는 것은 어리석은 일일 것이다.

우리가 이제까지 러셀에게 반박한 것은 그가 행동에 대한 합리적인 근거를 도덕적으로 문제가 있는 사람들의 주관적인 선호로 전락시키고 있는 부분에 대해서였다. 그의 사고 실험은 자신의 주장을 뒷받침할 목적으로 무리하게 제안한 불가능한 전제들 때문에 진지하게 추론할 만한 것은 아무것도 얻을 수 없다는 것이 분명하다. 따라서 궁극적인 도덕적 의무들이 행동의 합리적인 근거를 항상 제공하는 것이 아니라는 러셀의 야심찬 가설은 성립할 수 없다.

이제 러셀의 두 번째 시나리오도 한번 살펴보기로 하자. 여기서도 아버지가 아들이 교도소에 가면 그의 인생이 망치게 될 것이라는 것을 미리 분명하게 알고 있다. 하지만 실제로 현실에서는 아무도 이처럼 미리 분명하게 알 수는 없는 것이다. 과연 그의 아들이 자신의 행동에 대한 책임을 진다고 해서 반드시 그의 인생이 망한다고 할 수 있을까? 많은 부모들이 만일 자신에게 그와 같은 아들이 있다면 잘못된 행동에 대한 책임을 지고 처벌을 감수해야 할 것이라고 말할 것이다. 부모의 의무는 단순히 아들을 어려운 상황으로부터 구출해내는 것만은 아닐 것이다(앞 장에서도 러셀의 '선한 부모' 유비를 다룰 때 이 사실을 언급했었다).

만일 아버지가 미리 자기 아들이 교도소로 보내지자마자 그 주간에 회복할 수 없는 치명적인 화상을 입게 될 것을 미리 알았거나 범죄보다 훨씬 무거운 형량을 언도받을 것을 알았다면 그를 교도소로 보내는 것은 공평한 처사가 아닐 것이다. 그런 경우에는 정의와 도덕성은 아버지에게 아들의 탈출을 돕지 말라고 말하지는 못할 것이다. 하지만 그와 같은 경우라면 러셀의 사고 실험은 그의 주장에 아무런 도움도 되지 못할 것이다. 물론 우리에게는 미래를 그처럼 분명히 보여주는 점치는 방법(crystal balls)은 없다. 그런데 만일 부모에게 그런 초자연적인 예지력이 있다면 아들의 도피를 도와서는 안 된다는 도덕적 의무는 기껏해야 형식적인 의무가 될 것이고 그와 같은 경우에는 아들의 도피를 도와주는 것이 더 진정한 도덕적 의무가 될 것이다.

따라서 우리는 러셀이 진정한 도덕적 의무가 행동에 대한 합리적인 근거를 항상 제공하는 것이 아니라는 자신의 주장을 입증했다고 생각할 이유는 전혀 없다. 어떤 사람들은 도덕적 이유들이 어떤 행동의 많은 근거들 중 하나일 뿐이라고 생각하고 있으며 그들에게는 도덕적 의무가 어떤 권위나 구속력을 지니지 못하므로 이 의무를 수행하는 것이 반드시 가장 합리적인 결정이 아닐 수 있다. 물론 상대적으로 사소한 도덕적 문제들에 관해서라면 그들의 주장에 반대할 생각은 없지만 동의할 수는 있다. 예를 들어 어떤 동료의 부도덕한 행동에 대해 경고를 하면 그 보복으로 자신의 직업을 잃게 될 것이 확실한 경우라고 하자. 그리고 그 행동의 부도덕성이 그렇게 심각하지는 않아서 자신의 직업을 걸어야만 할 가치가 없는 경우라고 하자.

다시 말해서 그의 부도덕한 행동에 경고를 해야 할 도덕적 이유들은 있지만 그렇게 하는 것이 가장 합리적이지는 않은 상황이라고 하자. 그런데 이 경우에는 자신의 이익도 고려해야 하는 도덕적 개체로서 우리가 경고를 하는 것이 반드시 진정한 도덕적 의무는 아니며 기껏해야 형식적인 의무라는 사실도 결정에 영향을 미치고 있는 것이 분명하다. 잘못된 행동에 대해서 경고를 하는 것이 도덕적으로 허용되고 칭찬을 받을 일이기도 해도 도덕적 의무는 아니다. 하지만 어떤 도덕적 의무가 진정한 것이라면 그 의무는 행동에 대한 가장 합리적인 근거를 반드시 제공할 것이다.

물론 그와 같은 견해를 지지한다고 해서 그 견해가 참이 되는 것이 아니며 그리고 어떤 사상가들은 그 견해가 거짓이라고 주장할 수도 있다. 하지만 그와 같은 반론에 대한 대답의 시도로서 우리는 우리가 제안하는 시나리오를 진지하게 받아들여야 할 이유가 충분히 있으며, 반드시 수행해야 할 도덕적 책임이 있고, 수행하지 않으면 비난을 받게 되는 도덕적 의무들이 있다고 말하고 싶다. 도덕적 의무들은 도덕적 권위를 지니고 있다. 이는 지극히 상식적인 문제이며 매우 직관적이며 그리고 우리가 수행해야 할 필요가 있는 도덕적 의무에 대한 성경의 가르침과도 일치한다. 물론 도덕적 언어가 사용되는 방법과도 조화를 이루고 있으며 자연법의 규제 아래 있게 될 수 있는 대상의 하나이기도 하다. 이와 같은 가능성을 진지하게 받아들여야 할 이유는 충분히 있다. 그와 같은 견해가 잘못일 가능성은 전혀 없으므로 도덕성의 합리적인 권위를 부정해야 할 이유도 전혀 없다. 어떤 견해를 의심할 수 있다고 해서 그 자체가 그 견해를 의심해도 좋다는 것은 아니다. 그리고 이 문제는 거의 상식적인 영역에 속한다고 생각되고 있기 때문에 이성이 명백하게 명령하는 것은 만일 이에 대해서 거부하려면 러셀이 제시하는 가설보다는 훨씬 명백한 증거를 필요로 할 것이 틀림없다.

합리성이 단순히 도덕적인 판단에만 관여하는 것이 아님이 분명하다. 하지만 일반적으로 합리성은 우리의 결정 과정에서 도덕적 의무나 원리들에게 가장 중요한 지위를 내어주는 기능을 주로 하는 것이 틀림없다. 그리고 행동의 근거가 되는 모든 이유들 중에서 도덕적 의무가 가장 강력한 구속력을 지니고 있는 것도 사실이다. 이와 같은 견해에 동조하지 않는 세계관은 결함이 있다고 말할 수 있다. 도덕성이 실재라면 어떤 사람이 진정한 도덕적 의무를 인식하고 있을 때 그 의무 수행이 자신의 이익에 해가 되거나 자신의 욕구 실현에 방해가 되거나 또는 자신이 선호하는 것이 아닌 경우에도 그 의무를 행하는 것이 합리적이다. 상황에서 도덕적 권위는 여전히 효력을 지니고 있고, 도덕적 책임이 강력한 구속력을 행사하는 것은 분명하다.

4. 세계관의 적절성

우리는 앞에서 철학자 조지 마브로데즈가 "종교와 도덕성의 특이성"(Religion and the Queerness of Morality)이라는 글에서 도덕적 의무의 이와 같은 강력한 구속력을 강조하고 있다. 특히 그는 도덕적 의무가 (버트란드) 러셀주의의 세계에서 중요한 입장을 차지하고 있는 것은 매우 기이한 일이라고 말하고 있다. 왜냐하면 러셀이 세계를 이루고 있는 궁극적인 요소들이 원자나 분자들이기 때문이다. 하지만 그가 도덕적 의무를 강조하는 것은 칸트처럼 도덕적 의무가 도덕성의 전부라거나 가장 중요한 요소라고 생각하기 때문이 아니다.

마브로데즈가 의도적으로 도덕적 의무에 초점을 맞추고 있는 이유는 도덕적 의무가 매우 다양한 의미를 내포하고 있기 때문이다. 특히 러셀의 세계에서도 도덕적 의무를 수행하는 것은 항상 개인적인 이익을 수반하는 것은 아니다. 즉 무신론적인 세계(무신론적 세계에도 도덕적 의무가 존재한다고 가정할 때)에서도 도덕적 의무를 수행하는 것은 도덕적 개체에게 손해를 초래할 수도 있다. 마브로데즈가 말하고 있듯이 실제로 수많은 상황에서 그 같은 사실을 관찰할 수 있다. 진실을 이야기하거나 빚을 갚거나 약속을 지켜야 하는 경우에 그리고 드물기는 하지만 의무를 수행하다가 생명을 잃거나 몸을 다치는 경우에도 러셀이 주장하는 개인적인 이익을 희생하고 도덕적인 행동을 해야 할 수도 있다. 따라서 러셀의 세계관을 지지하는 무신론자라도 반드시 도덕적 선택을 직면하게 된다는 것이다. 도덕성과 합리성이 요구하는 것이 서로 다를 수 있다는 사실을 인정하고서 비합리적이기는 하지만 도덕적인 행동을 선택하기로 결정하거나 또는 도덕성의 요구는 무시하고 합리적인 행동을 선택하거나 해야 한다는 것이다.

우리는 여기서 궁극적인 구속력을 지니고 있는 도덕적 의무를 믿는 유신론자와 그 의무가 존재한다는 것을 부인하고 도덕적 권위를 부정하는 회의론자가 얼마나 서로 다른지 주목할 필요가 있다. 유신론자는 그와 같은 의무가 존재하며 그 의무들은 궁극적으로 자신에게 유익하다고 믿는데 그 이유는 하나님을 사랑하고 의를 행하는 것이 항상 궁극적으로 자신에게 유익하기 때문이다. 따라서 그러한 의무를 행하고 그 권위를 인정하는 것은 항상 합리적이다. 하지만 회의론자들은 도덕적인 의무의 존재와 그 권위를 모두 다 부정한다. 때때로 도덕적 의무로 인해 지불해야 할 대가가 너무 크기 때문이다. 이제 유신론자와 무신론자 모두 다 적어도 합리성이라는 용어가 사용되는 방법에는 동의하고 있는 것으로 보인다. 모두 다 자신의 세계관을 이성적 또는 합리적인 방법으로 이해하려고 한다는 것이다.

이와 같은 사실이 보여주는 것은 도덕성과 합리성에 관한 메타윤리적인 질문은 존재론과 형이상학의 궁극적인 질문과 깊이 관련되어 있다는 것이다. 실재에 관한 궁극적으로 올바른 견해는 도덕성과 합리성의 관계를 올바로 분석할 수 있어야 할 것이다. 유신론자든 무신론자든 간에 이 세계가 합리적이라는 근본적인 공리를 바탕으로 해서 자신의 접근 방법을 선택한다. 만일 이 세계가 궁극적으로 자신의 이익을 해치는 것을 요구한다면 그런 세계는 합리적이라고 할 수 없다. 칸트가 말하는 것도 근본적으로 이와 동일하다고 말할 수 있다. 즉 도덕적 노력이 합리적이기 위해서는 행복이 덕과 일치하도록 만들어 줄 수 있고 그렇게 해주는 하나님이 존재해야 한다는 것이다. 덕이 곧 궁극적인 행복이 아니라면 도덕성은 합리성을 상실할 수밖에 없다. 그리고 덕과 행복이 일치하지 않는 세계는 바로 무신론적인 세계이다. 도덕성이 합리적이기 위해서는 실재 자체가 도덕성과 깊이 연관되어 있어야 한다. 도덕적 요구가 권위를 지니기 위해서는 도덕성 자체가 실재의 가장 심오한 속성이 되어야 한다. 무신론적 세계에서는 도덕적인 의무가 항상 합리적이기 위해 필요한 존재론적 근거를 도덕성에서 찾아보기가 어려운 것이다. 하지만 유신론적 세계에서는 이와 같은 상황이 전적으로 달라진다.

이 문제가 암시하고 있는 흥미로운 사실들은 다음과 같다. 즉 무신론자들은 대부분 선을 행복, 자기실현, 쾌락, 존중, 만족, 지식 등의 관점에서 이해하고 있다는 것이다. 그리고 이 목록에서 '도덕적 충족감,' 즉 도덕적으로 행동할 때 수반하는 성취감을 빼놓아서는 안 된다. 이 성취감은 무신론자를 포함해서 모든 사람들이 추구할 수 있는 가장 심오한 만족감일 것이다. 아무튼 무신론자들의 선 개념은 그와 같은 덕들의 관점에서 가장 잘 설명될 수 있다. 이제 어떤 무신론자가 도덕적 의무의 권위를 어느 정도 인정하고서 수행하기로 결정할 것인지 아니면 보다 선하고 합리적인 어떤 행동을 선택할 것인지를 선택해야 하는 상황을 만났다고 가정하자. 아마도 많은 무신론자들이 쾌락이든 뭐든지 간에 합리적인 어떤 것을 희생하고서 도덕적인 행동을 선택할 가능성이 매우 크다. 하지만 도덕적 의무 수행을 위해 희생해야 할 이익들이 더 크면 클수록 그들은 자신의 도덕적 선택이 비합리적이라고 느낄 것이다. 그리고 어느 한계를 넘어서면 무신론자들은 도덕적 행동을 희생하고서 자신의 이익을 택하게 될 것이 틀림없다.

이제 안셀무스주의의 분석을 살펴보기로 하자. 안셀무스주의의 세계관에서도 때때로 도덕적 의무를 수행하게 되면 앞장에서도 언급했던 것처럼 선을 희생해야 할 필요가 있음을 인정하고 있다. 하지만 도덕적인 의무가 때로는 다소 악해 보일지라도 돌이킬 수 없을 정도로 철저하게 악하지는 않다. 예를 들어 사람의 생명을 빼앗는 것은 어떤 의미에서든 항상 악하다고 할 수 있다. 그렇지만 때로는 살인이 정당화될 수도 있고 의가 될 수도 있다. 예컨대 성전(Holy War)에서는 아무런 명분 없이 사람을 죽이는 것처럼 악하지는 않다. 또는 의과대학 입학시험에서 부정행위를 저지르지 않는 것은 우리의 관점에서 보면 돌이킬 수 없는 손해는 아니며 유신론자라면 하나님이 섭리를 통해 그 모든 것을 보상해주실 것을 믿으며 희생을 감수할 것이다. 따라서 실제로 부정행위를 저지르지 않기로 결정한 것은 선한 행위인 것이다. 유신론과 무신론 사이에는 이처럼 엄청난 간격이 있기 때문에 도덕성과 합리성을 연결시켜주는 메타윤리적인 질문에 대한 두 세계관의 접근방법도 전적으로 다를 수밖에 없는 것이다.

5. 레이멘의 논증

앞에서 우리는 C. 스티븐 레이멘(C. Stephen Layman)이 반대했던 도덕적 논증에 관해 이야기하면서 그가 지지하는 도덕적 논증을 앞으로 다루게 될 것이라고 약속했는데 이제 그 약속을 지키려고 한다. 그의 도덕적 논증은 도덕성의 합리적 권위 문제와 관련이 있는 인식론적인 논증이므로 이 시점에서 살펴보는 것이 적절할 것이다. 레이멘은 자신의 논증을 시작하기 전에 이러한 논증은 도덕적이든 다른 어떤 관점에서든 간에 다른 논증들과 함께 유신론을 강화시키는 역할을 해야 하며, 따라서 이 논증 자체로 신 존재 증명을 해낼 수 있는지가 문제가 아니라 신 존재 증명에 얼마나 도움을 줄 수 있는지가 더 중요하다고 말하고 있다.

한마디로 말하면, 레이멘은 브루스 러셀이 거부한 다음과 같은 '압도적인 이유 이론'(The Overriding Reason Thesis)을 받아들이면서 자신의 논증을 시작하고 있다. "압도적인(또는 가장 강력한) 이유들은 항상 도덕적으로 요구되는 행동들을 선호한다."[18] 레이멘은 우리들처럼 이 압도적인 이유 이론을 뒷받침 하는 증거가 매우 강력하고 직관적이므로 쉽게 거부되어서는 안 되는 주장이라고 생각하고 있다. 왜냐하면 만일 '압도적인 이유 이론'이 거짓으로 판명된다면 도덕성의 합리적인 권위가 크게 손상될 것이 분명하기 때문이다.

레이멘은 '압도적인 이유 이론'이 참이고 매우 중요한 것은 사실이지만 필연적인 진리는 아니라고 생각한다. 왜냐하면 그는 우리에게 강력한 악마가 선한 사람들을 괴롭히고 악한 사람들에게 영원한 행복을 부여하는 세계의 가능성을 고려해보도록 권하고 있기 때문이다. 물론

---

18 C. Stephen Layman, "A Moral Argument for the Existence of God," Garcia and King의 *Is Goodness without God Good Enough?* p. 52. 그는 명목적인 의무보다 더 실제적인 의무들을 다루고 있다.

그와 같은 세계에서 '압도적인 이유 이론'은 참이 아닐 것이다. 하지만 솔직하게 말하면, 앞에서도 비슷한 주장을 한 바 있지만 레이멘이 그 가능성을 조금이라도 진정으로 인정하고 있다면 그것은 타당성이 전혀 없는 가설일 뿐이다. 물론 그가 제안하는 시나리오가 생각해볼 만한 가치가 있지만 그 가능성은 전혀 없으며 특히 안셀무스주의의 신에서는 전적으로 불가능한 것이다. 따라서 그 가능성을 조금이라도 인정하기 위해서는 먼저 안셀무스주의가 허구임을 가정해야 하므로 일종의 순환논리일 뿐이다.

물론 우리는 안셀무스주의가 참임을 전제로 하지도 않을 것이다. 우리는 다만 안셀무스주의와 레이멘의 악마가 다스리는 세계의 가능성이 서로 양립할 수 없으며 둘 중에서 어떤 것을 받아들이든 먼저 적절한 증거를 찾아내야 할 것이라고 말하려는 것뿐이다. 단순히 어떤 것의 가능성을 이야기한다고 해서 그것이 실현되는 것은 아니며 레이멘뿐 아니라 러셀에게도 그와 같은 사실은 마찬가지일 것이다. 아무튼 레이멘은 우리처럼 '압도적인 이유 이론'을 받아들이면서 이를 바탕으로 자신의 논증을 전개하고 있다.

레이멘은 '조건적 이론'(Conditional Thesis), 즉 "만일 하나님이 존재하지 않고 사후 세계도 없다면 압도적인 이유 이론도 참이 아니다"[19]라는 주장을 내놓고 있다. 레이멘은 이와 같은 주장을 뒷받침하기 위해서 하나의 시나리오를 제시하고 있는데 앞에서 러셀이 소개한 사례와 크

---

19 Ibid., p. 54. 20.

게 다르지 않다. 즉 그것은 부정행위를 저지를 만한 이유가 충분히 있지만 도덕적인 타당성은 별로 없는 경우이다. 세상적인 이익만 고려하면, 부정행위를 저지를 충분한 이유가 있지만 도덕적으로 허용되지는 않는다. 따라서 "하나님이 존재하지 않고 사후 세계가 없다면 부정행위를 저지르는 데에 필요한 압도적인 이유가 존재하는 것이다."[20] 레이멘은 다음과 같은 원칙을 제시함으로써 자신의 논증에 직관적인 확신을 더하고 있다.

> 개인적인 이익(러셀이 말하는 자기중심적인 고려)과 도덕성이 갈등을 일으키는 경우에 만일 개인적인 이익은 크고 도덕적인 책임은 사소하다면 개인적인 이익이 도덕성을 압도한다.[21]

이제 조건적 이론이 압도적 이유 이론에 어떤 의혹의 그림자를 드리운다면 그것은 무신론적인 관점에서만 그렇게 한다는 것이다. 러셀이 무신론적 관점에서 도덕성을 고려할 때 사용한 작업양식이 바로 그와 같은 것이다. 그러나 레이멘은 다음과 같이 덧붙이고 있다.

> 유신론을 위한 적절한 논증이 제시되고 있는데 무신론이 참이라고 주장하는 것은 매우 불공평하며 우리는 '압도적인 이유 이론'을 버릴 이유가 전혀 없는 것이다.[22]

---

20 Ibid., p. 55.
21 Ibid.
22 Ibid., p. 56.

레이멘은 그 대신에 '압도적인 이유 이론'(OCT)과 '조건적 주장'(CT)이 모두 다 성립할 수 있는 가능성에 마음을 열어두고 있어야 한다고 말하고 있다. 그리고 둘 다 참이라면 하나님이 존재하거나 또는 덕이 보상받는 사후 세계는 존재한다는 것이다. 하지만 이러한 결론은 유신론적 우주 대신에 열반 비슷한 사후 세계의 가능성을 열어놓고 있음에 주목해야 할 것이다. 따라서 무신론자들은 '조건적 주장'과 '압도적인 이유 이론'을 아무런 갈등이 없이 모두 받아들일 수 있는 것이다. 그런데 이와 같은 접근 방법에 대한 레이멘의 반응은 시사하는 바가 매우 크다.

> 윤회와 열반이 신의 부재를 대신할 수 있다면 이 우주는 중력과 같은 물리법칙뿐 아니라 비인격적인 도덕법의 지배를 받게 된다. 이 도덕법은 매우 복잡할 것인데, 왜냐하면 이 도덕법은 전생에서 사람들의 영혼에 기록된 도덕적인 활동과 내세에서 사람들이 처해 있는 환경들 사이의 관계를 제어해야 하기 때문이다. 예를 들어서 어떤 몸을 갖게 되는지, 어떤 상황을 만나게 되는지 어떤 정도의 행복을 경험하게 되는지 등 수많은 요소들을 고려해야 하기 때문이다. 비인격적인 도덕법은 이처럼 모든 인간들의 모든 행동, 모든 의도, 모든 도덕적 선택을 고려해야 하며 내생에 어떤 적절한 보상이나 처벌을 해야 하는지를 주관해야 하기 때문이다. 그러므로 도덕법이 매우 복잡할 것이 틀림없으며 그래야만 정당한 도덕적 결과가 가능할 것이다. 하지만 정당성을 보장할 수 있을 정도로 고도로 복합적인 구조를 지니는 도덕법을 받아들이기는 쉽지 않다. 도덕적 질서는 고도로 지적인 설명이 불가능하다. 그리고 그 도덕적 질서

가 인간의 차원을 넘어설 정도로 복합적이라면 신적인 지혜 외에는 설명할 길이 없다. 이처럼 도덕적 질서를 무신론적인 윤회로 설명하려는 시도는 오히려 인격적인 하나님의 존재를 입증하는 증거로 작용하는 역설적인 결론으로 이끌어갈 것이다.[23]

우리는 다음 장에서 내세 문제를 다루게 될 것인데 이에 앞서서 하나님의 신비로움(divine hiddenness)에 관해서 잠시 살펴볼 필요가 있다.

6. 하나님의 신비로움

유신론에서 자주 거론되는 인식론적 문제는 하나님의 신비로움(divine hiddenness)이다. 우리는 이제까지 하나님의 계시에 대해서 이야기해왔지만 하나님의 신비로움에 관한 문제도 반드시 다루고 넘어가야 할 것이다. 하나님은 하늘의 창을 모두 열고서 자신을 보여주는 존재가 아니다. 파스칼은 하나님이 자신을 숨겨야 할 경우와 그 이유들을 이야기한 바 있다. 예를 들어서 밝은 빛 같은 것으로 우리 마음을 압도해서 믿음을 강요하지 않고 우리의 영혼을 얻고 싶을 때 하나님은 자신을 감출 수 있다는 것이다. 우리는 3장에서 이 문제를 처음으로 거론하면서 '밖에서 믿는 믿음'과 '안으로 들어가서 믿는 믿음'의 관용어법을 구분했었다.

---

23 Ibid., pp. 58-59.

우리는 아이러니하게도 하나님의 신비로움에 자비가 내포되어 있다는 사실을 지적하고 싶다. 많은 기독교 신학자들이 동의하고 있듯이 하나님을 배반한 천사들이 구원받을 수 없는 이유는 하나님의 빛과 계시가 온 우주에 충만함에도 불구하고 반란을 일으켰기 때문이다. 그들의 반역은 하나님의 선하심과 사랑이 완전히 알려져 있는 가운데서도 드러내놓고 행하는 배반이었기 때문이다. 그처럼 분명한 배반은 되돌아갈 길이 없다. 하나님은 자비롭게도 우리 인간들이 처음에는 사랑을 거절하다가도 후에 돌아서게 될 것을 미리 알고 계셨을 것이다. 따라서 하나님은 자신을 부분적으로 숨김으로써 우리의 죄와 실패를 깨닫고 되돌아서서 하나님의 사랑과 은혜를 받아들일 수 있는 시간을 허락한다.

폴 모서(Paul Moser)는 하나님의 신비로움에 관한 최근의 저서에서 하나님의 신비로움에 관한 이 전통적인 질문에 대한 좀 더 참신하고 대담한 접근 방법을 제시하면서 종교적 인식론이 이 문제를 보다 신중하게 다루어야 할 필요성을 강조하고 있다.[24] 하나님은 자신을 보여주기도 하시지만 감추기도 하신다. 모서는 기독교 신학의 입장에서 하나님이 자신을 보여주는 이유가 자신의 존재에 관한 명제적 지식을 전달하기 보다는 인격적인 만남을 통해서 알아가기를 원하시기 때문이다. 하나님은 사랑의 아버지이시며 자녀들에 대한 사랑으로 우리들에게 각각 다른 방법으로 다른 시간에 사랑의 인격적인 관계 안에서 깊

---

24 Paul Moser, *The Elusive God: Reorienting Religious Epistemology* (Cambridge: Cambridge University Press, 2009).

이 알아가기를 원하시기 때문이다. 모서의 견해는 다음 장에서 다루게 될 관계 윤리와 더 깊이 관련되어 있다고 할 수 있다.

모서는 관계 안에서 자신을 보여주는 사랑의 하나님이 자신의 실존에 대한 증거를 단순히 설명하는 것으로는 만족하지 않는다고 주장한다. 논쟁을 통해서 인식적인 동의나 결론에 도달하는 것이 하나님의 목적이 아니기 때문이다. 하나님이 진정으로 원하시는 것은 하나님과 인간 사이의 깊은 친교와 도덕적으로 완전한 사랑 그 이상도 그 이하도 아닌 것이다. 이처럼 모서는 신 존재 증명을 위한 증거가 단순히 관찰자가 발견해낸 증거보다 더 권위를 지닐 뿐 아니라 자의적이기를 바란다. 모서의 견해에 의하면 하나님은 자신과의 관계에서 자신을 변화시키는 지식을 원하는 사람들에게만 계시하시고 그렇지 않는 사람들에게는 자기 자신을 감추신다. 하나님에 대한 믿음이 지니는 실존적인 의미를 깨닫지 못하는 사람들에게는 자신을 신비 속에 숨기시고 하나님을 안다는 것이 어떤 의미인지를 깊이 깨닫기 원하고 그 지식을 따라 사는 사람들에게는 자신을 열어 보여주신다. 모서는 이렇게 이야기하고 있다.

> 하나님은 적어도 당분간은 그리고 적어도 몇몇 사람에게만 자신을 보여주신다. 그 이유는 인간에 관한 하나님의 다양하고 완전한 사랑의 목적을 보다 만족스럽게 성취하기 원하시기 때문이다.[25]

---

25 Ibid., p. 111.

실재에 관한 유신론적인 개념은 모든 것을 근본적으로 변화시킨다. 왜냐하면 만일 하나님이 궁극적인 실재이지만 지혜에 관한 진정한 추구는 단순히 어떤 원리나 교훈이 아닌 하나님 자신, 즉 인격적인 존재를 찾는 것이다. 그리고 우리 자신을 찾는 상황 자체가 우리를 자신과의 사랑의 관계 안으로 끌어들이는 하나님을 만나게 한다면 명제의 논리보다는 관계의 논리가 지배하는 것이 당연할 것이다. C. S. 루이스도 다음과 같이 이야기하고 있다.

> 만일 인간의 삶이 우리보다 우리가 필요로 하는 것을 더 잘 알고 있고 그 필요를 완전하게 채우는 방법을 잘 아는 자애로운 분에 의해서 실제로 이끌어가는 것이라면 하나님의 간섭이나 섭리가 때로는 나에게 불리하게 작용하는 것처럼 보일 때도 있지만 하나님에게 완전히 나를 맡기고 신뢰해야 할 필요가 있는 것이다.[26]

철학자들은 그 어떤 지식보다, 예를 들어 자신감이나 개인적인 교제보다 명제적인 지식을 선호하는 경향이 있다.[27] 성경이 보여주는 지식은 궁극적으로 명제적인 것보다는 훨씬 풍성하다고 할 수 있다. 물론 명제적인 진리들도 적지는 않다. 하지만 근본적으로 성경의 지식은 사람들에 관한 지식이고 궁극적으로는 하나님에 관한 지식이다.

---

26 C. S. Lewis, "On Obstinacy of Belief," *Philosophy of Religion: An Anthology*, ed. Louis Pojman (Belmont, CA: Wadsworth, 1987), p. 377.
27 Michael Polanyi의 *Personal Knowledge: Towards a Post-Critical Philosophy* (Chicago: University of Chicago Press, 1974)는 매우 특이한 예외라고 할 수 있다.

구약성경은 이방 종교들이 종교적 관습을 성전 매춘과 같은 성적 풍습을 중심으로 벌여왔음을 증거하고 있다. 그리고 아이러니하게도 하나님에 관한 지식이 부부의 친밀한 관계로 표현되기도 한다. 하나님이 우리를 아시고 우리가 하나님을 아는 지식은 인격적이며 날이 갈수록 더욱 친밀해진다. 하나님과 나누는 교통에서 거룩함이 필수적인 이유는 완전한 존재와 함께 나누는 친밀함이 더욱 심오한 순전함과 완전함을 필요로 하며 그와 같은 거룩함이 오로지 하나님만 우리에게 나누어 줄 수 있기 때문이다. 그리고 성경의 세계관에 의하면 우리는 그 관계 안에서 성숙해감에 따라 우리의 눈이 더욱 밝아져서 하나님과 하나님의 선을 더 풍성하게 인식할 수 있게 되는 것이다.

Ethics and Eternity

10장:
윤리와 영원성

천국이 없다고 상상해보자.
해보면 그리 어려운 일이 아님을 알 수 있어.
우리 밑에 지옥은 존재하지 않으며
우리 위엔 파란 하늘밖에 없어
모두 다 오늘을 열심히 살아가는 것을 상상하라….

_ 존 레논[1]

---

1 Lennon, *Imagine*.

프랑스의 저명한 수학자이자 철학자인 블레즈 파스칼(Blaise Pascal)은 사상가들이 내세의 유무에 대한 아무런 고려 없이 어떤 이론을 수립하려는 것은 매우 기이한 일이라고 생각했다. 그에게 있어서 내세가 있고 없고는 도덕성에 대한 이해일 뿐 아니라 우리의 모든 삶에 절대적인 영향을 미칠 수 있다고 생각하고 있기 때문이다. 파스칼은 이렇게 말하고 있다.

> 영혼의 불멸성은 우리에게 너무나 중요한 문제이기 때문에 이 문제를 깊이 이해하지 않는 이상 우리가 느끼는 어떠한 감정도 진정한 느낌일 수 없다. 우리의 모든 행동과 사고가 취하는 방향에 따라 영원한 축복의 희망이 있기도 하고 없기도 하므로 우리가 정말로 올바른 생각과 판단력으로 살아간다면 내세의 관점에서 우리 모든 행동을 결정해야 하고 내세가 우리의 궁극적인 목적이 되어야 할 것이다.[2]

임마누엘 칸트 역시 내세는 몇 가지 다른 이유들 때문에 윤리에 매우 중요한 의미를 지니고 있다고 믿었다. 왜냐하면 도덕성이 요구하는 것들은 이 세상에서는 완성될 수 없는 과정을 필요로 하기 때문이다. 더구나 이 세상에서 의롭게 살았던 사람들이 모두 다 행복한 것은 아니므로 만일 행복과 덕이 궁극적으로 공평한 균형을 이루어야만 합리적이라고 생각한다면 내세는 반드시 필요한 것이다. 칸트는 이처럼 행

---

2 Blaise Pascal, *Pensees* (trans. Honor Levi) (Oxford: Oxford University Press, 1995), p. 143.

복과 덕이 완벽하게 상응하는 상태를 '최고의 선'이라고 불렀다.

가장 일반적으로 볼 때 도덕성에 관한 논의에서 내세를 거론하는 것은 사람들에게 도덕적으로 살아가도록 하기 위해서라고 본다. 특히 지옥의 위협은 우리가 이 세상에서 도덕적으로 살아가도록 만드는 결정적인 카드라고 할 수 있다. 독실한 신앙인들이 우리가 도덕적으로 살아가야 하는 이유로서 도덕적으로 살지 못할 때 내세에서 받게 될 고통을 이야기하는 경우가 많다. 비평가들은 이와 같은 노골적인 위협이 결국 폭력적이라는 점을 지적하고 있다. 우리가 도덕적으로 살지 않고 하나님에게 순종하지 않는다면 지옥으로 떨어질 것이며 하나님에게 순종하고 도덕적으로 살아간다면 하나님의 나라에 들어갈 수 있다는 것이다. 이와 같은 도식은 도덕적으로 살아가야 할 동기나 이유로서 매우 부족하며 심각한 부작용이 수반될 수 있다. 우리는 이 비판에 대부분 수긍하기는 하지만 그렇게 간단하게 단정할 수 있는 문제는 아니라고 본다. 조악한 신학을 대상으로 한 비판에 얽매여서 이 문제를 바로 인식하지 못하는 일은 없어야 할 것이다.

우리가 보기에는 이 문제의 핵심이 단순히 내세가 있는가 아니면 없는가 하는 문제가 아니라 내세가 있다면 어떠한 내세인가 하는 것이다. 그리고 이 문제는 하나님이 존재하시는가 하는 문제와 하나님이 존재한다면 그 하나님은 어떤 하나님인가 하는 문제와 깊은 관련이 있다. 이 책에서 우리가 펼쳐온 도덕적 논증은 하나님이 존재하시며 하나님은 완전히 선하신 분이며 궁극적인 선 자체라고 보고 있다. 그러므로 우리는 이 장에서 유신론적 윤리를 마무리하는 의미에서 이제까지 자세히 다루지 못했던 내세의 문제를 심도 있게 살펴보기로 한다. 도덕성과 행복에 관한 칸트의 견해, 덕의 문제, 그리고 삼위일체, 성육신, 속죄, 부활과 천국 그리고 지옥과 같은 평범한 기독교 가르침에 관해서 이야기해보기로 한다.

1. 덕

도덕 이론에서 덕(virtue)의 중요성은 아무리 강조해도 지나치지 않을 것이다. 왜냐하면 덕에 관한 이론은 단순히 우리가 어떻게 살아가야 하는가 하는 문제로부터 우리는 누구인가 하는 더욱 근본적인 질문으로 그 초점을 옮기기 때문이다. 우리는 이 책의 앞부분에서 도덕적 의무가 비록 중요하기는 하지만 결국 도덕성이라는 큰 저택의 현관 기둥에 불과하며 우리가 이 저택 안으로 깊이 들어가면 갈수록 의와 의무의 문제는 배후로 물러날 것이라고 말한 바 있다. 이 대저택의 아름다운 내부로 들어가기 위해서는 덕의 문제를 다루지 않으면 안 된다. 덕이란 아무도 우리를 보고 있지 않을 때 어떤 행동을 하는지와 관련이 있으며 옳은 일을 하고 옳은 방향으로 나아가는 것을 사랑하게 되고 우리의 모든 욕구가 더 높은 차원으로 승화되어가는 것을 말한다.[3]

---

3 Alasdair MacIntyre, *Dependent Rational Animals: Why Human Beings Need the Virtues* (Chicago: Open Court, 2001) and Robert Adams, *A Theory of Virtue: Excellence in Being for the Good* (Oxford: Oxford University Press, 2006).

기독교 신학은 궁극적으로 우리가 하는 행동보다는 우리의 존재 그 자체에 관심이 있으며 우리의 도덕적이고 영적인 안녕의 상태를 중요하게 여긴다. 전통적인 기독교 정통신학에 의하면 하나님은 우리의 길을 이끌어가는 것보다는 우리의 영혼과 성품을 변화시키기를 원하신다. 따라서 덕 이론은 기독교 사상과 깊이 관련되어 있을 수밖에 없다. 그리고 덕 이론은 도덕 이론의 중심에서 규범, 자기 이익, 의와 의무, 하나님의 명령 등이 그 고유한 위치를 찾을 수 있도록 도와주는 기능을 하고 있다.[4]

칸트는 도덕적 가치가 있는 행동은 도덕률을 존중하는 행동이고 의무이기 때문에, 그리고 오로지 의무라는 이유 때문에 하는 행동뿐이라고 말하고 있다. 하지만 우리는 도덕적 의무가 중요하기는 하지만 그리고 도덕적 의무에 대해서 많은 이야기들을 했지만 이 부분에서는 칸트와 동의하지 않는다. 우리는 단순히 의무감 때문보다는 천성적으로 옳은 일, 선한 일을 하는 성향이 있는 사람이 도덕적으로 더 성숙하다고 본다. 물론 극심한 유혹 가운데 도덕적으로 옳은 일을 행하기가 극도로 어려운 상황에서 수행된 의로운 행동의 가치를 폄하하려는 것은 아니지만 도덕성이 단순히 '의무이므로 해야 한다'는 것은 아니

---

4 Linda Zagzebski는 하나님 동기 이론(Divine Motivation Theory)에 관한 저서에서 덕의 삶에 관한 매우 독특한 유신론적 설명을 소개하고 있다. Zagzebski는 일반적인 신명론에서는 벗어나 있지만 전적으로 유신론적인 입장에서 덕을 기초로 하는 하나님 동기 이론을 제시하고 있다. Zagzebski는 덕 이론과 도덕 이론이 환상적인 조화를 이루는 또 다른 실례를 보여주고 있다. 이 문제를 다루는 논문을 원하면 Zagzebski, "The Virtues of God and the Foundations of Ethics," *Faith and Philosophy* 15 (1998): 538-553을 참조. *Divine Motivation Theory* (Cambridge: Cambridge University Press, 2004).

다. 실제로 우리는 의와 의무가 궁극적으로는 고대의 유물에 불과하며 도덕적이고 영적인 순례 과정에서 아주 이른 초기에 통과하는 지점에 불과하다고 본다. 조지 마브로데즈(George Mavrodes)는 이러한 맥락에서 다음과 같이 이야기하고 있다.

> 나는 생각을 하면 할수록 도덕성이 진리이기는 하지만 심하게 꼬이고 왜곡되어 왔음을 인정하지 않을 수 없다. 또는 더 정확하게 말하면 꼬이고 뒤틀린 세상에 적응하다보니 도덕성은 본래의 모습을 알아볼 수 없을 정도로 변질되었다고 할 수 있다. 예를 들자면 소나무의 숲 가장 자리에서 바람과 바위 때문에 제대로 자라지 못한 비틀어진 소나무와 저지대에서 아무런 어려움 없이 곧게 아름다운 대칭을 이루며 자란 소나무에 비견될 수 있다. 나는 희생과 은혜로 이루어져야 할 삶의 패턴이 우리가 아는 왜곡된 도덕성으로 대치되어 있음을 보고 있는 것이다. 아무도 물건이나 상품을 사지도 거래하지도 취하지도 않는 상황이나 경제 관계를 상상해보자. 그리고 즐기거나 사용하는 모든 물건들은 스스로 만든 것이거나 아니면 아무런 조건 없이 거저 받은 선물이다. 또한 자기가 사용하거나 즐기고 난 후에 누군가에게 그것을 베풀 수 있는 기회가 오면 주저하지 않고 조건 없이 준다. 이와 같은 세상에서는 누군가가 도덕적인 의와 의무에 대해서 이야기한다면 모두 다 아주 오랜 옛날에 그와 같은 가치가 매우 중요했던 세상에서 살았던 어렴풋한 기억을 떠올리면서 아련한 미소를 지을 뿐이다.[5]

---

5 George Mavrodes, "Religion and the Queerness of Morality," Louis Pojman, ed., *Ethical Theory: Classical and Contemporary Readings* (New York: Wadsworth, 1995), p. 588.

이어서 마브로데즈는 이 세상의 가정이나 전쟁터에서 도덕성의 테두리를 넘어서서 숭고한 희생이나 사랑을 보여줄 때가 간혹 있다고 말하고 있다. 물론 이와 같은 은혜로운 사건들은 타락한 세상에서 매우 예외적인 일들이기는 하다. 그렇지만 그러한 사건들은 구속이 완전히 성취되어 모든 것이 새롭게 되고 도덕성의 언어와 개념이 시대착오적인 유물이 되는 미래를 어렴풋이나마 보여주는 지표라고 할 수 있을 것이다.

덕 이론은 마브로데즈가 말하는 이보다 심오한 세계와 더 가깝다고 할 수 있다. 우리의 행동들은 성격의 궤도를 만들어가는 경향이 있다. 옳은 행동이든 잘못된 행동이든 어떤 한 가지 행동들을 하면 할수록 행동하는 사람의 일부분이 되어서 다른 종류의 행동을 하기가 점점 더 어려워진다. 이것이 덕 이론의 요점이며 성숙한 도덕 이론이라면 이 요소를 포함하고 있을 수 있다. 따라서 덕에 대한 고려 없이 도덕성을 이야기하다 보면 크게 부족할 수밖에 없는 것은 당연하다. 도덕성이 단순히 옳은 일만 하는 것을 자칭하는 것은 아니기 때문이다. 실제로 옳은 행동을 하기 위해서는 다른 사람의 신발을 신고 서서 그 사람의 필요와 공감하는 능력을 필요로 하며 다양한 상황 속에서 여러 가지 유혹이 몰려와도 넘어가지 않고 올바른 도덕적 감수성과 성향을 육성해가야 할 필요가 있기 때문이다.

때때로 철학자들은 신도 의무를 가지고 있는지에 관해서 논쟁을 벌이기도 한다. 하지만 이제까지 살펴본 이유들 때문에 하나님이 의무를 가지고 있다고 말하는 것은 용어 사용에 잘못이 있는 것으로 보인다. 하나님은 도덕적으로 완전하므로 어떤 의무가 혹시 있다손 치더라도 수행하지 않을 가능성은 전혀 없다.[6] 더구나 하나님이 어떤 제약을 받고 있다면 그것은 자신의 본성 때문이다. 톰 모리스(Tom Morris)가 하나님이 의무를 가지고 있다는 견해에 반대하면서 하나님은 도덕적으로 완전하신 분이므로 자신의 의무를 완전하게 수행하는 존재와 동일하게 행동한다고 말한 것은 아주 올바른 지적이었다.[7]

하지만 하나님이 의무를 수행한다고 말하는 것은 전달하는 의미가 전혀 없으며 오히려 오해를 불러일으킬 소지가 다분히 있다. 예수가 십자가에 달리심으로써 의무를 수행했다고 말하는 것은 아무런 새로운 의미를 더 해주는 것이 없다. 그런데 예수가 측량할 수 없는 사랑으로 자신의 모든 권리를 희생하고서 십자가에 달렸다고 말하는 것은 풍성한 의미를 내포하고 있는 것이다.[8] 하나님의 경우에 더욱 중요한

---

6 Kant가 그와 같은 견해를 주장하는 철학자들 중 하나이다.

7 Thomas V. Morris, *Anselmian Explorations* (Notre Dame, IN: University of Notre Dame Press, 1987).

8 David Baggett and Gregory Bassham, "Resist Not Evil! Jesus and Nonviolence," *The Passion of the Christ and Philosophy* (Chicago, IL: Open Court, 2004)를 참조. 권리 또한 매우 중요한 개념이지만 우리는 이 책에서 자세히 다루지 않고 있다. 하지만 다른 책에서 이 문제를 다루고 있다. David Baggett and Mark Foreman, "Amistad: Human Rights and Human Nature," *Steven Spielberg and Philosophy*, edited by Dean Kowalski (Lexington, KY: The University Press of Kentucky, 2008)를 참조. 우리는 권리란 하나님이 우리에게 부여할 때에만 의미가 있다고 보고 있다. 권리는 정의와 관련해서 가장 잘 이해될 수 있으며 인간의 본성(동물들의 권리라는 범주를 설명해주는)보다는 하나님의 본성과 관련해서 더 잘 이해될 수 있다. 우리는 John Rawls보다는 Nicholas Wolterstoff의 정의 개념에 더 공감한다. Wolterstorff's *Justice: Rights and Wrongs* (Princeton, NJ: Princeton University Press, 2007)를 참조.

것은 하나님의 본성이 흠 하나 없이 완전하다는 것이다. 중요한 것은 하나님의 의무가 아니라 하나님의 본성과 덕이다. 하나님의 덕은 단순히 의무를 수행하는 것을 넘어선다. 하나님의 완전한 사랑과 선은 단순히 의무를 완전히 수행하는 것보다는 훨씬 크다. 우리는 앞에서 이 사실을 확인한 바 있다. 즉 칼빈주의자들이 하나님의 사랑이라는 보다 중요한 개념은 제쳐두고서 무엇이 하나님의 의무인지 아닌지를 따지면서 매우 결핍된 그들의 신관을 변호하는 것을 살펴보면서 그 사실을 지적했었다.

앞 장에서 우리는 기독교 유신론자들이 인식론적인 관점에서 도덕성에 관해서 할 수 있는 말 중에서 하나님이 우리 인간들을 만드신 모습, 즉 우리의 본성과 일관성 있는 명령을 내린다는 사실이 포함되어 있음을 확인한 적이 있다. 다시 말해 하나님은 우리 인간에게 진정으로 이로운 그리고 마음 깊은 곳에서 열망하는 행동을 명령으로 내리신다는 것을 믿을 수 있다는 것이다.

C. S. 루이스는 앞 장에서 거론된 창조적인 지표의 하나로서 성적인 성실성을 예로 들고 있다. 우리가 사랑에 관한 유행 가요들을 들을 때 감동을 느끼는 것은 가수가 특별한 어떤 한 사람에게만 바치는 간절한 사랑을 노래할 때이다. 난잡한 성생활을 부추기는 가요에는 아무런 낭만도 달콤한 고통도 없다. 우리가 배우자에게 성실하라는 하나님의 명령을 받아들이는 것은 우리 마음에 이미 배우자에게 성실하게 행동하고 싶은 열망이 있기 때문이다.

하나님의 법은 때로는 이해하기가 매우 힘든 것이 사실이지만 하나님이 우리 인간에게 불어 넣어준 본성에 최선의 결과를 가져다 줄 것이라는 것을 확신해도 좋다. 유도 의지 도덕론자(a guided-will moral theorist)는 이 점에 있어서는 우리와 동의할 것이다. 사르트르와는 반대로 우리는 이와 같은 증거가 하나님이 우리 인간들을 만드시기 전에 이미 어떻게 만들겠다고 계획한 패턴을 가지고 있었으며 그 패턴이 하나님의 형상을 따라 하나님의 목적에 맞게 만들어졌다는 사실을 증명하고 있다고 본다. 특히 덕을 고려할 때 이러한 사실은 더욱 중요해지는데 그 이유는 적어도 아리스토텔레스 전통의 관점에서 보면 덕스러운 성격을 결정하는 것은 대부분 우리가 어떤 종류의 존재인가 하는 것이기 때문이다.

아리스토텔레스는 단순히 인간뿐만이 아닌 실재의 모든 면에 대해서 심오한 목적론적 개념들을 견지하고 있다. 실재에 대한 목적론적 이해는 서양 철학에서 오래 동안 강력한 지지를 받아왔으며 계몽 시대에 들어와서야 그 세력이 점차적으로 약화되기 시작한 것이다. 하지만 여기서 놓쳐서는 안 되는 사실은 아리스토텔레스의 목적론적 인간 개념이 기독교적인 인간관, 즉 하나님이 특별한 목적과 목표를 가지고서 인간을 만들었고 그 중요한 목적에 하나님 자신과의 교통, 그리고 부차적으로 인간들 사이의 평화로운 사랑의 친교라는 인간 이해와 공조를 이루고 있다는 것이다. 아퀴나스가 기독교 통찰과 아리스토텔레스 사상을 하나로 통합시킬 수 있었던 것도 바로 이 때문이었다.

우리가 누구이고 어떻게 만들어졌고 어떤 존재가 되어야 하는지가 이 세상을 살아가면서 더욱 더 풍요롭게 꽃피워야 할 본질적인 특성,

즉 덕을 결정하는 것이다.

앞에서 우리는 알레스데어 맥킨타이어의 『윤리의 간결한 역사』에 소개되어 있는 역사적 분석을 비판하면서 지나친 추론의 좋은 예라고 말한 적이 있다. 유신론적인 윤리 체계에 대한 맥킨타이어의 회의론이 아이러니한 것은 그가 후에 개인적으로 아퀴나스의 덕 이론을 지지하게 되었다는 사실이다. 아퀴나스의 덕 이론이야 말로 고대 그리스 시대 이후 붕괴되기 시작한 도덕 이론의 사회적인 측면을 가장 잘 보여주고 있다는 것이다. 우리는 여기서 그가 시민들의 사회적 역할에 대한 사회 계급적인 이해가 붕괴되고 쇠퇴함에 따라 도덕 언어가 그 규범적인 구속력을 잃게 되고 수치심이나 명예심과 같은 윤리적 개념을 지지하는 힘을 잃게 되었다고 주장했던 사실을 상기할 필요가 있다. 맥킨타이어가 후기 저서에서 아퀴나스의 사상을 발전시킨다면 이와 같은 결핍 현상을 치유할 수 있을 것이라고 주장한 것은 흥미로우면서도 시사하는 바가 크다.

우리는 맥킨타이어의 후기 견해와 동의하면서 유신론적 윤리를 보다 완전하게 발전시킨다면 윤리 이론의 필수적인 사회적 측면을 포함할 수 있을 것이라고 생각한다. 우리는 초기 맥킨타이어가 강력하게 반대했던 주의주의의 필연적인 요소를 변호했다. 맥킨타이어는 주의주의를 반대하는 과정에서 오컴주의적 주의주의와 비오컴주의적 주의주의의 차이를 무시했던 것을 우리가 기억하고 있다. 아무튼 후기 맥킨타이어는 이 문제에 있어서 더욱 균형 잡힌 모습을 보여주고 있으며 유신론적 체계가 윤리에 필요한 목적론적 체계를 제공하도록 도와

줄 수 있다는 그의 확신은 매우 타당한 것으로 보인다.

실제로 맥킨타이어는 윤리가 이제까지 이 목적론적 체계에 성실했기 때문에 공리주의가 현재의 모습으로 발전하게 되었다고 말하고 있다. 뚜렷한 인간적인 목적이나 목표를 아리스토텔레스적 또는 유신론적으로 해석한 윤리에 대한 확신이 희미해지면서 심리학적인 행복이 그 목적으로 대신 자리를 잡게 된 것이다. 그리고 주로 공리주의자들에 의해서 행복이 윤리의 목적이 됨으로써 결국 많은 비판을 자초하게 된 것이다. 완전한 인간 자체가 목적이 된다면 행복을 목표로 삼는 것보다는 훨씬 심오하고 풍성할 것이다. 왜냐하면 목적론적 윤리는 어떤 행동을 해야 하는지의 문제뿐 아니라 "왜 그런 행동을 해야 하는지"를 이해할 수 있도록 해주기 때문이다.[9]

올리버 오도노반(Oliver O'Donovan)은 『부활과 도덕적 질서』(*Resurrection and Moral Orders*)에서 기독교의 목적을 설명하고 있다.[10] 오도노반은 예수의 부활과 예수의 부활이 의미하는 모든 것들이 도덕 이론이 요구하는 인간 목적론을 매우 풍성하게 보여준다고 주장한다.[11]

부활은 도덕성을 이해하는 데에 필요한 핵심적인 기독교 교리이다.

---

9 Alasdair MacIntyre's "Intractable Moral Disagreements," *Intractable Disputes about the Natural Law: Alasdair MacIntyre and Critics*, ed. Lawrence S. Cunningham (Notre Dame, IN: University of Notre Dame Press, 2009), p. 50.

10 Oliver O'Donovan, *Resurrection and Moral Order* (Grand Rapids, MI: Eerdmans, 1994).

11 "예수는 우리가 범죄한 것 때문에 내줌이 되고 또한 우리를 의롭다 하시기 위하여 살아나셨느니라"(롬 4: 25), 그리고 "우리로 하여금 그 안(예수 안에서)에서 하나님의 의가 되게 하려 하심이라"(고후 5: 21).

왜냐하면 부활은 이 세상을 구속하기 위한 하나님의 능력이 매우 강하게 나타난 신적인 행동이기 때문이다. 부활은 인간의 죄성과 가능성을 모두 보여주고 있으며 새로운 질서를 수립했고 예수를 죽음에서 일으킨 그 능력이 우리 안에서도 작용하여 하나님이 본래부터 의도했던 대로 그의 형상으로 닮아가게 하며 죽음이 최종 목적지가 아니라는 우리의 희망을 밝히 보여주고 있다. 사도들은 그리스도 안에서 인간들이 부활하게 될 것과 모든 만물이 그리스도와 함께 새로워질 것을 선포하고 있으며 그리스도 안에서 회복된 새로운 질서에 응답하도록 우리를 부르고 있다.[12] 도덕성의 의미는 부활 안에서 완전하게 드러난 창조된 질서 회복을 통해서만 이해될 수 있다.[13]

우리는 이번 장의 마지막 부분에서 이와 같은 주장을 우리말로 다시 정리함으로써 우리의 모든 분석을 마무리하려고 한다. 우리는 도덕적 논증의 이 시점에서 기독교 신학을 깊이 있게 다루어보고 싶은 생각은 있으나 하나님의 존재와 계시의 가능성 그리고 그 중요성을 강

---

[12] O'Donovan, *Resurrection*, p. 101.
[13] Ibid., p. 246. O'Donovan은 이렇게 말하고 있다. "기독교 공동체의 진정한 도덕적 삶은 그 공동체의 사랑이며 이 사랑은 자기 자신을 궁극적인 사랑으로, 그리고 초자연적인 목적 안에서 회복된 인간과 모든 피조물의 새로운 질서로 들어가는 문으로 나타내는 예수의 삶에 참여하지 않고서는 이해할 수 없다." Gary Habermas는 부활의 역사성에 관한 전문가로서 다음과 같이 덧붙이고 있다. "진정한 기독교 윤리는 물론 예수 그리스도의 가르침에 기초를 해야 하고, 그리스도의 가장 중요한 가르침은 예수가 완성한 복음의 메시지이다. 또한 이 복음의 중심에 그리스도의 부활이 있으며 이 부활이 십자가에서의 예수의 역사를 완성시켜주고 있다. 그리고 부활은 효과적인 변증론과 건전한 신학과 모든 윤리적 실천의 중심으로 작용한다. 그러므로 그리스도의 부활이 기독교 윤리의 근거라고 말하는 것은 절대로 과장이 아닌 것이다." 2010년 3월 19일에 쓴 개인적인 서신에서.

조하고 있는 이 책에서 일반계시만 다룬다면 그것도 이상한 일이므로 이 변증론을 비변증적으로 변호해보기로 한다. 우리는 기독교 신학이 우리의 도덕성 분석을 가장 잘 확장시키는 방법이라는 확신을 가지고 있으며 바로 그 이유 때문에라도 기독교 신학이 진리라는 것을 믿어 의심치 않는다.[14]

2. 관계 윤리

우리는 몇 가지 도덕적 논증들을 소개했으며 도덕적 논증에 대한 반론들을 반박하면서 단지 변호만 한 것이 아니라 도덕적 변증을 강화시키는 작업도 병행했다고 할 수 있다. 우리는 안셀무스주의의 하나님이 존재하며 안셀무스의 하나님 개념이 우리 모두 다 지녀야 할 도덕적 확신을 가장 잘 설명하고 있다고 주장해왔다. 이처럼 기독교는 실재에 대한 강력한 인격적 이해를 중요하게 여기고 있으며 이 때문에 윤리를 몇 개의 도덕적 규범으로 인식하기보다는 다른 사람들과의

---

14 예수의 부활은 기독교의 진리를 증명해주는 가장 확실한 증거이다. 부활 사건의 역사적 증거와 이에 따르는 문제를 알고 싶으면 *Did the Resurrection Happen: A Conversation with Gary Habermas and Antony Flew*, ed. David Baggett (Downers Grove, IL: InterVarsity Press, 2009)를 보라. Habermas는 *The Historical Jesus: Ancient Evidence for the Life of Christ* (Joplin, MO: College Press, 1996); *The Case for the Resurrection of Jesus* (Grand Rapids, MI: Kregel, 2004), with Michael R. Licona; and *The Risen Jesus and Future Hope* (Lanham, MD: Rowman and Littlefield, 2003) 등에서 부활 사건을 역사적으로 기술하고 있다.

관계, 그리고 궁극적으로는 하나님과의 관계로 이해할 것을 강력하게 권하고 있다. 바로 이 때문에 덕이 궁극적으로 도덕적 규범들보다 우선하며(비록 어떤 규범들은 매우 중요하기는 하지만) 인격적인 하나님이 기독교 윤리의 근거라는 사실을 이해할 수 있다.

이것은 우리의 도덕적 논증은 추상적인 논리나 산문적인 이론으로만 이루어질 수 없다는 것을 의미한다. 물론 그와 같은 요소들이 없는 것은 아니지만 우리의 도덕적 논증은 인간의 보다 깊은 내부에, 가슴과 마음을 얻기 위하여 부드럽게 호소하고 있는 것이다. C. S. 루이스가 주장하고 있듯이, 도덕성은 우리의 밖으로부터 안으로가 아니라 안으로부터 밖으로 온다고 우리에게 말한다. 만일 하나님이 도덕성의 근원이자 근거라면-우리가 여기서 설명한 그대로-도덕성이 우리를 부르는 목소리는 차가운 이성의 설득이 아니라 우리의 갈증을 가장 만족스럽게 해소해줄 수 있는 시냇가로 와서 함께 마시자는 온정어린 초대이다.

도덕성이 부르는 소리는 행복의 유일한 궁극적인 근원으로 돌아오라는 하나님의 부르심이다. 그것은 초자아의 근엄한 강요나 사회에 부과된 냉혹한 통행금지 표지판이 아니다. 도덕성이 우리를 이끄는 손길은 이 우주의 본성에 거스르지(against) 말고 함께(with) 손잡고 가자는 영원한 초대이다. 그리고 우리를 부르는 도덕성의 손짓은 사랑과 관계가 아직 완전히 성숙하지 않았다는 우리의 의심을 확인시켜주고 있으며 모든 실재의 밑바닥까지 침투해야 할 필요가 있음을 인정하고 있다. 이성과의 관계 그리고 합리성과의 관계성은 함께 손을 잡고 나아가야 하며 단지 모든 것을 성찰하게 해주고 삶의 의미를 추구하게 하는 정교한 과정이 아니라 모든 것이 시작되도록 하는 출발점이자 처음부터 의미를 부여해주는 근거인 것이다.

그리고 이제 우리는 도덕성의 성 안에 있는 아름다운 덕의 방으로부터 그 첨탑으로 올라가보아야 할 때가 된 것이다. 왜냐하면 기독교의 관점에서 보면 도덕성은 단지 용서나 죄의식 감소 또는 덕의 완전한 성숙만이 아니기 때문이다. 물론 이러한 요소들이 중요하지 않는 것은 아니지만 도덕성이란 궁극적으로 도덕적 완전이 하나의 필수적인 선결 조건으로 작용하는 더 중요한 어떤 것을 위한 것이다. 비록 덕 이론이 기독교 윤리와 일관성 있게 조화를 이루고 있는 것은 사실이지만 궁극적으로 볼 때 인간의 조건과 목적을 진정으로 이해하게 되면 더 큰 진리가 보이게 되며 그 진리가 바로 윤리는 관계적으로 이해되어야 한다는 것이다.

도덕성은 지켜야 할 규범의 문제도 아니며 궁극적으로는 용서를 통해서 도달하는 도덕적으로 완전한 상태도 아니다. 도덕성은 하나님과의 관계에 관한 것이며 하나님의 삼위일체적인 본성이 하나님을 인간이 창조되기 전부터 이미 완전한 사랑의 신으로 받아들일 수 있도록 도와주고 있다. 물론 인간의 본성이 도덕성의 내용을 짐작하게 해주는 실마리를 제공하는 것이 사실이기는 하지만 바로 그와 같은 이유 때문에 결국 우리는 하나님의 형상을 따라 창조되었으며 도덕적 실재를 가장 잘 보여주는 것이 하나님의 형상 자체라는 고백을 할 수 밖에 없는 것이다. 기독교가 참이라면 궁극적인 실재는 삼위일체의 하나님이다. 삼위일체의 하나님은 서로 자신을 온전히 주는 사랑의 본성을 지니고 계시며 그 인격적 하나님이 자신의 관계 안으로 우리를 부르고 있다.

덕은 그 자체가 관계적이다. 우리의 경험을 살펴보면 우리가 친하게 지내는 사람들을 닮아가는 것을 볼 수 있다. 하나님과의 관계도 하나님과 닮아가게 하는 성향이 있다. 그리스도와 친밀한 관계에 들어가면 우리는 완전한 인간으로 성숙해간다. 하나님의 말씀을 우리 가슴에 간직하면 우리는 죄의 유혹을 더 잘 이겨낼 수 있다. 하나님의 뜻에 우리 자신을 복종시키면 우리는 올바른 삶을 살아갈 수 있다. 성령의 능력이 우리 안에 들어와 움직이면 우리는 죄의 속박으로부터 해방될 수 있다. 우리가 보기에는 덕은 단순히 일련의 성향이나 성질이 아니다. 덕은 지속적인 관계의 기능이다. 마음을 거룩하게 하는 것은 하나님과의 친밀한 교제이다. 하나님의 신실함과 선함을 믿고 따르면 삶이 거룩해진다. 이처럼 기독교인들에게 도덕성은 궁극적으로 관계적이다.

도덕성은 먼저 하나님과의 관계 안에서, 그리고 다른 사람들과의 관계 안에서 꽃을 피운다. 예수가 말씀하셨듯이 모든 율법서와 선지자들의 글은 두 개의 큰 계명, 즉 마음과 뜻과 정성을 다하여 하나님을 사랑하고 이웃을 네 몸처럼 사랑하라는 명령으로 압축될 수 있다(마 22: 37-40). 이 계명들이 구약의 율법이 지니는 긍정적인 면이다. 구약의 율법은 하나님과의 관계를 확실히 하기 위한 것은 아니었다. 예수께서 세상에 오신 것은 음식을 가려먹거나 안식일이나 할례를 잘 지키라고 부탁하기 위함이 아니었다. 실제로 예수께서는 안식일법이나 정결법을 일부러 범하셨다. 예수께서는 율법의 글자 안에 갇히기를 거부하면서 율법의 정신을 밝히셨다. 하나님과 이웃에 대한 사랑이 율법의 모든 것이라고 말씀하고 있다. 예수는 모세의 율법을 수세기 전에 하나님이 아브라함과 맺은 언약, 즉 하나님이 모든 나라를 구원하시겠다는 약속으로 이해해야 한다고 보셨다. 실제로 율법의 배후에 있는 하나님과의 인격적인 관계를 무시하는 율법적인 해석은 가장 중요한 율법의 정신을 놓치고 있는 것이다.

아브라함은 맹목적인 믿음이 아닌 진정한 성경적 신앙의 선조가 된 것이다. 우리가 성경의 증거를 통해서 알고 있는 것은 아브라함이 이삭을 통한 자손의 번영을 약속으로 받았기 때문에 하나님이 반드시 그렇게 하실 것이라고 믿었으며 이삭을 죽은 자 가운데서 살려서라도 그렇게 하실 것이라는 것을 굳게 믿었다. 바울도 신약성경에서 그렇게 말하고 있으며 이를 통해서 아브라함과의 언약을 통해 구원을 온 세상에 확장하겠다는 하나님의 약속이 실현되는 길이 열린 것이다. 하나님이 약속을 지키실 것이라는 믿음은 하나님의 능력과 선하심으로 우리 모두가 죄의 삶으로부터 해방될 것이라는 믿음의 기초이다. 우리가 노력한다고 해서 삶이 거룩해지는 것이 아니라 하나님이 우리 안에서 역사하심으로써 우리 안에 있는 자원보다 훨씬 큰 자원으로 우리의 마음과 삶을 그리스도와 닮아가도록 변화시키는 것이다.[15]

---

15 이러한 차이가 John Hare의 중요한 주제이다. *The Moral Gap: Kantian Ethics, Human Limits, and God's Assistance* (Oxford: Clarendon Press, 1996). 우리가 이 책에서 이 문제를 자세히 다루고 있지는 않지만 그것은 이 문제가 중요하지 않아서가 아니라 이 성취 문

무엇보다도 중요한 것은 신약성경의 모델에 의하면 도덕성은 변화뿐 아니라 궁극적으로는 창조와 관련이 있다. 하나님은 단순히 죄의 용서나 인격의 완성을 원하시는 것이 아니다. 그와 같은 변화가 심오하지 않는 것은 아니지만 하나님은 자신의 생명을 우리 안에 부어넣어서 전적으로 새로운 피조물을 만드심으로써 그리스도의 역사를 통해서 창조적인 구속에 참여하도록 하시는 것이다. 우리가 현재의 상태로부터 새로운 피조물로 완전히 바뀌는 과정은 매우 고통스러우며 때로는 하나님에게 이 고통스러운 변화를 중단시켜 달라고 호소할 때가 있다.

아마도 신약신학에 대한 기독교의 이와 같은 참신한 지적은 어떤 독자들에게는 파격적으로 들릴지도 모르며 실제로 특히 그러한 지적이 사실이라면 파격적인 것이 맞다. 하지만 이것이 바로 전통적인 기독교가 가르치고 있는 것이다. G. K. 체스터톤(G. K. Chesterton)이 '정통신학의 살벌한 진리'라고 부르는 것이 바로 이것이며 우리는 이러한 가르침에 집중함으로써 하나님과 도덕성 그리고 삶의 의미 사이의 관계에 대한 독자들의 오해를 바로 잡아주는 것이 중요하다고 생각한다. 많은 기독교인들은 우리가 이제 지적하려고 하는 사실들의 중요성을 잘 깨닫지 못하고 있다. 그 때문에 온갖 잘못된 신학과 신앙생활이 퍼져나가고 있으며 기독교 도덕성에 대한 개념들이 왜곡되고 불필요한 갈등과 죄의식으로 살아가고 있다. 실제로 우리 인간들은 신자든 비신

제 보다는 적절한 도덕적 변증론을 수립하기 위하여 도덕성의 기초를 살펴보는 데에 더 큰 관심이 있기 때문이다.

자든 간에 하나님과 선한 생활 사이의 관계를 잘못 이해하려는 성향을 가지고 있다. 우리는 사람들이 주로 범하는 실수를 찾아내서 성경의 가르침에 비추어 조명함으로써 도덕성의 의미에 대한 기독교의 참다운 이해가 무엇인지를 밝혀보려고 한다.

3. 성경적 신앙과 참된 자유

중세 기독교인들이 아리스토텔레스의 윤리를 그들 자신의 윤리로 받아들일 때 아리스토텔레스의 덕목에 추가된 두드러진 항목은 믿음이었다. 우리는 1장에서 신앙을 근본적으로 신앙주의적 또는 징후적 인식론(symptomatic epistemology)의 단점으로 이해하는 데에 대한 반대를 표명했었다. 따라서 여기서는 성경적 신앙이란 무엇인지를 먼저 살펴볼 필요가 있다. 왜냐하면 기독교 윤리를 이해하는 데에 가장 필요한 것이 신앙에 대한 이해이기 때문이다.

신앙이란 하나님의 선하심과 신실하심에 대한 신념으로, 성경이 이를 증거하고 있으며 하나님의 능력과 섭리에 대한 성경적 신뢰는 비합리적인 맹신이 아니다. 오히려 신앙은 매우 합리적인 이유들을 근거로 해서 하나님의 신실하심과 언약에 대한 성실하심을 믿으려고 선택하는 결단이다. 성경적 신앙은 지성적인 덕이며 맹목성과 부도덕한 회의론 사이에 있는 하나의 수단이다.[16] 하나님이 본성적으로 사랑하시고 완전히 선하신 분이라는 사실을 의심 없이 주장하는 자체는 그가 완전하게 신뢰할만한 한 존재임을 믿는 타당한 증거이기도 하다. 성경적 신앙의 필요성을 제거하기보다는 그와 같은 주장 자체가 성경적 신앙의 증거가 된다는 것이다.

신앙은 이처럼 우리의 도덕적 논증과 밀접하게 관련되어 있다. 다시 말하지만 우리가 논의하는 것이 성경적 신앙이라면 그와 같은 신앙이 보여주는 하나님의 능력과 선하심에 대한 깊은 신념은 선한 삶을 살아가는 데에 필요한 인간의 자원이 너무도 한정적이라는 사실과 서로 정면으로 부딪친다. 무신론자들은 때때로 도덕적 논증을 오해하면서 무신론자들이 '도덕적'일 수 없다는 암시를 하고 있다고 보고 있으며 도덕적 논증을 변호하는 사람들은 이러한 오해를 바로잡기 위해서 그건 이 논의의 주요한 주제가 아님을 설득하는 데에 많은 노력을 기울이고 있다. 많은 무신자들이 도덕적으로 모범적인 삶을 살고 있다는 것을 우리는 주위에서 자주 볼 수 있다.

하지만 이제 이 문제를 자세히 살펴보기 위해서는 매우 중요한 하나의 사실을 강조해야 할 필요가 있다. 그것은 기독교 신학이 참이라면 모든 인간들이, 그중 가장 선량한 사람들이라 할지라도 철저하게 죄인이라는 것이다. 1장에서 루이스가 주장하는 것처럼 모든 인간들은 부족하기 때문에 은혜와 도움을 필요로 하는 것이다. 아마도 무신론

---

16 Ben McCraw에게서 빌려온 통찰력 있는 견해이다.

자들은 자기들이 도덕적으로 볼 때 그렇게까지는 나쁘지 않다고 믿고 있는 것처럼 보인다. 그것도 놀라운 일은 아니다. 이는 그들이 인간의 도덕적 상태에 대해 매우 낙관적인 견해를 가지고 있기 때문이다. 그들은 다른 사람들과 자신을 인간적인 관점에서 비교해 보면 그다지 썩 나쁜 점수는 아니라고 생각한다. 또한 그들은 인간적인 자원으로도 도덕적으로 자신을 개혁할 수 있다고 본다. 카이 닐슨(Kai Nielsen)이 무신론을 변호하면서 무신론자도 이타적인 삶을 살 수 있고 삶에서 의미를 발견하며 고통당하는 사람들에게 공감할 수 있다고 말하는 것도 놀라운 일은 아니다.

 기독교의 인간관은 이보다 더 비관적이면서 동시에 훨씬 더 낙관적이기도 하다. 우리는 모두 다 죄에 깊이 물들어 있다. 우리의 행동뿐만 아니라 동기나 태도 등, 모든 것이 다 죄로 부패해있기 때문에 인간적인 개선으로는 아무것도 할 수 없다. 우리는 근본적으로 변화되어야 할 필요가 있다. 기독교는 우리에게 우리의 노력으로 진정으로 선하게 되라고 강요하지 않는다. 그보다는 우리 자신을 하나님의 손에 맡기고서 우리가 스스로 할 수 없는 것을 대신 해줄 것을 부탁해야 한다. 도덕적으로 완전하거나 또는 적어도 봐줄 만할 정도로 근사하게 보이도록 하는 노력은 항상 부족하기 때문에 결국 자기 자신에게 크게 낙심하게 된다. 우리가 얼마나 깊숙이 타락했는지를 강렬하게 느끼게 되면 우리는 하나님에게 우리가 할 수 없는 그러한 것을 대신 해달라고 부탁하게 된다.

 구원의 역사는 하나님의 창조적인 활동을 필요로 하며 도덕적으로 완전히 변화해서 전적으로 죄에 물든 우리의 본성에서 벗어나 그리스도의 삶을 우리 안에서 경험하게 한다. 기독교가 참이라면 우리가 생각하는 것보다 훨씬 악하지만 그리스도를 믿는 믿음의 능력을 통해서 우리는 우리가 생각한 것과는 비교할 수 없을 정도로 완전하게 된다. 따라서 우리는 완전해질 수 있으며 더 깊은 차원에서 하나님의 본성을 닮아감으로써 거룩해질 수 있다.

이 구원의 과정은 종으로부터 자녀의 신분으로 바뀌는 변화를 포함하고 있다. 아이러니하게도 자유롭게 되는 길은 하나님에게 종이 된다는 말이다. 하나님의 뜻 대신에 자신의 의지를 고집하면 자유보다는 노예의 굴레를 쓰게 된다. 여기에 분명히 역설적인 진리가 있다. 하지만 성경은 세속적인 생각이 뒤집어놓은 그림을 다시 똑바로 해놓는 역할을 한다.

인류의 피 속에는 우리 자신을 노예화시키는 성향이 있음을 부인할 수 없다. 사도 바울은 동족인 이스라엘 사람들이 하나님이 주신 율법을 이방인들과 구별하는 영광스러운 표징으로 해석함으로써 스스로 교만해졌다고 말하고 있다. 또 다른 사람들은 구원을 도덕적으로 살아감으로써 얻을 수 있는 것으로 보고 있다. 심지어는 기독교 신자들도 구원의 과정이 믿음으로 인해 은혜로 시작해서 은혜로 이어진다는 사실을 잊어버리고 자신의 경건을 통해서 하나님을 기쁘게 하려는 시도로 믿음을 대신하려고 함으로써 죄의 종으로 다시 돌아가는 경우가 있다. 이 모든 잘못들은 자기 자신을 절대화하기 때문에, 그리고 하나님만이 참으로 선한 존재이며 우리가 도덕적으로 완전해질 수 있는 단 하나의 길이라는 진리를 왜곡시키기 때문에 발생한다. 인간의 수단이나 자원은 너무도 미약해서 그와 같은 역사를 이룩할 수 없다. 우리의 삶을 도덕적인 능력으로 충만하게 채우는 것은 오로지 하나님의 은혜에 의존하는 수밖에 없다.

이처럼 성경의 구원관은 우리 인간이 태어날 때부터 자유를 부여받았고 자유로운 존재로 태어났다는 세속적인 자율성 개념과 정면으로 부딪친다. 성경의 계시는 자유가 선물로 우리에게 주어졌다고 가르친다. 우리에게 자유가 있다면 그것은 하나님이 우리에게 은혜로 주셨기 때문이다. 우리의 죄로 부패한 상태에서 자유는 자연스러운 것이 아니다. 하나님은 우리에게 자유로운 선택을 주셨고 그에 대한 책임도 주셨다. 하지만 우리는 잘못된 길로 갔으며 늘 그랬으므로 도덕적으로 실패한 존재라는 죄책감에 사로잡혀 살고 있다. 그리고 이러한 감정은 망상이나 환상이 아니며 매우 사실적이고 정확하다. 우리는 죄책감 때문에 자신의 단점을 깨닫게 되며 도움이 필요하다는 것을 절실하게 느낀다. 하지만 성경은 죄의식이란 부차적인 요소에 불과하다고 가르친다.

우리의 가장 큰 문제점은 따로 있다. 더 심각한 문제는 하나님으로부터의 소외이다. 죄의식은 이 소외감의 한 증상에 불과하다. 그리고 우리는 이 소외로 인해서 죄의 세력 아래 더 강하게 붙잡혀 있다. 우리가 독립하기를 원하고 우리의 주권을 강조하면 할수록 우리는 죄 아래 얼마나 절망적으로 사로잡혀 있는지를 보여준다. 우리가 자율성을 고집하고 자기 스스로 중심에 서려고 하면 할수록 우리는 자유를 더 많이 상실하게 된다.

지옥은 궁극적으로 자유를 완전히 박탈당하고 다시는 돌이킬 수 없는 상태로 파괴되어서 가장 두려운 절망만 가득한 곳이라고 할 수 있다. 우리는 윌리엄 제임스(William James)가 말하는 지옥, 즉 신학이 이야기하는 지옥은 우리가 이 세상에서 자신의 본성을 습관적으로 잘못 망침으로써 빠지게 되는 지옥보다 더 나쁘지 않을 것이라는 주장에 동의하기는 어려울지 모르지만 그가 말하는 지옥에도 진실은 있는 것으로 보인다.[17] 존 웨슬리와 C. S. 루이스는 이 세상에서의 우리 본성과 내세에서의 본성 사이에 연속성이 있음을 이야기하고 있다.[18]

이와 반대로 천국은 노예들의 세상, 즉 그리스도와 서로에게 노예가 되는 곳이라고 할 수 있다. 아이러니하게도 이와 같은 노예 상태에서 우리는 참다운 자유를 누리며 우리는 처음부터 이러한 자유를 위해 창조되었다. 우리는 자신의 의지를 고집하는 대신에 하나님의 뜻에 순종함으로써 우리의 잠재력을 가장 잘 실현할 수 있는 길이 거기에 있음을 깨닫게 된다. 우리는 사랑의 팔에 안겨서 완전한 아름다움과 선과 진리 안에서 영원한 기쁨을 누릴 것이다. 자신의 자아실현만 고집하는 사람들은 결국 모든 것을 잃게 될 것이고, 자신의 성취를 포기하는 사람들은 오히려 모든 것을 얻게 될 것이다.

---

17 William James, *The Principles of Psychology* (New York, NY: H. Holt, 1890), p. 127.
18 예를 들면 Lewis의 *The Great Divorce*를 참조. 이 책은 지옥의 고통이 죄의 기능의 하나임을 강조하고 있으며 죄와 고난 사이에 내재적인 관련이 있음을 주장하고 있다. 지옥과 연옥에 대한 단테의 상징적인 묘사는 이와 같은 장르에서 가장 뛰어나다고 할 수 있을 것이다.

4. 도덕적 동기, 이기심 그리고 희생

앞 장에서 도덕성과 합리성에 관해 이야기하면서 도덕적으로 행동해야 할 이유들을 다루었다. 그런데 도덕적으로 살아가야 할 동기들은 무엇일까?

데카르트는 이 세상에서 덕보다는 악이 더 큰 이익을 가져다주므로 만일 하나님을 두려워하지 않거나 내세에 대한 소망이 없다면 이익이 되는 것보다 옳은 것을 선택할 사람은 드물 것이라고 말한 적이 있다. 그가 생각하는 것은 종교적 신념이 도덕적으로 살아가려는 결심을 강화시킬 수 있으며 그렇다면 그것은 도덕적 동기로는 근본적인 결함을 지니고 있다고 볼 수도 있다는 것이다.

칸트의 도덕 의무론에 영향을 받은 사람들은 보상을 얻거나 처벌을 피하는 것이 도덕성의 동기가 될 수 있다는 주장에 매우 민감한 반응을 나타내는 경향이 있다. 하나님의 형벌이나 보상은 도덕적 동기로서는 적절하지 않는 것으로 보이기 때문이다.

하지만 실제로 종교적 윤리의 중심에는 그러한 심리가 자리 잡고 있는 것이 사실이다. 굶주린 자들에게 먹을 것을 주고 노숙자들에게 잠자리를 제공하는 이유가 그들의 안녕에 대한 진정한 관심보다는 궁극적으로 볼 때 단지 이기심일 수 있으며, 이와 같은 순수하지 않은 도덕적 동기에 관해서는 칸트 이전에 소크라테스가 '에우티프론'에게 신랄하게 비판하고 있다.

하나님에게 자신의 목적을 실현할 수 있는 능력이 있다는 사실은 어떤 사람들에게는 하나님에게 순응하고 싶은 동기가 될 수는 있지만 순수한 도덕적 동기로서는 문제점이 있을 수 있다. 이에 관해서 알레스데어 맥킨타이어는 다음과 같이 말하고 있다.

> 만일 내가 하나님의 명령을 수행하지 않았다는 이유로 지옥에 보내질 수 있다면 그리고 그와 같은 이유 때문에 선을 행한다면, 그것은 이기적인 동기이므로 순수하다고 할 수 없다. 이처럼 이기심이 동기의 중심에 놓이게 되면 다른 동기들은 힘을 잃을 수밖에 없고, 따라서 종교적 도덕성은 본래의 목적, 즉 이기심을 극복하려는 목적과 어긋나므로 이율배반적이라고 할 수 있다.[19]

이 유형에 대한 반론은 지옥의 고통이 외부로부터 부과된 처벌이고 도덕적인 행동의 본질과는 아무런 필연적인 관련이 없다고 볼 때에는 매우 강력한 힘을 지닌다. 하지만 지옥의 고통이 빛을 거부하고 하나님의 사랑을 지속적으로 거절하는 악한 삶의 한 기능이라고 본다면 이 반론은 타당성을 크게 상실하게 된다. 이와 같은 반론은 또한 칸트의 비판에도 취약한 면을 드러내는데, 칸트는 도덕적인 세계에서 비도덕적인 행동이나 태도의 당연한 결과인 고통을 회피하기 위한 목적으로 악을 피하는 것은 순수한 도덕적 동기라고 할 수 없다고 주장하고 있다.

우리는 이 점에 관해서 칸트주의자들에 어느 정도 동의할 수 있다.

---

19 Alasdair MacIntyre, *A Short History of Ethics* (New York: Macmillan, 1966), p. 144.

천국과 지옥은 이기심을 자극하는 면이 있기 때문이다. 하지만 모든 자기 이익이 이기심이라고 말하는 것은 아니며 적절한 자기 이익은 진정한 도덕적 동기가 될 수 있다.[20] 특히 이기적인 동기가 자기 몰두나 자기 탐닉을 배제하는 규범들을 취할 때는 더욱 그렇다. 더구나 자기 이익을 추구하는 행동이긴 하지만 자기 이익과 다른 어떤 것도 함께 동기로 작용했을 때에는 칭찬받을 만한 충분한 자격이 있다.

칸트 자신도 실천적인 합리성은 궁극적으로 덕이 곧 행복임을 보장해주는 하나님을 전제로 한다고 말하고 있다. 조지 마브로데즈는 다음과 같이 적고 있다.[21]

> 칸트가 주장하는 것은 결국 실재 자체가 도덕성을 보다 확실히 보장하지 않는 이상 우리에게 도덕적인 요구를 하는 것은 비합리적일 수밖에 없다는 것이다

---

20 Jerry L. Walls, *Hell: The Logic of Damnation* (Notre Dame, IN: Notre Dame Press, 1992), p. 155를 참조. 이익에 대한 인간적 추구와 정의 추구 차이를 John Duns Scotus가 말하고 있는데 여기서 그의 구분은 매우 유용하다. Scotus에 의하면 이익 추구는 자기 자신의 완전이나 행복을 추구하려는 성향인 반면에 정의를 추구하는 것은 내재적인 선 자체에 대한 추구이다. 우리는 본성 때문에 이익을 정의보다 우선시하는 경향이 있지만 이 우선순위는 바뀌어야 한다. 하나님에게 순종한다는 것은 곧 정의를 더 우선시한다는 것을 의미하며 욥처럼 하나님이 우리를 죽일지라도 하나님을 신뢰한다고 고백하는 것이다. 또는 모세가 백성들을 위해서 자기 이름을 생명책에서 지워달라고 호소했던 것과 같다(출 32:32). 하나님의 목적을 전심으로 따르게 되면 개인적인 이익이나 자신에 대한 자연스러운 사랑을 보다 건전하게 추구할 수 있다. 하지만 기독교가 선한 것은 이와 같은 개인적인 추구들이 궁극적으로 정의를 추구하는 것과는 아무런 갈등을 일으키지 않는다는 것이다.

21 George Mavrodes, in Pojman, p. 587.

유신론적인 윤리는 실재 그 자체인 하나님이 어떻게 도덕성을 보증하고 있으며 스토아적인 도덕성, 즉 실재 그 자체가 궁극적으로 도덕적 개체들의 최선의 이익을 원한다는 심리학적인 확신이 없는 메마른 도덕성으로부터 우리를 어떻게 해방시켜주는지를 잘 설명하고 있다.

칸트의 반론에 대항해서 하나님과 도덕성의 관계를 변호하다 보면 매우 중요한 사실을 간과하기 쉬운데 우리는 이 시점에서 신학적 윤리가 이제까지 해결되지 않았던 도덕적 딜레마를 너무 쉽게 극복했다는 사실을 중심으로 유신론적 윤리에 대한 비판이 이루어지고 있다는 것을 기억해야 할 것이다.

먼저 1장에서 다루었던 시즈윅의 '실천이성 이원론'을 상기하기 바란다. 이 딜레마는 도덕성이 자기 이익을 희생하게 하는 한편에 자기 이익을 보호하게 하는 양극적인 성향들을 화해시키려고 할 때 발생한다. 이 딜레마를 해결하는 방법은 몇 단계의 절차를 거치면서 이 양극적인 성향들을 모두 다 만족시킬 수 있는 방향으로 양극적인 도덕적 직관들을 둘 다 유지하는 일관성 있는 방법을 찾아낸다. 이것은 유신론을 합리화하기 위한 임시방편적인 해결 방법이 아니다. 다만 유신론적인 세계관이 도덕성에 대한 우리의 확신을 보다 더 잘 설명하고 있다는 사실을 보여주려는 것이다.

천국과 지옥은 우리가 도덕적으로 살아가는 충분한 동기가 될 수 있으며 심지어는 개인적인 이익을 희생하거나 박해를 견디어낼 수 있도록 도와 줄 수 있다. 윤리의 깊은 내용들은 때때로 파악하기가 쉽지 않고 도덕적인 행동을 해야 할 만한 충분한 동기를 찾아내기가 불가능하기 때문에 천국과 지옥의 교리는 이 세상만으로는 이해하기가 힘든 도덕적 삶에 대한 요구를 설명할 수 있는 심오한 동기를 제공할 수 있다.[22]

종교적 확신은 도덕적 동기에 대한 건전한 이해를 도울 수 있고 도와야 하며 실제로 돕고 있다. 종교적 확신이 잘못된 길로 들어서면 현대의 바리새주의나 삭막한 율법주의로 빠지게 되는 것은 사실이지만 종교적 신념은 고통당하는 사람들의 안녕에 대한 배려, 인간의 생명이 지니는 존엄성을 지키려는 열정, 그리고 자기 자신을 희생해가면서 다른 사람들을 섬기려고 하는 헌신을 불러일으킬 수 있는 것이다. 신약은 구약의 모든 율법과 선지자들의 교훈이 황금률로 집약될 수 있다고 가르치고 있다. 다른 사람들에게 대접받고 싶은 대로 대접하라. 서로의 짐을 대신 져주라. 하나님을 우리의 전 존재로 사랑하고 우리 이웃을 우리 몸처럼 사랑하라. 이와 같은 황금률을 실행하기 위해서는 도덕적 상상력이 필요하다. 우리 중 어떤 사람이 그리스도의 이름으로 이러한 근본적인 가르침과 부딪치는 종교적 교리를 전한다면 성경적 가르침의 규범적인 기준에 비춰볼 때 그는 이름만 기독교인인 것이 틀림없다.

실제로 종교적인 동기로 무장하고 있는 수많은 기독교인들이 인간관계가 하나님의 삼위일체를 반영하고 있음을 확신하면서 이타주의를

---

22 천국 교리가 지니는 도덕적 의미에 대한 보다 자세한 변호와 Sidgwick의 딜레마를 해결하는 데에 도움이 되는 자료들을 원하면 Jerry L. Walls, *Heaven: The Logic of Eternal Joy* (New York: Oxford University Press, 2002), pp. 161-97을 참조하라.

심오한 차원까지 몸소 실행하고 있다.

예를 들어 아시시의 성자 프란시스코를 생각해보라. 그는 가난한 사람과 억압받는 사람들을 위한 성경의 명령들을 가슴에 새기고서 고아와 과부들을 방문하고 그리스도의 부르심에 합당한 삶을 살았다. 하나님에 대한 사랑은 다른 사람들에 대한 주체할 수 없는 사랑으로 표현되었으며 무엇보다도 가난한 사람들을 위한 사랑과 헌신으로 풍성하게 나타났다. 그는 가장 작은 자에게 하는 것이 그리스도에게 하는 것이라는 성경 말씀을 문자 그대로 받아들이면서 가난한 자들을 사랑하는 것은 가난한 사람들뿐만 아니라 그 안에 있는 그리스도를 사랑하기 때문에 사랑한 것이다. 토니 캄폴로가 말했듯이 그는 자신이 섬겼던 가난한 사람들과 나병환자들에게서 그리스도를 보았던 것이다. 테레사 수녀가 가난하고 소외된 자들을 섬기는 이타적인 삶에 자신의 모든 에너지를 퍼부었던 것을 상기하기 바란다. 또는 프란시스코가 가난하고 더러운 자들과 옷을 바꿔 입고 나병환자들에게 입을 맞추었던 것과 프란시스 자비에르(Francis Xavier)나 하나님의 성자 요한이 환자들의 피고름이 흐르는 상처를 입으로 핥아주었던 것을 기억하기 바란다. 이와 같은 자선은 윌리엄 제임스가 말한 것처럼 우리에게 감탄과 경외심을 함께 불러일으킨다.

비신자들도 도덕적인 세상에 대한 믿음을 가질 수는 있지만 기독교인과 세속적인 도덕가 사이에는 질적으로 다른 점이 있다. 윌리엄 제임스는 『종교 경험의 다양성』(Varieties of Religious Experiences)에서 다음과 같이 이야기하고 있다.

순수하고 단순한 도덕성은 모든 것을 다스리는 법을 인정하고 순종하며 받아들이지만 그러한 법을 항상 멍에로 느끼는 것은 어쩔 수 없다. 하지만 완전하게 성숙한 종교에서는 가장 높으신 존재를 섬기는 것이 하나의 짐으로 여기지는 않는다. 맹목적인 복종은 저 뒤로 사라지고 온 마음으로 반기고 즐거워하는 환영이 그 자리를 차지하게 된다…필요 때문에 금욕적인 체념으로 우주를 받아들이는 것은 기독교 성인들이 열정적인 행복으로 반기는 것과는 질적으로 다른 것이다. 그것은 수동성과 능동성의 차이이며 방어적인 태도와 적극적인 태도의 차이이다…종교가 우리에게 분명한 의미를 지닌다면 도덕성이 머리를 조아리고 복종하는 그 영역에서 종교는 열광적인 기쁨으로 환영하는 것을 인정해야 할 것이다. 그것은 새롭고 완전한 자유가 우리 앞에 다가오고, 모든 싸움이 끝나고, 우주의 찬양이 들려오고, 끝없는 장관이 우리 앞에 펼쳐지는 것을 의미한다. 이와 같은 절대적이고 영원한 행복은 종교 안에서만 누릴 수 있는 것이다.[23]

제임스가 말하는 기독교인과 스토아적 금욕주의자의 질적인 차이는 최근에 들어 윤리학자들이 주로 범하는 실수를 정정하는 데에 매우 효과적이다. 이를테면 도날드 휴빈(Donald Hubin)은 하나님이 궁극적으로 완전한 정의를 이룩할 것이라는 것을 믿는다면 하나님에게 순종하는 것은 자신의 이익을 희생하는 것이 절대로 아니라고 주장한다. 전통적인 기독교 유신론자들에 의하면 완전한 보상은 마지막에 이루어지므로 복종에 따르는 이익은 항상 비용보다 더 클 것이다. 이런 이

---

[23] William James, *The Varieties of Religious Experience: A Study in Human Nature* (Cambridge, MA: Harvard University Press, 1985 [1902]), pp. 41-42.

유 때문에 휴빈은 종교적 신념이 자기-희생적인 행동의 동기가 된다는 주장을 반박하고 있다. 오히려 종교적 확신은 유신론자에게 자기희생을 불가능하게 한다는 것이다.

> 도덕적 개체에게 순 손실을 끼치지 않는다면 진정한 자기희생은 없는 것이다. 하나님이 궁극적으로 악과 죄를 처벌하고 의를 보상해 준다면, 도덕적으로 칭찬받을 만한 이타적인 진정한 자기희생은 유신론의 중심 사상과 서로 상충한다.[24]

윌리엄 레인 크레이그는 이에 대한 대답으로 다음과 같이 주장하고 있다.

> 휴빈이 언급하고 있는 고난을 견디어내는 사람들은 엄청난 자기희생을 하고 있는 것이다. 그리고 자기희생이 영구적인 손실을 가져오지 않는다고 하더라도 진정한 희생임에는 틀림없으며, 휴빈이 그런 희생은 진정한 자기희생이 아니라고 주장한다면 그것은 휴빈이 진정이라는 용어를 매우 특이하게 사용하고 있는 것이다. 따라서 유신론과 도덕적으로 칭찬받을 만한 진정한 자기희생이 서로 부딪친다는 그의 주장은 아무런 의미를 지니지 못한다.[25]

크레이그의 주장을 이해하기 쉽도록 예를 들어보기로 한다. 만일

---

24 Donald Hubin, "Empty and Ultimately Meaningless Gestures?" *Is Goodness without God Good Enough?* p. 134.
25 Craig, ibid., p. 175.

어떤 사람이 누군가를 너무도 사랑해서 그를 위해 수년 동안 기꺼이 극심한 고통을 견디어냈다고 하자. 비록 후에 그로 인해 즐거움으로 보상을 차고 넘치게 받았다고 해도 고통을 당하는 순간에는 희생하지 않았다는 증거가 전혀 없는 것이 틀림없다.

휴빈은 이 세상에서 겪는 고통을 매우 과소평가하고 있으며 이러한 태도는 기독교보다 스토아 철학과 더 가깝다고 할 수 있다. 물론 기독교인들도 현재의 고통이 영원히 누리게 될 영광과는 비교할 수 없다는 사실을 믿기는 하지만 이 세상에서 겪는 고통과 희생이 실제가 아니라는 것은 아니다. 기독교인들은 이 세상의 고통을 궁극적인 것으로 보지는 않지만 부인하지도 않는다. 실제로 기독교는 고통을 매우 진지하게 받아들인다. 우리가 이 땅에서 겪는 고난과 고통을 어떻게 받아들이느냐가 하나님과의 관계와 영적인 성장에서 매우 중요한 요소로 작용한다. 니콜라스 월터스토프(Nicholas Wolterstorff)가 말하고 있듯이 고통과 고난은 신앙생활의 핵심 부분을 이루고 있으며 우리가 섬기는 하나님은 눈물로 역사를 쓰는 고난을 받는 사랑의 신이다.[26]

성경은 고난을 이겨내는 방법들을 주로 다루고 있으며 믿음의 조상들은 깊이 슬퍼하면서도 희망을 버리지 않고 고통 가운데서도 하나님을 신뢰하며 하나님이 구해주실 것을 믿고 기다린다. 기독교 사상은 우리가 고통을 당했을 때 올바른 선택을 해야 하며, 그 고통이 아무리 커 보여도 앞으로 덧입게 될 영광과 비교할 수 없으며, 하나님은 우리

---

26 Nicholas Wolterstorff, *Lament for a Son* (Grand Rapids, MI: Eerdmans, 1987).

가 견딜 수 없는 고통을 허락하지 않는다고 약속했으며, 고통을 겪을 때마다 그리스도의 고난과 더 완전하게 동일시하게 되며, 그리스도가 우리를 사랑하기 때문에 그 누구도 상상할 수 없는 고난을 견디어냈다는 사실을 상기시켜 주고 있다.

기독교인들은 이 세상의 선한 것들이 오로지 하나님으로부터 나왔다는 것을 믿고 있기는 하지만 그래도 그 근본적인 가치를 무시하지는 않는다. 우리가 원하는 것은 이 세상과 그 악으로부터 플라톤적으로 도피하는 것이 아니며 몸을 가지고 살아가는 우리의 실존이 언젠가는 해방되어야 할 내재적으로 악한 상태에 있는 것은 아니다. 그리스도의 성육신과 속죄와 부활의 의미가 부분적으로는 이 세계와 우리의 모든 육체들이 진정으로 우주적인 의미에서 그리스도의 희생으로 인해 구속 받았다는 것이다. 천국은 몸을 빼앗긴 영혼만이 아닌 영광을 입은 부활한 몸들이 사는 곳이다. 기독교인들은 스토아주의 철학으로부터 많은 지혜를 얻고 있는 것은 사실이지만 스토아주의자는 아니다.[27]

찰스 테일러(Charles Taylor)는 『자아의 근원』(Sources of Self)이라는 고전적인 그의 저서에서 기독교 사상과 스토아 철학의 차이를 다음과 같이 대조하고 있다.

> 이 땅의 삶에 대한 유대-기독교 전통의 이러한 긍정적인 태도가 지니는 구체적인 의미들이 간과되는 때가 많다. 특히 고대 이교도

---

27 스토아 철학에 관해 자세히 알고 싶으면 Tom Morris, *The Stoic Art of Living: Inner Resilience and Outer Results* (Chicago: Open Court, 2004)를 보라.

철학과의 뚜렷한 차이가 잊혀져가는 경향이 있다. 특히 고대 기독교 철학들은 스토아 철학의 연속선에 있는 것으로 이해되고 있으며 니체는 플라톤주의로부터 발전해왔다고까지 말하고 있다. 하지만 보편성, 섭리 개념 그리고 자기 부정에 대한 찬사 등에 있어서 서로 유사한 부분이 많기는 하지만 기독교와 스토아 철학은 극복할 수 없는 차이가 있다. 실제로 자기 부정에 대한 이해는 차이가 극명하다. 스토아 현자는 건강, 자유, 생명 등 매우 소중하게 여기던 것들을 아무 가치가 없는 것으로 여기고서 기꺼이 포기하려고 한다. 가치가 있는 것은 오로지 사건들의 전체적인 질서뿐이고 개체들은 모든 가치를 상실한다고 보았기 때문이다. 이에 반해서 기독교 순교자들은 건강이나 자유나 생명을 미련 없이 버릴 준비가 되어 있기는 하지만 아무런 가치도 없다고 생각해서 그러는 것은 아니다. 오히려 만일 아무런 가치가 없는 것을 버렸다면 그것은 무의미한 행동인 것이다. 어떤 사람이 친구를 위해 생명을 버렸을 때 그보다 더 큰 사랑은 보지 못했다고 말한다면 그것은 생명이 그 무엇보다도 가치가 있다는 것을 의미한다. 아무리 친구를 위해서라고 할지라도 삶이 아무런 가치가 없어서 버렸다면 그에게는 그와 같은 찬사는 해당되지 않는다.[28]

기독교 순교자들은 궁극적인 선이신 하나님을 따르기 위해서 자신의 생명을 포기한다. 예수가 비록 이 세상을 구원한 구세주의 영광을 바라보기는 했지만 그렇다고 해서 십자가에 기꺼이 달리신 행동이 희생이 아니라고 하는 것은 아니다. 소크라테스가 친구들에게 자신의 죽

---

28 Charles Taylor, *Sources of the Self* (Cambridge: Harvard University Press, 1989), 218-219.

음이 큰 가치가 있다는 점을 설득하려고 했던 반면에 예수는 겟세마네 동산에서 근심과 고통을 견디어 냈다. 성경적 세계관에서 볼 때 그리스도에 대한 믿음으로 거룩해진 생명은 궁극적으로 진정한 자기 이익인 것은 사실이지만 이때 희생하는 생명 자체는 매우 큰 가치가 있다. 궁극적으로 하나님은 우리의 고통과 희생을 보상해줄 것이고 다시는 영원히 선을 희생할 필요가 없는 새로운 질서를 수립할 것이다.

궁극적인 선이 무한한 것이라는 사실은 얻을 수 있는 선이 유한하고 고통스럽지만 제한되어 있다는 전제를 기초로 하고 있는 세속적인 도덕성에 근본적으로 도전하는 고상하고도 광범위한 결과이다. 우리가 세속적인 도덕성의 관점에서 바랄 수 있는 최선의 방법은 실제로 가능한 한 많은 선을 함께 묶는 것이다. 하지만 이와는 매우 대조적으로 기독교인들은 궁극적인 선이 누구나 접근할 수 있는 영원한 선이신 하나님이라고 믿고 있다. 이처럼 무한한 선은 결과주의자들이 타협을 통해서 나눠 가지는 그런 제한된 자원이 아니다. 모두 다 만족할 수 있고 무한히 충족시킬 수 있는 영원한 원천인 선이 있다.

5. 죽음의 멸망과 천국의 소망

예수의 삶과 죽음 그리고 부활은 하나님 나라가 오는 표적이다. 우리가 목마른 사람에게 냉수 한 잔을 줄 때, 억압받는 자들의 해방을 위해 힘쓸 때, 또는 고통당하는 에이즈 환자의 이마에 찬 물수건을 대줄 때, 천국은 이미 우리 곁에 성큼 와 있으며 이 세상에서 그 모습을 드러내고 있는 것이다. 예수는 하나님 나라가 후에 하늘에만 이루어지는 것이 아니라 지금 여기에 와 있다고 말씀하고 있다. 예를 들어 성령은 종말론적 실재이며 하나님 나라의 표적이며 우리 모두를 부르고 있다.

우리는 지금 우리 주위에서 일어나고 있는 사건들이 보기보다 덜 중요하다는 인식을 바탕으로 실재를 환원주의적 입장에서 분석하고 있는 것은 절대로 아니다. 아니, 우리의 현 세상은 우리가 생각하는 것보다 훨씬 중요하다. 윌리엄 제임스는 오컴의 면도날 기사들이 형이상학적인 검약 정신으로 미신들을 처단하는 데에 주력을 다 했다면 그는 오히려 영이 메말라가는 것을 더 두려워했다고 말했는데 우리도 이에 동의한다. 이 세상의 삶은 꿈도 아니고 덧없는 현상도 아니다. 우리의 삶은 그 무엇보다 더 실제적이다. 우리에게 부여된 도덕적 의무들은 상상의 산물이나 주관적인 선호가 아니다. 그 어느 것보다 더 객관적이다. 이 세상은 우리의 선택이 성격과 우리의 운명을 만들어가는 곳이다.

우리는 이제까지 철저한 인격주의와 관계 윤리를 변호해왔다. 이는 하나님 중심적인 입장에서 도덕적 실재를 이해하려는 시도로서, 도덕적 규범이나 비인격적인 율법을 중요하게 여기거나 삶에서 덕을 실천하도록 권할 뿐 아니라 궁극적인 선, 또는 궁극적인 선 자체이신 한 분 하나님과의 관계 속으로 불러들인다. 우리는 하나님, 그리고 오직 하나님만이 가장 진정한 행복과 가장 깊은 열망을 충족시켜줄 수 있는 근원으로 본다. 구약에는 내세의 삶이 별로 강조되어 있지 않은데, C. S. 루이스는 그 이유를 다음과 같이 추측하고 있다. 즉 하나님은 우리에게 영원한 삶에 대한 소망을 일단 제쳐두고 먼저 의로움과 거룩함을 갈망하게 하고서 마치 케이크 위에 아이싱 크림을 마지막으로 바르는 것처럼 궁극적인 선을 즐거워하는 것이 영원한 향유라는 것을 밝히려고 한 것이다.

성경을 보면 역설적인 기독교 메시지의 핵심은 반복해서 다른 장조로 거듭 부르는 후렴처럼 나타나 있다. 영원을 추구하려면 먼저 영원이 아닌 다른 것부터 시작하라. 자신에 대해서 죽어야 그리스도 안에서 살 수 있다. 다른 사람들을 위해서 자신의 생명을 쏟아야 새로운 생명으로 채워질 수 있다. 자신의 약함을 인정하고 받아들여야 하나님의 강함이 우리 안에서 완전해질 수 있다. 자아를 버려야만 자신에게 가장 유익한 것을 얻을 수 있다.

모세의 율법이 죄를 가능하게 한 것은 아니다. 이미 존재하고 있는 죄가 드러나게 한 것뿐이다. 예수는 율법을 폐기한 것이 아니라 완성시켰으며 율법의 참된 정신을 보여주었다. 그러나 예수가 죽은 것은 자신의 죄가 아니라 우리의 죄 때문이었다. 오직 예수만이 율법의 요구를 완전하게 만족시킬 수 있었으며 우리는 오직 그의 희생을 통해서만 율법을 성취할 수 있다. 우리가 그리스도와 함께 죽는 죽음에 초대된 것은 그와 함께 다시 살아나기 위해서이다. 예수를 죽음에서 일으켜 살린 그 능력이 우리 안에서 역사해서 하나님과의 교제 그리고 우리가 함께 나누는 친교 안에서 영원히 살아가도록 우리를 살리는 것이다. 우리의 힘으로는 할 수 없으며 이사야 선지자가 말했듯이 우리 인간의 모든 의는 헤어진 누더기와 같을 뿐이다.[29] 우리의 소망은 그리스도 안에 있으며 우리는 오직 믿음을 통한 하나님의 은혜로 구원받을 뿐만 아니라 완전히 변화되는 것이다.

정확하게 말하면, 도덕성은 법을 따르거나 인격을 도야 하는 것이 아니다. 도덕성은 관계적이며 우리를 진정으로 거룩하게 하시는 하나님의 선하심과 능력에 대한 전적인 신뢰이다. 비도덕성과 비거룩성은 오로지 불신이며 거룩성은 하나님과 하나님의 예비하심에 대한 철저한 신뢰이다.

사도 바울은 하나님의 주권과 선하심의 흥미로운 관계를 이야기하고 있다. 그는 갈라디아서에서 모세의 율법에만 초점을 맞추는 것은 이교도의 우상숭배나 다름없다고 말하면서 우리의 하나님은 제물을 바쳐야만 기쁘게 해줄 수 있는 것은 아니라고 주장하고 있다. 이교도의 우상숭배는 기독교 사상과 대적하는 것으로서 오히려 하나님의 주권을 침해하는 것이다. 왜냐하면 그렇게 되면 하나님은 필요한 것에 따라 행동하시게 될 것이기 때문이다. 하나님이 우리에게 필요로 하는 것은 아무것도 없으시다. 하나님은 자족하시는 존재다. 어떤 의미에서 하나님은 우리의 순종을 필요로 하시는 것이 아니다. 하나님이 원하시는 것은 우리 자신이며 우리만 얻으면 우리의 순종은 자연히 따라오는 것이다. 왜냐하면 하나님의 선하심과 사랑하심에 대한 믿음은 결국 우리의 몸을

---

[29] 사 64: 6.

산 제물로 하나님에게 드리는 데에 이르게 할 것이기 때문이다.

바울에 의하면 믿음과 행위 사이의 긴장은 존재하지 않는다. 성경적 신앙은 거룩하며 죄는 불신앙이자 하나님의 선하심과 능력을 신뢰하지 못하는 것이다. 이러한 견해는 올바른 도덕 이론과 우리가 실제로 살아가는 방법 사이의 관계를 보여주며 모든 죄는 하나님에 대한 잘못된 개념에 그 뿌리가 있다는 성경의 지혜를 담고 있다.

하나님이 우리에게서 필요로 하시는 것이 아무것도 없다는 사실은 하나님의 선하심과 매우 밀접한 관련이 있다. 하나님이 아무것도 필요로 하시는 것이 없기 때문에 완전히 선하실 수 있는 자유가 있다. 만일 그렇지 않다면 하나님은 자신의 필요에 얽매이실 수 있다. 이교도들은 그처럼 필요가 채워져야 하는 신들을 믿고 있다. 그래서 사도 바울에 의하면 이교도들은 신에게 감사할 필요가 없다. 왜 그럴까? 왜냐하면 이교도들은 신들을 선하다고 보지 않기 때문에 감사할 필요를 느끼지 않기 때문이다. 그와 같은 신들은 자신의 필요에 따라 움직이기 때문에 에우티프론에 나오는 신들처럼 계산적인 까닭이다.[30]

적어도 안셀무스주의의 신은 그렇지 않다. 안셀무스에 의하면 하나님은 우리를 필요로 하시지 않는다. 우리를 사랑하시기 때문에 원하실 뿐이다. 그래서 하나님은 우리를 이 세상을 구원하는 구속 사업에 참여하라고 부르신다. 죄의 결박으로부터 해방 받은 하나님의 자녀로서 즐거움을 영원히 누리도록 우리를 부르시는 것이다.

---

30 이 부분의 통찰을 신약학자 David Bauer에게 감사한다.

그리스도가 이 땅에 와서 죽으시고 부활하신 사건은 바울이 즐겨 쓰는 용어를 빌리면 이 세상의 자연적인 힘들에 대한 승리이다. 그것이 경제적인 힘이든 정치적이거나 심리적인 힘이든 간에 그리스도의 승리는 그와 같은 힘들이 이 세상의 본질적인 것이 아니라는 사실을 보여준다. 올바른 정치 질서나 경제 제도보다 더 중요한 것은 없다고 생각하는 사람들이나 또는 심리적인 억압이나 중독으로부터 벗어나는 길은 없다고 생각하는 사람들은 궁극적이 아닌 어떤 것에 자신을 불필요하게 예속시키고 있다.

기독교가 참이라면 예수를 죽은 자 가운데서 살리신 하나님의 능력은 이 세상에서 역사하고 우리 모두에게 작용해서 우리를 속박하는 것들로부터 해방시켜서 하나님의 자녀로 삼으심으로써 하나님은 우리를 만드실 때 맡기려고 준비한 사명을 자유롭게 완수하도록 해주실 것이다. 하나님은 우리를 죄에서 구원하여 그와 교제를 나누고 우리가 서로 친교를 나눌 수 있도록 해주실 뿐 아니라 이 세상에서도 의미 있는 삶을 살아갈 수 있는 힘을 제공하신다. 기독교인은 삶의 의미와 목적을 오직 그리스도를 믿음으로써만 살아갈 수 있는 거룩한 삶과 관련시키는 비전에 두고 있다. 우리는 그리스도 안에서 참으로 의미 있는 삶, 우리의 깊은 열망을 이뤄주는 삶, 우리가 가장 간절히 원했던 삶을 얻는다. 우리가 창조될 때 주어지기로 예정되었던 삶과 자유가 그리스도 안에 있다.

이와 같은 비전이야말로 도덕성에 대한 가장 풍성한 기독교적 이해이며, 모든 속박으로부터 자유로우며, 의미가 있고 목적이 있는 삶이며, 하나님과 다른 사람들과 함께 친밀한 교제를 나누는 사랑의 삶이다. 이러한 비전이야말로 가장 열망하고 가장 진지하게 숙고할 만한 소망인 것이다.

레논의 중독성 있는 노래 가사와는 반대로 우리는 하나님의 실재가 우리에게 하늘나라에 대한 소망과 스스로 자초한 죄의 결과인 지옥으로부터의 해방을 지금 여기서 이루어줄 뿐 아니라 미래에 완전하게 이루어줄 것을 약속해주고, 더구나 우리에게 가장 깊은 만족을 허락한다고 믿는다. 하나님의 선하심에 대한 깊은 신뢰는 우리의 생명을 바쳐서 지키기 위해서 살아갈 만한 소중한 것임이 분명하다.

결론
Conclusion

    이 책에서 우리는 먼저 몇 가지 유형의 도덕적 논증들을 종합함으로써 집합적으로 매우 강력한 설득력을 지니는 도덕적 변증을 모색했으며 유신론적 윤리 이론을 구체적으로 수립함으로써 우리의 도덕적 변론을 강화했다. 도덕적 변론과 유신론적 윤리라는 두 분야의 문헌들로부터 얻은 통찰들을 통전시킴으로써 이 두 분야의 발전이 서로 깊은 관련이 있음을 보았다. 이 과정에서 우리는 유신론적 윤리에 대한 다양한 에우티프론의 반론들이 우리의 도덕적 변론을 조금도 약화시킬 수 없었음을 확인할 수 있었다.

    우리는 우리의 유신론적 윤리 이론을 제시하고 변호하면서 몇 가지 구분들을 적용했는데 이 구분들은 본래 여러 문헌들에 산재해 있었지만 그 통찰들의 효력을 극대화하기 위해서 함께 모아 동시에 종합적으로 사용했다. 개념적으로는 서로 다르지만 그 누적적인 힘은 강력한 유신론적 윤리 이론을 변호하고 도덕성의 기초에 대한 철학적인 이해를 강화하는 데에 더 없이 효과적이었다. 이 구분들은 범위, 의미론,

양태, 도덕성, 인식론, 메타윤리, 존재론의 다양한 문제들을 포괄적으로 다루고 있다. 표1에서 이 구분들을 다시 종합해서 정리해보았다.

표1: 일곱 가지 구분

범위	의미	양태	도덕	인식	메타윤리	존재론
정의/분석	단일성/양면성	상상가능성/가능성	선/의	난해성/불가능성	인식/존재	의존성/통제성

이와 같은 구분을 설정하면서 우리는 도덕적 언어를 능숙하게 사용하는 사람들은 반드시 도덕적 용어들을 하나님과 관련해서 정의할 필요는 없다는 것을 알게 되었다. 그러나 그럼에도 불구하고 우리는 하나님이 여전히 도덕성의 근원임을 주장해왔으며 사람들이 물의 본질적인 특성(범위 구분)을 알기 전에도 어떻게 호수와 강에 있는 액체가 물임을 알았는지를 예로 듦으로써 그 가능성을 보여주었다.

도덕성의 본질적인 특성에 관해서는 선과 의의 차이가 모호한 것이 문제가 되었으므로 먼저 그 차이를 명확하게 구분하고서 도덕성의 본성을 하나님의 본성과 연관시켰고 하나님의 본성을 하나님의 명령(도덕적 구분)과 연관시켰다.

주의주의는 당연히 '하나님이 아동학대를 명한다면 어떻게 되는 것일까?'와 같은 질문을 제기할 것이다. 하지만 우리는 생각할 수 있는, 또는 생각할 수 있다고 여겨지는 사건들의 도덕적 상태가 항상 실제로 가능한 것은 아니며 그 이유가 그 상태들이 도덕적 무흠성이라는 하나님의 본성과 양립할 수 없기 때문이라는 것을 알게 되었다(양태적 구분).

어떤 사람들은 하나님의 실존에 관한 추론은 서로 다른 다양한 세계관을 가진 사람들이 도덕적 진리들을 분명하게 인식할 수 있다는 사실 때문에 크게 약화될 수 있다고 보고 있다. 그런데 그들과는 반대로 보편적인 도덕적 통찰은 하나님이 도덕성의 존재론적 근거일 가능성을 조금도 훼손하지 못하고 있다고 우리는 주장했다. 왜냐하면 인식의 방향은 존재의 방향과 서로 반대이기 때문이다(메타-윤리적 구분).

마찬가지로 어떤 도덕적 사실들의 필연성과 그로 인한 불변성은 하나님에 대한 의존성을 배제하지는 않는다. 왜냐하면 의존성과 통제성 그리고 필연성과 자족성의 차이를 구분할 수 있어야 하고 구분해야 하기 때문이다(존재론적 구분).

그리고 하나님의 어떤 명령들은 타협할 수 없는 도덕적 직관들과 조화를 이루기가 불가능하지는 않지만 어려운 반면에 어떤 명령들은 전적으로 불가능하다(인식론적 구분).

따라서 우리는 칼빈주의의 한 강령은 범할 수 없는 도덕적 직관과 전적으로 위배되는 반면에 구약의 정복 이야기들은 도덕성과 화해시키기가 어려워 보이기는 하지만 불가능하지 않다는 점을 살펴보았다(의미적 구분). 하나님의 방법은 우리 인간의 방법을 초월하기는 하지만 기독교가 비합리적인 것들을 믿으라고 강요하지는 않는다.

오히려 기독교는 합리성을 보증한다. 우리는 유신론적 윤리에 대한 규범적, 의미론적, 자율성 그리고 다양한 독단성 반론들을 하나씩 파헤치면서 신 존재 증명을 위한 도덕적 논증을 강화시켰을 뿐 아니라 하나님의 완전하고 필연적이며 인식할 수 있는 사랑의 선을 입증할 수 있었다. 우리가 도덕적 논증에 대한 토론과 변호를 통해서 보여준 것은 결국 궁극적인 실재이며 이러한 과정을 통해서 자연법, 악의 문제, 정복 이야기, 삼위일체 하나님의 도덕적 관계성, 성육신, 부활 그리고 내세에 대한 이해를 더욱 심화시킬 수 있었다.

아무튼 우리가 이 책에서 하려고 한 것은 바로 도덕적 변론을 다시 부활시키는 것이었다. 왜냐하면 신 존재 증명을 위한 도덕적 논증이 매우 강력한 설득력을 지니고 있음에도 불구하고 자연신학에서 자주 무시되어왔기 때문이다. 그리고 이 과정에서 우리는 E. O. 윌슨이 "인간의 영혼을 위한 투쟁"이라고 불렀던 이 시대의 세기적인 싸움에 참여하게 되었다. 도덕성의 궁극적인 본성과 근원에 대한 싸움은 어떤 세계관이 옳은지 그리고 세계관이 미치는 다양한 실제적인 문제들에 관한 투쟁인 것이다.

서론의 마지막 부분에서 "나는 태양이 떠오르는 것을 믿는 것처럼 하나님을 믿는다. 하나님을 보기 때문만 아니라 하나님으로 인해 모든 것을 새롭게 보기 때문이다"라는 C. S. 루이스의 말을 인용했었다.[1] 우리는 신 존재 증명을 위한 도덕적 논증이 도덕적 변론과 신 존재 증명에 관한 논증을 종결시켰다고 자만하는 것은 절대로 아니지만 도덕성이 초월적인 근원 그리고 궁극적으로는 하나님 자신을 가리키고 있음을 이 책의 전반에 걸쳐 주장하고 또 주장했다. 태양 유비를 예로 들면서 우리는 이와 같은 진리를 인식하지 못하는 것은 플라톤의 동굴

---

[1] C. S. Lewis, "Is Theology Poetry?" in *The Weight of Glory and Other Addresses* (New York: Macmillan, 1965), p. 140.

에서 퍼덕거리는 영상을 태양으로 오인하는 것과 같다고 보았다.

최근 들어 철학을 전문적으로 연구하는 학자들을 대상으로 한 대규모적인 조사에서 도덕성, 형이상학 등에 대한 일련의 질문들을 던졌는데 이 조사의 결론은 다음과 같다. 현대 철학자들은 하나님의 실존에 대해서 회의적인데도 불구하고 객관적인 도덕성에 대해서는 확신을 가지고 있다.[2] 우리는 도덕성에 관한 그들의 확신이 하나님의 존재를 가리키고 있다고 주장하면서도 조사 결과에 관한 다른 이유들도 추정해보았다. 그리고 실제로 그 이유들을 합리적으로 설명할 수 있었으며 그 이유들이 우리의 논증을 더욱 강화시켜주는 것을 볼 수 있었다.

도덕성에 대한 확신-도덕성의 실재, 객관성, 구속력 그리고 그 권위-은 신 존재 증명을 위한 타당성 있는 도덕적 논증을 위한 필수적인 전제 조건이다. 도덕성은 이 논증에 의해 제시되는 증거이므로 이 논증이 합리적인 설득력을 지닌다면 이 증거는 결론과 똑같은 타당성을 지니고 있어야 할 것이다. 우리는 권위를 지닌 객관적인 도덕성의 증거가 더 이상 강력할 수 없으며 하나님의 존재를 위한 증거보다 더 분명하다고 보았다. 그리고 만일 그렇다면 하나님이 존재한다는 사실에는 모호한 태도를 취하면서도 객관적인 도덕성은 합리적으로 받아들일 수도 있을 것이라고 보았다. 우리가 이제까지 주장해왔던 것을

---

2 PhilPapers 조사는 2009년 11월에 철학자들을 대상으로 그들의 철학적 견해를 알아본 것이다. 이 조사에 참여한 3226명의 응답자 중에서 1803명은 철학과 교수이고, 829명은 철학과 박사학위 과정에 있는 대학원생들이었다. 이 중에서 72.8%는 무신론을 14.6%는 유신론을 지지했다. 하지만 56.3%는 도덕 실재론을 받아들이고 있다. 이 조사의 결과를 더 자세히 알고 싶으면 http://philpapers.org/surveys/을 참조.

포기하는 것이 아니라 도덕성에 대해 그만큼 강하게 확신한다면 신 존재 증명도 받아들이는 것이 타당하다고 본 것이다.

　인식론은 상향적(bottom up)으로 작용한다는 사실을 상기하기 바란다. 우리의 논증을 위해 필요한 기초는 확고한 도덕적 확신이며-아동 학대는 악하고 가난한 사람들을 착취하는 것은 부당하다는 등-유신론과 무신론이 모두 다 이러한 확신에 동의하는 것은 당연하다. 아마도 어떤 사람들은 우리가 그와 같은 무신론적 주장에 동의하는 것은 잘못이라고 말할 수도 있을 것이다. 왜냐하면 우리는 하나님이 도덕성의 근원이라고 주장하고 있기 때문이다. 그렇지만 그렇게 생각하는 것은 인식론과 존재론이 작용하는 방향이 다르다는 점을 간과하고 있기 때문이다. 만일 우리가 옳고 하나님이 윤리의 형이상학적 기초인 것이 사실이라고 해도 반드시 무신론자들이 도덕성의 권위를 인정할 수 없는 것은 아니기 때문이다.

　니체는 하나님의 존재를 거부했을 때 따르는 심각한 문제점들을 정확하게 인식했던 철학자들 중의 하나이다. 니체가 하나님이 존재하지 않는다면 전통적인 가치들이 철저하게 수정되어야 하고 전통적으로 받아들여져 왔던 도덕성의 필연적인 근거들을 상실하게 될 것이라고 말한 것은 매우 솔직하고도 대담한 추론으로 보인다. 하지만 궁극적으로 볼 때 니체는 객관적인 도덕성과 그 권위를 여전히 인정하는 무신론자들보다도 더 미묘한 실수를 범하고 있다. 왜냐하면 니체는 전통적인 도덕성을 거부하면서 가난한 사람들이나 소외된 사람들을 도와야 할 필요나 정의를 실현해야 할 당위성까지도 거부함으로써 인간성 자체를 버리고 있기 때문이다. 니체의 접근방법은 논리적인 관점에서만 보면 칭찬할 만한 부분도 없지는 않지만 다른 관점들에서 보면 도덕 실재론을 버리지 못하는 무신론자들보다 더 솔직하지 못하고 더 비극적이라고 할 수 있다.

우리의 관점에서 보면 무신론자나 자연주의자라도 도덕적 객관성을 지지한다면 객관적인 도덕성이 도덕성의 초월적인 근원이 존재한다는 증거라는 것을 인정해야 하는데도 그렇지 않는다면 그것은 실수라는 것이다. 그들이 자신에게 솔직하다면 당연히 인정해야 한다는 것이다. 우리가 원하는 것은 누구를 비난하자는 것이 아니라 인정할 것은 인정하고 축하할 것은 축하하자는 것이다. 왜냐하면 그러한 확신 안에 도덕적 논증의 씨앗이 존재하기 때문이다. 우리는 그들이 그와 같은 사실을 언젠가는 인정하게 될 것이라는 희망을 가지고 있다. 왜냐하면 우리의 생각에는 니체가 예측한 것과는 달리 그들은 인간성을 부정하면서까지 도덕성이 제시하는 증거들을 거부할 정도로 마음이 완악한 것은 아니기 때문이다.

어떤 의미에서 보면 두 종류의 무신론자들-도덕적 객관주의자와 니체주의자-은 우리가 이 책에서 대화하면서 다루었던 이 두 종류의 적대자들을 넓게 대표하여 각각 논쟁을 벌여왔다.

자연주의적인 도덕적 객관주의자들은 하나님 외에 다른 대안적인 근원을 찾아내서 도덕성을 설명하려고 하는 현대적인 계몽주의를 대표하고 있다.

반면에 니체와 그의 추종자들은 객관적인 도덕성에 대한 포스트모던의 회의론(skepticism)을 보여주고 있는데 그들은 신 존재 증명을 위한 도덕적 논증에 대해 하나같이 귀를 막고 있다. 물론 포스트모던주의자들의 도덕적 의심이 대담하고 솔직한 부분이 없는 것은 아니고 때로는 놀라운 통찰을 보여주고 있기는 하지만 궁극적으로 볼 때 그들의 실수는 더욱 치명적이라고 할 수 있다. 그들은 도덕성과 하나님을 모두 상실했을 뿐 아니라 윌리엄 제임스의 다음과 같은 주장을 상기시켜주고 있기 때문이다.

> 만일 누군가가 도덕적 실재의 세계를 마음 깊은 곳에서부터 원하지 않는다면 그의 머리는 그가 그러한 세계를 믿도록 놓아두지 않을 것이다.[3]

이안 S. 마크햄(Ian S. Markham)이 약간은 과장해서 지적했듯이 니체는 "최후의 진정한 무신론자"였다.[4] 왜냐하면 니체는 전통적인 도덕성의 초월적인 성격과 무신론이 이를 부정했을 때 따르는 결과를 정확하게 이해하고 있는 반면에 현대의 무신론자들은 우리의 존재론에서 하나님을 아무런 고민 없이 제거하면서도 도덕적 언어에 대한 향수를 유지할 수 있는 것을 보면 니체의 사상을 진지하게 받아들이지 못하고 있는 것이 분명하기 때문이다.[5] 존재론적인 입장에서 말하면, 하

---

3 William James, *The Will to Believe*, sect 9.
4 Ian S. Markham, *Against Atheism* (Oxford: Wiley Blackwell, 2010), 2장.
5 Nietzsche의 사상에 대한 보다 통찰력 있는 분석을 원한다면 Alasdair MacIntyre's *Three Rival Versions of Moral Inquiry: Encyclopaedia, Genealogy, and Tradition* (Notre Dame:

나님의 부재는 매우 심각한 결과를 수반하며 하나님이 도덕적으로 무관하다고 말하는 것은 매우 경솔하고 신중하지 못한 태도로서 그들의 치명적인 맹점을 드러내고 있는 것이다. 개리 사피로는 이에 대해서 다음과 같이 말하고 있다.

> 비신자들 중에는 미친 듯이 철저하게 실재를 찾아 헤매는 칼릴 지브란의 광인을 조롱하면서 유신론을 그저 시대착오적인 미신으로 치부하고서 간단히 버리는 자들이 있다. 하지만 니체를 상징하고 있는 광인은 이렇게 대답한다. 하나님은 쉽게 무시할 수 있는 인위적으로 만든 인격이 아니다. 인간의 문화는 그 중심적인 원리를 무시함으로써 지금 가공할 만한 결과를 직면하고 있다. 장바닥의 저속한 무신론자들은 신을 살해함으로써 의미의 모든 유비적 원리들도 함께 제거한 것을 알지 못하고 있다….[6]

하지만 다른 한편으로는 도덕성을 포기하지 않는 그들에게도 심오한 부분은 있다. 인식론적으로 볼 때 우리는 모두 다 이 세상에 관한 진실을 파악하기 위해서 노력하고 있는데 도덕성은 너무나 명백해서 쉽게 포기하지 못하게 하는 것이 있다.

이 책의 앞부분에서 우리는 여러 가지 이유 때문에 칼빈주의를 비판했으며 그중 하나가 그와 같은 신학은 사랑의 하나님과 조화를 시키기가 불가능하다는 이유였다. 그러나 우리는 칼빈주의를 따르는 사

University of Notre Dame Press, 1990), 2장을 참조하라.

6 Gary Shapiro, "Friedrich Nietzsche," in Chad Meister and Paul Copan (eds.), *The Routledge Companion to Philosophy of Religion* (New York: Routledge, 2007), p. 171.

람들이 조금도 주저하지 않고 하나님은 모든 사람들을 사랑하신다고 말하는 것을 잘 알고 있다. 비록 우리는 칼빈주의가 그와 같은 믿음을 지지하지 않는다고 자신 있게 말하겠지만 하나님이 모든 사람들을 사랑하신다는 그들의 믿음을 비웃을 생각이 없는 것은 무신론자들이 도덕성을 포기하지 않는 것을 무시하지 않는 것과 같다.

물론 이 두 경우에서 비합리적인 논리가 작용하고 있다는 것은 부인할 수 없을 것이다. 하지만 우리는 그들이 자신의 확신을 인정하고 계속 발전시켜갈 것을 권장할 것이다. 왜냐하면 우리는 그와 같은 믿음들이 그 믿음들에 타당성을 제공하는 실재, 즉 그와 같은 믿음들을 더 조화롭게 포용할 수 있는 실재에 대해 일관성이 더 있는 이해를 도와줄 것이라고 확신하기 때문이다.

이 세계가 정말로 무신론적인 세상이라고 해도 적절한 윤리적 체계를 정립하는 데에 필요한 많은 요소들이 널려있음을 볼 수 있다. 예를 들어 관계, 도덕성이 주는 만족감, 사랑, 상호주관적인 도덕적 동의 등, 다 헤아릴 수 없이 많다. 이 세계가 무신론적이라고 주장하는 사람들 중에서 어떤 사람들은 도덕성을 타당하게 만드는 데에 하나님이 필요하지 않다고 주장하는 것을 볼 수 있는데 별로 놀랄 만한 일은 아니다. 도덕성의 근거로 삼을 수 있는 것들이 그렇게 많은데 하나님을 왜 필요로 하겠는가? 도덕성이 그렇게 다양한 모습으로 분명하게 나타나는데 왜 불필요한 하나님을 가정하려고 할 것인가?

실제로 우리는 이 다양한 증거들이 유신론적인 세계 안에서 더 타당한 의미를 지닌다는 점을 강조한 바 있다. 그리고 안셀무스주의의 신이 존재한다면 그와 같은 증거들은 존재하지도 않을 것인데 그 이유는 도무지 그 어떤 증거들도 필요하지 않을 것이기 때문이다. 그러나 이 결론에서는 우리의 분석을 조금은 다른 방향으로 확장시켜보려고 한다. 특히 우리는 그러한 증거를 제시할 수도 있고 그러한 증거가 무신론적인 세계관에 해를 끼치지 않도록 보여줄 수도 있지만 그와 같은 증거는 자연주의가 제공할 수 있는 실재에 대한 더욱 심오한 비전을 가리킬 수 있어야 하고 가리켜야 한다는 것이다. 우리의 주장을 펼치기 위해서 우리는 다시 한 번 더 C. S. 루이스의 통찰에 의존하려고 한다.

루이스의 '전치 원리'(transposition)를 생각해보자. 루이스는 성령강림주일에 옥스퍼드의 맨스필드대학에서 한 설교에서 이 원리를 처음으로 소개했는데 1949년에 다른 강연들과 함께 책으로 묶어서 출판했다. 이 원리의 핵심은 더 높은 진리는 더 낮은 진리 안에 포함되어 있다는 것이다.[7] 루이스는 전치 이론의 의미를 설명하기 위해서 몇 가지 유비를 예로 들고 있다. 스물 두개의 모음으로 이루어진 언어를 다섯 개의 모음으로 이루어진 언어로 번역을 한다면 다섯 개의 모음으로 된 언어의 각 모음은 각각 한 개 이상의 모음을 나타낼 수 있어야 한다. 또는 오케스트라 음악을 피아노용으로 편곡을 한다면 똑같은 음표가 한 부분에서는 플루트의 음을, 다른 부분에서는 바이올린의 음을 나타낼

---

7 전치 교리에 대한 Lewis의 저술들을 상기시켜준 Albert Powers에게 감사한다. 전치 이론이 현재의 토론과 어떤 관련이 있는지를 알게 해주고 Lewis의 통찰력에서 도움을 얻도록 해주었기 때문이다.

것이다. 전치는 더 낮은 매체를 더 높은 매체에 비추어 이해할 때에만 일어난다.

하지만 만일 루이스가 옳다면 낮은 매체는 높은 매체의 맥락에서만 이해될 수 있을 것이다. 만일 그렇지 않다면 전치는 아무런 의미가 없을 것이다.[8] 오케스트라 음악을 피아노용으로 편곡한 노래만 들은 사람은 오케스트라 음악을 이해하지 못할 수 있다. 루이스는 2차원의 세계에서 사는 사람에게 입체도형을 설명할 때 나타내는 반응이나 자연주의자에게 초월적인 세계를 설명할 때 보여주는 반응은 같을 것이라고 말하고 있다.

> 당신은 내게 입체도형이라고 부르는 저 세상의 상상할 수 없는 물체에 대해서 계속 설명을 하고 있다. 하지만 당신이 설명하고 있는 입체도형은 자세히 살펴보면 결국 내가 알고 있는 2차원적 모양과 다를 것이 없지 않는가? 당신이 자랑하는 3차원의 세계는 결국 어떤 원형이 아니라 2차원의 세계에 있는 요소들을 빌려다가 꾸는 꿈이 아닌가?[9]

여기서 회의론자들이 합리적으로 내릴 수 있는 결론은 전치될 수 있다고 말하는 어떤 것, 즉 영적인 것이라고 말하는 어떤 것은 결국 재료일 뿐이라는 것이다. 하늘나라 또는 하나님에 대해서 말을 하는데

---

[8] C. S. Lewis, "Transposition," *Transposition and Other Addresses* (London: Geoffrey Bles, 1949), p. 14. (P. H. Brazier, "C. S. Lewis: A Doctrine of Transposition," *The Heythrop Journal* 1 (2009): 680을 보라).

[9] Ibid, p. 15.

결국 이 세상에 있는 것들을 가지고 제멋대로 하는 상상에 불과하다는 것이다. 문제는 우리가 이 세상의 형상들과 개념들을 사용해서 내세를 설명해야 한다는 사실에서 발생한다. 플라톤이 말하고 있는 동굴에서 그림자와 불완전한 형상을 사용해서 완전한 이데아를 설명할 때 일어나는 문제와 같다.

루이스는 『은 의자』(Silver Chair)에서 차원 높은 진리가 차원 낮은 진리 안에 포함되어 있다는 자신의 견해에 대한 회의를 이야기하면서 이와 같은 주제들을 다시 다루고 있다. 질과 유스타스는 지하 세계에 갇히게 되었는데 그곳에는 평생 하늘을 한 번도 보지 못한 사람들이 살고 있었다. 그들이 그곳에 간 것은 릴리안 왕자를 구출하기 위해서였는데 마녀가 그들을 마법으로 묶어놓은 것이다. 마녀는 그들에게 지상 세계는 실제로 존재하지 않으며 지하 세계를 과장한 것에 불과하다고 설득하기 시작한다. 질과 유스타스가 하늘과 태양을 설명하자 마녀는 이렇게 대답한다.

"뭐가 어디에 매달려 있다구요, 전하?" 마녀가 물었다. 그리고 그들이 뭐라고 대답할까 생각하고 있는 동안에 마녀는 회백색으로 부드럽게 웃으며 이렇게 덧붙였다. "내 말이 맞지요? 태양이 어떻게 생겼는지 분명하게 생각하려고 할 때마다 아무 말도 못하잖아요? 당신은 램프같이 생겼다는 것 밖에는 말을 못하잖아요? 당신이 말하는 태양은 꿈일 뿐이네요. 그 꿈이 램프와 다른 점은 아무것도 없네요. 진짜는 램프이고 태양은 이야기, 애들을 위한 동화일 뿐이네요."[10]

---

10   C. S. Lewis, *The Chronicles of Narnia: The Silver Chair*, p. 632.

마녀는 질과 유스타스가 아슬란을 설명하려고 할 때에도 똑같은 논리를 펼치면서 아슬란은 그저 고양이에 불과하고 상상력으로 크기가 매우 커졌을 뿐이라고 주장한다. "보세요. 당신은 나의 세상인 이 현실 세계로부터 빌려가지 않으면 아무것도 설명하지 못하잖아요. 진짜 세상은 이 세상밖에는 없어요."[11]

질과 유스타스를 만나 함께 가던 푸들레지움은 여왕의 논리에 수긍하면서 그 말이 맞을 수도 있다고 인정한다. 즉 질과 유스타스가 하는 말이 지어낸 이야기이고 그들이 설명하려고 하는 외부 세계가 지하 세계를 과장한 것에 불과할 수도 있다는 것이다. 하지만 이 상상 속의 세상이 지하 세계보다 더 중요하고 실제적이라고 말한다. 그리고 이상한 것은 상상 속의 세계가 지하 세계보다 더 풍성하고 완전하다는 것이라고 항의하고 있다.

> 내가 상상 속의 세상을 믿는 이유는 바로 그 때문입니다. 나는 그 세계를 이끌어가는 아슬란이 존재하지 않는다고 해도 아슬란의 편에 설 것입니다. 나니아가 없다고 해도 나니아 사람처럼 살아갈 것입니다. 우리는 이제 당신의 궁궐을 떠나서 어둠 속을 평생 헤매더라도 지상 세계를 찾아 나설 것입니다. 우리가 오래 살지 못할 수도 있겠지요. 하지만 세상이 당신 말대로 그렇게 지루한 것이라면 일찍 죽는다 해도 손해 볼 것도 별로 없겠네요.[12]

---

11 Ibid.
12 Ibid., p. 633.

루이스는 초자연주의를 믿지 못하는 회의론자들이 낮은 차원밖에 알지 못하기 때문에 높은 차원의 세계를 인식하지 못하는 것은 당연하다고 생각하고 있다. 회의론자들은 전치가 필요한 경우마다 항상 영적인 것들은 이 자연 세계로부터 가져온 것들이며 모든 것은 신기루나 상상의 과장일 뿐이라는 결론에 도달할 수밖에 없다는 것이다.

> 성도착자는 욕정밖에는 보이는 것이 없을 것이다. 2차원에서 사는 사람은 그림에서 보는 평평한 모양밖에는 볼 수 없고 심리학자는 모든 것에서 뇌의 파장밖에는 보지 못할 것이다. 낮은 차원에서 전치를 비판하는 사람들에게 짜증을 내봐야 아무 소용없는 것이다. 그들에게 있는 증거만을 의지해서 내리는 결론은 오직 하나밖에 없는 것이다.[13]

루이스는 낮은 차원밖에 모르고 낮은 차원만 믿고 있는 사람이 높은 차원을 어떻게 이해하려고 노력할 수 있는지를 설명하기 위해 또 다른 예를 들고 있다. 낮은 차원의 사람들은 사실만을 볼 뿐 그 의미를 인식하지는 못한다. 루이스에 의하면 개들은 지시하는 것이 무슨 의미인지를 이해하지 못한다. 당신이 손가락으로 음식을 가리키면 개는 그 손가락을 먼저 보고 와서 냄새를 맡으려고까지 한다. 개에게는 당신의 손가락은 손가락일 뿐 더 이상 다른 의미는 없다. 개의 세상은 "사실로만 이루어져 있고 의미는 없으므로" 손가락과 마루 위의 음식

---

13 Lewis, *The Weight of Glory*, p. 114.

사이의 관계를 이해하지 못하는 것이다.[14]

우리는 자연주의자이면서 또한 도덕 실재론자인 사람들처럼 도덕적 사실들이 존재한다는 데에 동의하고 있다. 하지만 우리는 그러한 사실들이 더욱 진정한 의미를 내포하고 있다고 주장해왔으며 우리의 도덕적 확신을 진지하게 받아들이면서 이상하게도 자연주의와 완벽한 조화를 이루고 있는 것을 발견하는 순간 이러한 더욱 진정한 의미를 깨닫게 된다고 말해왔다. 그리고 그렇게 하는 것은 곧 그 도덕적 사실들이 더욱 궁극적인 실재를 가리키고 드러내도록 허용하는 것이다. 그것은 마치 그림자가 더욱 궁극적인 태양을 가리키고 있는 것과 같다고 할 수 있다.

최종적인 결론에 도달하기 전에 마지막으로 집고 넘어가고 싶은 사실이 하나 있다. 그것은 도덕성이 더 이상 빠져나갈 거품도 증발할 것도 없으므로 우리의 시선을 아래로보다는 위로 향하게 한다는 것이다. 서론에서 우리는 법률학 교수인 아더 레프(Arthur Leff)의 한 논문을 인용했었는데 레프는 이 글에서 우리 인간의 욕구에 서로 상충되는 두 개의 다른 충동이 존재한다고 말했었다. 즉 우리가 인식하는 초월적인 도덕적 원리들은 우리에게 어떻게 살아가야 한다고 지시하고 있는 반면에 무엇이 옳은지 그른지를 판단하는 것은 우리의 자유라고 주장하고 싶은 충동이 존재한다는 것이다. 다시 말해서 우리는 한편으로 전적으로 지배받고 싶으면서도 다른 한편으로는 전적으로 자유롭고 싶

---

14 Ibid.

은 욕망이 있다는 것이다.

하지만 레프에 의하면 우리는 결국 보다 매력적이고 결정적인 것은 자기 자신밖에 없다는 것을 깨닫게 된다는 것이다. 그리고 물론 이와 같은 레프의 주장은 E. O. 윌슨이 오늘날 "인간의 영혼을 위한 투쟁"에서 초월주의보다는 경험주의가 승리할 것이라고 했던 예측과 일치한다고 할 수 있을 것이다.

그렇지만 우리는 그들과는 반대로 도덕성의 실재와 권위가 유한한 인간으로서 우리가 만들어내거나 동원할 수 있는 것보다 더 높고 더 풍성하고 더 환상적이며 더 최종적인 자원을 근거로 하고 있다고 주장한다. 보는 눈을 가진 사람들은 발견해야 할-인위적으로 만든 것이 아니라 찾아내야 할-법, 억압하고 착취하고 빼앗는 법이 아니라 해방하는 법이 있다는 것을 알 수 있다. 그리고 이 법을 만드신 영원하고 초월적인 창조자-정의가 실현되고 은혜가 값없이 주어질 때마다 그 매혹적인 모습들을 순간순간 보게 되는-의 영롱한 아름다움을 대할 때마다 우리는 근원이신 그분을 보고 누리는 순간 가장 깊은 만족과 진정한 해방, 완전히 절제되면서도 완전히 자유로운 행복을 찾게 될 것이라는 확신으로 충만하게 되는 것이다.

부록 A: 신명론에 대한 확대된 독단성 반론의 문제점

신명론(Divine Command Theory, 이제부터 DCT라고 부르기로 함)의 의무론적 해석은 다음과 같이 주장한다.

1. 만일 하나님이 X를 명령한다면 X는 도덕적 의무가 된다. 그리고 하나님이 그것을 명령했기 때문에 그것은 도덕적 의무다.[1]

신명론(神命論)에 대한 반론은 대부분 다음과 같은 도덕적으로 추악한 행동을 ⑴의 X의 한 예로 든다.

---

1 Philip L. Quinn은 신학적 주의주의(theological voluntarism)를 하나님의 명령보다는 하나님의 의지의 관점에서 설명하기를 좋아한다. 그 이유는 하나님의 의지가 하나님의 명령에 선행하기 때문이다. 하지만 여기서는 맥락상 명령-이론적 모델을 사용하기로 한다. DCT가 행동들(금지, 의무, 허용)의 의무론적 지위와 하나님의 명령 사이에 존재한다고 보는 연관은 단지 우연이 아니라 논리적인 필연성을 지니고 있다. Philip L. Quinn, *Divine Commands and Moral Requirements* (Oxford: Oxford University Press, 1978), and Mark Murphy's "Divine Command, Divine Will, and Moral Obligation," 15: 3-27과 *An Essay on Divine Authority* (Ithaca, NY: Cornell University Press, 2002)을 보라.

2. 만일 하나님이 성폭행을 명령한다면 성폭행은 도덕적 의무가 되지만 이러한 의무는 너무나 혐오스럽기 때문에 DCT는 반박될 수밖에 없다.

이 반론에 대한 효과적인 대답은 다음과 같다.

3. 하나님은 돌이킬 수 없을 정도로 악한 명령은 내리지 않는다.

도덕적인 측면과 그 외의 모든 측면에서 하나님은 선하시고 완전하신 존재이기 때문에 그 가능성은 온전히 배제된다. 하나님은 그러한 명령들을 내리지 않으실 뿐 아니라 내리실 수가 없다. 만일 하나님이 그와 같은 명령을 내리지는 않더라도 그러한 명령을 내릴 수 있다면 DCT는 성폭행이 도덕적 의무가 될 수 있는 가능성을 수반하게 되며, 이와 같은 가능성은 DCT의 약점이 된다. 따라서 DCT가 극복할 수 없는 문제점을 회피하기 위해서 하나님은 성폭행이나 아동학대와 같은 행동들을 명령하실 수 없어야 한다.

1. 새로운 독단성 반론

루이스 안토니와 월터 시노트-암스트롱은 하나님의 본성이 도덕적으로 흉악한 행동을 명령하실 수 없다고 하더라도 DCT는 성립하지 않는다는 신선한 공격을 시작했다. 시노트-암스트롱은 이와 같이 주장한다.

> 하나님은 실제로 우리에게 성폭행을 하라고 명령할 수도 없고 명령하지도 않는다고 할지라도 신명론은 여전히 반사실적 서술, 즉 하나님이 우리에게 성폭행을 명령했다면 우리에게는 성폭행을 해야 할 의무가 있다고 암시하는 것이다.[2]

그리고 안토니 역시 이와 비슷한 주장을 하고 있다.

> 만일 DCT가 참이라면 다음과 같은 반사실적 서술도 참이 된다. 만일 하나님이 우리에게 무죄한 어린이들을 학대하라고 명령했다면 아동학대는 도덕적으로 옳은 행동이 된다.[3]

그들은 논쟁을 위한 목적으로 하나님이 그처럼 회복할 수 없을 정도로 악한 명령을 실제로 내리실 수 없다는 점은 인정하면서도 그들은 하나님이 만일 그와 같은 명령을 내리셨다면 DCT는 그런 행동이 도덕적으로 허용된다고 암시하기 때문에 DCT는 더욱 큰 약점을 지닌다고 본다.

우리는 그와 같은 논증—우리는 이 반론을 신명론에 대한 확대된 독단성 반론(extended arbitrariness objection)이라고 부른다(또는 어떤 학자들은 '확대된 혐오스러운 명령 반론'이라고 부르는 것을 좋아함)—에 대해서 어떻게 대답할 수 있을까? 여기서 문제의 핵심은 "하나님이 성폭행을 명령했다면

---

2 Walter Sinnott-Armstrong, "Why Traditional Theism Cannot Provide an Adequate Foundation for Morality," *Is Goodness without God Good Enough?* (Lanham, MD: Rowman & Littlefield, 2009), p. 106.

3 Louise Antony, "Atheism as Perfect Piety," ibid., p. 71.

성폭행은 도덕적으로 옳은 행동이 된다"와 같은 반사실적 서술, 즉 실제로 사실과 정반대의 반본질적 가정의 진리치와 DCT가 말하는 진리치가 참의 여부를 결정하는 것이다. 만일 그 조건문이 거짓임에도 DCT가 참이라고 말한다면 DCT는 성립할 수 없을 것이다.

표준적 의미론에서는 불가능한 전제를 포함하는 조건문이 일반적으로 참이라고 할지라도 무의미하다. 하지만 안토니는 그와 같은 사실에 불복하면서 일상적인 직관에 의존하고 있다.[4] 왜냐하면 직관은 그러한 반본질적인 서술을 항상 의미 없는 참으로 보지 않기 때문이다.[5] 안토

---

4 이와 같은 반사실적 문장에 대한 일반적인 설명을 따르자면 그 전제-하나님이 성폭행을 명령한다-가 반드시 거짓이므로 이 조건 문장은 설사 참이라도 아무런 의미가 없다고 본다. 마치 2+2=5가 참이라면 성폭행은 도덕적 의무라고 말하는 것과 같다. 어떤 사상가들을 보면 불가능 세계를 가정하고서 그 특성들에 권위를 부여함으로써 자신의 주장이 타당하다는 억지를 부리는 것을 자주 보는데 Sinnott-Armstrong이나 Antony도 그들을 연상시켜주고 있다. 난센스가 분명한 주장을 그처럼 확신 있게 이야기한다는 것은 그와 같은 잘못된 풍조가 얼마나 만연되어 있는지를 보여주는 증거일 뿐이다. 앞에서 이미 살펴보았듯이 Craig는 Sinnott-Armstrong(Antony도 마찬가지이지만)의 이와 같은 주장에 대해 다음과 같은 의문을 제기하고 있다. "Antony의 말대로 불가능한 전제를 포함한 조건 문장도 의미 있는 참이나 거짓을 나타낼 수 있다고 해도 어떤 명제의 진리를 평가할 수 있다는 말인가? 둥근 정사각형이 존재한다면 그 면적은 한 면의 제곱이 될 것이라는 주장처럼 아무런 의미가 없는 말이 무슨 진리를 내포할 수 있다는 것인가? 논리적으로 불합리한 가정을 기초로 하는 주장에 어떻게 답변한들 무슨 차이가 있는가? 내가 보기에는 신명론자들이 이와 같은 반사실적 문장의 무의미한 진리에 갇혀 있는 것도 아니고 그와 같은 무의미한 진리에 의존하고 있는 것도 아니다." William Lane Craig, "This Most Gruesome of Guests," *Is Goodness without God Good Enough?*, p. 172를 참조.
5 Trenton Merricks도 지적하고 있듯이 오직 극단적인 교조적 형이상학자들만이 그의 주장을 반가능적으로 보는 것을 거부한다. 조금만 생각해보아도 반드시 거짓일 수밖에 없는 이론들의 잘못은 곧바로 찾아낼 수 있을 것이다. *Objects and Persons* (Oxford: Clarendon Press, 2001), p. 5를 참조.

니는 아마도 반사실적 서술을 다른 어떤 것, 예를 들면 연관논리나 초일관성 논리로 오해하고 있는 것으로 보인다. 그럼에도 안토니는 비표준적인 의미론이 정확히 어떤 것을 의미하는지는 말하지 않는다. 하지만 안토니가 그렇게 주장하는 동기는 분명하다. 왜냐하면 문제가 되는 조건문이 신명론에 의해서 아무런 의미도 없다고 판명이 난다면 신명론에 대한 안토니의 비판은 아무런 힘도 없기 때문이다.

따라서 신명론에 대한 안토니와 시노트-암스트롱의 반론은 반사실적 서술을 비표준적인 의미론의 입장에서 전개하고 있다고 볼 수 있으며 한걸음 더 나아가 이 의미론은 문제가 되는 조건문이 거짓이고 신명론이 참이라는 것을 오히려 증거하고 있는 셈이다.

따라서 그들의 주장이 지니는 강점을 더 분명히 이해하고 효과적으로 반박하기 위해서는 불가능 세계들을 가능 세계들 사이에 편입시킴으로써 타당성이 증가되는 반사실적 서술의 의미론에 대한 이 강력한 지지들을 어떻게 이해해야 할 것인가 하는 문제가 남아있다.[6] 아마도

---

[6] 반사실적 서술이나 반본질적 서술에 관한 설명은 David Lewis, *Counterfactuals* (Oxford: Blackwell Publishing, 2001); Linda Zagzebski, "What if the Impossible Had Been Actual?" in *Christian Theism and the Problems of Philosophy*, ed. Michael Beaty (Notre Dame, IN: Notre Dame University Press, 1990); Richard Brian Davis, *The Metaphysics of Theism and Modality* (New York: Peter Lang, 2001); Robert Stalnaker, "A Theory of Conditionals," *Studies in Logical Theory, American Philosophical Quarterly* Monograph Series, No. 2, edited by Nicholas Rescher (Oxford: Blackwell, 1968), pp. 64-80; Brian Leftow, "A Leibnizian Cosmological Argument," *Philosophical Studies* 57 (1989): 135-155; Leftow, "God and Abstract Entities," *Faith and Philosophy* 7 (1990): 193-217; Leftow, "Is God an Abstract Object?" *Nous* 24 (1990): 591-598; Leftow, "Impossible Worlds," *Religious Studies* 4 (2006): 393-402; the exchange between Richard Brian

다음과 같은 방법이 있을 것이다. 즉 반사실적 서술 R이 세계 W 안에서 참이기 위해서는 세계 W와 가장 비슷하면서도 가능하거나 또는 불가능 세계 W* 안에서 B가 반드시 참이어야 한다는 점을 지적해야 할 것이다. 이 설명에 의하면 어떤 주어진 반가능적 서술의 진리치는 실제 세계와 가장 근접한 불가능 세계에서 가정문의 조건문과 결과문의 진리치에 달려 있다. 그리고 이제 다음과 같은 두 가지 불가능 세계들, 하나님이 성폭행을 명령하고 성폭행이 도덕적 의무가 되는 세계와 하나님이 성폭행을 명령하는데 성폭행이 도덕적 의무가 되지 않는 세계 중에서 어떤 세계가 실제 세계와 더 근접한가 하는 문제가 남는다.[7]

안토니는 직관적인 접근방법을 사용하고 있음을 솔직하게 인정하고 있다. 그가 초일관성의 논리나 연관논리를 언급하는 것도 직관의 가능

Davis and Brian Leftow in *Religious Studies* 42, pp. 371-402; Edward Wierenga, "A Defensible Divine Command Theory," *Nous* 17 (1983): 393-396; Wierenga's "Theism and Counterpossibles," *Philosophical Studies* 89 (1998): 87-103; 그리고 Wierenga's *The Nature of God* (Ithaca, NY: Cornell University Press), 8장을 참조하라.

7 불가능 세계를 이야기하는 것 자체가 거부감을 줄 수 있으나 도덕적 실재론자가 되지 않아도 된다는 사실을 감안하면 그렇게 좋지 않은 개념만은 아니다. 또한 불가능한 세계는 최대로 많은 명제들의 세계 또는 현실세계의 잘못된 표현으로 이해될 수 있다. 불가능 세계는 전통적인 논리 체계의 지배를 받지 않는다. 즉 불가능 세계는 전통적으로 닫힌 세계가 될 수 없거나 또는 전통적으로 일관성 있는 세계가 될 가능성이 없거나 이다. 모든 불가능 세계는 전통적인 일관성을 결여한다. 그러나 불합리한 세계(모든 명제가 참인 세계)만이 전통적으로 닫힌 세계가 되지 못한다. 여기서 닫힌 세계란 p와 q를 수반하지만 q가 참이 아닌 명제 p가 적어도 하나가 존재하는 세계이다. 불가능 세계는 어떤 논리 체계에 의해서도 지배받지 않거나 또는 비전통적인 논리 체계(Antony가 제시하듯이 초일관성 논리나 연관 논리)의 지배를 받을 수 있다. 이로 인해서 '폭발적'이 됨으로써 수반되는 결과적 관계를 피할 수 있으며 모든 명제가 모든 불가능 세계에서 참이 되는 것을 막음으로써 모든 불가능 세계가 불합리한 세계가 되는 것을 피할 수 있다.

성을 열어두기 위한 것으로 보인다. 그렇지만 비표준적 의미론이라는 마법 지팡이를 휘두른다고 해서 원하는 결과를 반드시 얻는다는 보장은 없다. 하지만 안토니가 직관의 차원에서 토론을 벌이자고 한다면 우리도 마다할 이유가 없다. 안토니는 "하나님이 아동학대를 명령한다면 아동학대는 도덕적 의무가 된다"와 같은 명제를 제안하면서도 마음 속으로는 거리끼는 것이 많을 수밖에 없을 것이다. 아마도 그러한 명제를 제시하는 것 자체가 아동학대는 악하고 필연적으로 선하지 않으며 그와 같은 사실은 절대로 바뀔 수 없다는 점을 우리처럼 확신하고 있기 때문일 것이다.

이제 윤리적 반실재론자들이 제기하는 문제점들은 옆으로 제쳐놓고 아동학대가 필연적으로 악하다는 사실에 초점을 맞추기로 하자. 안토니가 주장하는 것은 어떤 도덕 실재론도 신명론과는 서로 상반된다. 안토니가 하나님이 아동학대를 명령하는 세계 중에서 가장 불가능 세계 안에서도 아동학대가 여전히 악하다고 보는 가장 중요한 이유는 그와 같은 도덕적 진리의 인식론적 입장 때문이다. 결국 아동학대는 분명히 악이며 그러한 사실은 절대로 변하지 않는 것이다. 따라서 신명론이 가능성이 거의 없는 반본질적인 의미에서라도 그와 같은 사실을 조금이라도 다르게 이야기한다면 신명론은 실패한다는 것이다. 그리고 도덕성을 하나님에게 의존시키는 방법을 DCT로만 한정시킨다면 DCT가 무너졌을 때 하나님과 윤리의 관계는 적어도 존재론적으로 함께 무너진다는 것이다.

우리는 안토니(그리고 시노트-암스트롱의)의 주장에 대해서 두 가지 주요한 반론을 제기하려고 한다. 한 반론은 마크 머피가 말하는 피설명항의 고려(explanandum-driven consideration)로 인한 문제이며, 다른 한 반론은 설명항의 고려(explans-driven consideration)로 인한 문제이다.[8]

피설명항의 관점에서 본 문제점은 도덕적 판단이나 도덕성의 어떤 특성들이 어떻게 가능하거나 현실화하며 또는 필연적이 되는지를 설명하려고 할 때 발생한다. 이와 관련하여 볼 때 아동학대는 악이라는 우리들의 철저한 확신이, 예를 들어 아동학대가 악이라는 명제는 필연적인 진리의 하나라는 믿음 위에 서 있다고 하더라도, 그 때문에 하나님이 윤리와 무관하다는 결론을 내릴 수 없다는 것이다.

이에 반해서 설명항의 관점에서 제기하는 반론은 유신론자들이 제기하고 싶어 하는 사항들, 예컨대 하나님은 존재하는 그리고 성립하는 모든 것들을 궁극적으로 설명하는 분이라는 확신, 등에 뿌리를 두고 있다. 우리는 이런 근거에서 전통적인 유신론자는 안토니의 주장에 대해 아무런 걱정도 할 필요가 없다는 것을 밝히려고 한다. 왜냐하면 우리가 안셀무스의 신이 존재한다는 것을 전제로 한다면 안토니의 반사실적 서술이 참이 될 가능성은 전혀 없기 때문이다. 우리는 먼저 피설명항 중심의 반론을 살펴보고 나서 설명항 중심의 반론으로 넘어가기로 한다.

---

8 예를 들면 Murphy는 "애덤주의 가치론에서 유신론적 자연주의 법칙론"(From Adamsian Axiology to Theistic Natural Law Theory)이라는 논문에서 이와 같은 구분을 하고 있는데 우리에게 읽도록 허락해주었다. 이 논문은 *God and Moral Law: On the Theistic Explanation of Morality* (Oxford, forthcoming)의 일부로 출판될 예정이다.

2. 피설명항 중심의 반론

피설명항 중심의 반론은 성폭행과 같은 어떤 행동들은 그 악한 본성이 너무나 자명해서 인식이 가능하다는 사실로부터 출발한다. 안토니와 시노트-암스트롱은 행동들의 도덕적으로 혐오스러운 성격 자체가 DCT가 잘못이라는 이유라고 본다. 왜냐하면 아무도 또는 그 무엇도 그와 같은 사실을 바꿀 수는 없기 때문이다. 그들의 논증은 상향적(bottom-up)인, 즉 귀납적 방식인 것처럼 보이며 다음과 같이 요약할 수 있을 것이다.

4. 우리는 성폭행이 악하다는 사실을 전적으로 확신할 수 있지만, 그러나
5. 만일 DCT가 참이라면 우리의 그와 같은 확신은 무너질 수 있다. 그러므로
6. DCT는 거짓이다.

물론 DCT의 어떤 해석들은 우리의 도덕적 선언에 대한 우리의 확신을 흔들 수 있다. 이를테면 DCT의 오컴주의적 해석은 일반적으로 성폭행도 도덕적으로 허용되거나 도덕적 의무가 되는 것을 가능하게 하는 것으로 알려져 있다. 하지만 안토니와 시노트-암스트롱은 하나님이 성폭행을 명령할 수도 없고 명령하지도 않는다고 보는 신명론들이 취약점을 드러내고 있다고 생각한다. 왜냐하면 DCT 자체가 반본질적인 관점에서 보면 만일 하나님이 명령만 내린다면 성폭행도 의로

운 행동이라고 주장하게 되는데, 성폭행은 본질적으로 의로운 행동이 될 수 없으므로 DCT는 거짓이 되기 때문이다.

그런데 DCT에 대한 확신을 갖게 되면 성폭행은 반드시 악하다는 확신이 흔들리게 되는 것일까? 안토니가 그렇다고 제안하는 하나의 이유는 그와 같은 확신이 DCT로부터의 이탈과 함께 도덕성에 대한 소위 '신적 독립이론'(Divine Independence Theory)이라고 부르는 것을 향해 움직이고 있다고 보기 때문이다. 이 비판은 신학적 주의주의(theological voluntarism)의 저서들에 주로 나타나 있다. 만일 우리가 어떤 행동이 절대적으로 악하다는 확신을 갖게 되면 그러한 확신은 DCT와는 회복할 수 없는 갈등 관계에 들어간다는 것이다. 그러나 조그만 깊이 생각해 보면 그건 사실이 아니라는 것을 곧 알 수 있다.

인식론적 전제를 바탕으로 펼치는 진정성이 부족한 논증을 근거로 해서 지나친 존재론적 결론을 내리는 것은 비합리적이다. 성폭행이 악이라는 도덕적 사실에 대한 우리의 흔들림 없는 확신은 도덕성의 기초에 대한 형이상학적 질문에 대한 대답을 제시하지는 않는다. 여전히 하나님은 윤리의 근원으로 작용하고 있을 가능성이 있으며 우리는 유신론자든 무신론자든 간에 특정한 도덕적 진리들을 명확하게 이해할 수 있다. 그러한 이야기는 매우 합리적이므로 안토니가 직관에 근거해서 자신의 주장을 펼치는 것은 옳지 않다는 것이다.

안토니와 시노트-암스트롱이 그들의 야심적인 결론을 이끌어내는 데에 필요한 것은 존재론적인 증거들이라고 할 수 있다. 따라서 그들의 주장을 형이상학적으로 보다 견고하게 정립하려면 다음과 같은 논리를 펼쳤어야 했을 것이다.

    7. 성폭행은 필연적으로 악이다.
    8. DCT가 참이라면 성폭행은 반드시 악이 아닐 가능성이 있다.
    9. 그러므로 DCT는 거짓이다.(6)

    이 논증은 매우 타당해 보이며, 우리는 (7)에 흔쾌히 동의할 수 있다. 정말로 DCT는 성폭행이 악하다는 사실을 우연적인 문제로 만드는 것일까? 다시 말하지만 안토니와 시노트-암스트롱은 단지 논증을 위해서 하나님은 성폭행을 명령할 수도 명령하지도 않을 것이라는 점을 인정하고 있다. 따라서 이해했던 DCT가 그렇다면 성폭행이 의로운 일이 될 가능성은 제시하지 않을 것이다. 그럼에도 불구하고 이 DCT 혐오주의자들은 개념적인 관점에서 볼 때, DCT에 의하면 만일 하나님이 성폭행을 명령한다면 성폭행은 의로운 행동이 되므로 DCT는 거짓이라고 주장하고 있다.

    다시 이야기하지만 분명한 사실은 하나님이 성폭행을 명령하는 가장 근접한 불가능 세계에서도 하나님이 명령했다고는 하지만 성폭행은 여전히 악한 행동인 것이다. 이 분석에 의하면 성폭행이 악하다는 확신을 갖게 된 것은 우리의 도덕적 감각이 이 도덕적 사실을 미리 느끼고서 찾아냈기 때문이라고 설명하고 있다. 따라서 하나님이 성폭행을 명령하는 세계, 즉 가장 불가능 세계에서도 성폭행은 여전히 악일 것이다. 그렇지 않다면 이 불가능 세계는 현실적으로도 배제될 뿐 아니라 그 가능성도 완전히 사라진다. 하나님이 성폭행을 명령하는 것 자체가 처음부터 불가능하고 만에 하나 명령한다고 해도 그 때문에 성폭행, 또는 아동학대 같은 악한 행동이 의로운 의무가 될 수는 절대로 없기 때문이다. 그러므로 이와 같은 주장은 일종의 확대된 양태 이야기(extended modal story)이며 안토니가 자신의 반론이 단지 분명한 직관이라는 사실을 보여주기 위해서 제시할 수 있는 이야기일 것이다. 즉 하나님이 명령해도 그처럼 악한 행동은 절대로 의로워지지는 않는다는 것이다.

그렇다면 이와 같은 반론에 대해서 어떻게 대답을 해야 하는 것일까? 다시 말하지만 이 문제는 DCT가 성폭행이 악하다는 절대적인 도덕적 사실의 확대된 양태적 입장을 약화시킬 수 있는가 하는 문제로 집약될 것이다. 여기서 확대된 양태적 입장이란 안토니의 전제, 즉 성폭행은 필연적으로 악할 뿐 아니라 관련이 있는 윤리적 반본질들을 찾아내기 위해서 조사하는 가장 근접한 불가능 세계들에서도 여전히 악하다는 것을 의미한다.

이 반론에서 안토니와 시노트-암스트롱이 시도하고 있는 것은 하나님과 필연적 진리 사이에 간격을 만드는 것이다. 왜냐하면 안토니의 직관은 그가 반가능적이라고 부르는 한 시나리오를 상정하는데 이 시나리오에서는 하나님의 명령과 필연적인 도덕적 진리가 서로 충돌하기 때문이다. 그러므로 우리가 의심할 수 있는 것은 안토니가 도덕성의 필연적인 진리가 하나님으로부터 독립해 있다고 암시하려고 한다는 것이다.

하지만 그것은 분명한 순환논리의 오류이며 매우 흔히 볼 수 있는 전제로서 논란의 여지가 있다. 그렇지 않다고 가정하는 것은 필연성과 자족성을 동일하게 여기는 것으로서 모리스로부터 플랜팅가 그리고 크레이그에 이르기까지 많은 철학자들이 의문을 제기하고 있는 오류이다.

그와 반대로 그들은 유신론이 필연적 진리를 가장 잘 설명할 수 있다고 본다. 로버트 애덤스도 「철학 저널」(Journal of Philosophy)이라는 학술지에 게재한 글에서 똑같은 주장을 하고 있다.[9] 그리고 똑같은 맥락에

---

9   필연적 진리들이 현실세계의 사실들을 결정하고 설명한다고 가정해보자. 만일 하나님이 자신의 본성상 그와 같은 필연적 진리들을 잘 알고 있고 하나님이 우리를 창조하였다면 하나님은 우리도 그와 같은 진리들의 필연성을 인식할 수 있도록 만들었을 것이다. 그리고 이와 같은 방법으로 실제적인 객체의 필연성과 그 진리들의 필연성을 믿는 우리의 확신 사이의 인과관계가 설명될 수 있다. 우리의 확신과 객체들이 일치하는 것은 믿기 힘든 우연이나 설명할 수 없는 신비 때문인 것은 아니다.

  "이 이론은 새로운 것이 아니다. 어거스틴 시대로부터 중세나 초기 근대에 널리 받아들여졌던 주장이다. 그리고 지금까지도 필연적 진리에 대한 우리의 인식을 가장 잘 설명하고 있는 이론이다. 그와 같은 사실은 신 존재를 위한 논증의 한 요소가 된다. 물론 그 증거라고는 할 수 없으며 이와 같은 문제에서 결정적인 증거를 제시하는 것은 지나친 욕심일 것이다. 하지만 다른 방법으로는 설명하기 힘든 사실을 쉽게 설명할 수 있다는 것은 유신론이 지니는 이론적인 장점이라고 할 수 있을 것이다."

  "논리 철학에서 어거스틴적 유신론이 매력적인 설명을 제공하는 것은 이 문제만이 아니다. 어거스틴 신학은 또한 논리학과 수학의 객체들이 지니는 존재론적 지위도 쉽게 설명하고 있다. 많은 사람들이 다음과 같은 두 가지 주장들이 모두 다 타당한 것으로 여기고 있다. (1) 가능성과 필연적 진리들은 우리가 생각으로 만든 것이 아니라 발견되는 것이다. 그와 같은 진리들은 우리 인간들이 인식하지 못해도 거기에 존재해 있다. (2) 가능성과 필연적 진리들은 그 관련되어 있는 사상까지도 누군가가 마음으로 인식하지 않으면 존재하지 않는다. 첫 번째 주장은 플라톤주의를 필요로 하며 두 번째 주장은 플라톤주의를 거부한다. 그런데 이 두 주장이 모두 다 성립하는 방법이 있는데 그것은 영원하고 필연적으로 존재하는, 인간이 아닌 어떤 개체의 정신이 그와 같은 모든 가능성들과 필연적인 진리들을 인식하고 있다고 보는 것이다. 어거스틴

서 그는 또한 다음과 같이 제안하고 있다. 즉 필연적 진리들이 하나님에게 의존하고 있다는 주장은 그와 같은 진리들을 인식하는 우리 인간의 능력을 합리적으로 설명해주고 있다는 것이다. 따라서 이 설명은 존재론적으로나 인식론적으로 매우 의미가 크며 기독교 사상사에서도 중요한 흐름을 형성하고 있다. 이것은 어떤 주장을 증명해주는 결정적인 증거가 아니다. 하지만 필연적인 진리와 이에 대한 인간의 인식을 유신론적으로 설명하는 것이 매우 설득력이 있음을 보여주는 증거가 된다. 따라서 우리가 여기서 주장하는 것은 하나님과 필연적 진리 사이의 본질적인 비일관성에 대한 암묵적인 전제들을 아무런 비판 없이 명백한 직관으로 받아들여서는 안 된다는 것이다.

3. 설명항 중심의 반론

설명항 중심의 반론은 전통적인 하나님 개념 중에서 하나님의 기능적인 개념에 관해서 이야기함으로써 안토니의 주장을 비판할 수 있게 해준다. 하나님과 도덕성이 모두 다 필연적이라고 가정하자. 그리

의 신학에 의하면, 그와 같은 정신은 하나님의 정신이다. 물론 이 상반된 주장을 하나로 묶는 방법이 이와 같은 유신론밖에 없다고 말하려는 것은 아니다. 하지만 이 방법이 매우 매력적인 것은 사실이다." Robert Adams, "Divine Necessity," *Journal of Philosophy* 80: 751. Plantinga, "How to Be an Anti-Realist," *Proceedings and Addresses of the American Philosophical Association* 56, no. 1 (New York: State University of New York Press, 1982): 67-68를 참조.

고 하나님이 안셀무스주의가 주장하듯이 모든 실재의 근원이고 모든 존재의 근거라고 가정하자. 그렇다면 이 경우에 도덕성은 존재론적으로 하나님에게 의존해야 하는 것이 아닐까?[10] 우리는 실제로 그렇다고

10 필연적인 도덕적 사실들과 이 세계와 모든 가능 세계 그리고 플라톤이 말하는 이데아에서 성립하는 도덕적 사실들이 존재한다고 가정하자. 그렇다면 플라톤주의가 참이라고 하더라도 도덕성은 하나님에게 의존하는 것이 당연하지 않을까? 우선 하나님이 실제로 존재한다고 가정하자. 그렇다면 도덕성은 하나님에게 의존해야 하는 것이 아닐까? 물론 하나님의 존재가 우연적이라고 생각한다면 이 의존성이 필연적인 것은 아닐 것이다. 그리고 만일 그렇다면 어떤 도덕적 진리들은 하나님이 존재하지 않는 세계에서도 성립할 것이다. 그리고 만일 그와 같은 진리가 존재한다면 도덕성이 하나님에게 의존하지 않는다는 것을 보여주는 것이고 그렇다면 합리적인 관점에서 볼 때 도덕성은 하나님에게 의존하지 않는 것이다. 그러므로 우연성이 하나님의 본성에서 제외되거나 또는 필연성이 도덕성의 본성에서 제외된다면 도덕성이 하나님에게 의존하는 것이 좁은 의미에서 볼 때 논리적으로 필연적인 진리가 아닐 수 있는 것이다. 그리고 우연적인 하나님은 또한 하나님에 대한 도덕성의 형이상학인 강한 의존성을 배제한다. 그리고 그럴 경우 기껏해야 하나님은 하나님이 존재하는 세계 안에서 도덕성을 위한 인식론적 또는 동기적 역할 밖에는 못할 것이다. 하지만 존재론적인 관점에서 보면 오히려 하나님이 도덕성에 의존하는 것처럼 보일 것이다. 그렇다면 이제 도덕적 진리들도 필연적이고 하나님도 필연적으로 존재한다고 가정해보자. 이와 같은 경우에는 도덕성이 존재론적으로 하나님에게 의존할 수 있는 것일까? 물론 그럴 수 있다. 필연적인 진리들이 의존성과의 비대칭적인 관계 안에 존재할 수 있다면 그렇다는 것이다. 그리고 이것은 논리적으로 믿을 만하다. 왜냐하면 하나님의 존재가 필연적인 진리라면 예를 들어 '인격적인 존재가 존재한다'와 같은 필연적인 진리를 수반하게 되기 때문이다. [William Lane Craig는 어떤 필연적인 진리의 다른 필연적인 진리에 대한 비대칭 의존 관계의 비신학적인 실례를 다음과 같이 들고 있다. "피노의 수학공리들은 설명적으로 '2+2=4'에 선행하며 Zermelo-Fraenkel 이론의 공리들이 그로 인한 진리들보다 선행하는 것과 같다." Craig의 "This Most Gruesome of Guests," p. 170, *Is Goodness without God Good Enough?*를 참조하라. 설명적인 비대칭적 의존성은 보다 깊은 형이상학적, 비대칭적 의존 관계, 예를 들어 수반적 관계, 인과적 충분 관계, 인과적 공헌 관계, 성분적 표준 관계, 분석 관계 등을 가리키고 있다. 인과론과 수반론은 존재론적 의존성의 필연적인 차원까지 침투하지는 못하는 것으로 보인다. 그러나 존재론적 의존(양태적, 실존적, 본질적 등)을 설명하는 작업은 존재론적 의존성의 다양한 변형들의 가능성이 더해지면서 이 존재론적 의존성의 본성 규명을 더욱 어렵게 만든다. 그렇지만 도덕성과 하나님은 둘 다 필연적인데도

믿을 만한 분명하고도 충분한 이유를 가지고 있다. 안셀무스주의 신이 하나님의 필연성을 수반하지만, 하나님의 필연성은 안셀무스주의의 신을 수반하지는 않는다. 필연성은 안셀무스주의 신의 필요조건이기는 하지만 충분조건은 아니다. 우리가 보기에는 안셀무스주의 신의 또 다른 필요조건 중 하나가 바로 존재하는 모든 것의 존재론적 근원이어야 한다는 것이다.[11]

이러한 사실을 염두에 두고서 하나님의 부재를 조건문으로 삼고 있는 가정문에 대한 질문을 살펴보기로 한다. 하지만 우리는 하나님은 존재하신다는 전제로부터 시작하려고 한다. 그리고 도덕적 사실은 성

도덕성이 하나님에게 의존해야만 하는 것일까? 그렇지 않을 것이다. 필연적인 진리들은 서로 독립해서 성립할 수 있기 때문이다. '2곱하기 2는 4이다'라는 필연적 진리와 빨간 색상의 객체들은 색깔을 가지고 있다는 필연적 진리가 서로 독립해 있다는 것과 같다. 이 둘 중 하나는 성립하고 다른 하나는 성립하지 않는 세계가 존재하지 않더라도 한 진리가 다른 하나의 형이상학적인 원인이 되지 않는다. 따라서 하나님이 필연적으로 존재한다는 사실은 도덕성이 하나님에게 의존한다는 사실을 보여주는 데에 충분하지 않다. 이러한 주장은 만일 도덕성이 필연적이라면 하나님의 우연성이나 부재가 반드시 도덕성의 하나님에 대한 비의존성을 수반하는 것은 아니라는 주장과 비슷하다. 지금까지는 하나님의 실존이든 우연성이든 필연성이든 간에 도덕성의 하나님에 대한 의존성을 반드시 수반하는 것은 아니다.

11 Thomas V. Morris는 다음과 같이 이야기하고 있다. "지난 수세기 동안 수많은 철학자들이 완벽한 유신론적 형이상학을 정립하려고 노력해왔다. 전지전능하고 완전한 존재에 대한 믿음이 전체적인 형이상학적 체계의 일부분이 아니라 그 중심에 다른 모든 요소들을 통제하고 규칙적인 요인들을 부분적으로라도 결정하는 체계를 원한 것이다. 이러한 시도를 했던 철학자로는 Aquinas, Berkeley, Leibniz 등이 있으며, 철학계의 커다란 관심을 불러일으켰다. 모든 형이상학과 세계관의 중심에는 항상 존재론이 있다. 유대-기독교 전통의 중심적인 주제와 일치하는 철저한 유신론적 존재론이라면 그 중심에 하나님이 존재해야 하고 다른 모든 존재들은 하나님과의 창조적인 의존적 관계에 있어야 한다. *Anselmian Explorations: Essays in Philosophical Theology* (Notre Dame, IN: University of Notre Dame Press, 1987), pp. 161-162를 참조.

립한다는 명제를 그 결과절로 삼으면서 플라톤주의를 따라서 이 결과절의 진리치가 참이며 필연적으로 참이라고 가정하기로 한다. 그렇다면 이 가정문은 다음과 같을 것이다.

10. 하나님이 존재하지 않는다면 도덕적 사실들은 성립한다.

그리고 우리가 다시 말하지만, 우리는 하나님이 존재하신다는 사실을 전제하고 있음을 기억하기 바란다. 따라서 이 서술의 조건문은 반사실적 서술이라고 할 수 있다. 하지만 결과문은 가정에 따라 필연적으로 참이며 반사실적 서술의 표준적인 의미론에 따라서 필연적으로 거짓인 조건절과 똑같은 효과를 지닌다. 즉 이 가정문은 아무런 의미를 지니지 않는 것이다.[12] 우리가 (10)의 진리치가 의미 없는 참임을 인

---

[12] 마찬가지로 '하나님이 존재하신다면 도덕적 사실들은 성립한다'라는 조건부 역시 참이지만 아무런 의미로 지니지 못할 것이다. 필연적으로 참인 결과적 문장이 참인 조건적 문장으로 하여금 거짓인 결과적 문장을 암시할 가능성을 절대로 허용하지 않을 것이기 때문이다. 하지만 다양한 경우에서 반사실적 가정 문장 또는 반가능성들의 비표준적 의미론을 제공함으로써(적어도 그와 같은 의도를 보임으로써) 그중 일부를 의미 있는 참 또는 의미 있는 거짓으로 판명할 수 있게 해주는 장점이 있다. 그 분명한 실례를 들자면 다음과 같다. 안셀무스주의 하나님의 존재는 필연적이거나 아니면 불가능하므로 '안셀무스주의 하나님이 존재하면 무신론은 거짓이다'라는 것이다. 이 가정 문장은 의미 있는 참이며 이 진리의 위치가 그 본성상 개념적이라고 하더라도, 아니 바로 그 이유 때문에 의미 있는 참인 것이다. 하지만 안셀무스주의 하나님의 존재가 불가능하다면 조건부가 반드시 거짓이어야 하고 이 가정 문장은 결국 의미 없는 참이 될 것이다. 따라서 때로는 표준적 의미론으로부터의 이탈이 크게 합리적일 수 있다. 왜냐하면 안셀무스주의의 하나님이 존재한다는 것을 확신하는 사람들은 '안셀무스주의의 하나님이 존재하지 않는다면 이 세계는 안셀무스주의 세계가 아니다'라는 가정문을 내놓을 수 있으며 이 가정문은 조건부가 필연적인 거짓이라도 의미 있는 참인 것이다.

정하지 않는 이상 자연스럽게 묻게 되는 질문은 (10)의 진리치를 위한 올바른 비표준적 의미론은 무엇일까 하는 것이다. 그 대답은 하나님이 존재하는지, 존재한다고 할 때 필연적으로 존재하는지, 필연적으로 존재한다 할 때 안셀무스주의의 신으로 존재하는지에 달려 있다고 보인다. 이 세 가지 변형의 가정문은 다음과 같다.

> 10a. 단순히 우연적인 하나님이 존재하지 않는다면 도덕적 사실들은 성립한다.
> 10b. 필연적인 하나님이 존재하지 않는다면 도덕적 사실들은 성립한다.
> 10c. 안셀무스주의 하나님이 성립하지 않는다면 도덕적 사실들은 성립한다.

(10a)는 필연적인 도덕적 사실들이 존재한다고 전제하고 있으므로 실제로 참인 것이 분명하다. 하나님이 존재하든 존재하지 않든 간에 도덕적 사실은 성립할 것이다. 그것이 (10a)가 단순히 평범하게 참이라는 의미라 할지라도 적어도 우연적인 하나님은 도덕적 진리들과 대부분 무관하다는 것을 보여준다. (10b)는 필연적인 하나님의 부재를 전제로 하고 있으므로 필연적인 하나님과 안셀무스주의 하나님의 부재를 수반하고 있지만 하나님의 부재나 우연적인 하나님의 존재와는 일관성이 있다. 그리고 그 어떤 경우에도 하나님과 도덕성 사이에 논리적이든 형이상학적이든 어떤 필연적인 연관을 믿을 만한 아무런 이유도 존재하지 않는다. 따라서 직관적으로 유추된 (10b)의 진리치, 즉 무

의미한 참을 거부할 만한 개념적 근거(조건과 결과 사이의 내재적인 연관에 속한)는 없는 것이다. 왜냐하면 우연적인 하나님이 존재하거나 무신론이 참이라고 해서 우리가 전제로 하는 도덕적 진리들은 여전히 성립할 것이기 때문이다.

하지만 (10c)는 다르다. 왜냐하면 그것은 문제가 특별히 있는 불가능 세계를 원하는지 우리에게 묻고 있기 때문이다. 우리는 모든 실재가 의존하고 있는 존재가 제거된 세계를 상상하라고 요구받고 있다. 만일 하나님이 우연히 존재하신다면, 그리고 만일 하나님이 많은 독립적인 실재들의 하나로서 필연적인 존재로 존재하신다면, 우리는 반향이 없이 형이상학 공식에서 하나님을 제거해도 아무렇지도 않을 수 있을 것이다. 하나님의 존재를 이런 식으로 이해한다면 그 조건문에서 하나님의 존재를 부정하는 반사실적 또는 심지어 반본질적 서술들을 일종의 반사실적 서술이나 과대평가된 반사실적 가정으로 여겨도 될 것이다. 그러나 안셀무스주의의 신이 존재한다면 그리고 하나님이 필연적일 뿐 아니라 모든 존재의 근원이기도 한다면 그 조건문에서 하나님의 존재를 부정하는 반가능적 가정들은 전혀 다른 범주에 속할 것이다. 왜냐하면 도덕성을 포함한 모든 실재들이 이 존재에 의존할 것이기 때문이다. 실재 자체의 근거를 제거하고서 그와 같은 근거 없이도 실재가 존재할 수 있다고 말하는 것은 불합리하므로 (10c) 그 진리치가 의미 없는 거짓인 것이다.

이제까지 우리는 하나님이 존재한다는 사실을 전제로 해왔다. 그렇다면 이제 무신론을 전제로 하고서 (10)의 진리치를 알아보기로 하자.

(10)은 하나님이 존재하지 않는다면 도덕적 사실들이 성립한다는 것이다. 이제 우리는 도덕 실재론을 전제로 하고 결과절의 필연적인 참을 가정해보기로 하자. 표준적인 의미론에서는 결과 문장이 필연적으로 참이라면 세 가지 변형의 서술들은 모두 다 의미 없는 참이 될 것이다. 이 세 서술은 만일 무신론이 참이라면 반사실적 서술이기는커녕 반가능적 서술도 아니다. 이 서술은 참인 조건문과 참인 결과문으로 이루어진 순수한 서술문들이다. 도덕 실재론자를 자처하는 무신론자는 그 자연주의적 성향 때문에 (10)의 세 변형들이 모두 참임을 주장할 것이며 더구나 의미 있는 참임을 주장할 것이다.

도덕 실재론자를 자처하는 무신론자들, 유신론자들, 심지어는 안셀무스주의 유신론자들도 (10)의 세 가정문의 진리치에 관한 질문 등 많은 부분에서 동의한다는 사실에 주목하기 바란다. (10a)와 (10b)는 유신론을 전제로 하든 무신론을 전제로 하든 간에 합리적인 관점에서 의미 있는 참이라고 주장할 수 있을 것이다. 유신론자들은 (10b)을 마음 좋게도 과대평가된 반사실적 서술로 여겨주고 있으며 무신론자들은 이에 대한 보답으로 그들이 잘못일지도 모르고 하나님이 필연적으로 존재할지도 모른다는 점을 인정하고 있으나 그럼에도 불구하고 원칙적인 이유 때문에 (10a)와 (10b)는 반사실적 서술로서 의미 없는 참이라고 주장하고 있다. 그리고 유신론자들은 기꺼이 그들의 주장에 동의하고 있다. 이제까지는 세계관의 차이는 이러한 평가에 아무런 영향도 미치지 못하고 있으며 이는 그 어떤 평가도 논쟁의 핵심적인 주제와는 아무런 관계도 없음을 보여주고 있다.

지금까지는 무신론자들이 하나님이 실제로 존재한다고 전제하고서 (10a)를 반사실적 서술로 보면서 그 진리치를 추정해볼 수 있었다. 이 반사실적 서술이 '가장 근접한 가능 세계'(closest possible world), 즉 이 세계와 가장 비슷하지만 우연적인 하나님이 존재하지 않으면서 도덕적 사실들이 성립하는 세계 안에서 어떤 진리치를 가지게 될지 알아볼 수 있었다. 반가능적 분석에 의하면 (10a)의 진리치는 의미 있는 참이 될 것이다.

그리고 만일 무신론자가 하나님이 필연적으로 존재하지만 도덕적 진리와는 별다른 관련이 없다고 전제한다고 해도 그는 여전히 반가능적 문장에 반사실적 서술의 논리를 확대하여 적용하면서 '가장 근접한 불가능 세계,' 즉 하나님은 존재하지 않으나 도덕성은 성립하는 세계를 찾으려고 할 수 있으며 그렇게 불가능한 일도 아닐 것이다. 왜냐하면 (10b)에 의하면 하나님은 도덕성에 대해 필연적으로 본질적인 것이 아니기 때문에, 반사실적 서술의 확대된 논리에 의하면 (10b)를 (10a)처럼 다루는 것도 가능할 것이다.

다시 말하지만 유신론자들은 이와 같은 무신론자들의 논리 게임에 기꺼이 동참할 수 있으며 이 논리에 따라 (10b)가 의미 있는 참이라는 결론에 기쁘게 동의할 것이다.

그렇지만 (10c)는 이 논증에서 일종의 갈림길을 형성하고 있다고 할 수 있다. 왜냐하면 여기서 하나님의 존재를 전제로 하는가 아니면 하나님의 부재를 전제로 하는가에 따라 달라지기 때문이다. 만일 우리가 도덕 실재론자를 자처하는 무신론자들처럼 (10c)를 거짓인 조건절과 참인 결과절로 된 단순한 가정문으로 여긴다면 그 진리치는 적어도 의미 없는 참이 될 것이다. 그러나 우리가 안셀무스주의 유신론자들처럼 (10c)를 조건문과 결과문 사이에 강력한 개념적, 존재론적 연관이 있는 반가능적 서술로 여긴다면 그 진리치는 의미 없는 거짓이 될 것이다. 그리고 이와 같은 결과는 반가능적 서술에 대한 어떤 분석 방법이 궁극적으로 옳았다고 판정이 나더라도 변하지 않을 것이다. 실제로 반가능적 서술의 어떤 의미론이 옳은지를 알아보는 방법이 바로 이 진리치를 올바로 추정하는가에 달려 있을 것이다. 그리고 (10c)는 안토니가 자신의 시나리오에서 상정한 불가능 세계와 똑같은 운명에 처하게 될 것이다.

다시 말하지만 안토니는 하나님이 성폭행을 명령하는 불가능 세계를 이야기했는데 이러한 세계는 전통적인 유신론의 하나님이 지니고 있는 본성과 지위에 비추어볼 때 우리가 살고 있는 실제 세계와 달라도 그렇게 다를 수가 없다. 하나님과 필연적인 진리 사이의 괴리가 너무 크기 때문이다.

이제 만일 무신론자가 안셀무스주의의 신이 존재하고 (10c)가 실제로 반가능적 서술일 가능성을 인정한다면 어떻게 될까? 이 무신론자는 강력한 반본질적 서술을 과대평가된 반사실적 서술로 여김으로써 진리치를 의미 있는 참으로 갖게 하는 인식론적 권리를 갖는 것일까? 조건문과 결과문 사이의 개념적이고도 존재론적 연관에 비추어볼 때 무신론자가 합리적으로 그와 같은 권리를 갖는다고 볼 수는 없을 것이다.

하지만 비록 불합리하기는 하지만 무신론자에게 그렇게 할 수 있도록 인식론적 여유를 허락한다고 가정해보자. 그런데 이 시점에서 우리의 인식론적 명확성은 소진될 것이다. 그리고 아무리 조심스럽게 이야기한다고 해도 안셀무스주의의 신이 존재한다는 사실은 불을 보듯 명확해지고 더 이상 타협할 수 없는 선이 될 것이다. 물론 안셀무스주의자라면 안셀무스주의의 신이 하는 필수불가결한 형이상학적 역할 때문에 (10c)의 진리치가 의미 없는 거짓임을 강력하게 주장하는 것이 가장 자연스럽고도 합리적일 것이다. 하나님을 다양한 실재들의 하나로 여기는 것은 안셀무스주의를 완전히 포기하자는 것이다. 안셀무스주의의 하나님은 그런 식으로 취급되기를 허용하지 않는다.

우리는 이제까지 두 부류의 독립된 이유들을 제공해왔다. 이 이유들은 안토니와 시노트-암스트롱이 원칙적인 근거를 바탕으로 그들이 원하는 진리치를 제공하는 반본질적 가정을 위한 비표준적 의미론으로 그들의 직관을 장식하도록 허용할 수 없는 이유들이었다.[13]

더욱이 안토니와 시노트-암스트롱은 그와 같은 의미론을 필요로 하지도 않을 것이다. 왜냐하면 여기서 '신'(God)에 관해 이야기되고 있는 모든 것들이 실제로는 매우 모호하기 때문이다. 'G'가 '신은 성폭행을 명령한다'라는 문장으로 표시하고, 'R'이 '성폭행은 도덕적으로 허용된다'라는 문장으로 표시한다고 하자. 안토니와 시노트-암스트롱은 다

---

13 반사실적 분석은 도덕성과 하나님 사이의 인과 관계의 특성을 설명하는 데에는 한계가 있다. 표준적인 의미론이 반논리적 가정에 의미 없는 참이라는 진리치를 부여할 때에 드러나는 한계는 하나님의 주권적인 역사에 비대칭적으로 의존하는 도덕성의 피의존적 관계를 설명할 때 드러내는 반사실적 분석에 있어서 더욱 광범위한 한계들의 한 특정한 예라고 할 수 있다.

음과 같은 논리방식을 증명하려고 한다.

    11. ~◇G&(G → R)

그러나 그들은 첫 번째 G로는 안셀무스주의의 신(God)을, 그리고 두 번째 G로는 비안셀무스주의의 신(god)을 지칭하고 있다. 동일한 용어로 다른 의미들을 지시함으로써 뜻이 모호해진다. 그들이 주장하고 있는 것은 실제로 다음과 같은 논리일 것이다.

    12. ~◇G&(g → R)

여기서 g는 비안셀무스주의 신을 가리킨다. 따라서 두 번째 명제의 진리치는 괜찮긴 해도 거짓이다. 안토니와 시노트-암스트롱이 신명론(神命論)에 뒤집어씌우려고 했던 진리치이다. 왜냐하면 DCT는 신의 기능적인 개념이 안셀무스주의적(적어도 필수적인 측면에서)이 아니면 성립할 수 없기 때문이다. 그러므로 실제로 그들이 주장하는 것은 신이 안셀무스주의의 신이 아니면 DCT가 성립할 수 없다는 것이며 안셀무스주의의 유신론자들은 대부분 이에 동의하고 있다.

'G→R'이라는 명제를 생각할 수 있다는 것은 열심히 머리를 쓰면 2+2=5가 되는 세상을 쉽게 설명할 수 있다고 생각하는 것과 다를 바 없다. 어떤 불가능 세계에 관해서 의미 없는 참이나 거짓을 이야기할 수 있다는 자체가 'G→R'이 참이 되는 세계는 무의미하다고 말할 수 있는 이유가 되는 것이다.

안토니와 시노트-암스트롱이 그들의 분석에서 가정한 전제는 (10c)와 연관이 있다. 안셀무스주의의 신은 실재의 중심에서 기능하지 않을 수 없을 뿐만 아니라 회복할 수 없는 악한 명령을 내릴 수도 없다. 신이 실재의 외부에서 활동하거나 돌이킬 수 없는 명령을 내릴 수 있는 것은 실제 세계와는 너무나 다른 불가능 세계에서만 가능할 뿐이다. 따라서 비표준적인 의미론을 사용해서 마치 자명하다는 듯이 그러한 세계를 '가장 근접한 불가능 세계'로 선택할 수 있다고 보는 것은 잘못이다. 만일 누군가가 그 진정한 의미를 잘 생각하지 않고 안셀무스주의의 신을 그처럼 격하시키고 싶어 한다면 그것은 그의 소관이겠지만 그들이 제시하는 주장은 그만큼 허약할 수밖에 없다.

DCT에 대한 표준적 독단성 반론은 오컴주의에 대해서, 그리고 안토니와 시노트-암스트롱이 주장하는 확대된 독단성 반론은 비안셀무스주의의 DCT에 대해서 효과적이라고 할 수 있다. 하지만 그 어떤 독단성 반론도 비오컴주의적 DCT와 안제름주의적 DCT에 대해서는 아무런 반증의 증거가 되지 못한다.

도덕성에 대한 하나님의 무관계를 강조함으로써 하나님에 대한 도덕성의 의존 관계의 논의를 막으면 막을수록 그만큼 비원칙적일 뿐 아니라 합리적인 대화에 걸림돌이 될 것이다. 필요한 것은 하나님에 대한 도덕성의 의존성을 평가하는 것이지 그 적절한 증거를 고려해보기도 전에 의존성의 가능성을 비원칙적으로 무조건 거부하는 것이 아니다. 안토니의 확대된 독단성 반론은 성립되지 않는다. 비표준적 의미론이 그가 원하는 진리치를 제공할 것이라는 약속은 그의 주장에 대한 반론으로 이제까지 제시한 두 부류의 독립적인 이유들 때문에, 그리고 그 주장이 모호한 언어 사용으로 혼란을 일으키고 있기 때문에 확신을 주기 어려울 수밖에 없다.

4. 후기

확대된 독단성 반론에 대한 이 분석을 마치고 난 후에 알렉산더 R. 프루스(Alexander R. Pruss)가 독단성 반론에 대해 내놓은 대답을 접하게 되어서 소개하려고 한다. 프루스가 대답한 것은 웨스 모리스톤(Wes Morriston)과 에릭 윌렌버그(Erik Wielenberg)의 독단성 반론이다.[14]

프루스의 독단성 반론에 대한 대답이 우리의 분석과 일치하고 있지만 흥미로운 점은 그가 신명론을 받아들이지 않고 있다는 것이다. 프루스는 다음과 같은 삼단계 변증법을 사용하고 있다.

> 13. 하나님이 결백한 사람을 고문하라는 명령을 내렸더라도 그것은 잘못이다. 따라서 신명 메타윤리(Divine Command Meta-ethics)는 거짓이다.

---

14 Wes Morriston, "What if God Commanded Something Terrible?" (paper presented at the University of Texas at San Antonio Philosophy Symposium, San Antonio, TX, 2008), http://colfa.utsa.edu/ecpc/symposium_papers/what-if-God.pdf). Erik Wielenberg, *Virtue and Value in a Godless Universe* (Cambridge: Cambridge University Press, 2005), pp. 41-43, 48-49.

14. 아니다. 왜냐하면 하나님은 결백한 사람을 고문하라는 명령을 내릴 수가 없기 때문이다.
15. 하나님이 그와 같은 명령을 내리는 것이 불가능할지라도 하나님이 그러한 명령을 내린다고 해도 그러한 고문은 잘못이라는 불가능한 반사실적 서술은 의미 없는 참이며 이 반사실적 서술은 DCM(신명 메타윤리)과 양립할 수 없다.

프루스는 이 논증법의 세 번째 단계가 결점이 있다고 주장한다. 왜냐하면 이 세 번째 단계가 결과론적이든 비결과론적이든 간에 모든 메타윤리 이론을 제외시키고 있기 때문이다.[15]

메타윤리의 칸트주의를 예로 들어보자. 칸트주의는 이성이 요구하면 그것은 의무이고 이성과 상충하면 그것은 금지된다고 말하고 있다. 이제 다음과 같은 명제를 생각해보자.

16. 이성이 정언적으로 요구한다고 해도 결백한 사람을 고문하는 것은 잘못이다.

프루스가 지적하고 있듯이 (16)은 (13)처럼 결백한 사람의 고문이 지니는 잔혹성 등과 같은 똑같은 이유 때문에 타당성이 있는 것으로 보인다. 그리고 나서 프루스는 논증의 남은 부분을 통해서 칸트주의를 거부할 때 어떤 결과가 따르는지를 보여주고 있다.

---

15 Alexander R. Pruss, "Another Step in Divine Command Dialectics," *Faith and Philosophy* 26, no. 4 (October 2009): 432-439.

17. 주장 (16)은 불가능한 반사실적 서술로서 그 진리치는 의미 있는 참이다.
18. 만일 칸트주의가 참이라면 (16)은 의미 있는 참이 아니다. 논리의 등가 법칙에 따라 똑같은 주장을 결과주의적 설명뿐 아니라 메타윤리 이론에도 적용시킬 수 있다.[16]

프루스는 누군가가 이를 모든 메타윤리 이론들을 회의적으로 바라보아도 되는 증거로 받아들일 수 있다는 점을 인정하고 있다. 하지만 그는 우리들처럼 이 논증의 보편적인 적용이 오히려 이 논증의 설득력을 헤치고 있으며 그 이유가 주로 이 논증의 세 번째 단계에 문제가 있기 때문이라고 보고 있다.

어떤 문제가 있는가 하는 질문에 대해서 프루스는 다음과 같이 응답한다.

첫째, 프루스는 추측하기를 우리는 모두 다 (13)과 같은 터무니없는 반사실적 서술에 대해서는 제대로 논리적 분석을 하지 못하는 경향이 있으며 불가능한 반사실적 서술에 대해서는 더욱 더 그렇다고 보고 있다. 프루스는 이렇게 이야기하고 있다.

> 내가 보기에는 가장 근본적인 문제는 어떤 진리에 대해 확신하고 있고 그 진리가 중요하면 할수록 우리는 적절하지 않음에도 불구하

---

[16] 비결과주의적 설명을 위해서는 정언명령 적용, 본래의 위치를 보증하는 Rawls의 무지의 베일과 사랑에 대한 호소를 포함시키고 결과주의적 설명을 위해서는 다양한 공리주의들을 포함시킬 것.

고 반사실적 서술에 의존하는 경향이 있다고 본다….[17]

그는 매우 친근한 유비를 제공한다.

> 나는 개들을 두려워한다. 그리고 개들에 대한 두려움을 잃어버리기를 원치 않는다. 왜냐하면 개들에 대한 두려움을 잃게 되면 개들을 피하려고 하지 않을 것이기 때문이다.[18]

하지만 우리가 이 책에서 했던 것처럼 프루스도 독자들에게 전통적인 유신론자들은 어떻게 우리가 타협할 수 없는 도덕적 직관을 가지고 있게 되었는지를 가장 잘 설명하고 있음을 상기시키고 있다. 그 때문에 그와 같은 직관을 유신론적 윤리에 대한 반론에 사용하는 것이 잘못이라는 것이다.

둘째, 프루스는 어떤 사람들은 불가능한 반사실적 문장의 진리치가 의미 없는 참이라는 것에 대해서 의문을 제기한다. 비록 난센스에 가까운 이런 말들에 의미를 부여하기 위한 노력을 가상하게 생각하기는 하지만 별다른 의미를 찾아볼 수 없다는 것이다.[19]

셋째, (13)을 의미 있는 반사실적 서술로 여기는 것은 하나님의 본성에 대해서 우리가 무지하기 때문이라는 것이다. 이는 다음과 같은 명

---

17 Pruss, p. 438.
18 Ibid.
19 Nicholas Rescher and Robert Brandom's *The Logic of Inconsistency* (Oxford: Blackwell, 1980)를 인용.

제와 똑같은 논리적 설득력을 지닌다.

> (19) 다이아몬드가 H_2O의 분자 구조를 가지고 있다고 해도 다이아몬드가 물일 수는 없다.

이러한 사실은 물이 H_2O라는 이론에 아무런 도전이 될 수 없다.[20]

프루스의 이와 같은 탁월한 분석 덕분에 우리 유신론적 주의주의자들(theistic voluntarists)은 확대된 독단성 반론에 대해 염려할 아무런 이유도 없다는 사실을 더욱 분명히 깨닫게 되고, 하나님의 존재뿐 아니라 하나님의 본성이 우리에게 매우 중요하다는 사실을 한 번 더 상기시킨다.

---

20 Pruss, pp. 438-439.

부록 B: 극악한 악과 치유의 희망[*]

우리는 8장에서 악의 문제에 관한 몇 가지 논증들을 살펴보면서 이러한 논증들에 대한 대답에서, 악의 문제를 근거로 하는 유신론에 대한 거센 비판에도 불구하고 안셀무스주의의 신에 대한 합리적인 신앙을 유지하도록 해주는 주장들을 찾을 수 있었다. 악의 문제는 지적인 퍼즐로만 취급하기에는 너무 큰 문제이며 실존이 걸려있는 중대한 문제로 보는 사람들이 많이 있다. 왜냐하면 악의 문제는 사랑의 하나님이 정말로 존재하시는지에 대해 의심을 품게 하고 고민하게 하는 요소들을 가지고 있기 때문이다.

우리는 이 부록에서 악의 문제에 관한 보다 깊이 있는 논의를 시도하려고 한다. 실존적인 관점에서 도덕성의 궁극적인 근원과 본성에 관

---

[*] 부록 B는 *Immersed in the Life of God: The Healing Resources of the Christian Faith*, edited by Paul L. Gavrilyuk, Douglas M. Koskela, and Jason E. Vickers ⓒ 2008 Wm. B. Eerdmans Publishing Company, Grand Rapids, Michigan에 "Outrageous Evil and the Hope for Healing: Our Practical Options"라는 제목으로 실렸던 글의 개정판으로서 출판사의 허락을 받아 여기에 다시 게재한다.

한 우리들의 신념이 이 문제를 어떻게 이해하는지를 살펴보려고 한다. 특히 우리가 이 책에서 변호해온 유신론적 윤리는 극심한 악에 직면해서 절망하지 않으면서도 우리의 도덕적인 분노를 진지하게 담아낼 수 있는 자원들을 제공할 수 있을 것이다. 실제로 이 유신론적 윤리는 악의 문제를 이겨낼 수 있는 자신감과 함께 극심한 악에 직면해서도 희망을 잃지 않도록 도와줄 수 있을 것이다.

1. 도덕적 분노

인간 존재와 관련해서 가장 인간적인 것 중 하나가 도덕적인 분노(moral outrage)일 것이다. 분노는 사건이나 사물들의 현재 상태와 반드시 되어야 할 상태 사이의 괴리감이 클 때 자연스럽게 느끼는 감정이다. 분노는 우리가 내리는 도덕적 판단이나 평가보다 더 깊은 곳에 존재한다. 우리는 죄 없는 어린이들을 잔인하게 학대하는 것과 같은 행동들은 너무나 악해서 우리의 정죄를 받아 마땅하다는 깊은 확신을 가지고 있다. 현재의 상태와 반드시 되어야 할 상태 사이에 간격이 너무 벌어지는 극심한 악을 대하게 되면 실재 자체에 대한 비판이 불가피하게 되는 것이다.

도덕적 분노가 이처럼 극에 달하게 되면 악의 문제는 폭발하는 수위에 이르게 되며, 이 문제로 인한 중압감을 견디지 못하는 많은 사람들이 전능하시고 선하신 하나님에 대한 믿음을 지켜내지 못하고 뿌리째 흔들리게 되는 것이다. 전능하시고 선하신 하나님이라면 이 세계를 만들 때 그처럼 극악무도한 악들이 일어나도록 고안하지는 않았을 것이라는 것이다. 그리고 만일 이 모든 악한 모습에도 불구하고 이런 세상을 만들어낸 하나님이 존재하신다면 우리의 도덕적 분노는 그러한 하나님에 대해서 저항하는 것이 가장 큰 도덕적 의무로 여길 것이 분명하다.[1]

그러나 극악무도한 악에 대한 반응이 저항을 넘어서서 신앙을 완전히 잃어버리는 데까지 이를 수도 있다. 엘리 비젤(Elie Wiesel)은 나치에게 학살당한 유대인들을 대변해서 다음과 같이 말하고 있다.

> 나는 그 어린아이들의 조그만 얼굴들을 절대로 잊지 못할 것이다. 그 아이들은 침묵하는 푸르고 청명한 하늘 아래서 검은 연기로 사라져 갔다. 그리고 그 연기와 함께 내 믿음도 영원히 재로 변했다. 나는 내게서 살고 싶은 욕망을 영원히 앗아간 그 밤의 침묵을 잊지 못할 것이다. 나의 하나님과 영혼을 살해하고 나의 꿈을 재로 만든 그 순간들을 영원히 기억할 것이다.[2]

비젤은 자신의 꿈이 무참히 파괴되는 경험을 이야기하면서 최근에 마릴린 애덤스(Marilyn Adams)가 '가공할 만한 악'이라고 불렀던 극악무

---

1 물론 우리는 도스토예프스키의 『카라마조프가의 형제들』에 나오는 이반 카라마조프의 주장을 염두에 두고 있다. 이반은 어린이들의 고통에 초점을 맞추고서 이와 같은 고통을 허락하신 신이 있다는 그처럼 잔인한 실재와 화해하기보다는 온 곳으로 다시 돌려보내고 싶다고 말하고 있다.

2 Elie Wiesel, *Night* (New York: Avon, 1969), p. 44.

도한 악을 묘사하고 있다. 악들이 그처럼 가공스러운 것은 삶의 가능성들을 그처럼 말살하고 사람들의 긍정적인 의미들을 한 순간에 삼켜버리는 엄청난 힘 때문이었다.[3]

도덕적인 악은 특히 홀로코스트처럼 대규모로 잔학하게 저질러졌을 때 어마어마한 도덕적 분노를 수반하게 된다. 하지만 자연재해 역시 도덕적 저항을 불러일으킬 정도로 참혹할 경우가 많이 있다. 예를 들어 2004년에 발생한 해일로 그 피해가 엄청났기 때문에 많은 사람들은 도덕적 분노에 사로잡혀서 이 세상을 사랑의 하나님이 만드셨다고 할 수 없다고 단정했던 적이 있었다.[4] 데이비드 브룩스(David Brooks)는 「뉴욕 타임스」에 기고한 글에서 이와 같은 사건들은 우리가 무심한 우주 안에 살아가는 하루살이에 불과함을 보여주는 증거라고 말한 적이 있다.

> 지구가 몸을 한번 비트니까 14만의 하루살이같은 사람들이 죽어갔다. 그들은 그들 자신보다 훨씬 강하고 영원한 힘의 희생자들이었다.[5]

아이티와 칠레에서 일어난 비극적인 지진들도 두렵기는 하지만 이 세대에는 홀로코스트가 도덕적인 악의 상징인 것처럼 해일이 자연재

---

3 Marilyn Adams, *Horrendous Evils and the Goodness of God* (Ithaca, NY: Cornell University Press, 1999), pp. 27-28.
4 하지만 Susan Neiman은 현대의 사상들은 리스본 지진과 같은 자연재해와 홀로코스트와 같은 인위적인 악은 철저하게 다른 것으로 보고 있다는 점을 지적하고 있다. *Evil in Modern Thought* (Princeton, NJ: Princeton University Press, 2002), pp. 3, 39를 참조.
5 "The Tsunami: Asking the God Question," *The Week* 5 (January 14, 2005): 15에서 인용.

해의 상징이 된 것으로 보인다. 대규모로 일어난 이 재해들은 악의 공포를 증폭시켜줄 뿐 아니라 그런 일이 일어나도록 허용하는 이 세계에 대한 분노를 부채질하고 있다.

이 세계가 뭔가 근본적으로 잘못되어 있어서 일어나서는 안 되는 일들이 발생하고 있다는 이 강력한 느낌은 우리 삶이 적절한 의미를 지니기 위해서는 우리와 이 세계가 치유를 받아야 할 필요가 있음을 보여주고 있다. 우리는 지금부터 일이 잘못되어가고 있다는 심각한 느낌을 보여주는 도덕적 분노를 더욱 심도 있게 다루려고 한다. 하지만 그에 앞서 악을 무기 삼아 하나님에 대한 신앙을 공격하는 사람들이 도덕적 분노의 합리성을 너무나 당연한 것으로 받아들이고 있다는 사실을 먼저 지적하고 싶다. 다시 말해 도덕적 분노가 선하신 하나님을 믿든 안 믿든 또는 하나님의 존재 자체를 믿든 안 믿든 간에 똑같은 의미와 중요성을 지니는 것으로 여기고 있다는 것이다.

우리는 이러한 전제가 전혀 자명하지 않으며 조심스러운 재평가를 받아야 한다고 본다. 이 문제에 초점을 맞추기 위해서 우리는 궁극적인 실재의 본성에 관한 네 가지 매우 다른 견해들을 다루면서 이 입장들이 도덕적 분노를 어떻게 보고 있는지를 살펴보려고 한다. 다른 말로 바꾸어 이야기하자면 이 문제를 더욱 솔직하게 다루기 위해서 분노의 존재론을 거론해야 한다는 것이다. 이 존재론을 살펴보기 위해서는 다음과 같은 네 가지 대안, 즉 하나님은 존재하지 않는다는 입장, 하나님이 전능하시지만 선하시지는 않다는 주장, 하나님은 선하시지만 전능하시지는 않다는 주장 그리고 전통적인 신관, 즉 하나님은 전능하시면서도 선하신 분이라는 주장을 알아보기로 한다. 그러고 나서 우리는 극악무도한 악을 설명하고 우리의 깊은 꿈을 새롭게 해주는 기독교 신학의 근거들을 알아봄으로써 그 결론으로 삼으려고 한다.

우리가 앞으로 보여주고 싶은 것은 궁극적인 실재에 대한 우리의 견해에 따라 도덕적 분노의 의미와 중요성이 매우 다양하며 그 실제적인 영향도 매우 다르다는 것이다. 우리가 어떤 하나님을 믿느냐에 따라 우리의 도덕적 분노를 얼마나 심각하게 받아들이는지, 그리고 현재의 상태와 반드시 되어야 할 사례의 괴리가 얼마나 치유될 수 있다고 기대하는지가 결정된다는 것이다. 그 실제적인 과제로는 악의 희생자들을 어떻게 생각해야 할지 그리고 악에 대항하고 이겨내기 위한 노력이 현실적으로 얼마나 희망적인지를 알아보려고 한다. 악에 대한 견해가 건강하기 위해서는 악의 문제 앞에서 솔직해야 할 뿐 아니라 희망의 줄을 놓아서는 안 된다. 이에 반해서 부정과 절망은 희망을 유지하면서 악을 솔직하게 다루는 방법에 대한 대안으로서는 건강하지 못하다고 할 수 있다. 우리가 이 책에서 변호하고 있는 유신론적 윤리는 이와 같은 솔직한 희망을 제시하고 있다.

2. 도덕적 분노의 존재론

이 논증은 C. S. 루이스가 자신의 영적인 자서전에서 기독교로 개종하기 전의 마음 상태를 묘사할 때 그 핵심적인 주장을 사용하고 있어서 흥미롭다.

> 나는 그 시점에서 갈등과 모순의 소용돌이에 사로잡혀 있는 많은 무신론자들과 반유신론자들처럼 하나님은 존재하지 않는다고 고집하고 있었다. 나는 하나님이 존재하지 않는 데에 대해서 화가 나 있었다. 그리고 하나님이 이 세상을 만든 것에 대해서도 똑같이 화가 나 있었다.[6]

루이스가 보여주고 있듯이 어떤 분노에 대한 표출은 방향이 심각하게 잘못되어 있을 때가 있다. 어떤 도덕적 분노에 대한 표출이 합리적이기 위해서는 특정한 신념을 기초로 해야 하는데 이 신념이 무의식적일 경우에는 분노를 표출하는 사람이 인정하지 않을 수도 있다.

더 자세히 설명하기 위해서 하나님은 존재하지 않는다는 견해로부터 시작해보기로 한다. 여기서 첫째로 강조되어야 할 사실은 만일 하나님이 존재하지 않는다면 궁극적인 실재는 무도덕할 것이라는 것이다. 만일 궁극적인 실재가 물질과 에너지와 자연법으로 이루어져 있다면, 그리고 우리 인간과 이 우주가 그와 같은 비인격적인 원인들의 산물이라면, 우리의 도덕적인 감정들은 그 기원이 똑같을 것이다. 그렇다면 우리의 도덕적 감정과 도덕적인 판단을 내리는 성향은 그와 같은 감정을 지니고 있지도 않고 그러한 판단을 내리지도 않는 어떤 실재에

---

6 C. S. Lewis, *Surprised by Joy* (New York: Harcourt, Brace & World, 1955), p. 115.

의해서 만들어진 것이다. 다시 말해 우리의 도덕적 감정이나 다른 정신적이고 인격적인 기능들은 그 근원을 초월해서 만들어진 것이다.

도덕성의 족보가 이렇게 허술하다면 도덕적 분노를 포함해서 모든 도덕적 사실들이 전통적인 사상 체계에서 지녔던 위치와 의미를 고수하기가 힘들 것이다. 우리가 이 책에서 살펴보았던 것처럼 자연주의자 자신들도 궁극적인 실재가 단지 물질과 에너지로 이루어진 물리학적이고 생물학적인 세계에서 도덕적 의무와 객관적인 선악 구분에 관한 한 전통적인 사상은 아무런 의미가 없음을 인정하고 있다. 예를 들어서 대표적인 자연주의 도덕 철학자 피터 싱어(Peter Singer)가 우리의 도덕원리들을 다음과 같이 설명하고 있는데 그 파급되는 의미를 생각해 보자.

> 자연적으로 보이는 원리들이 정당화되기는커녕 생물학적 설명은 외적인 도덕적 공리들을 완전히 파기시킨다. 널리 받아들여지고 있는 도덕원리들을 자연주의자들이 생물학적으로 확신 있게 설명하려고 할 때마다 우리는 과연 그렇다면 그 도덕원리들을 계속 받아들여야 할 것인가를 생각하게 된다.[7]

싱어가 도덕적 판단과 원리들에 관해서 인정한 사실들을 도덕적 의무의 개념 전반에 걸쳐서 적용할 수 있을 것이다. 철저하게 자연주의

---

7 Peter Singer, "Ethics and Sociobiology," *Religion and the Natural Sciences: The Range of Engagement*, ed. James E. Huchingson (Fort Worth, TX: Harcourt Brace Jovanovich, 1993), p. 321.

적인 세계라면 우리는 누구에게 또는 무엇에게 의무가 있는 것일까? 우리는 자연 질서에게 착하게 살아야 할 의무가 있는 것일까? 우리가 속이거나 이기적으로 살아가면 우리를 처벌할 의지나 능력이 자연 질서에게 있는 것일까? 더구나 우리가 교묘한 방법과 술수를 동원해서 피할 수 있는 능력이 있다면 어떻게 되는 것일까?

물론 자연주의자들은 그들도 도덕성을 진지하게 받아들이고 있으며 나름대로 설명할 수 있는 방법이 있다고 주장할 것이다. 우리는 이미 하버드대학교의 생물학자 에드워드 O. 윌슨의 다음과 같은 견해를 살펴본 바 있다. 그는 주장하기를 현 세기의 '인간 영혼을 위한 투쟁'은 도덕성의 기원에 관한 논쟁으로 집약될 것이라고 보았다. 즉 도덕성이 초월적, 초자연적인 근원을 가지고 있다는 전통적인 사상과 도덕성은 인간이 만들어낸 산물이라는 견해의 싸움이라는 것이다. 도덕성이 인간의 산물이라는 견해의 요점은 인간이 수많은 세대의 생물학적 진화과정을 통해서 어떤 특정한 선택을 내리는 성향의 유전자를 획득하게 되었다는 것이다. 이와 같은 선택적 성향이 문화적 진화과정을 통해서 법이나 의무로 고착되었다는 것이다. 그리고 이와 같은 성향이 충분히 강해지고 난 후에 하나님이 행동을 명령하셨다는 신념이나 객관적이고 절대적인 가치가 수반되어서 더욱 강력한 힘을 지니게 되었다는 것이다.

도덕적 감정과 판단력의 기원에 대한 이 환상적인 설명을 더 자세히 다루는 것은 지면상 허용이 안 되지만 한 가지 사실만큼은 강조하고 넘어갈 가치가 있다. 이 설명에 의하면 도덕성이 우리를 제어하는 힘을 얻는 것은 객관적으로 거짓이라는 신념, 예를 들어서 도덕성의 배후에는 하나님의 명령이 있다는 신념과 그에 준하는 신념들의 영향 때문이라는 것이다. 마이클 루즈(Michael Ruse)와 함께 쓴 한 논문에서 윌슨은 다음과 같이 직설적으로 자신의 주장을 피력하고 있다.

> 매우 중요한 의미에서 우리가 알고 있는 윤리는 우리의 유전자가 우리의 협조를 얻어낼 목적으로 우리에게 부여한 망상이다.[8]

다시 말하면, 진화가 우리로 하여금 도덕성이 우리에게 객관적인 구속력을 지니고 있다고 믿게 했기 때문에 우리가 도덕성을 진지하게 받아들이고 그 명령에 따라 살아간다는 것이다. 실제로는 우리가 믿고 있는 그런 의무가 존재하는 것은 아니지만 우리의 협동을 이끌어내고 함께 살아가도록 돕기 때문에 매우 유용한 망상이라고 할 수 있다는 것이다.[9] 하지만 일반적으로 볼 때 도덕성의 법칙에 따라 사는 것은 정신적으로 유익하며 분명히 생존에도 도움이 되므로 자연주의적 진화에 있어서 지극히 신성한 가치를 지니고 있는 것이 틀림없다.

---

8 Michael Ruse and Edward O. Wilson, "The Evolution of Ethics," *Religion and the Natural Sciences: The Range of Engagement*, ed. James E. Huchingson (Fort Worth, TX: Harcourt Brace Jovanovich, 1993), p. 310.

9 물론 앞에서 살펴보았듯이 모든 자연주의자들이 도덕성을 망상으로 보는 것은 아니다. 이를테면 플라톤주의자들과 직관주의자들은 도덕성이 객관적일 뿐 아니라 자명하다고 보고 있다. 공리주의 역시 도덕성의 객관성을 인정하는 자연주의의 하나이다. 하지만 Alasdair MacIntyre도 지적하고 있듯이 직관주의와 공리주의는 20세기에 들어서 정서주의(emotivism)에게 자리를 내어주고 있다. *After Virtue*, 2nd ed. (Notre Dame, IN: University of Notre Dame Press, 1984), pp. 64이하를 참조.

도덕성에 관한 이와 같은 설명을 받아들이는 사람들은 도덕적 분노도 똑같은 관점에서 분석할 수 있다. 우리는 유전적으로 어떤 특정한 행동에는 도덕적 분노를 느끼도록 진화되었다는 것이다. 그리고 이 분노로 인해 그와 같은 행동이 승인을 받지 못하게 되면 사람들은 그런 행동을 덜하게 되고, 그렇게 행동하는 사람을 처벌하며 피해를 입을 사람들과 공감하게 되는 것이다. 이 분노는 윌슨과 루즈가 말하는 윤리의 망상적인 면을 지닌다는 점이 강조되어야 할 것이다. 왜냐하면 이 분노 역시 어떤 행동들은 가장 심오한 차원에서 법을 어긴 것이고 그런 행동들은 초자연적인 명령에 의해 금지되었다는 깊은 신념에 뿌리를 두고 있기 때문이다.

다음으로 신이 존재하는데 전능하기 때문에 이 세상을 만들 만한 능력은 있지만 도덕적으로 선하지는 않을 수 있는 가능성에 대해서 살펴보기로 한다. 먼저 이 신은 우리의 기본적인 도덕적 가치나 판단에도 무관심하다고 가정해본다. 그리고 이 신은 우리의 번영이나 행복에도 관심이 없고 진실하지도 않다고 가정하기로 하자.

하지만 만일 신이 이와 같은 신이라면 왜 처음부터 우리가 도덕적인 감수성을 느끼도록 만들었는가 하는 의문이 생기는 것이 당연하다. 이 부분에서는 추측만이 가능하다. 아마도 이 신이 그게 더 재미있을 것 같은 생각이 들어서 그렇게 만들었을 수도 있다. 아니면 우리의 도덕적 표현이 미적으로 마음에 들어서 그랬을 수도 있다. 그것도 아니면 신이 우리와 똑같은 도덕적 감정과 판단을 한다고 속이려고 그랬을 수도 있을 것이다. 이러한 신은 우리가 신도 정의를 사랑하고 무죄한 자들이 당하는 고통을 반대하고 그들을 위해 싸우는 우리의 노력을 지지할 것이라고 믿기 원해서 그랬을 수도 있을 것이다. 하지만 실제로는 이 신이 우리의 정의에 무관심하고 인간의 고통을 즐기고 있을 수 있다.

이처럼 유추해보는 이유는 무도덕한 신이 도덕적인 감정을 지닌 인간을 창조했다는 생각 자체가 일관성이 전혀 없다는 것을 보여주기 위한 것이다. 우리를 그처럼 강한 정의감을 느끼는 피조물로 창조했으면서도 정작 자신은 그와 같은 감정을 느끼지 못한다면 그런 신은 무도덕한 것이 아니라 사악한 신일 것이다. 만일 정말로 그와 같은 신이 있다면 그것은 엄청난 재앙일 것이다. 우리는 철저하게 속아 넘어간 것이고 악독한 망상의 피해자일 것이기 때문이다. 따라서 우리는 그처럼 강력한 도덕적 가치관을 가지고 있는데 만일 우리로 하여금 그와 같은 가치관을 가지도록 만든 신이 정작 자신은 아무런 도덕관을 가지고 있지 못한다면 그 신은 도덕적으로 무관심한 것이 아니라 사악한 악마일 것이다.[10]

다음으로 신은 도덕적으로 선하기는 하지만 전능하지는 않다는 견해를 살펴보기로 하자. 이 신은 이 세상을 만들었을 수도 그렇지 않을 수도 있지만 전통적인 신처럼 이 세상에 대한 통치권은 가지고 있지

---

10 여기서 이 견해를 더 상세하게 다루는 것은 지면상 허용이 되지 않지만, 관심이 있는 독자는 우리 공동저자 중 하나인 Jerry L. Walls의 "Hume on Divine Amorality," *Religious Studies* 26 (1990): 257-266를 참조하기 바란다. 신을 사악하다고 보는 견해를 취하는 학자는 거의 없으나 Marquis de Sade는 그와 같은 주장을 펼치고 있다. Neiman, *Evil in Modern Thought*, pp. 170-196를 참조.

못하다. 이 사실에 비추어보면 이와 같은 신은 세계와 어떤 관계에 있는지가 불분명해진다. 만일 신이 이 세상을 만들지 않았다면 신과 세계는 서로 의존하는 관계일까? 자연주의 진화론자들이 말하는 것처럼 인간의 의식과 마찬가지로 신도 물리적 세계에서 발생한 것일까?

두 번째 대안과는 달리 이 세 번째 견해는 현대 신학에서 몇 가지 다른 형태로 나타나고 있다. 어떤 학자들은 하나님을 인격적인 존재로 보는 반면에 어떤 학자들은 이 부분에서 명확하지 않다. 때로는 이러한 견해를 지지하는 학자들 중에는 우리의 도덕적 감수성이나 도덕적 성향 자체가 '하나님'(God)이라고 주장하기도 한다.

논의를 더욱 명쾌하게 이끌어가기 위한 목적으로 이 하나님은 인격적인 신으로서 이성적인 피조물인 인간들과 교통을 할 수 있는 능력이 있다고 가정하자. 이 가정에 비추어보면 우리는 우리들의 도덕적 감수성을 하나님의 도덕적 본성이 반영된 것으로 볼 수 있다. 다시 말해 우리의 도덕적 직관이나 판단은 하나님이 우리의 삶을 개선하고 이 세계를 더욱 아름답게 만들기 위해서 하는 제안들에 대한 반응이라는 것이다. 이런 의미에서 보면 우리는 이 세계를 개선하기 위한 도덕적 노력과 계획에 있어서 하나님의 지지를 얻고 있다.

끝으로 하나님은 전능하실 뿐 아니라 선하신 분이라는 전통적인 견해를 살펴보기로 하자. 이와 같은 관점에서 보면 궁극적인 하나님은 가능한 한 가장 강한 의미에서 도덕적이다. 그리고 이 우주와 그 안에 존재하는 모든 것은 하나님이 만드신 것이고 완전한 사랑의 하나님이 모든 것을 운행하시고 있다. 우리는 하나님의 형상으로 만들어졌으며,

따라서 우리의 도덕적 직관과 판단은 하나님의 본성 자체에 대한 반영이다. 도덕성은 사악한 신이 둘러메친 속임수나 망상이 아니며 우리의 유전인자에 새겨진 환상도 아니다. 그와는 반대로 도덕성은 궁극적인 실재와 우리 삶의 의미나 목적을 이해하는 데에 필요한 중요한 실마리의 하나인 것이다. 도덕성은 그 어떤 것보다도 더 깊이 우리 안에 자리 잡고 있다. 왜냐하면 정의와 선한 의지가 승리하기를 바랄 뿐 아니라 그렇게 되도록 만들 수 있는 능력과 지혜를 가진 존재가 도덕성의 근거이기 때문이다. 우리는 이 책에서 도덕성을 그렇게 설명하고 변호했다.

3. 아우슈비츠의 신정론

이 다양한 견해들이 실제로 삶에서 어떤 의미들을 지니는지 이미 자명해지기는 했지만 정확하고 분명하게 설명해보려고 한다. 그리고 그 서문으로서 신정론에 대해 전면적인 공격을 퍼붓는 한 작가의 발언들을 잠깐 살펴보기로 한다.

악을 합리적인 관점에서 이해하려는 전통적인 접근 방법과는 반대로 케네스 슈린(Kenneth Surin)은 고통을 완화시키고 가능한 모든 방법들을 동원해서 제거하기 위한 구체적인 행동을 모색하는 '실천적 신정론'(practical theodicy)을 주장하고 있다. 슈린에 의하면 전통적인 신정론은 이와는 대조적으로 악이 하나님의 실존과 어떻게 양립할 수 있는지를 설명하면서 악을 허용해도 좋은 것처럼 보이기 때문에 오히려 비도덕적이라고 할 수 있다는 것이다. 이런 의미에서 보면 신정론의 과제는 실제로 악과 관련이 있다. 슈린은 그 차이를 강조하기 위해서 J. B. 메츠(J. B. Metz)의 다음과 같은 견해를 인용하고 있다.

> 아우슈비츠 죽음의 수용소 안에서 기도를 했기 때문에 아우슈비츠 후에도 기도는 할 수 있을 것이다. 하지만 문제는, 이건 결정적인 문제인데 아우슈비츠 수용소 안에 '신정론'이 존재할 수 있었는가 하는 것이다.[11]

기도는 악과 싸우기 위한 실천적인 수단인 반면에 신정론은 합리적으로 악을 설명하려는 이론적인 시도로 보인다. 똑같은 맥락에서 슈린은 어빙 그린버그(Irving Greenberg)의 다음과 같은 견해를 인용하고 있다.

> 신학적이든 세속적이든 간에 불에 타고 있는 어린아이들 앞에서도 설득할 수 있는 주장이 아니면 해서는 안 될 것이다.[12]

하지만 슈린의 이와 같은 진지한 의도에도 불구하고 이러한 주장들이 실제로 보여주는 것은 실천적인 신정론과 이론적인 신정론을 대조시키는 것이 근본적으로 잘못된 방법이라고 할 수 있다. 슈린이 기도

---

11 Kenneth Surin, "Taking Suffering Seriously," in *The Problem of Evil*, ed. Michael L. Peterson (Notre Dame, IN: University of Notre Dame Press, 1992), p. 342.
12 "Taking Suffering Seriously," p. 344.

는 아우슈비츠 이후에도 적절하지만 신정론은 그렇지 않다는 주장은 그와 같은 오류를 보여주고 있다. 이 오류는 몇 가지 중요한 질문들을 되묻게 하는 순환논리라고 할 수 있다.

우선 기도가 의미 있는 행동이 되기 위해서는 무엇이 전제가 되어야 하는가? 그러기 위해서는 무엇보다도 신이 인격적인 존재여야 할 뿐 아니라 우리를 사랑하는 선한 존재여야 한다. 더구나 신은 어떤 방법으로든 우리를 도울 수 있는 능력이 있어야 한다. 이러한 주장은 전통적인 신정론주의자들이 현실세계에 존재하는 악의 실재와 양립하기를 원하는 바로 그 주장이다. 이 주장들 중에서 하나만 부인해도 기도는 근본적으로 잘못 인식되고 있는 행동이 되며 기껏해야 본능적인 감정 표출이나 비합리적인 원초적 비명일 것이다. 이러한 주장을 부조리한 것으로 여긴다면 기도는 일종의 경건한 도피일 뿐이며 잔혹한 악의 실재에 대한 감수성의 보다 고상한 표현에 불과할 것이다.

그렇지만 보다 냉혹한 현실은 인간들의 가공할 만한 선택 때문이든 통제 불가능한 자연의 힘 때문이든 간에 이 세상에 무서운 일들이 일어나고 있다는 사실에 비춰보면서 어떤 하나님을 믿어야 할지를 반드시 결정해야 한다는 것이다. 모든 질문 중에서 가장 근본적인 이 질문에 대한 대답이 비극적인 재난의 희생자들에게는 중대한 의미를 지닐 것이다. 특히 우리가 어떤 하나님을 믿는가에 따라 압도해오는 비극적인 고난에 대한 보상을 받게 되리라는 희망을 가질 수 있는지가 결정된다. 게다가 우리는 악과 싸울 만한 어떤 가치가 있는지를 결정해야 한다. 그리고 비극적인 재난들에 의해 삶이 파괴당한 사람들의 고통을 완화시켜주기 위해서는 어떻게 해야 하는지를 알아내야 할 것이다.

이 문제들에 관해서 어떻게 생각하는가는 우리의 심리적이고 정서적 건강에도 큰 의미를 지닌다. 심리학자 로버트 A. 엠몬스(Robert A. Emmons)는 '스트레스로 인한 성장'에 관한 저술들이 다량으로 쏟아져 나오고 있으며, 그러한 책들은 고통에 대한 반응을 긍정적으로 바꾸는 것이 매우 중요하다는 사실을 강조하고 있다는 점을 지적하고 있다. 그는 또한 아이러니하게도 많은 철학자들이 삶의 의미에 대한 관심이 싸늘한 반면에 사회과학자들은 이 문제에 더 뜨거운 관심을 보이고 있으며 눈에 뜨이는 성과도 많이 거두고 있다는 점을 지적하고 있다.

> 개인적인 웰빙에 관한 책들에서 삶의 의미가 지니는 과학적, 임상적인 중요성이 자주 다루어지고 있는 것을 볼 수 있는데 이 저술들에 의하면 삶의 의미가 풍부한 지표들은 정신적인 웰빙을 예측하는 한편, 삶의 무의미성을 가리키는 지표들은 정신적인 고통이나 질병과 주로 관련이 있는 것으로 나타나있다…궁극적인 관심에 관한 문제들-삶과 죽음의 본성 그리고 고통과 고난의 의미-에 대해서 내리는 결론이 개인적인 웰빙에 대한 매우 깊은 의미를 지니고 있다는 것이다.[13]

엠몬스는 계속해서 다음과 같은 결론을 지지하는 심리학적인 연구 결과들을 인용하고 있다.

---

13 Robert A. Emmons, *The Psychology of Ultimate Concerns* (New York: The Guilford Press, 1999), p. 145.

> 종교적 또는 영적 세계관은 삶에 관한 전체적인 방향을 제시함으로써 삶의 도전들을 해석하는 가치 체계를 제공하고 있으며 고통과 죽음과 비극과 부조리에 의한 도전들을 견디어내야 하는 논리적인 이유들을 제시하고 있다.[14]

이 사실들을 염두에 두고서 하나님이 존재하지 않는다는 신념이 실제적으로 어떤 의미와 결과를 수반하게 되는지를 살펴보기로 하자.

첫째, 우리는 자연 재해에 대해서 분노를 느낄 만한 합리적인 이유를 갖지 못하며 도덕적 분노의 합리적인 대상도 찾을 수 없다. 모든 재난들의 주범은 오로지 자연 질서이며 피해자들에 대해 아무런 연민도 느끼지 못하는 맹목적인 파괴의 힘일 뿐이다. 이런 의미에서 보면 악은 자연주의 세계관에서는 매우 당연한 것이며, 따라서 악은 유신론자들의 경우처럼 큰 문제를 일으키지 않는다. 우주에서 놀라운 것은 극심한 고통과 파괴가 발생할 수밖에 없다는 사실보다는 재난에 대한 반응으로 의식적인 도덕적 판단을 내리는 존재가 존재한다는 사실일 것이다. 자연주의적 우주관에서는 우리의 항의를 들어주거나 듣고 처리해줄 신 같은 것이 존재하지 않는다. 쿼크 소립자, 글루온 소립자, 자연법칙은 우리들의 고통과 분노로 가득 찬 부르짖음을 들어줄 수 없다.

더구나 궁극적인 실재의 무도덕성은 이 우주의 종말에 대한 자연주의적 설명으로 인해 더욱 냉혹해진다. 신을 믿지 않는 우주물리학자

---

14 Emmons, *The Psychology of Ultimate Concerns*, p. 147.

들은 대부분 우리의 우주가 영원히 팽창하면서 에너지를 잃고 산산이 분해될 것이라고 보고 있다. 물론 그 와중에서 모든 생명체가 파괴되는 것은 말할 것도 없다. 그리고 의식과 사랑과 미적, 도덕적 감수성도 자연 질서가 처음에 우연히 만들었던 순서대로 소멸될 것이다. 이와 같은 관점에서 보면 우리 삶에 의미를 주는 모든 사물들은 자연 질서가 일시적, 임시적으로 만든 산물이며 아무런 의도 없이 우연히 만들었고 기억도 못하며 종국에는 모두 파괴할 것이라는 냉혹한 사실만 남는다. 보다 장기적인 관점에서 그리고 보다 넓은 시각해서 보면 선과 정의의 편에서 기울이는 우리의 노력은 흔적도 없이 사라지고 말 것이다.

더욱이 동료 인간들이 자행하는 가공할 만한 행동들을 보면서 우리들이 느끼는 도덕적 분노는 전통적으로 이해해오던 도덕성이 망상에 불과하다는 주장 때문에 희석될 수밖에 없다. 루즈가 이러한 문제들에 대해서 이야기할 때 청중들은 그에게 만일 그게 사실이라면 도덕성은 무슨 힘을 우리에게 발휘할 수 있겠냐고 묻곤 했다. 사람들은 결국 그게 망상이라는 것을 알고서 도덕적 감정들의 진정성을 의심하게 될 것이고 도덕성을 존중하거나 행동의 표준으로 삼진 않을 것이 아니냐는 것이다. 루즈는 이와 같은 걱정은 아무런 근거가 없다고 일축했다. 그는 대답하기를 인간의 유전자가 도덕성을 존중하도록 오랫동안 진화되어 왔기 때문에 아무도 감히 저항할 수 없을 것이라고 말하고 있다.

우리는 루즈처럼 유전자가 우리를 붙잡아 놓을만한 힘이 있으리라고는 보지 않는다. 특히 사람들이 이제까지 굳게 믿고 있던 도덕성은 초월적이라는 확신을 단순한 환상, 즉 생물학적, 문화적 진화를 통해서 우리에게 유전적으로 주입된 프로그램일 뿐이라고 믿게 되면 전통적인 도덕성 개념은 더욱 힘을 잃을 것이다. 만일 우리가 어떤 행동들을 피해야 할 이유가 인간의 법뿐이고, 초월적 권위를 갖는 도덕적 근원에 대한 우리의 선택을 설명할 길이 없다면 우리의 기준을 조롱하는 사람들의 행동에 대해 느끼는 분노는 무의미하게 될 것이다.

도덕성이 때때로 우리에게 개인적인 손실과 심지어는 죽음을 요구할 수 있다는 사실은 매우 불편할 수밖에 없다. 하지만 도덕성의 요구가 일시적인 감정이고 궁극적으로는 인류의 생존가치의 맥락에서 설명된다면 사람들이, 특히 이기적인 사람들이라면, 개인적인 손해를 감수하고 도덕성을 선택할 충분한 이유가 있을까? 그리고 결국에는 이와 같은 질문이 특히 무죄한 사람들을 보호하는 도덕적 구속력을 무시할 수 있는 힘과 자원을 가진 사람들에게는 매우 매력적일 수 있다.

자연주의자들은 어린아이들을 불로 소각하는 자들을 설득하려고 들 것이다. 말을 듣지 않으면 분노에 차서 폭력으로 그들에게 맞설 것이고 목숨을 걸고 싸울 것이다. 하지만 그들은 소각당하거나 익사당하는 어린아이들에게 무슨 말을 할 수 있을까? 또는 비극적인 재난이 끝나고 난 후에 고통스러운 후유증을 앓고 있을 때 그 비극적인 사건과 희생자들을 합리화하기 위해 어떤 말을 할 수 있을까? 말로 형언할 수 없는 비극적인 사건에 대한 반발로 하나님에 대한 신앙을 포기하는 경우도 적지 않으나 결국에는 그러한 선택이 지니는 궁극적인 의미를 보다 깊이 모색해야 할 것이다. 왜냐하면 그와 같은 포기는 악에 대한 만족스러운 보상의 희망을 포기하는 것일 뿐 아니라 희생자들을 망각의 강 너머로 보내는 것과 같기 때문이다. 소각당하고 익사당하는 어린아이들의 면전에서 하나님이 존재한다고 말하는 것은 아무런 의미 없이 연기나 물속으로 사라져갔다고 말하는 것과 같을 것이다. 아이들의 죽음은 삶의 부조리함에 대한 기념탑이고, 숨을 쉬며 살아가는 사람들, 사랑하고 슬퍼하고 분노하는 모든 사람들이 결국 맞이하게 될 운명이라는 결론을 내리는 것과 같다. 이와 같은 결론은 삶의 의미가 정신 건강과 안녕에 있어 매우 중요한 사람들 뿐 아니라 삶을 긍정적으로 이해하려고 하는 모든 사람들에게는 치명적이다.

다시 말해 하나님이 존재하지 않는다고 말하는 것은 실제로는 우리의 도덕적 분노가 아무 쓸모없는 감정이며 궁극적인 실재가 우리들의 분노에 무관심할 뿐 아니라 궁극적 실재는 결국 우리가 가장 소중하게 여기는 모든 것을 파괴하고 말 것이라고 말하는 것과 같은 것이다. 자연 질서의 맹목적인 활동에 화를 폭발하는 것은 아무런 의미가 없으며 인간들의 야비한 선택에 대한 혐오감도 생존을 가장 중요하게 여기는 체계의 망상적인 산물에 불과하다는 것이다.

이제 전능하기는 하지만 심술궂은 신이 존재한다고 할 때 그 실제적인 의미가 무엇일지 생각해보기로 하자. 우리가 여기서 말하는 것은 선한 신이 악한 신과 싸우는 이원론적인 체계가 아니라 악한 신이 홀로 다스리는 세계다.[15] 이런 경우에는 신에 대한 저항이 전적으로 이해

---

15 C. S. Lewis는 몇몇 저서에서 이원론에 대해서 이야기하고 있다. Lewis는 주장하기를 만일 두 세력 중 하나가 악하고 다른 하나가 선하다면 이 우주에는 세 번째 요소가 존재하

가 되지만 잠시만 생각해봐도 그와 같은 저항은 아무런 쓸모가 없을 것이다. 신에게 항의를 하거나 분노를 표출하면 정서적으로 순화되거나 도덕적인 만족을 느낄지는 모르지만 신은 웃기는 헛소리로 받아들일지 모른다. 우리가 흥분해서 크게 떠들면 떠들수록 신은 더욱 더 재밌는 오락으로 여길 것이다. 아마도 신은 우리의 분노 표출이나 정의 수호 노력을 코미디로 여기고 조종하려 들지도 모른다. 소각당하거나 익사당한 어린아이들이 저 세상에서 보다 더 험한 꼴을 당하지 않으면 다행일 것이다. 왜냐하면 이 세상에 당하는 고통이나 부조리는 다음 세상을 위해 계획하고 있는 악의 준비운동일 수도 있기 때문이다.

우리들의 삶의 의미가 이보다 더 처참하고 의미가 없을 수는 없다. 우리가 정말로 저항해야 할 신이 존재한다면 그보다 더 비참한 일은 없을 것이다. 그리고 고통을 완화하고 정의를 회복하려는 우리의 노력도 그보다 더 허무한 것은 없을 것이다.

다음으로 신이 도덕적으로 선하기는 하지만 제안과 설득의 힘이 한정적인 경우를 생각해보자. 이와 같은 경우에 신은 우리의 분노에 공감하고 고통을 완화하거나 정의를 실현하려는 노력을 지지한다. 하지만 신은 악이 결국에는 망하게 되고 자연주의의 우주학자들이 예상하는 종말을 회피할 수 있으리라는 확신을 우리에게 줄 수는 없다. 신이 비극적인 악의 희생자들을 기억할지는 모르지만 무덤에 묻힌 후에도

게 되는데 그것이 바로 선의 기준이며 한 세력은 이 기준에 동의하고 다른 세력은 이 기준에 반대한다고 말하고 있다. 하지만 이 두 세력은 이 기준에 의해 판단을 받기 때문에 이 기준을 만든 존재야말로 가장 지위가 높으며 진정한 신이라고 할 수 있다는 것이다.

그들의 의식이 살아 남아있으리라는 보장은 없다. 이와 같은 견해는 악한 신을 상정하는 것보다는 덜 비극적이기는 하지만 우리에게 희망을 주기에는 턱없이 부족하다. 이러한 신관이 전혀 매력이 없는 것은 아니지만 신이 가공할 만한 악의 존재에 대한 책임을 회피하기는 어려울 것이다. 결국 이러한 신은 인간의 창조성과 선함을 믿는 자연주의적 낙관주의보다 더 나은 세계관을 우리에게 제공해줄 것 같지는 않다.

마지막으로 우리는 전통적인 유신론의 신관, 즉 능력과 선함에 완전하신 하나님을 믿는다는 것이 과연 어떤 의미인지를 살펴보기로 하자. 우리가 이 책에서 도덕적 논증을 펼칠 때 상정했던 신이 바로 이 하나님이다. 무엇보다도 먼저 이 하나님은 가장 심오한 실재로서 우리를 사랑하시고 우리의 행복을 간절히 바라시며 악에 대한 우리의 분노에 공감하신다. 더욱이 우리는 자신 있게 악에 대항할 수 있고 고통을 완화시키고 정의를 실현하기 위해 노력할 수 있다. 하나님은 이러한 노력을 기울이는 우리를 도와주실 뿐 아니라 오고 있는 왕국에서 악을 완전히 결정적으로 제거하실 것이다. 그리고 우리의 이와 같은 노력은 절대로 무의미하거나 허무하지 않다. 왜냐하면 악과 죽음은 일시적인 실재일 뿐이고 죽음과 악이 멸망할 때 사랑과 기쁨과 선함이 승리를 거두고 영원한 실재가 될 것이다.

하나님은 우리의 도덕적 노력을 격려하실 뿐 아니라 처참한 악의 희생자들의 고난에도 심오한 의미를 주신다. 사악한 독재자들의 손에 어린아이들이 불에 타 죽을 때가 바로 우리의 책임을 굳게 될 완전한 선과 능력의 하나님이 살아계신다는 고백을 가장 자신 있게 해야 할 순간이며 그러지 않으면 결국 우리들에 대한 하나님의 사랑을 의심하게 될 것이다. 마찬가지로 아이들이 해일에 밀려 떠내려가 바다에 수장될 때에도 자연의 힘이 더 이상 아무도 제어하지 못하는 가장 큰 힘이라는 결론으로는 그들에게 아무런 도움도 되지 못한다. 오히려 전능하시고 선하신 하나님이 말로 형언할 수 없는 고통을 당하는 사람들의 기도를 듣고 계신다고 확신하는 것이 그들에게 큰 힘이 될 것이다. 하나님을 이처럼 신뢰한다고 해서 그들의 고통을 존중하지 않거나 사소한 것으로 여기는 것은 절대로 아니고, 그렇다고 그들을 괴롭히는 자들을 정당화시키는 것도 아니다. 그보다는 신앙은 그들의 삶에 의미와 위엄을 부여해주고 그들을 새롭게 하시고 치유하시는 하나님의 능력을 영원히 신뢰하게 한다.

그렇다고 해서 왜 하나님이 두려운 일들이 일어나게 하는지 자세히 설명할 수 있다는 것도 아니며 소각당하거나 수장되는 아이들 앞에서 분명한 대답을 주는 어떤 신정론을 제시할 수 있다는 것도 아니다. 실제적인 의미에서 볼 때 하나님에 대한 신뢰는 오히려 악의 문제를 제거하는 것이 아니라 오히려 강화시킨다. 하나님의 전능하심과 선하심에 대한 믿음은 이 세상에 악이 존재한다는 사실을 더욱 낯설게 한다. 앞에서도 이야기했지만 자연주의자는 이 땅에 악이 존재하는 사실을 자연스럽게 여기지만 적절한 이유를 제공하지는 않으며, 악한 신이 존재할 가능성을 진지하게 받아들이는 사람들이 아니다. 그런데 아이러니하게도 이런 이유 때문에 악의 문제를 자연스럽게 받아들인다면 문제는 더욱 커진다. 왜냐하면 그들의 시나리오에서는 악이 궁극적이지는 않더라도 정상적인 현상이기 때문이다. 이보다는 더 낫기는 하지만 선하면서 전능하지 않는 신을 상정할 때 역시 비슷한 문제가 발생한다. 이들과는 정반대로 오직 전능하시고 선하신 하나님을 믿는 사람들만 악과 고통을 철저하게 비정상적인 현상으로 본다.

악을 '정상적인 현상'으로 여길 때 치르게 되는 값은 엄청나며 자세히 알아보아야 할 필요가 있다. 악을 정상적인 것으로 보는 것은 곧 우리 자신과 온 우주가 치유 받게 될 희망을 버리는 것이다. 수잔 니만(Susan Neiman)은 이제까지 악으로 여겼던 것을 단순한 자연 현상으로 볼 때 치르게 되는 값을 이렇게 이야기하고 있다.

> 우리는 더 이상 자연적인 재해를 도덕적 판단의 대상으로 보거나 또는 깊이 생각하거나 조화를 이루어야 할 대상으로 보지 않는다. 도덕적 판단을 포기하기를 거부하는 사람들에게는 자연과 도덕성의 통일을 추구하지 말라는 요구는 누구도 해결할 수 없는 갈등을 마음속에 받아들이라는 것을 의미한다.[16]

해결할 수 없는 이와 같은 첨예한 갈등을 마음속에 받아들이는 것은 실로 엄청난 부담이다.

따라서 악을 정상적인 것으로 보는 것을 절대로 허용하지 않는 하나님을 신뢰하는 것은 양날을 가진 칼과 같다고 할 수 있다. 한편으로

---

16 Neiman, *Evil in Modern Thought*, p. 268.

는 이 신뢰는 악의 문제를 더욱 심화시키지만 다른 한편으로는 악에 직면해 있을 때 현실적인 희망을 유지할 수 있게 할 뿐 아니라 니만이 말하는 갈등이 해결될 것이라고 믿게 하는 가장 강력한 자원을 제공한다. 이와 같은 신뢰는 궁극적인 실재의 본성을 정확하게 측정하는 도구로서 우리의 도덕적 분노를 진지하게 받아들여야 할 이유를, 그리고 선과 악 사이에 근본적인 차이가 있다는 것을 믿도록 하는 근거를 제공한다. 우리는 궁극적인 실재와 지는 싸움을 벌이고 있지 않다는 확신 안에서 악에 맞서서 용감하게 싸울 수 있도록 해줄 것이다. 우리는 하나님을 사랑하면서 그리고 우리를 향하신 하나님의 선하심과 사랑을 깊이 신뢰하면서 악에 대한 분노를 표출할 수 있다.

악을 이처럼 진솔하게 있는 그대로 평가하는 것은 사물들에 대한 기독교적인 이해를 지지하는 것과 같다. 그 한 가지 실례로서 윌리엄 아브라함(William Abraham)이 자서전에서 기독교로 개종할 때 악의 개념이 어떤 역할을 했는지 설명하고 있는 부분을 살펴보기로 한다.

> 가장 마음에 걸리는 부분은 기독교가 악의 실재를 부인하거나 길들이거나 또는 실존의 주변으로 밀어붙이거나 교묘하게 은폐함으로써 해결하기를 거부하는 단호한 태도였다. 오히려 그 반대로 기독교는 그 교훈과 실천을 가르칠 때마다 부딪치게 되는 악의 실재를 매우 진지하게 받아들였다. [17]

---

17 William J. Abraham, "Faraway Fields are Green," *God and the Philosophers: The Reconciliation of Faith and Reason* (New York: Oxford University Press, 1994), p. 166.

아브라함이 기독교의 '교훈과 실천'이 악의 실재를 진지하게 받아들인다고 말한 것을 보면서 생각나는 것은 이 문제를 다루는 데 필요한 독특한 기독교 유신론의 자원이다. 기독교의 가르침은 나사렛 예수가 성육신한 하나님의 아들이시며 자신의 죽음으로 우리 죄를 대속하셨다는 사실을 중심으로 하고 있다. 이 이야기의 정점은 예수가 악의 세력에 정면으로 맞서서 궁지로 몰아넣으면서 증오에 대해 사랑을, 배반과 불의에 대해서 용서를 베푸는 부분이다.[18] 그리스도의 죽음이 지니는 잔혹한 성격이야말로 기독교적 실재론의 중심이며 하나님은 악이 가장 포악한 상태에서 맞섰고 악이 우리에게 입힌 가장 깊은 상처를 치유하셨다는 사실을 영원히 증명해주고 있다.

리처드 호드(Richard Hoard)의 이야기를 들어보자. 그의 아버지는 검사로서 주류 밀매자들에게 구형을 내린 적이 있었다. 호드는 고등학교 1학년 때 어느 날 아침 요란한 폭발소리와 함께 잠을 깼는데 그로 인해 그의 인생은 완전히 변했다. 아버지의 판결에 대한 보복으로 자동차에 설치된 폭탄이 아버지가 시동을 걸자마자 터진 것이다. 그로 인해 아버지는 그 자리에서 죽었다. 호드는 이 비극적인 사건으로 인한 분노와 원한이 청소년 시절과 삶의 모든 면에 깊은 영향을 미쳤다고 말하고 있다. 더구나 그의 연약했던 믿음도 산산조각이 나버렸는데 그 이유는 예수에 대한 달콤한 환상이 참혹한 현실과 너무도 달랐기 때문이었다. 그러던 어느 날 교회의 한 저녁 집회에 참석했는데 누군가

---

18 N. T. Wright, *Evil and the Justice of God* (Downers Grove, IL: InterVarsity Press, 2006), pp. 75-100를 참조하라.

가 껍질을 벗기지도 다듬지도 않은 생나무로 십자가를 만들어 걸어놓았는데 자기가 생각해오던 매끈한 청동 십자가와는 너무도 달랐다.

> 나는 생각했다. "참 힘들게도 죽었군. 저런 나무에 못 박혀 죽다니." 그때 갑자기 전에는 한 번도 해보지 못했던 생각이 마치 칼로 심장을 찌르듯 나를 찔러왔다. 그리고 그 생각은 아버지의 잔혹한 죽음만큼이나 실제적이었다.[19]

이때 얻은 깨달음은 호드의 삶에서 결정적인 전환점이 되었다. 그는 더 이상 그리스도에 대한 신앙을 악의 가혹한 현실로부터 도피하는 수단이 아니라, 지난 수년 동안 그를 괴롭혀 오던 고통과 분노를 정면으로 마주하는 솔직한 방법으로 이해하게 되었다. 자기 자신의 죄에 대한 용서를 받아들이고 난 후 그는 아버지를 살해했던 자를 용서할 수 있게 되자 정서적이고도 영적인 치유를 경험하게 되었고 그의 영혼을 짓누르고 마비시켜왔던 분노와 원한으로부터도 해방을 얻게 되었던 것이다.[20]

---

19 G. Richard Hoard, *Alone among the Living* (Athens: University of Georgia Press, 1994), p. 207.
20 Hoard의 고백을 직접 읽기 원하면 *Alone among the Living*, pp. 196-215를 보라. 스토아 철학은 죽음은 아무 것도 아니며 결국 조금도 악한 것이 아니라고 가르쳤다. 하지만 기독교 신학은 이에 동의하지 않는다. 죽음은 더 이상 되돌릴 수 없을 정도로 두려우며 추악하고 비극적이고 부자연스럽다. 죽음의 사악함을 완화시키거나 희석시킬 수 있는 방법은 없다. 죽음은 영원을 바라고 생명을 열망하는 우리의 존재 모든 부분과 부딪친다. 죽음은 불멸을 원하는 우리의 소망을 조롱하고 위협한다. 죽음은 우리의 존재를 갈기갈기 찢으며 때 이른 이별을 하게 하고 때로는 작별인사를 할 기회도 빼앗아버리며 사랑하는 사람들을

이 모든 사실들은 우리가 타락한 세상, 자유는 충분하지만 하나님의 계획에서 멀리 벗어난 세상에서 살아가고 있다는 기독교 교리를 생각나게 해준다. 자연 질서가 우리의 불복종으로 어긋나 버렸으며 하나님의 뜻이 하늘에서 이루어지듯이 이 땅에서도 이루어질 때 자녀들을 위해 하나님이 의도하신 궁극적인 계획에서 너무나 멀어져 있다. 사도 바울이 말하고 있듯이 그때까지 창조된 질서는 인간이 살고 있는 땅의 회복을 기다리며 신음하고 있다(롬 8: 18-25).

이 성경본문에서 바울이 몸의 구원을 강조한 것은 기독교의 소망이 온 우주를 포용하는 정서적이고 영적인 치유를 초월하고 있다는 사실을 보여주고 있다. 이처럼 장엄한 총체적 치유의 궁극적인 근거는 물론 예수의 부활이다.[21] 그리스도인들에게는 십자가에 달리신 분이 성육신하신 하나님의 아들이라는 사실이 우리를 향한 하나님의 사랑의

가장 중요한 시간에 앗아가고 풍성한 잠재력과 가능성을 물거품으로 만든다. 온전히 선하시고 전능하신 사랑의 하나님만이 죽음 앞에 선 우리에게 희망을 불어넣어줄 수 있다.

21 우리의 견해에서 보면 우리도 이와 같은 주장을 펼치려면 부활이라는 기적의 초자연성과 가능성에 대한 철학적 논증이 필요할 뿐 아니라 예수의 부활을 증명하는 역사적 증거를 진지하게 다뤄야 할 필요를 잘 알고 있다. 이러한 논증들을 보려면 다음 자료들을 참조하라. William J. Abraham, *Divine Revelation and the Limits of Historical Criticism* (Oxford: Oxford University Press, 1982); N. T. Wright, *The Resurrection of the Son of God* (Minneapolis: Fortress Press, 2003); Paul Copan and Ronald K. Tacelli, eds., *Jesus' Resurrection: Fact or Figment? A Debate between William Lane Craig and Gerd Ludemann* (Downers Grove, IL: Intervarsity Press, 2000); Gary R. Habermas and Antony G. N. Flew, *Resurrected?: An Atheist and Theist Dialogue*, ed. John F. Ankerberg (Lanham, MD: Rowman & Littlefield, 2005); Richard Swinburne, *The Resurrection of God Incarnate* (Oxford: Clarendon Press, 2003); Michael R. Licona, *The Resurrection of Jesus: A New Historiographical Approach* (Downers Grove, IL: InterVarsity, 2010).

깊이를 보여줄 뿐 아니라 하나님이 우리의 고통과 함께하신다는 사실을 알려주고 있다. 그리고 예수가 죽음에서 살아나셨다는 사실은 이 세상에서 겪는 가장 무서운 공포도 그분의 창조적인 방법으로 극복될 수 있다는 합리적인 근거와 삶의 긍정적인 의미가 결국 실현되리라는 희망을 전해주고 있다. 그리스도가 부활하셨다면 그리고 부활하신 그분이 유혹의 힘과 못의 고통과 배반의 아픔을 손수 체험하신 '십자가에 달리신 분'(the crucified one)이라면 우리는 악을 솔직하게 그리고 희망적으로 이해할 수 있으며 우리의 삶은 비극이 아니라 행복한 결말로 끝나는 희극이라는 사실을 깨달을 수 있을 것이다.

니콜라스 월터스토프는 이러한 사실이 그리스도가 죽은 자 가운데서 살아나셨다는 우리의 믿음에 어떤 영향을 줄 수 있는지를 열정적인 웅변으로 이야기하고 있다. 그의 말 한마디 한마디는 개인적인 확신의 깊이를 그대로 보여주고 있다. 그는 아들을 비극적인 산악 등반 사고로 잃은 후에 악의 문제와 싸우면서 다음과 같이 이야기하고 있다.

> 그리스도가 무덤으로부터 일어나 살아나셨다고 믿는 것은 그리스도의 부활을 우리도 무덤에서 일어나 부활할 것이라는 약속의 징표로 받아들이는 것이다. 만일 영원히 사라지는 것이 우리 모두의 운명이라면, 그리고 우리 모두가 아무 흔적도 없이 소멸하는 것이 숙명이라면, 그리스도의 부활이 아니라 내 아들의 때 이른 죽음이 우리 모두의 운명을 보여주는 상징일 것이다.[22]

---

22 Nicholas Wolterstorff, *Lament for a Son* (Grand Rapids, MI: Eerdmans, 1987), p. 92.

그리스도의 부활을 우리 모두의 운명의 로고(logo)로 받아들이는 것은 하나님이 우리에게 사랑의 힘을 보여주려고 결정적인 행동을 취하였다는 것을 믿는 것이다. 그리고 그것은 자연 재해나 인간의 가공스러운 역사에서가 아니라 바로 그리스도의 부활 안에서 우리보다 훨씬 크고 영원한 실재를 가장 잘 이해할 수 있음을 믿는 것이다. 월터스토프는 계속해서 다음과 같이 이야기하고 있다.

> 하나님은 사랑이시다. 하나님이 고통스러워하는 것은 바로 그 때문이다. 고통당한 우리를 사랑하기 때문에 죄로 가득한 이 세상이 고통을 당하도록 허락하신다. 하나님이 이 세상을 위해서 그토록 고통스러워하셨기 때문에 독생자를 고통에 넘기셨다. 하나님의 고통을 보지 못하는 사람은 하나님의 사랑을 보지 못하는 사람이다. 하나님의 사랑은 고통스러운 사랑이다…이처럼 고통은 의미가 깊숙이 자리 잡고 있는 모든 것의 중심에 있다. 고통은 이 세상의 의미이다. 왜냐하면 사랑이 그 의미이기 때문이다. 그리고 사랑은 고통스러워한다. 하나님의 눈물이 곧 우리 역사의 의미다.[23]

이러한 관점에서 모든 사물을 바라보면 전능하시고 완전한 사랑의 하나님에 대한 믿음이 인류의 참혹한 역사뿐만 아니라 개인의 비극적인 사건 앞에서도 흔들리거나 변질되는 일은 없을 것이다. 우리는 악보다 강한 하나님이 존재하기를 혹시나 하고 바라거나 우리의 정신을 놓치거나 미치지 않기 위한 하나의 방편으로 하나님을 믿는 일은 없

---

23 Ibid., p. 90.

을 것이다. 단지 미치지 않을 뿐 아니라 정서적이고도 정신적인 행복을 우리가 변호해왔던 도덕성을 근거로 하는 실재에 대한 믿음, 즉 기독교의 하나님에 대한 믿음에서 찾을 수 있을 것이다. 그리고 이 하나님은 구속의 역사가 본격적으로 시작될 때 우리로 하여금 악과 본연히 맞서 싸우는 가운데 우리의 치유가 결국 완전해질 수 있다는 소망을 지켜나가도록 도와줄 것이다.

색인

Index

ㄱ

가나안 사람들, 구약 이야기 331-341
가범성 반론 188
가범성, 죄 186
가상성과 가능성의 구분 413-418
가상성 논증과 하나님의 선하심 158-172
개리 사피로 475
겟세마네 동산 459
결정론 87-88
경험주의 대안, 도덕성 32
고통, 마이클 패터슨 366
골드바하의 명제 162, 164, 165, 166
공리주의 121, 122, 239, 311, 434, 512, 524
구원자 108
권위 301, 302, 303
규범성 반론, 유신론적 윤리 101
규범윤리 263, 264
기도, 아우슈비츠 529
기독교 순교 54, 458
기독교 정통 331, 427
기르가스 족속 332

ㄴ

나치, 악의 문제 348
난해성과 불가능성의 구분 35, 134, 202
남북 전쟁, 고통 357
넬슨 파이크 159
니콜라스 월터스토프 218, 456, 544

ㄷ

다마스커스의 요한네스 118
『다 빈치 코드』, 댄 브라운 96, 105
다의성과 일의성의 구분 35, 134
대 그레고리우스 107
대니얼 웨그너 76
덕에 대한 반론 189
데이비드 브룩스 518
데이비드 차머스 162, 171
데이비드 흄 161
데카르트 105, 162
도덕 변증론의 약화 40
도덕성 31
도덕성, 마크 D. 하우저 75
도덕성, 엘리자베스 앤스컴 272
도덕적 구분 468

도덕적 분노, 마이클 루즈 524
도덕적 선, 가치론 262, 263
도덕적 선택 80
도덕적 의무, 사이먼 블랙번 65, 90
도덕적 의무, 의무론적 이론 59-67, 262, 263, 326
도덕적 선 100, 111, 120, 132, 235
도덕적 자유 75, 81, 86, 87, 88
도덕적 책임 74-89, 79, 408, 409
도덕적 책임, 엘리엇 소버 81
도덕 철학 37, 265
도르트 종교회의 175
동성애, 성서의 금지 329, 330
둔스 스코투스 131
「듀크 법률 저널」, 포스트모던 도덕성 29

ㄹ

로버트 A. 엠몬스, 고통 531
로버트 애덤스 108, 118, 150, 235, 238, 263, 270, 277, 332, 387, 393, 497
루이스 안토니 97, 98, 486
루이스 캐롤 173
리처드 도킨스 68, 82, 138
리처드 보이드 49
리처드 브란트 61
리처드 스윈번 131, 218
리처드 호드 541

ㅁ

마이클 레빈 111, 114, 124
마이클 마틴 246, 248
마이클 후커 164
마크 트웨인 384
마틴 루터 178, 195
망상, 도덕성 524
매트릭스 세계의 가설 354
맹목적인 복종 308, 310, 454
머레이 맥비스 130

메츠 아우슈비츠 529
메타윤리, 노만 크레츠만 236
메타윤리, 엘리노어 스텀프 236
모세의 율법 392, 393, 440, 461, 462
목적론적 판단 144
묘사적 이름 143
무서운 교리, 무조건적 처벌 199-206
무의미한 말 103, 115, 130
무조건적 예정 195, 196, 197
문화 전쟁들 32
물고기자리 시대 96
물병자리 시대 96
미국철학협회 227

ㅂ

바르트 107
반실재론, 리처드 로티 6, 228
반실재론, 플랜팅가 227, 228, 229, 231, 250
버클리, 급진적 관념론 223
범위 구분 468
법, 인간적 요소 341
보복 77, 407, 541
보상 58, 62, 63, 413, 417, 448, 454, 459, 530, 535
보편적가능론 220, 221, 225, 226
복음의 메시지 435
본질윤리, 애덤스 264
『부활과 도덕적 질서』, 올리버 오도노반 434
분석과 정의의 구분 35, 133
분석 철학자 106, 235, 265
불가능 세계 490
불완전한 의무 312, 313
브라이언 데이비스 150
브라이언 로어 162, 170
브리스 족속 332
블레즈 파스칼, 내세 424
비주의주의, 유도된 의지론 100, 111, 118

ㅅ

사랑에 대한 반론, 칼빈주의 양립가능론 188
사랑의 묘약 189
사울 크립케 170, 282
사탄 181, 239
사회적 요구 289, 291
상상가능성과 존재가능성의 구분 35, 135
상식적 증거주의 359
생물학, 도덕성 75
선과 옳음의 구분 35, 133
선량한 부모의 유비 374
선행적 은혜 184
섬김, 토니 캄폴로 453
성육신 426, 457, 541, 543
성폭행, 반사실적 서술 488
세비야의 이시도르 107
소크라테스 98, 139, 448, 458
수반성 50
시에나의 캐서린 118
신개념 지구론자, 지구시대 356
신명론 36
신앙과 이성 42, 43, 180, 201
"신앙, 이성 그리고 대학: 회상과 생활", 교황 베네딕트 16세 208
신앙주의 202
신의 이름 141, 142, 143
신적 결정주의 206, 207
신적 독립이론, 안토니 120, 494
신적 명령 윤리 이론, 폴 루니 108
신정론과 변호 339
실천적 신정론, 케네스 슈린 528
"심슨 가족", 유신론적 윤리 260

ㅇ

아더 알렌 레프 29
아더 홈즈 393
아동학대 120, 319, 320, 328, 329, 330, 468, 486, 487, 491, 492, 496
아마디네자드 대통령 261
아모리 족속 332
아버지 역할 29
아브라함 342, 343, 344, 440
아시시의 성자 프란시스코 453
아우슈비츠의 신정론 528-546
아퀴나스주의자의 도전, 신의 도덕적 선 150-158
아틀란티스호 시나리오, 피터 반 인와겐 369
악과 선의 균형 352, 371, 372, 374
악, 마릴린 애덤스 517
악, 수잔 니만 539
악한 신 반론, 칼빈주의적 양립가능론 188
안셀무스 107
안셀무스주의의 신 144, 145, 251, 257, 296, 349, 355, 369, 415, 463, 476, 500, 502, 503, 506, 507, 508, 509, 515
안토니 플루 98, 203
알렉산더 R. 프루스 510
알미니우스, 제임스 제이콥 175
압도적 이유 이론 416
앨빈 플랜팅가 128
양심, 신의 실존 51, 89
양태적 구분 468
어거스틴 223, 255
어린이 제사, 예레미야 333
어빙 그린버그 529
에릭 J. 윌렌버그 62, 510
에우티프론 딜레마 295
A. C. 에윙 143, 366
엘리 비젤 517
여부스 족속 332
열린 질문의 논쟁, G. E. 무어 115
예정 194, 195, 206
오컴의 윌리엄 234
완곡어법 190

용서 66, 138, 292, 438, 441, 541, 542
월레스 매슨 117
월터 시노트-암스트롱 295, 323, 486
웨슬리 모리스, 정복 이야기 335
위크스트라, 신학적 변론자 355, 359
위-키프리아누스 107
윌리엄 로우 352, 357
윌리엄 솔리 41
윌리엄 아브라함, 기독교 개종 540
윌리엄 얼스턴, 도덕적 인식론 387
윌리엄 제임스 128, 447
유대교 314
유엔, 정의와 인간의 존엄성 390
『유한한 선과 무한한 선』, 애덤스 238, 287
유혹 60, 61, 65, 191, 322, 427, 429, 439, 544
윤리적 문제, 노동 착취 46
윤리적 이기주의 52, 53, 54
은혜 36
응용윤리 263
의무에 대한 반론, 칼빈주의 양립가능론 182
의존성과 통제성의 구분 35, 135
이삭의 결박 324, 331-341
이안 S. 마크햄 474
E. O. 윌슨 470, 483
이유 없음 반론 102
인간 영혼을 위한 투쟁 523
인간의 사회적 요구 291
인식적 한계 변론, 악의 문제 194
인식론과 존재론의 구분 35, 134, 387
임마누엘 칸트 259

ㅈ

자기 이익 도덕성 448-459
『자아의 근원』, 찰스 테일러 457
자연법칙, 루이스 45
자유론자의 자유, 칼빈 181

장 폴 사르트르 69
재닌 이드지악 107
『재즈처럼 슬픈』, 도날드 밀러 211
전도서 118
전치 원리 477
정복 이야기 36, 146
정복 이야기, 랜달 라우서 335
정통, G. K. 체스터톤 441
제랄드 J. 에리언 260
J. B. 필립스 137
제이슨 위트록, 맥네어 28
제임스 레이첼즈 54, 104
제한적 속죄 175, 199, 200
조나단 에드워즈의 시간적 부분 이론 223
조셉 버틀러, 이기주의 53
조셉 제카르디 260
조지 마브로데즈 47, 61, 62
존 녹스 118
존 레논 423, 465
존 로크 201
존 맥키 41
존 밀리켄 248, 387
존 베버스루이스 151
존 베버슬리우스 203
존 설, 도덕적 선택 79
존 스튜어트 밀 121, 212, 289, 306
존 웨슬리 180, 398, 447
존 칼빈 174
존 헤어 19, 394
존 헨리 뉴만 41
종결자로서의 철학 177
『종교 경험의 다양성』 453
좋은 부모 유비, 러셀 374-381
죄의식, 기독교 438
죽음, 스티브 맥네어 27
중국, 도덕성 46
지구의 나이가 어리다고 믿는 사람들 356, 358, 359, 360, 361, 363

지적 유신론자 361-362

ㅊ

창조 302
창조자 하나님 67, 131, 157, 224, 232, 444
처벌 53, 78, 187, 193, 194, 311, 406, 448, 455
철학자들의 신 141
철학자, 철학자의 신 141-146
초과의무 263, 313, 314, 403
초수반성, 테렌스 호건 50
초월주의자의 견해 도덕성 480-483
칭호, 하나님 141-142

ㅋ

카라마조프의 가설 279
카이 닐슨 387, 444
칼빈주의 330, 331, 475
칼빈주의의 양립가능론 187
캐서린 부스 118
코란, 권위 179
쾌락주의 121, 122
키에르케고르 343

ㅌ

태양 유비 470
테레사 수녀 453
테르툴리아누스 147, 178
테오도르 베자 175
토마스 V. 모리스 160
토마스 아퀴나스 391
톰킨슨, 구약과 신약의 하나님 147

ㅍ

패트릭 노웰, 스미스 104
포스트모던 시대의 도덕성 29
폴 코판, 존재와 인식의 구분 386
폴 쿠르츠, 윤리 294

프란시스 베이컨, 신앙과 이성 43, 44
프란시스 자비에르 453
프리드리히 니체 69
프리드리히 와이즈만 106
플라톤 53, 95, 217, 218
플라톤적 선, 존 리스트 73
플라톤주의와 실존주의 67-74
피설명항 중심의 반론 492, 493
피터 싱어 522
필연성, 신과 선 244-250
PhilPapers 조사 471

ㅎ

하나님과 도덕성, 도스토예프스키 69
하나님 동기 이론 427
『하나님을 바라기』, 존 파이퍼 121
하나님의 전능성 124, 128, 160, 172, 322
하나님의 필연성, 하나님과 선 244-250
하늘의 소명, 사도 바울 314
"한나와 그녀의 자매들", 우디 알렌 348
합리성, 도덕성 399-409
합리성, 빅터 레퍼트 400
허클베리 핀 383, 384
헤라클레이토스 210
헨리 시즈윅 41, 55
헷 족속 332
혐오스러운 명령 반론 102, 318, 487
형이상학 36, 123, 134
홀로코스트 518
확신 471, 472, 476, 482, 483
황금률 397, 452
후회, 도덕성 84, 85
히위 족속 332
힐러리 퍼트남 170
희생, 도날드 휴빈 454

선하신 하나님: 도덕성의 유신론적 근거 *Good God*

2013년 11월 15일 초판 발행

지은이 | 데이비드 바게트 · 제리 L. 월즈
옮긴이 | 정승태

편 집 | 박상민, 전희정
디자인 | 김복심, 정영운
펴낸곳 | 사) 기독교문서선교회
등록 | 제16-25호(1980. 1. 18)
주소 | 서울시 서초구 방배로 68
전화 | 02) 586-8761~3(본사) 031) 942-8761(영업부)
팩스 | 02) 523-0131(본사) 031) 942-8763(영업부)
홈페이지 | www.clcbook.com
이메일 | clckor@gmail.com
온라인 | 기업은행 073-000308-04-020, 국민은행 043-01-0379-646
　　　　　예금주: 사)기독교문서선교회

ISBN 978-89-341-1332-4(93230)

* 낙장 · 파본은 교환해 드립니다.

이 도서의 국립중앙도서관 출판시 도서목록(CIP)은
서지정보유통지원시스템 홈페이지(http://seoji.nl.go.kr)와
국가자료공동목록시스템(http://www.nl.go.kr/kolisnet)에서
이용하실 수 있습니다.
(CIP제어번호: CIP2013022506)